André Breton, Georges Bataille

Le vif du sujet

L'ÉCARLATE
19 années d'édition

Littérature, érotisme, essais critiques, rock'n'roll

DÉJÀ PARUS

Dominique Agostini : *La petite fille qui cachait les tours*
François Audouy : *Brighton Rock(s)*
François Baschet : *Mémoires sonores*
Georges Bataille : *Dictionnaire critique*
Jean-Louis Derenne : *Comment veux-tu que je t'embrasse…*
Louis Chrétiennot : *Le chant des moteurs (du bruit en musique)*
Jean-Christophe Dollé : *Abilifaïe Leponaix*
Jean-Christophe Dollé : *Blue.fr*
Guy Dubois : *La conquête de l'Ouest en chansons*
Brigitte Fontaine : *La limonade bleue*
Erwann Gauthier : *L'art d'inexister*
Erwann Gauthier : *Les vivacités silencieuses*
Pierre Jourde : *La voix de Valère Novarina*
Akos Kertesz : *Le prix de l'honnêteté*
Akos Kertesz : *Makra*
Greg Lamazères : *Bluesman*
Marianne Le Morvan : *Berthe Weil, la petite galeriste des grands artistes*
Jacques-André Libioulle *: la déraille*
Marielle Magliozzi : *Art brut, architectures marginales*
Alain Marc *: Ecrire le cri (Sade, bataille, Maïakovski…)*
Thierry Marignac : *Des chansons pour les sirènes*
Claire Mercier : *Figures du loup*
Claire Mercier : *Désir d'un épilogue*
Pierre Mikaïloff : *Some clichés, une enquête sur la disparition du rock'n'roll*
André Németh : *La Commune de Paris !*
Bernard Noël : *L'espace du désir*
Ernest Pépin : *Jardin de nuit*
Maria Pierrakos : *La femme du peintre, ou du bon usage du masochisme*
Enver Puska : *Pierres tombales*
Jean-Patrice Roux : *Bestiaire énigmatique*
NathYot : *Erotik mental food*
Jean Zay : *Chroniques du grenier*

L'ÉCARLATE – Jérôme Martin / Librairie Les Temps Modernes :
57, rue N.D. de Recouvrance, 45000 Orléans
ecarlate.jeromemartin@yahoo.fr

Frédéric Aribit

André Breton, Georges Bataille

Le vif du sujet

© L'Harmattan, 2012
5-7, rue de l'Ecole-Polytechnique, 75005 Paris

http://www.librairieharmattan.com
diffusion.harmattan@wanadoo.fr
harmattan1@wanadoo.fr

ISBN : 978-2-296-99703-5
EAN : 9782296997035

À Elea et à Vinca

« Règle ta marche sur celle des orages »,
André Breton

« Chaque livre est aussi la somme des malentendus dont il est l'occasion »,
Georges Bataille

« Ô chercheurs de points d'eau sur l'écorce du monde,
Ô chercheurs, ô trouveurs de raisons pour s'en aller ailleurs »,
Saint-John Perse

Introduction

Que dire du double.

Voilà ce que lance Breton en 1963, lorsqu'il jette un regard par-dessus son épaule pour considérer en « perspective cavalière » les quarante années de ce qu'il nomme alors *« l'intervention surréaliste »* : *« Les mots "vingt ans après"* (que dire du double !) *devant la sensibilité populaire comme on la façonne, retiennent beaucoup plus de la cape que de l'épée. Non seulement on la fait s'attendre à trouver changés, voire méconnaissables, en tout cas assagis et calmés ceux dont furent contés les exploits, mais encore on la presse d'admettre qu'entre-temps l'histoire s'est mise à tourner comme une girouette, cessant de leur offrir toute prise[1]. »*

Georges Bataille est mort en 1962, André Breton en 1966 : voilà que ce même « double » de quarante ans est passé depuis leur mort à tous deux. Quarante années, donc, cinquante, auront-elles suffi, s'agissant de Breton et Bataille, à retenir aujourd'hui davantage « de la cape que de l'épée » ? Changés, donc, l'un, l'autre, l'un et, contre, à côté de, face à… l'autre ? Méconnaissables ? Assagis et calmés ? Et l'histoire, cette girouette, aura-t-elle assez hoché la tête qu'elle leur interdirait désormais toute prise ? Qu'elle nous interdirait à nous toute saisie nouvelle de leur confrontation ? *« On sait que le propre du génie est de fournir des idées aux crétins une vingtaine d'années plus tard[2] »*, prophétise Aragon à l'époque (1928) de ces fameux premiers « exploits ». Que dire du double ?

La confrontation qu'on voudrait donner à lire ici, véritable lieu commun de la critique à certains égards, se propose, en un aller-retour permanent entre André Breton et Georges Bataille, d'arpenter le champ proprement « magnétique » qui s'installe entre deux hommes que l'histoire a convoqués dans un des plus fascinants *mano a mano* du siècle. Affrontement volontiers direct, personnel, émaillé de coups bas, mais combat d'homme à homme aussi, c'est-à-dire risqué à corps perdu : chez l'un, chez l'autre, une incandescence toujours vive qu'il importe de rappeler en préambule. Il ne s'agit pas de superposer deux œuvres en une lecture technicienne qui, inventoriant laborieusement points communs et différences, croiserait et comparerait des thèmes, des styles. Il s'agit d'entendre au plus près des naseaux les souffles

---

[1] André Breton, « Perspective cavalière » (*La Brèche*, n°5, octobre 1963), *Perspective cavalière*, coll. L'Imaginaire, Gallimard, 1970, p. 243. C'est moi qui souligne.
[2] Louis Aragon, *Traité du style* (1928), coll. L'Imaginaire, Gallimard, 2000, p. 64.

mêlés de deux vies palpitantes, s'inspirant, s'expirant, dans le tumulte de toute une génération acharnée à arracher l'être à ses propres limites, quitte à n'en pas revenir[1].

Le souffle, donc, à perdre haleine : le 26 septembre 1966, Breton est terrassé par une crise aiguë d'asthme à Saint-Cirq-Lapopie. Il mourra à l'hôpital Lariboisière, à Paris, deux jours plus tard, d'un arrêt cardiaque. L'air, qui finit par être littéralement irrespirable pour lui, avait commencé de l'être pour Bataille, que la première crise de tuberculose pulmonaire démobilise en 1917. *« Je donne de l'homme une image inhumaine et je sais que je rends l'air peu respirable[2] »*, écrit-il d'ailleurs à l'époque où une seconde grave crise, en 1942, le prive durablement de son poste de bibliothécaire à la Nationale. D'un air ici vicié d'emblée (Bataille) qui, expiré à mort, contamine l'air qu'on a là, et de toutes ses forces, désiré respirable (Breton), mais qui finit par se rendre suffoquant : double trajet encore de cette même incandescence vécue à couper le souffle.

« In girum imus nocte et consumimur igni » : de Breton à Bataille et de Bataille à Breton, et d'un bout à l'autre chacun de sa propre vie, dire d'abord d'un tel « double » cette incandescence palindromique.

Il n'est pas inutile de commencer par se débarrasser de toute querelle d'étiquette. Le surréalisme, l'a-t-on assez dit, est, autour du noyau André Breton, une nébuleuse aux confins obscurs. Pour Breton, et quand bien même d'aucuns se seraient de son temps jusqu'au nôtre, fouaillés pour le lui contester – de Yvan Goll jusqu'à Jodorowsky encore récemment, combien ont proclamé incarner le vrai surréalisme ? –, rien ne peut faire que son nom d'abord ne signifie le surréalisme, dans l'acception la plus paradoxalement collective qu'il aura désiré donner à ce terme. Que le mouvement ait donc dépassé Breton dans ses dimensions mêmes, qu'il soit impossible à réduire à son seul nom, voilà qui nous semble une belle évidence : l'arbre Breton n'a jamais caché la forêt du surréalisme. L'inverse est moins sûr : pris, comme il l'est parfois, non comme un « mouvement » justement (terme dynamique) mais comme un « groupe » (terme statique) empêtré dans ses contradictions, dans ses querelles intestines, ses polémiques vaines ou salubres, ses exubérances intolérables, un tel surréalisme se découvre ici ou là comme une inextricable forêt qui cacherait la singularité des arbres qui la composent. Or il n'est pas impossible qu'à bien les considérer, plusieurs de ces arbres, précisément, dépassent.

Le problème se complique s'agissant de Bataille. Incarnerait-il, face au surréalisme « orthodoxe » de Breton, un surréalisme « hétérodoxe » ? Un « para-surréalisme », comme on l'a dit ? De quelle étiquette plus ou moins maladroite ne l'a-t-on pas en fait affublé ? « dadaïste » sans, ou après, ou malgré Dada pour

---

[1] Et les tragédies ne manquèrent pas, folie ou suicides, de ceux qui n'en revinrent pas (Artaud, Rigaut, Crevel, Zürn…).
[2] Georges Bataille, *La limite de l'utile* (1939-1945), *Œuvres Complètes* désormais *OC VII*, Gallimard, 1976, p. 263.

certains, « praterexistentialiste » anti-sartien après-guerre pour d'autres... Si on s'interrogera en temps voulu sur la pertinence critique de telle ou telle de ces étiquettes, aucune ne nous renseigne avec exactitude sur le prix à accorder à son œuvre, de sorte que pareils débats terminologiques nous retiendront assez peu. Bataille n'a jamais fait partie du mouvement surréaliste d'André Breton, autour duquel ses propres préoccupations vont pourtant l'amener à graviter, à plus ou moins grande distance, et plus ou moins délibérément.

C'est que, d'une certaine manière, l'un comme l'autre expriment, dans leurs singularités respectives, un certain nombre de *topoï* générationnels, fussent-ils paradoxalement des *topoï*... révolutionnaires. C'est-à-dire que la révolution (philosophique, artistique, politique, sociale, etc.) que cette génération a voulu déclencher s'est exprimée à travers un certain nombre de modalités (génériques, thématiques, rhétoriques, stylistiques, voire) dont ni le surréalisme ni André Breton, pas plus que Georges Bataille n'avaient l'apanage, mais auxquelles eux peut-être plus que d'autres auront indiscutablement donné un tour plus saillant, et pour tout dire une force, une cohérence, une capacité d'entraînement qui ne cesse d'interroger. La confrontation qu'on tente ici refuse donc aussi bien l'assimilation facile, qui tendrait à gommer leur irréductible différence, que l'opposition catégorique, tout uniment hostile, érigée au mépris de la pertinence comparable que chacun aura su donner dans l'expression de ces *topoï* révolutionnaires. Au mépris, non négligeable enfin, de ce qu'ils auront incarné à titre très personnel l'un pour l'autre.

Dessiner la figure d'un homme quel qu'il soit, dans ses ambiguïtés, ses contradictions, dans le composite instable qui ne ressemble qu'à lui, dans cette aptitude inouïe qu'il montre à exister de son corps même (rapport précis d'une gestuelle, d'un timbre de voix, d'un regard... qui disent une présence) et de sa propre vie (décompte minutieux des amitiés, des amours, des joies et des peines... qui disent une histoire), toutes choses enfin qui font exactement de lui cet être unique, a tout d'une gageure. *A fortiori* cet homme s'appellerait-il André Breton ou Georges Bataille.

Ainsi il apparait que l'image hiératique de Breton qui ressort trop souvent ne tient pas. À le lire de près, à lire aussi nombre de témoignages et quelques trop rares critiques qui s'évertuent à fissurer le bloc des certitudes communément admises, le monolithe qu'on présente encore se révèle d'une partialité étonnamment lacunaire. Des pans entiers manquent, des pièces entières qui sans doute ne s'agençaient pas suffisamment bien pour qu'on ait trouvé souhaitable de les garder. Pourtant, derrière la vitre embuée des lectures, la statue se craquèle, implose et découvre un homme. On le voit s'avançant, moins infatué qu'on s'était laissé dire, d'une sensibilité maladive, maladroite, passant « automatiquement », c'est-à-dire au gré de la seule spontanéité de l'affect, de l'exaltation inconditionnelle à la répudiation irrévocable, et capable alors d'une intransigeance, d'une virulence sauvages à proportion même de ce désenchantement le plus cruellement vécu, et criminel alors, certes, mais d'un crime toujours passionnel, un homme souvent encombré de son propre costume de pierre, et plus souvent ne sachant s'en défaire aux yeux des autres que se complaisant sous son masque. On voit cet homme s'amuser inlassablement dans les Luna Park, rire peu, sombrer dans de profondes dépressions, jouer à André Breton, ou timidement s'étioler, s'empêtrer devant tel autre dans une gêne proportionnelle à l'admiration, s'effacer courtoisement. Aimer, éperdument. Séduire aussi, beaucoup, profondément, durablement, d'une aura immédiate que ses détracteurs lui envient et qui lui vaut d'abord au sein des groupes successifs cet ascendant qu'on lui reconnaît, qu'on lui jalouse ou qu'on lui reproche... Cet homme-là est André Breton peut-être. On le reconnaîtrait à ce frémissement d'écume qu'il laisse dans son sillage. Et l'avènement de la poésie vécue dont il s'est voulu le héraut obstiné a soudain résonné bien loin des territoires traditionnellement assignés à la pratique de la poésie, longtemps carrés de papier blanc aux « lignes inégales » serrés dans le mille-feuille des recueils, et dont on disposait devant soi pour quelques bouchées goûteuses. Traversant les domaines de la pensée qui lui semblaient les plus réfractaires, voire les plus inconciliables (philosophie, psychanalyse, politique...), la poésie a soudain ravivé le papier peint flétri des lotissements d'un réel qui ne se savait plus chez lui. Elle a sommé l'homme de renverser les cloisons du décor et de se reconnaître enfin, peut-être plus nu, parfois plus seul, mais tel qu'en lui-même. Que pareille entreprise ait pu conférer un prestige tel qu'elle aura agrégé autour de Breton le générique le plus exaltant du siècle n'est pas l'aspect le moins fascinant de sa personnalité : impossible, dès lors, de ne pas *« faire de l'affirmation surréaliste une présence ou une œuvre d'amitié[1] »*, comme le suggère Blanchot, amitié entendue à la hauteur exacte de cette impérieuse exigence. Avec une pertinence iconoclaste, Marguerite Bonnet ne craint pas pour sa part d'affirmer que, contrairement aux idées reçues, Breton *« a cherché des maîtres, des compagnons plutôt que des disciples[2] »*. Rappeler aussi, s'il le faut, combien chez lui, la voie du livre ne se donne jamais comme une voie royale, où le désir d'écrire conduirait immanquablement, où un projet littéraire permettrait d'avancer jusqu'au livre abouti. La poésie s'exprimant chez lui comme une expérience vitale qui troue le tissu du quotidien, on ne le verra pas planifier un ouvrage ni méditer *a priori* une quelconque cohérence générale : quelle que soit la dominante générique du « livre » finalement produit (recueil de poèmes, manifeste, récit...), toute cohérence ne s'obtient qu'*a posteriori*, lorsque devient lisible pour l'auteur lui-même ce faisceau de fragments écrits (articles, jaculations automatiques...) convergeant vers leur unité sensible. Parcourir une telle œuvre réclame ainsi non pas de pénétrer dans un espace de lecture linéaire, mais de se mettre à l'écoute des pulsations d'une vie toute

---

[1] Maurice Blanchot, « Le Demain joueur », *André Breton et le mouvement surréaliste*, NRF, n°172, 1er avril 1967, p. 866.
[2] André Breton, *Œuvres Complètes I désormais OC I*, édition établie par Marguerite Bonnet avec la collaboration de Philippe Bernier, Étienne-Alain Hubert et José Pierre, « Introduction » par Marguerite Bonnet, Gallimard, Bibliothèque de la Pléiade, 1988, p. XIII.

entière, la bibliographie ne trouvant ici sa cohérence que fermement réinscrite dans la biographie, entendue comme le trajet d'une sensibilité dans une histoire personnelle, collective et générale, ainsi que dans la saisie postérieure qui nous en est permise, en termes de ramifications ou de recoupements.

Et comment ne pas frémir aussi devant la façon proprement épique dont Bataille lance sa pensée à l'assaut de l'impensé, de l'impensable, se heurte contre les murs de la folie, de l'angoisse, de l'érotisme déchiré, de la mort, se révèle dans ses propres failles jusqu'à s'offrir, les offrir en toute lucidité à la lecture, à voir comment désarçonnée ici, elle se relance là, ailleurs, autrement, pour approcher toujours plus près de son propre cœur indicible ? Blanchot, encore, et la nécessité, dit-il, de « faire de l'œuvre une voie vers l'inspiration, [...] et non pas de l'inspiration une voie vers l'œuvre[1] » ? Tenter alors, au mieux, de suivre de loin cette course effrénée, cette danse éperdue d'une œuvre inachevée, inachevable, qui semble s'offrir aujourd'hui comme la splendide pagaille d'un lendemain de fête, tenter de saisir comment elle épuise le sujet, et comment, l'épuisant jusqu'à la maladie, jusqu'à l'expiration finale, elle lui permet en de brefs instants inouïs d'entrevoir le but désiré, de le toucher presque pour aussitôt le voir risiblement se dérober, s'ajourner encore. Dans la giration conceptuelle (et générique : romans, essais, poèmes, conférences...) dans laquelle entraîne Bataille, le centre de gravité ne fait aucun doute, expérience d'un vide qui se creuse au centre même du vortex et où tout s'écoule, tout s'avale et disparaît bientôt dans un bruit de siphon : car c'est bien la mort, ou plutôt la mort « vécue », l'« expérience du mourir » qui grève l'œuvre entier de son inexorable poids d'os. Voilà en quoi Bataille est intolérable, si intolérable à lui-même d'abord, mais au lecteur aussi, au critique, au poète, au philosophe, au scientifique, intolérable en ce qu'à tous, à nous tous, il s'obstine à dire l'innommable. Pire : à le faire gaiement. En riant « aux éclats ». Comment cet homme, qui, comme un enfant fait joujou, n'avait de cesse de plonger sa main toujours plus profondément dans la boîte de Pandore jusqu'à s'y abîmer tout entier, et littéralement « tête la première », pouvait-il au quotidien ne jamais se départir de cette courtoisie, cette élégance, cette politesse, qui le distinguent, cultivant l'amitié[2] (avec Leiris, Blanchot...) comme une vertu antique ? Est-ce aussi le même qui s'emporte, s'enflamme ou au contraire ménage ses silences comme autant d'effets sur un auditoire qu'il subjugue, dans des conférences improvisées d'une acuité, d'une érudition sidérantes ? Lui, encore, ce travailleur forcené, travaillant à se libérer des chaînes du travail ? Lui toujours, Docteur Jekyll et Mister Hyde, ce modeste bibliothécaire ponctuel, sourcilleux, qui dilapide son argent avec les filles dans les bordels parisiens, dans le jeu, dans l'alcool ? Lui enfin, ce séminariste défroqué devenu militant de l'ultra-gauche ? Plusieurs vies n'y suffiraient pas. Crue permanente, la sienne déborde encore.

---

[1] Maurice Blanchot, « L'inspiration, le manque d'inspiration », *L'espace littéraire* (1955), Folio essais, Gallimard, 1999, p. 246.
[2] On lira avec profit les observations de Michel Surya concernant le sens de l'amitié chez Bataille dans son très bel « Avant-propos » à Georges Bataille, *Choix de lettres*, Gallimard, 1997.

La rencontre d'André Breton et de Georges Bataille sur le planisphère de la modernité s'apparente en un sens à la rencontre du parapluie et de la machine à coudre sur la table de dissection de Lautréamont. Parapluie-Bataille : celui de sa première expérience de l'extase, rapportée en 1943 dans « Le Supplice » (*L'expérience intérieure*) où il se remémore un éclat de rire survenu 15 ans plus tôt sous un parapluie ouvert alors qu'il ne pleut pas. Machine-à-coudre-Breton : le patchwork unique de ses influences, la « redingote philosophique » que Bataille est horrifié de le voir enfiler à sa pensée, les « costards » régulièrement taillés sur mesure. Mais l'inverse aussi : Parapluie-Breton : sa canne « pornographique » de l'époque Dada, dans l'assemblage hétéroclite des objets dont la modernité dandy s'affuble, les coups de parapluie de ses prétendus oukases, les parapluies grands ouverts (Trotski, Marx, Freud, Hegel...) à l'abri desquels il se réfugie parfois pour éviter les orages... Machine-à-coudre-Bataille : un patchwork tout aussi bigarré d'influences, une application méticuleuse au supplice de l'aiguille... À vouloir les observer l'un et l'autre d'un même regard, c'est tout un dispositif à peine analogique qui se met en branle et qui donne bel et bien à lire cette rencontre comme le *« rapprochement de deux réalités plus ou moins éloignées »*, y compris lorsqu'on se souvient que Reverdy, énonçant la théorie qui détermine la modernité poétique, ajoute que *« [plus] les rapports des deux réalités rapprochées seront lointains et justes, plus l'image sera forte*[1] *»*. Reste que toute la difficulté avec laquelle il a fallu composer consiste, comme on verra, à organiser et rendre compte de ce tissu d'interférences entre les deux, dont les préoccupations non simultanées se rejoignent souvent à des années d'intervalle, chacun faisant, non pas en fonction de l'autre mais plutôt de son côté, un trajet qui l'en rapprochera pourtant.

Il est vrai que sur un strict plan personnel, leurs relations seront toujours rares, souvent distantes. Breton semble accorder à l'œuvre de Bataille un intérêt très variable. Il ne se fait jamais l'écho de ses publications, aussi considérables soient-elles et mentionne assez peu son nom, sinon pour le cribler d'injures (le *Second manifeste du surréalisme*) ou inversement pour l'honorer étrangement (il place ainsi « Histoire de Marcelle », dans *Histoire de l'œil*, au dixième rang dans sa « Réponse à l'enquête sur la poésie indispensable », lancée dans les Cahiers GLM fin 1938[2]), alors même que leur collaboration épisodique dans la revue

---

[1] Pierre Reverdy, cité d'après André Breton, *Manifeste du surréalisme* (1924), *OC I*, Gallimard, Bibliothèque de la Pléiade, 1988, p. 324.
[2] Cette mention appelle des commentaires importants. D'abord, elle s'inscrit à un moment où les deux hommes sont supposés eux aussi être brouillés, après l'échec de *Contre-Attaque* et alors que Bataille est engagé dans les expériences communautaires d'*Acéphale* et du *Collège de sociologie* : on voit que l'admiration que Breton porte à tel ou tel ne dépend pas aussi étroitement de ses relations personnelles qu'on a pu parfois le dire. Plus étonnant : que Breton affiche à nouveau dans ce classement son indifférence envers tout cloisonnement générique, et rappelle la place première, impulsive, qu'il accorde à la « poésie » entendue non comme pratique littéraire codifiée mais comme élan vital d'où procède toute création artistique, passe. Mais pour être exact, aucun chapitre du livre de Bataille ne s'intitule « Histoire de Marcelle ». Il est probable que Breton cite de mémoire, soit le chapitre 3, « L'Odeur de Marcelle » (où Marcelle sombre dans la folie), soit

Minotaure ne va pas sans accroc. Il défend vigoureusement à New York la pertinence de sa réflexion sur le mythe (*Prolégomènes à un troisième manifeste du surréalisme ou non*, 1942), sujet qui contribuera à l'en rapprocher dès son retour à Paris en 1946. Il l'oublie pourtant complètement lors de ses *Entretiens* avec André Parinaud en 1952 (pas un mot sur l'épisode *Contre-Attaque* notamment), au moment même où il lui adresse un exemplaire de *La Clé des champs* portant la superbe dédicace « *celui des grands orages, quand bien même nos boussoles discorderaient franchement*[1] ». Il finit cependant par lui rendre plusieurs hommages appuyés après sa mort, publiquement[2], mais aussi en privé, dans tel ou tel document, telle ou telle lettre[3]. Pour sa part, Bataille semble suivre de près les publications de Breton. Si ses attaques à peine voilées dès 1929, avant le déchaînement violent du *Cadavre*, attestent une lecture assidue de la revue *La Révolution surréaliste*, il faut, hormis le rapprochement circonstanciel de *Contre-Attaque*, attendre après guerre pour le voir revenir à maintes reprises sur le problème du

---

plus sûrement le chapitre 7, « Marcelle », (celui de son évasion rocambolesque, de nuit, grâce au narrateur qui scie à la lime les barreaux de la fenêtre). Or, plus intéressant encore que cette simple erreur d'intitulé, Breton restitue bel et bien à *Histoire de l'œil* le nom de son *véritable* auteur, Georges Bataille, ce qui, semble-t-il, est passé absolument inaperçu, et à l'époque, et aujourd'hui. Le problème a de quoi étonner, si on se souvient de la dénégation de Bataille, incriminé comme auteur du livre dans une émission de radio, en 1951. On sait d'ailleurs qu'au moment où était publié le numéro des Cahiers GLM en question (mars 1939), Bataille avait publié chez le même éditeur les quatre premiers numéros de sa revue *Acéphale*. Il est ainsi assez impensable que si Breton avait effectivement révélé l'identité de l'auteur véritable du livre, Bataille n'en aurait pas été informé, d'une manière ou d'une autre. Interrogé sur la question, Étienne-Alain Hubert me certifie, après vérification sur un exemplaire de la revue, que « *le texte donné par Marguerite Bonnet dans la Pléiade est parfaitement fidèle* » et conclut : « *C'est un hommage spontané dont il n'a guère songé qu'il pouvait être considéré comme risqué. Les surréalistes n'étaient pas portés aux précautions* » (courriel du 31 août 2005). Rien en effet ne permet de dire que s'il révéla son identité, ce fut dans une intention hostile. Mais quelle fut la réaction de Bataille ? Pourquoi n'éprouva-t-il pas alors le besoin de démentir cette paternité, comme il le fit plus de dix ans plus tard ? Pourquoi n'en profita-t-il pas pour jeter à nouveau de l'huile sur le feu avec Breton ? Le mystère de cette attribution valait d'être soulevé : à bien des égards, il reste cependant entier.

[1] Michel Surya, *Georges Bataille, la mort à l'œuvre*, Gallimard, 1992, p. 676. Surya signale également la dédicace extrêmement élogieuse portée par Breton sur l'exemplaire d'*Arcane 17* qu'il envoie à Georges Bataille quelques années auparavant : « *À Georges Bataille, l'un des seuls hommes que la vie ait valu pour moi la peine de connaître* », p. 505.

[2] « *[Sa] toute récente disparition est par moi durement ressentie. Certes, nous nous opposions au possible sur certains plans mais, en toute résultante humaine, il m'était très cher, j'admirais la noblesse de sa pensée et de sa vie. À maintes reprises Bataille a insisté sur ce qui pouvait le lier au surréalisme et à moi-même dans la profondeur* », André Breton, « Entretien avec Madeleine Chapsal » (9 août 1962), *Perspective cavalière*, « L'Imaginaire », Gallimard, 1970, p. 221.

[3] Dans ses papiers personnels, tous numérisés et mis en ligne par l'association Atelier André Breton, figure, conservée et archivée par Breton lui-même, la coupure de presse de France-Soir du 11 juillet 1962 annonçant le décès de Bataille. Voir www.atelierandrebreton.com. De même, dans une lettre à Jean-Jacques Pauvert du 30 juillet 1963, que celui-ci reproduit en fac-similé dans son propre ouvrage, Breton réaffirme son intérêt pour un certain type de production romanesque en saluant l'œuvre de Bataille : « *Le Petit, du fait sans doute que Bataille n'est plus là, offre de sa pensée l'aspect le plus creusé, le plus pathétique et atteste l'importance qu'elle prendra dans le proche avenir* », André Breton, lettre à Jean-Jacques Pauvert, 30 juillet 1963, Jean-Jacques Pauvert, *La Traversée du livre*, Viviane Hamy, 2004, p. 362.

surréalisme, soit dans telle ou telle polémique, en prenant le parti de Breton (contre Sartre) ou en cherchant à jouer les médiateurs (entre Breton et Camus), soit en rédigeant une critique de telle ou telle publication de Breton, soit en cherchant à préciser sa propre place dans la configuration générale du surréalisme (de cette époque date l'appellation « l'ennemi du dedans » que Bataille se donne à lui-même ; on sait aussi qu'il consent alors à participer au catalogue de telle ou telle exposition surréaliste), soit enfin, dans les dédicaces personnelles successives qu'il rédige à l'intention de Breton lors des publications de ses propres ouvrages, dédicaces extrêmement émouvantes qu'il nous est désormais permis de découvrir parmi les documents de sa collection. Ainsi, par exemple, pour *Méthode de méditation* (1947) : *« À André Breton, avec toute la confiance de Georges Bataille, ce petit livre écrit il y a deux ans et que je devrais modifier aujourd'hui »* ; pour *La Part maudite* (1949) et pour *L'abbé C.* (1950) : *« À André Breton, fidèlement »* ; pour *Le Bleu du ciel* (1957) : *« À André Breton, en signe d'amitié fidèle »* ; pour *L'Érotisme* (1957) : *« À André Breton, qui a beaucoup compté pour moi et qui ne cesse guère de représenter à mes yeux quelque chose d'essentiel, amicalement »* ; pour *Le Procès de Gilles de Rais* (1959) : *« À André Breton, certain d'une entente essentielle, à laquelle des apparences, si frappantes qu'elles soient, ne changent rien, avec l'amitié de Georges Bataille »* ; pour *Les Larmes d'Éros* (1960) : *« À André Breton, avec lequel je n'ai jamais cessé d'être ami profondément, au-delà des amitiés faciles »* : pour *Le Coupable* (1961) : *« À André Breton, avec la fidèle amitié de Georges Bataille »*. Cette remarquable insistance sur « l'amitié », qu'une lecture critique leur avait jusqu'ici souvent refusée, vient frapper d'inanité une approche manichéenne du problème, qui consisterait notamment à moquer le « pohète » et ses prétendus « mignardises » d'arrière-garde, pour mieux exalter la modernité noire d'une « impossible » pensée. Elle conforte en outre le postulat qu'on voudrait poser maintenant d'un « dialogue », d'une « communication » entre les deux, qui transcende à la fois leurs individualités respectives, leurs relations interpersonnelles ainsi que la seule lecture parallèle de leurs œuvres, pour se situer dans un carrefour improbable et théorique où se rejoindraient tous les fils.

Un dialogue « surréaliste », qui dépasse la simple interlocution désirée et délibérément entretenue entre les deux locuteurs. Se coupant, se prêtant, ou partageant parfois la parole, Breton et Bataille semblent porter à leur paroxysme les modalités d'une communication singulière qui a constitué le surréalisme dès son origine. Lisons en effet les expériences de sommeil, les jeux partagés, les enquêtes, l'écriture ou le dessin automatique, comme autant de traces de cet échange inouï qui court-circuite la parole consciente et qui, en de brefs éclairs, a pu faire étinceler, y compris malgré de profonds différends, comme un véritable accord entre les protagonistes : telle est l'exaltation « surréaliste » de cette communication à laquelle le langage prosaïque, plutôt que d'y contribuer, fait au contraire souvent obstacle. On n'a pas oublié *Vous m'oublierez*, où Parapluie murmure à l'oreille de Machine à coudre : *« La vierge est prête ? Tout ne peut pas se chanter sur l'air des lampions, si des marguerites jaunes tourbillonnent, fleurs de loterie, à la place des yeux qui se ferment »*. Et Machine à coudre, lui répondant en croisant les mains : *« Veux-tu des ficelles ou des oranges ? Mon beau singe m'a fait cadeau d'une paire de bretelles et ce n'est pas tout. Éléphants des grands magasins, accourez avec vos lanternes sourdes. Le soleil n'est pas couché*[1] *».* Échange rejouant sur le mode pseudo-théâtral cet art singulier, déroutant, de la conversation surréaliste que Breton et Soupault ont expérimenté dans *Les Champs magnétiques*[2]. Dans le *Manifeste*, Breton donne quelques repères de lecture de tels échanges, qui consistent *« à rétablir dans sa vérité absolue le dialogue, en dégageant les deux interlocuteurs des obligations de la politesse. Chacun d'eux poursuit simplement son soliloque, sans chercher à en tirer un plaisir dialectique particulier et à en imposer le moins du monde à son voisin. Les propos tenus n'ont pas, comme d'ordinaire, pour but le développement d'une thèse, aussi négligeable qu'on voudra, ils sont aussi désaffectés que possible. Quant à la réponse qu'ils appellent, elle est, en principe, totalement indifférente à l'amour-propre de celui qui a parlé. Les mots, les images ne s'offrent que comme tremplins à l'esprit de celui qui les écoute*[3] *».* « Vérité absolue », « soliloque », « tremplins » : trois aspects décisifs et paradoxaux de ce dialogue souterrain où l'être conscient s'abîme et dans lequel nous voudrions nous aventurer, dans l'espoir d'y repérer des points de tangence inaperçus jusqu'ici, et qui ne sacrifieraient rien à la singularité de chacun. À dire les choses autrement, et en empruntant cette fois un vocabulaire bataillien, quelle espèce de « potlatch » se joue donc entre les deux en une surenchère permanente qui, dans le meurtre symbolique, la ruine ou la déchirure (les déchirures externes et internes à la stricte problématique de leurs relations ne manquèrent pas : amoureuses, amicales, politiques, artistiques, philosophiques…), permet à cette « communication » entre eux deux – et selon quelles modalités successives ? – d'exister ? Et d'exister même, voire davantage encore, au plus fort des dissensions ? Dans l'urgence d'une riposte à la montée des fascismes, ceci, de Bataille, dans une lettre à Caillois (9 octobre 1935) : *« J'espère […] que cette misère nous donnera l'occasion d'éprouver à quel point les choses essentielles dérivent encore du dieu polemos*[4]*… ».* Dimension volontiers « polémologique », donc, au sens sociologique (Gaston Bouthoul) de cette réflexion croisée : entre nations là, entre individus ici, le même désir, vidé de tout militantisme idéologique, d'observer les conditions inhérentes à la formation des conflits et à leur résorption. Bataille encore, en pleine guerre : *« chacun de nous doit se livrer sans cesse à la perte de soi – partielle, totale – qu'est la* communication *avec autrui*[5] *».* Que le meilleur de cette « communication » échappe à l'interlocution, qu'il s'échange au contraire comme *en silence* par cette déchirure de soi la plus cachée, tels sont les

---

[1] André Breton, Philippe Soupault, *Vous m'oublierez* (1920), *OC I*, Gallimard, Bibliothèque de la Pléiade, 1988, p.138.
[2] À titre d'exemple : *« Est-ce que vous avez oublié que la police est neutre et qu'elle n'a jamais pu arrêter le soleil ?*
- Non merci, j'ai l'heure », André Breton, Philippe Soupault, « Barrières », *Les Champs magnétiques* (1919), *Ibid.*, p. 74.
[3] André Breton, *Manifeste du surréalisme* (1924), *Ibid.*, p. 336.
[4] Georges Bataille, *Lettres à Roger Caillois*, 9 octobre 1935, Éditions Folle Avoine, 1987, p. 51.
[5] Georges Bataille, *La limite de l'utile*, (1939-1945), *OC VII*, Gallimard, 1976, p. 268.

postulats décisifs dont doit partir toute confrontation scrupuleuse entre André Breton et Georges Bataille, enfin libérée de toute mise en demeure de « choisir son camp » dans laquelle on l'a trop souvent confinée.

Telle est l'ampleur du travail qui se présente à qui voudrait se lancer dans une nouvelle lecture de cette confrontation entre André Breton et Georges Bataille. Impératif majeur : considérer le problème dans toute son étendue, lui donner son exhaustivité maximale, et ne pas se satisfaire d'une réduction (thématique, idéologique...) qui ferait mentir le tracé général. Approche historique, psychologique et psychanalytique (instrument à manipuler avec les précautions chirurgicales qui s'imposent), sociologique, rhétorique, poétique... On postulera la « littérature » comme le carrefour improbable où ces questionnements jouent de concert, et d'où part toute herméneutique sérieuse et débarrassée de sa propre suffisance à croire qu'elle a fait le tour de la question. On partira donc ici des romans familiaux respectifs, de leurs années de formation, des traumatismes de la première guerre et des enthousiasmes intellectuels accompagnant leur maturation, puis enfin de leur rencontre en 1925, pour observer la longue apodose initiale menant à cette violente collision des années 1930, acmé de leur haine réciproque. Ce premier trajet, dominé par les tâtonnements et les positionnements philosophiques, se perd dans la nouvelle exigence qui, commandée par les impératifs historiques, monte en chacun depuis quelques années déjà : celle d'une implication politique effective, dont la nécessité se fait de plus en plus urgente à mesure de l'essor des forces fascistes et de l'imminence de la guerre. Cette seconde phase, foncièrement idéologique, est notamment marquée par une inscription très différente sur l'échiquier politique, au moment même d'une crispation générale des engagements à laquelle l'un comme l'autre cherchent à rester étrangers. L'éphémère regroupement de *Contre-Attaque* (octobre 1935 à mars 1936), alliance obscure différemment travaillée par la singularité des héritages marxistes depuis des années chez l'un et chez l'autre, pose alors avec violence le problème de la « communauté » et de l'efficacité politique du mythe. Ce sont ces mêmes questions qu'on les verra éprouver ailleurs, dans d'autres espaces communautaires censés conjurer la menace de la guerre imminente et de la mort en marche.

Plongée dans l'inépuisable, un travail comme celui-ci accorde mal la nécessité heuristique, théorique, discursive qui est la sienne – une mise en écriture au moment exact où se taire finalement reviendrait au même – avec la nature toujours contagieuse des œuvres en question, dont on penserait à tort qu'elle l'immunise. Rien ne vaccine contre André Breton ou Georges Bataille, pas même l'autopsie analytique, cette action de « voir par soi-même ». Jamais rien d'autre en jeu, que l'inextinguible vif du sujet.

PREMIÈRE PARTIE

LE POIDS DES CADAVRES

ÉTONNANT de voir combien la singularité des parcours initiaux de Breton et Bataille avant même leur rencontre va considérablement influencer les modalités ultérieures de leurs relations. Comment, et sans exagérer aucun déterminisme, elle va les placer dans des dispositions respectives, conscientes ou pas, qui favoriseront ou entraveront la possibilité même d'un échange. Voilà, puisqu'il faut bien commencer par le commencement, quelque chose comme le point d'origine, depuis le roman des romans familiaux respectifs jusqu'à cette année 1925 où Michel Leiris les présente l'un à l'autre. Chacun aura alors, aux abords de la trentaine, déjà initié le mouvement qui deviendra par la suite absolument constitutif de son identité : Breton, depuis longtemps déjà, et avec quel éclat, ayant alors brillamment sonné l'avènement du surréalisme manifeste et raisonnant, après l'explosion Dada et l'époque retentissante du surréalisme intuitif[1] ; Bataille au contraire, enfin sur le point de réaliser une recherche solitaire et quasi-silencieuse – il a alors très peu écrit, et n'a encore rien publié d'autre que la fervente plaquette *Notre-Dame de Rheims* en 1918 – mais ayant donné à sa pensée les impulsions cruciales qui lui permettront de devenir ce qu'elle sera (la conversion au catholicisme puis, en un éclat de rire, son reniement nietzschéen accompagné par l'enseignement de Léon Chestov, mais aussi la cure psychanalytique suivie avec Borel, qui lui communique les clichés décisifs du supplicié chinois et lui ouvre la voie vers l'imminente *Histoire de l'œil*).

---

[1] On lit par exemple cette distinction entre « époque intuitive » et « époque raisonnante » dans la conférence *Qu'est-ce que le surréalisme ?* prononcée par Breton à Bruxelles le 1er juin 1934. Rappelons que parmi d'autres signes (parution du *Manifeste du surréalisme* et ouverture de l'éphémère Bureau de recherches surréalistes, rue de Grenelle, à l'automne 1924, puis lancement de la revue *La révolution surréaliste* en décembre de la même année), c'est surtout l'éveil politique de 1925 qui articule pour Breton ces deux époques. Voir André Breton, *Qu'est-ce que le surréalisme ?* (1934), *OC II*, Gallimard, Bibliothèque de la Pléiade, 1992, notamment pp. 231-233.

Naissances et fantômes :
les romans familiaux (roman)

RIEN n'exige plus de modestie et de prudence herméneutique que de tenter de pénétrer dans les arcanes de l'enfance. Il y a là comme un territoire perdu où s'enracine indéniablement l'incitation à écrire, mais où rien ne saurait être avancé que conjecturalement et à la condition expresse d'une fidélité scrupuleuse aux textes. Il est vrai que les détails autobiographiques concernant l'enfance sont, chez Breton comme chez Bataille, rares et précieux. Pourtant, partant de ces indices et les recoupant avec d'autres recherches, biographes et (psych-) analystes nous ont-ils permis d'ébaucher, même à traits approximatifs, l'histoire réelle et fantasmatique qui, de ces deux petits enfants, construira les hommes que nous connaissons. Le roman croisé de ces « romans familiaux » vaut bien d'être tenté.

On se souvient que la notion de « roman familial » est élaborée par Freud dans un petit texte intitulé « Le Roman familial des névrosés », qu'il insère dans le livre d'Otto Rank *Le Mythe de la naissance du héros* (1909). Freud y développe sa théorie sur le processus de constitution de la personnalité de l'enfant par différenciation et détachement de l'instance parentale. Véritable rêve diurne, le roman familial est une activité fantasmatique par laquelle l'enfant « corrige » son existence réelle, autrement plus misérable que celle, merveilleuse, princière, qu'il ambitionne en secret. Forgé au détriment de ses parents, le « roman familial » de l'enfant est bientôt refoulé lorsque sa maturation ne lui permet plus d'y adhérer. Il est ainsi cet expédient imaginaire auquel l'enfant recourt pour résoudre sa première crise psychologique grave, celle de la déception familiale. En 1972, dans l'essai *Roman des origines et origines du roman*, Marthe Robert reprend et développe cet outil analytique, qu'elle applique pour sa part à la création romanesque en général pour y distinguer deux étapes. La première, pré-œdipienne, ignore la différenciation sexuelle des parents, pareillement réunis dans une même instance monolithique rejetée par un enfant qui cherche alors dans son roman familial une affirmation identitaire[1]. Cette phase dite de

---

[1] « *devenus méconnaissables à ses yeux depuis qu'il leur découvre un visage humain, ses parents lui paraissent tellement changés qu'il ne peut plus les reconnaître pour siens, il en conclut que ce ne sont pas ses vrais parents, mais littéralement des étrangers, des gens quelconques avec lesquels il n'a rien de commun si ce n'est qu'ils l'ont recueilli et élevé. Ayant ainsi interprété le sentiment d'étrangeté que lui inspirent maintenant ses anciennes idoles démasquées, il peut désormais se regarder comme un enfant trouvé, adopté, auquel sa vraie famille, royale, bien entendu, ou noble, puissante en quelque*

l'« Enfant trouvé » correspond à l'imaginaire de la fable et du conte, où l'enfant s'invente dans le merveilleux une ascendance de substitution. La seconde phase, au contraire, reconnaît la différenciation sexuelle des parents et s'inscrit donc pour sa part dans une problématique œdipienne. L'enfant, ayant compris la distinction sexuelle des parents, et rassuré sur la filiation maternelle, en vient à douter de la figure paternelle et à modifier le patron initial de son roman familial de telle sorte qu'il reporte désormais sur lui et sur lui seul son affabulation[1]. Ce roman œdipien du « Bâtard réaliste » correspond en propre selon Marthe Robert à l'imaginaire romanesque. Et Marthe Robert, qui précise combien la distinction théorique qu'elle avance n'a pas force de valeur exclusive et combien souvent les deux tendances peuvent alterner, coexister, se heurter, se combiner dans une même œuvre, d'affirmer que *« l'écrivain qui imite les conflits humains avec leurs nuances psychologiques et leur chronologie, les faits avec leurs conséquences et leur inextricable enchevêtrement, les personnes avec leurs caractères et leurs variations,* n'a pas le même âge psychique *que le romancier dont l'imagination engendre d'emblée monts et merveilles sans leur donner la moindre touche de naturel. Non qu'il soit plus clairvoyant, plus apte à fournir un rendu parfait ou forcément plus génial, mais il montre une certaine maturité en ce qu'il reconnaît le monde comme extérieur à sa propre personne, donc comme un ensemble de données positives impossibles à entamer du dedans, fût-ce par une rêverie sans frein.* [...] *[un tel écrivain] se rattache aux motivations nuancées de réalisme qui interviennent au moment le plus évolué du "roman familial", et devient en somme l'émule du Bâtard "œdipien" ; alors que le phantaste fasciné par ses rêves et ses métamorphoses, créant à l'écart du monde et contre le monde un peuple de chimères sans proportion avec l'expérience, reste de toute évidence à l'âge de l'Enfant trouvé, captif de l'univers pré-œdipien dont la seule loi est encore la toute-puissance de la pensée[2].* »

On voit tout le profit à tirer de cet outil pour initier la confrontation entre Breton et Bataille. Le « roman familial » est bien cette stratégie fantasmatique de crise par laquelle l'enfant conçoit, en se dégageant de l'emprise affective parentale, les rudiments de son idiosyncrasie. *A posteriori*, difficile de l'élaborer autrement que comme une proposition, celle d'un roman où se liraient les traumatismes fondamentaux susceptibles de trahir l'archéologie initiale du futur créateur. Partant donc de la lecture d'un tel roman du « roman familial » comme ancrage originel *datant* en quelque sorte une œuvre dans une problématique pré-

---

façon, se révèlera un jour avec éclat pour le mettre enfin à son rang », Marthe Robert, *Roman des origines et origines du roman* (Grasset, 1972), coll. Tel, Gallimard, 1997, p. 47.

[1] *« Décidé à garder sa vraie mère avec ses véritables traits et son humble état, l'enfant ne travaille plus que sur le père dont il connaît le caractère douteux.* [...] *la mère exclue de l'affabulation rentre dans la réalité au moment même où le père en sort, les deux figures n'appartiennent plus au même monde, elles relèvent de deux catégories bien distinctes, l'une féminine, proche et triviale ; l'autre masculine, lointaine et noble, dont chacune est coupée en deux par une opposition constante de ses affects et de ses idées.* [...] *pour le rôle qu'il joue alors dans l'ordre ordinaire de la vie, ce père royal et inconnu, cet éternel absent pourrait tout aussi bien ne pas exister, c'est un fantôme, un mort auquel on peut certes vouer un culte, mais aussi quelqu'un dont la place est vide et qu'il est tentant de remplacer »*, *Ibid.*, p. 50-51.

[2] *Ibid.*, p. 73.

œdipienne ou œdipienne, il semble qu'on puisse rien moins qu'assigner un « âge psychique » aux deux œuvres respectives.

Il était une fois... André Breton ou l'Enfant trouvé

C'est le 19 février 1896 qu'André Robert Breton voit le jour à Tinchebray, dans l'Orne, d'un père, Louis, d'abord employé de commerce puis gendarme, avant de tenter temporairement divers métiers (libraire, comptable), et d'une mère, Marguerite, dominatrice et froide, qu'il comparera plus tard à Folcoche[1]. Rien là qui puisse expliquer l'éloge de l'enfance maintes fois répété.

Car les figurants sont à peine en place que déjà, la tragédie s'installe. Deux fantômes, d'emblée, se lèvent, parmi ceux qui ne quitteront plus l'imaginaire gothique de Breton et qui, périodiquement, viendront hanter ses écrits : le premier, Breton l'évoquera devant Charles Duits, dans les années 50 : « *"Robert, il s'appelle Robert. Je le vois chaque nuit, ce personnage. C'est mon frère, vous savez. Mon frère Robert. – Non, je n'ai jamais eu de frère. Mais c'est justement pour cela que ces rêves sont si abominables". Enfin, il se leva, ouvrit la fenêtre et se mit à faire des exercices respiratoires[2]* ». Troublante anecdote, qui ne semble trouver dans l'œuvre aucune autre occurrence ni écho explicite. Aucune trace, apparemment, de cet obsédant Robert par ailleurs. Mark Polizzotti s'aventure dans quelques conjectures : pour lui, l'hostilité maternelle pourrait s'expliquer par le fait qu'André aurait été un enfant non désiré par elle, conçu soit sous la pression du désir de son mari, soit par *« un accident assez banal alors ; en tout cas, le couple n'aura pas d'autre enfant. »* Il va plus loin encore en suggérant la possibilité que *« Breton ait été pour sa mère le substitut peu satisfaisant d'un premier-né mort prématurément »*, André se retrouvant alors enfant de substitution d'un premier enfant disparu baptisé Robert, et il *« savait que les enfants de "remplacement" portent le prénom de leurs aînés disparus[3] »*. Or ce fantôme Robert ne réapparaît-il pas en quelque sorte par la suite ? Ne peut-on le reconnaître, toutes proportions gardées, dans la résurgence récurrente de ces nombreux fantômes dont Breton se dit habité (toute l'histoire de l'automatisme n'est-elle pas chez lui à relier à cette intériorisation de l'Autre absent/présent en soi, et notamment Vaché, né la même année que Breton) ? Voire plus précisément sous les traits d'un autre Robert, à savoir un certain… Desnos ? L'hypothèse vaut d'être envisagée. Car n'est-ce pas lui, Desnos, qui, avec Crevel, plonge le groupe entier dans les

---

[1] Mark Polizzotti présente Louis comme *« un homme affable, apparemment sans ambition et dont la seule conviction affirmée est l'athéisme. [...] Enclin à l'effacement, il est parfois obligé par l'autoritaire Marguerite de faire preuve de sévérité à l'égard de son fils »*, et ajoute qu'*« animée d'une ambition démesurée pour son humble famille, [Marguerite] est profondément pieuse, ne serait-ce que par souci des conventions ; à ses yeux, le chemin de l'Église et celui de la respectabilité sociale ne font qu'un »*, Mark Polizzotti, *André Breton*, Biographies, Gallimard, 1999, p. 11.
[2] Charles Duits, *André Breton a-t-il dit passe*, Dossier des Lettres Nouvelles, Denoël, 1969, p. 166, cité aussi dans Mark Polizzotti, *André Breton*, Biographies, Gallimard, 1999, p. 13.
[3] *Ibid.*

expériences de sommeil de 1922, faisant à l'envi parler la « bouche d'ombre » devant un Breton ébahi et bientôt forcé, devant l'agressivité grandissante des dormeurs, de mettre un terme à ces pratiques pourtant fondatrices du mouvement ? Le lien tout à fait singulier de Breton avec Robert Desnos[1], maintes fois souligné par la critique, éclatera en 1930 puisque c'est lui qui fomentera le projet du Cadavre. Mais jouons pour l'instant à reconnaître cette première présence à la fois familière et fantomatique auprès de Breton, lequel, dans le commentaire qu'il rédige pour lui rendre hommage en 1959, termine par ces mots : « *À ce qui fut sa vie, aux atroces conditions de sa mort, par-delà ce qui put nous séparer, nous opposer, non sans fureur, je pense* fraternellement[2] ». Or ce premier fantôme-Robert polymorphe n'est pas sitôt apparu qu'un autre lui emboîte le pas, peut-être moins discret. C'est celui auquel Breton doit rien moins que son premier prénom, André : prénom que ses parents lui attribuent « *en souvenir d'un grand-oncle maternel qui a disparu mystérieusement le jour de son mariage[3]* ». André (« Andros », l'homme) doit alors bel et bien son existence à cette double substitution fantasmatique qui condamne l'identité à se construire sur l'absence, absence dont le refoulé fera doublement retour : d'abord par les nombreux fantômes qui hanteront explicitement Breton, comme on l'a dit ; ensuite par le mécanisme défensif d'inversion qui voit naturellement l'enfant, récusé par ses parents, les récuser à son tour et leur substituer une ascendance de remplacement. « *Non seulement il est impossible de savoir* d'où *l'on vient, mais de qui l'on vient ; rien de commun, en tout cas, avec ceux qui se font passer pour les auteurs de vos jours – de quels jours ? Plutôt se composer une généalogie selon son caprice et son cœur* [...] *Effrayez-vous si vous voulez, nous en sommes là : c'est au tour des parents de ne plus être "reconnus" par les enfants[4]* ». C'est dans un texte consacré à Jean Ferry que Breton écrit ces lignes significatives, Jean Ferry dont il a d'abord salué le déchiffrement unique de l'œuvre de Roussel, soit de celui dont justement « *le souvenir le plus précis que [Breton] garde est celui d'un homme* caché[5] », avant de rédiger la préface de

---

[1] Voir par exemple, outre le texte « Entrée des médiums » où Breton relate les expériences de sommeil et le rôle décisif de Desnos (*OC I*, Gallimard, Bibliothèque de la Pléiade, 1988, pp. 273-279), l'hommage qu'il lui rend dans *le Journal littéraire* de juillet 1924 (« Robert Desnos », *OC I*, pp. 473-474) et surtout les lignes du *Manifeste* où il le distingue clairement des autres poètes surréalistes comme « *celui d'entre [eux] qui, peut-être, s'est le plus approché de la vérité surréaliste* », *Manifeste du surréalisme* (1924), *OC I*, p. 331.

[2] André Breton, « Sur Robert Desnos » (14 mars 1959), *Perspective cavalière,* coll. L'Imaginaire, Gallimard, 1970, p. 182. C'est moi qui souligne. On signalera aussi, et sans vouloir forcer le trait, la singulière configuration qui verra Breton célébrer le roman gothique *Melmoth*, de Charles-*Robert* Maturin, roman qui raconte l'histoire sinistre d'un personnage signant un pacte avec le diable, puis parcourant le monde « *à la recherche de quelqu'un qui veuille prendre sa place de maudit* », pour reprendre les termes d'Ann-Daphné Grieve, Article « Maturin, Charles-Robert », *Encyclopædia Universalis*.

[3] Mark Polizzotti, *André Breton*, Biographies, Gallimard, 1999, p. 11.

[4] André Breton, « Le Mécanicien » (1953), *OC III*, Gallimard, Bibliothèque de la Pléiade, 1999, p. 877.

[5] André Breton, « Fronton-virage » (1948), *Ibid.*, p. 852. Breton déclare dans ce même texte avoir été « *vivement frappé* » par la pertinence de la question que Jean Ferry pose à propos de Roussel :

ses contes à partir de la notice qu'il lui a consacrée dans l'*Anthologie de l'humour noir*. Dans cette notice, Breton, non moins significativement semble-t-il, lit l'ensemble des contes de Ferry comme se déployant *« autour de l'idée de l'homme perdu[1] »*, idée qui lui suggère celle de cette « généalogie du caprice et du cœur ». Il associe ensuite à l'humour de Jean Ferry le souvenir d'un numéro de cabaret vu une trentaine d'années auparavant, « L'Homme qui se dégonfle », présentant deux personnages qui construisent une maison dont il ne restera rien : *« l'un des deux était constamment obligé de redresser l'autre qui, livré à lui-même, les yeux noyés, se mettait aussitôt à pivoter lentement tout en perdant de la hauteur jusqu'à l'aplatissement total qui ne lui laissait plus à ras de terre que l'épaisseur de ses vêtements[2]. »* Dans la dernière version de la préface qui remanie cette notice, Breton poursuit son commentaire à partir de cette anecdote : *« Cette idée du double – de l'intrus, du parasite avec lequel il faut vivre – se révèle, d'une pièce à l'autre, assez obsédante[3] »*. C'est par exemple le double qui obsède le héros du conte « Le Voyageur avec bagages ». C'est aussi, perdu seul sur son île, cet *autre* « Robinson » écrit par Ferry « par-dessus » celui de Defoe, mais qui, contrairement au sien, renonce à toute action de survie, c'est-à-dire interrompt le processus de progrès que le héros initial déclenche[4].

On voit là un premier faisceau de convergences vers le complexe de l'Enfant trouvé, qui nous inciterait à observer le surréalisme comme cette famille de substitution, combinant à la fois fratrie et ascendance revendiquée. On peut aller plus loin. D'abord en rappelant que la dénégation parentale ira chez Breton jusqu'à le voir modifier rien moins que sa date de naissance : il changera le 19 février 1896, jour du registre officiel, pour la veille, le 18 février, date apocryphe qu'il donne pourtant à partir des années 1930. Le « Poisson soluble » s'est dissout, est devenu Verseau. Il a choisi seul, fait peu banal, le jour de sa naissance, comme s'il naissait à lui-même et de lui-même[5], « auto-

---

« comment cacher quelque chose de manière à en rendre ultérieurement la trouvaille difficile, mais possible ? ». La question, bien sûr, nous intéresse tout particulièrement dans le déchiffrement tenté ici.
[1] André Breton, « Jean Ferry », *Anthologie de l'humour noir* (1950), *OC II*, Gallimard, Bibliothèque de la Pléiade, 1992, p. 1156. C'est Breton qui souligne.
[2] Et Breton de rajouter : *« Je n'ai rien vu d'aussi irrésistiblement drôle et troublant depuis lors »*, Ibid., p. 1157.
[3] André Breton, « Le Mécanicien » (1953), *OC III*, Gallimard, Bibliothèque de la Pléiade, 1999, p. 878.
[4] Pour Marthe Robert, Robinson est justement le héros qui incarne exemplairement le passage de la problématique pré-œdipienne de l'Enfant trouvé vers la problématique œdipienne du Bâtard réaliste en ce que, contrairement à Don Quichotte, exemple accompli du premier type, son histoire commence en Enfant trouvé réfractaire à l'expérience, inéducable, hostile au réel, mais se poursuit en Bâtard réaliste lorsqu'il revient vers le monde réel et se lance dans le progrès. Voir notamment le chapitre « Robinsonnades et Donquichotteries », Marthe Robert, *Roman des origines et origines du roman* (Grasset, 1972), coll. Tel, Gallimard, 1997, pp. 131-sq.
[5] Georges Sebbag, dans une lecture qui ne manque pas d'originalité et d'audace, observe judicieusement que ce décalage, entre autres coïncidences astrologiques désirées par Breton, fait passer sa naissance du mercredi des Cendres (fête religieuse du souvenir des morts, où commencent les quarante jours du Carême) au jour du Mardi-gras (fête païenne du carnaval). Il

naissance » lisible sur un mode mythologique et poétique dans la première section de *L'Immaculée conception*, et intitulée « L'homme » (soit « André »), où s'exprime bien l'horreur de naître et d'être précipité dans l'espace-temps du monde : « *[le] rêve, le seul rêve est de n'être pas né. [...] L'homme ne se reproduit pas dans un grand éclat de rire. L'homme ne se reproduit pas[1]* ».

Ce n'est pas tout, si l'on s'autorise de quelques approches psychanalytiques pour continuer d'observer l'ensemble de son œuvre dans ce même ancrage pré-œdipien. Car la langue, le langage est avant tout langue « maternelle », on le sait. Elle est cet héritage ombilical originellement ludique que la « loi du père » vient ordonner, régenter, soumettre aux impératifs du sens[2], soit précisément ce que refuse la poétique surréaliste qui entend prolonger le « jeu » du langage « d'avant la loi »[3]. On peut alors prudemment avancer que la langue chez Breton, refusant la loi œdipienne, chercher même à s'inventer comme en-deçà de l'héritage maternel, ou pour le moins, concurremment à ce même héritage. Qu'elle cherche à s'en libérer absolument, à s'en affranchir, à s'auto-engendrer encore[4]. Et dans l'éclosion de sa sensibilité poétique, les heurts ne vont pas manquer. Véritablement empêché par un projet parental qui prétend lui imposer bon gré mal gré une « carrière » dans la médecine, Breton verra longtemps ses dispositions poétiques, pourtant vivifiées par les lectures délicieusement terrifiantes de l'instituteur Tourtoulou[5], s'affirmer par opposition à cet univers familial régenté par la mère[6]. Dans un tel contexte, comment lire ce que la

---

interprète ce décalage comme une volonté de conjuration de Thanatos, qu'il relie au « Cendrier/Cendrillon » de *L'Amour fou* où l'Éros lutte contre les forces de la mort. Georges Sebbag, *L'Imprononçable jour de ma naissance. 17ndré 13reton*, Jean-Michel Place, 1988. Rappelons que Cendrillon est bien sûr l'histoire d'une enfant « des cendres » humiliée par une marâtre dont elle finira par triompher.

[1] André Breton et Paul Éluard, *L'Immaculée conception* (1930), *OC I*, Gallimard, Bibliothèque de la Pléiade, 1988, p. 841.

[2] « *À l'âge où l'enfant apprend à manier le vocabulaire de sa langue maternelle, il éprouve un plaisir manifeste à faire de ce matériau une "expérimentation ludique" [...], et il assemble les mots sans se soumettre à la condition de sens, afin d'obtenir grâce à eux l'effet de plaisir lié au rythme et à la rime. Ce plaisir, il se le voit progressivement défendre, jusqu'à ce que les seuls assemblages de mots autorisés qui lui restent soient ceux qui ont un sens* », Sigmund Freud, *Le mot d'esprit et sa relation à l'inconscient* (Gallimard, 1930, nouvelle traduction en 1988), Folio essais, 1995, p. 236.

[3] Voir Michelle Tran Van Khai, « Flagrant hasard, déflagrations du plaisir », *Du surréalisme et du plaisir*, textes réunis par Jacqueline Chénieux-Gendron, coll. Champs des activités surréalistes, José Corti, 1987.

[4] Étienne-Alain Hubert souligne combien « *la lecture assimilatrice chez Breton [va] jusqu'à lui fournir les éléments d'une seconde langue natale [dont l'étude] serait infinie* », Étienne-Alain Hubert, « Du poème des événements au "poème-événement" : À propos des "États généraux" », *André Breton*, Cahiers de L'Herne n°72, dirigé par Michel Murat, 1998, p. 301.

[5] Jean-Luc Steinmetz voit en cet instituteur que Breton évoquera ensuite avec nostalgie, un « père de substitution » possible qui l'initie aux récits effrayants qui lui donneront ensuite le goût des romans noirs. Voir Jean-Luc Steinmetz, « André Breton et la bibliothèque noire », *Ibid*.

[6] « *étudiant, il devait toujours lui cacher, comme des fautes, ses achats de livres, sa présence aux matinées poétiques du théâtre Antoine ou du Vieux-Colombier, son goût passionné pour la poésie. Elle exigeait, quand il préparait son examen du P.C.N. qu'il apprît ses cours à haute voix, afin de s'assurer qu'il ne dissipait pas son temps en lectures inutiles ou frivoles. Lorsqu'il abandonna la médecine en 1920, sa déception fut si forte qu'elle se laissa*

psychanalyse nous suggère ici ou là, à savoir que Breton, dans sa quête amoureuse ultérieure, dans sa recherche d'« objets » du monde sans cesse relancée, n'est en fait en quête que de ce lien originaire, ombilical, perdu avec la mère, elle qui n'a pas, ou si peu, incarné cette présence protectrice[1] ? Si ce que proclame le surréalisme, comme le souligne François Migeot, *« c'est la "toute-puissance du rêve" qui ne va pas sans évoquer [...] la "toute-puissance maternelle" que l'enfant, dans un stade pré-œdipien, prête à sa mère quand il croit encore pouvoir maintenir le lien avec elle, être son phallus, et révoquer ainsi le spectre de la castration[2] »*, ne peut-on pas y voir plutôt la trace de la construction fantasmatique de cette mère de substitution qui, dès l'origine, s'érige en lieu et place de la mère réelle décevante ? Observons d'ailleurs que nombreuses seront les tocades amoureuses de Breton à l'égard précisément d'« enfants trouvées » (de Suzanne, qui se prostitue à La Ruchette, à Nadja, bien sûr, ou à Élisa qui, elle, a perdu sa fille…) rejouant le trauma initial.

Plusieurs motifs, sur un plan microscopique, convergent alors. Parmi de nombreux autres d'ampleur variable[3], ils signalent le complexe de l'Enfant trouvé qui cherche à échapper à la scène originaire à laquelle il doit son existence (scène reconstruite, fantasmée) pour (re-)naître autrement. Sans aucunement prétendre à l'exhaustivité, ni seulement épuiser leur analyse respective, on se contentera ici d'en indiquer les principaux, motifs sensibles sur lesquels on s'est assez peu, ou ne s'est pas du tout penchée. C'est d'abord celui de cette « couverture » que Breton évoque dans le chapitre « Saisons » des *Champs magnétiques*, chapitre écrit seul, et à propos duquel il précise qu'il est constitué par le *« souvenir d'enfance d'un homme qui tend à fuir ses souvenirs[4] »*. *« Voici que les prières se replient : je commence à croire à des robes plus bleues devant le dessus de lit de dentelle, ouvrage de ma mère »* et Breton signale, en marge, après coup : *« Ce dessus de lit m'a toujours tellement agacé. C'est paraît-il à cela que ma mère s'occupait quelques mois avant de me mettre au monde[5] »*. « Pré-natal », ce dessus de lit, conception d'avant la conception, entre dans un ballet métaphoro-métonymique où s'opposent deux isotopies : la fermeture (les « prières » se « replient », soit le dessus de lit de dentelle dont la mère le recouvre au coucher, soit le corps même de la mère qui

---

emporter jusqu'à dire qu'elle voyait dans ce renoncement un malheur plus grand que n'eût été sa mort à la guerre », Marguerite Bonnet, *André Breton. Naissance de l'aventure surréaliste* (1975), José Corti, édition revue et corrigée, 1988, p. 23.
[1] Voir en particulier René R. Held, *L'Œil du psychanalyste. Surréalisme et surréalité*, Petite Bibliothèque Payot, 1973.
[2] François Migeot, « Que diable allait-il faire dans cette galère ? Breton et la psychanalyse », « André Breton », *Europe*, n°743, mars 1991, p. 133.
[3] Certains ont déjà été analysés : le mythe des grands trans/parents ; le mythe de L/orient…
[4] Dans l'exemplaire n°1 qu'il offre ultérieurement à Valentine Hugo, cité d'après Alain Jouffroy, « De l'occultation du sujet et des conditions de sa réapparition », *André Breton*, Cahiers de L'Herne n°72, dirigé par Michel Murat, 1998, p. 42.
[5] André Breton, *Les Champs magnétiques* (1919), OC I, Gallimard, Bibliothèque de la Pléiade, 1988, respectivement p. 59 et p. 1151, note 5.

oblitère son existence) ; l'ouverture (les « robes plus bleues » auxquelles il « commence à croire »…). On verra périodiquement ressurgir dans l'œuvre ultérieure le motif de cette « couverture » (c/ouverture : ouverture couverte) symptomatique, qui recouvre peut-être d'une présence maternelle réelle les fantasmes d'une autre maternité, soit cette même couverture qui enfouit les livres pour les dérober à la vue de sa mère, soit celle aussi qui cache les premières érections que la mère surveille d'un mauvais œil[1], puis les premières masturbations… C'est par exemple cette couverture sur laquelle se pose une main chimérique, délicieusement sensuelle, qui vient réconforter le malade alité, mais qui se dissipe dès l'instant où l'on entre dans sa chambre pour lui apporter un bouillon (entrée réelle de la mère ?) dans la transcription d'un cas d'« hallucination progressive avec intégrité de la raison » que Taine rapporte dans *De l'intelligence* et dont Breton reprend l'anecdote par trois fois au moins[2]. On pourrait aussi inscrire dans la contiguïté de ce motif la récurrence obsessionnelle chez Breton du « rideau », qui joue pour sa part en oblitérant la « fenêtre », dont on rappelle la valeur fondamentale chez lui, associée à l'écriture et à la poésie[3].

Un autre motif, suggéré comme piste de réflexion largement ouverte, tourne autour du signifiant « Pantin ». On sait que les parents de Breton s'installent dans la commune de Pantin en 1900 (Breton a alors 4 ans), et qu'ils ne la quitteront qu'en 1918. Or il semble possible de mettre à jour toute une chaîne d'associations inconscientes chez Breton partant de ce(s) Pantin(s) originel(s) du foyer familial. Nom propre, nom commun : si l'on admet un instant

---

[1] Dans *Recherches sur la sexualité*, José Pierre signale qu'elle l'emmène consulter le médecin de famille en 1902 pour « soigner » ses érections nocturnes. Il a 6 ans.
[2] Implicitement dans les « Caractères de l'évolution moderne et ce qui en participe », ou dans le *Manifeste du surréalisme*. Explicitement dans *Le Surréalisme et la peinture*, à propos d'un long développement sur Chirico qu'il commente ainsi : « *À la place de cet A.M., j'y ai souvent songé, j'aurais fait mine de trouver le breuvage trop chaud et, le temps de le laisser refroidir, je congédiais l'être réel qui, en l'apportant, avait osé me déranger. Afin qu'il n'y eût plus à nouveau que VOUS* », Voir respectivement André Breton, « Caractères de l'évolution moderne et ce qui en participe » (1922), *Les Pas perdus*, OC I, Gallimard, Bibliothèque de la Pléiade, 1988, p. 301 ; *Manifeste du surréalisme* (1924), *Ibid.*, p. 313 ; *Le Surréalisme et la peinture* (1928), (nouvelle édition revue et corrigée, 1928-1965), Folio essais, Gallimard, 2002, p. 30. Signalons aussi qu'en suivant Georges Sebbag, ce dessus de lit surgit aussi en 1933 « *dans une communication relative au hasard objectif, Breton évoque les diverses manières de plier une serviette de table – pliage triangulaire du père, pliage noué de la mère, pliage phallique de Péret et pliage bretonien en blague à tabac. Il avoue avoir été agacé quand il s'est conformé aux pliages du père ou de la mère. La serviette pliée et le dessus de lit replié engendrent de l'agacement. L'ouvrage immaculé de la mère comme les manies de table parentales signalent autant une scène primitive, un triangle œdipien que la rencontre nullement fortuite de la virginité et de la souillure, du brodé et du bordé, de la merveille et de la veille maternelle* », Georges Sebbag, *L'Imprononçable jour de ma naissance. 17ndré 13reton*, Jean-Michel Place, 1988, p. 65.
[3] Ce motif, omniprésent chez lui (comme cristallisation métaphorique par exemple), a notamment été observé en lien avec la peinture de Chirico, et principalement la fascination éprouvée par Breton pour la toile *Le Cerveau de l'enfant*, que Paule Thévenin interprète comme une représentation picturale de la domination et de l'interdit parental. Voir Paule Thévenin, « Les Énigmes du *Cerveau de l'enfant* », *André Breton. La Beauté convulsive*, catalogue de l'exposition du 25 avril au 26 août 1991, Musée national d'art moderne, Éditions du Centre Georges Pompidou, 1991. On sait que Breton reconnaîtra dans ce tableau « l'homme coupé en deux par la fenêtre ».

l'écrasement de l'un sur l'autre, certes infondé étymologiquement, on se retrouve stupéfait de la longueur de cette chaîne associative qui, maillon après maillon, continue inconsciemment et sur un mode ironique l'accusation primaire : « pantins » innombrables de l'œuvre de Chirico ; « pantins » innombrables aussi chez Rimbaud, chez Jarry (les « palotins » d'Ubu), chez Huysmans, chez Roussel, chez Ducasse/Lautréamont (« pantins en baudruche »)[1]… On verrait toute une concrétion psychique s'amalgamer autour de ce vocable.

Dans le même ordre d'idées enfin, et avec toute la prudence requise par ce qui n'est qu'une intuition de lecture, une autre concrétion, tout aussi topographique : celle qui semble s'agréger autour du nom « Moret-sur-Loing », dont le retour périodique chez Breton peut intriguer. C'est lorsqu'il vient de rencontrer Aragon et, par lui, Lautréamont, qu'il est temporairement affecté dans cette petite ville, en mai 1918, au lendemain de son échec à l'examen de médecin auxiliaire (acte manqué de dénégation du projet parental ?). Certes *« il aime tant les paysages qu'il y reviendra séjourner à plusieurs reprises »*, rapporte Polizzotti[2]. Pourtant, l'insistance avec laquelle « Moret-sur-Loing » va cogner par la suite à la vitre de sa vie nous semble troublante : c'est là que la déambulation initiatique menée « au hasard » le conduit en 1924, avec Aragon, Morise et Vitrac (errance qui tourne bientôt court à cause des tensions croissantes) ; là aussi que son rêve du 5 avril 1931 voit intervenir sa mère, *« très mécontente, qui prétend que tout son ameublement a ainsi été souillé par [sa] faute, à Moret »*[3] (culpabilité refoulée de l'Enfant trouvé qui annihile le projet parental et se construit sur sa dénégation ?) ; là, enfin, qu'il conduit plusieurs de ses compagnes, et notamment Suzanne fin août 1928, soit au plus fort des tensions sentimentales, d'une part avec elle qui exige son divorce de Simone, d'autre part avec Simone dont il décide finalement de divorcer en octobre… Moret-sur-Loing, véritable nœud de conjuration des puissances thanatiques lorsque l'angoisse de la solitude menace l'Enfant trouvé, conjuration biographique (affranchissement du projet parental castrateur) et conjuration symbolique (Moret-sur-Loing : « mort est, sûr, loin »), ou… aporie d'une lecture qui surinterprète ?

Ces quelques éclairages de détail sur le complexe de l'Enfant trouvé chez Breton tel que Marthe Robert le définit rencontrent bien entendu, sur un plan

---

[1] Ducasse, dont le corps est précisément jeté dans l'ossuaire de Pantin, avec les corps non réclamés, lors de la désaffectation du cimetière de Montmartre entre 1880-1890.
[2] Mark Polizzotti, *André Breton*, Biographies, Gallimard, 1999, p. 92. Moret-sur-Loing doit aujourd'hui sa renommée au peintre Sisley, qui y habita.
[3] André Breton, *Les Vases communicants* (1932), *OC II*, Gallimard, Bibliothèque de la Pléiade, 1992, p. 145. Le rêve est analysé par Jean Bellemin-Noël comme dramatisant la réprobation maternelle envers la pratique de la masturbation, qui plus est symboliquement (l'« ameublement ») effectuée sur son propre corps. Voir Jean Bellemin-Noël, « Des Vases trop communiquant », *Biographies du désir*, P.U.F., 1988. La parenté de ce rêve avec certaines scènes de l'*Histoire de l'œil* de Bataille, ou avec le terrible geste nécrophile et incestueux qu'il avouera de son côté, est troublante.

macroscopique, leur pendant dans la prédilection de Breton pour l'univers merveilleux des contes et des mythes en général, prédilection qui s'inscrit contre ce qu'il nomme dans le *Manifeste* « *l'attitude réaliste[1]* » dont la production romanesque (au sens balzacien du terme) est le symptôme. Marthe Robert en effet estime que le conte consiste toujours en la mise en scène stéréotypée d'un héros marqué dès la naissance d'un signe funeste, mal né, mal aimé, victime d'une conspiration générale du monde extérieur dont les parents sont les premiers responsables, et qu'il cherche donc à fuir[2]. Affleure alors peut-être la profonde cohérence qu'il aura voulu donner au futur projet surréaliste, si l'on admet avec elle qu'« *[à] l'inverse du roman "réaliste", qui s'efforce d'ajuster la fiction à ce qu'on admet communément comme une image plausible du réel, [le conte] fait parade de son irréalité, exhibe ses invraisemblances, grossit, rapetisse, déforme, dénature ses éléments sans le moindre souci d'être cru, avec l'arbitraire qui est la loi au royaume absolu de l'imagination. [...] Cependant cette invitation au voyage dans l'irresponsabilité du fantastique n'est que l'alibi d'un réalisme plus profond, un chemin de traverse au bout duquel la vérité retrouve ses commencements charnels, et l'esprit le premier mot de sa curiosité[3]* ». Que cette « curiosité » ramène ainsi l'œuvre de Breton à une interrogation qui rejoue dans sa *poïétique* même la profération de l'énigme de l'existence avant qu'elle soit sexuellement résolue dans l'Œdipe, c'est ce dont on achève de se convaincre en observant que pour lui, le mythe fondamental n'est pas Œdipe mais est au contraire la Sphinge : c'est-à-dire qu'il n'est pas celui qui résout l'énigme[4] ; il est au contraire celui qui, l'énonçant sur un mode allégorique, maintient ouverte une poétique du langage toujours susceptible de révéler, même de façon interrogative, une vérité plus profonde que la stricte et décevante réponse apportée par Œdipe. Qu'est-ce qui a quatre pieds le matin, deux le midi et trois le soir ? Toute l'œuvre d'« André » (« l'homme ») est peut-être bien à lire comme cette *autre* réponse qui s'appelle poésie.

---

[1] André Breton, *Manifeste du surréalisme* (1924), *OC I*, Gallimard, Bibliothèque de la Pléiade, 1988, p. 313.
[2] « *Dressé en accusateur contre la nature marâtre qui le maltraite, le déshérite et le laisse sans soutien (à la merci d'une vraie marâtre humaine tout aussi peu clémente), l'enfant de la féerie apparaît comme le vainqueur des forces mystérieuses (ou surnaturelles, ici, c'est tout un) qui se conjurent apparemment pour le perdre. C'est en quoi justement réside son héroïcité : ayant subi à son honneur la plus redoutable des épreuves, il doit passer toutes les autres sans dommage, et quoi qu'il ait encore à souffrir de l'adversité, sa vitalité de survivant lui garantit toujours le succès. En somme il lui suffit d'avoir réussi à naître pour devenir invulnérable et défier la mort au point de sembler presque immortel* », Marthe Robert, *Roman des origines et origines du roman* (Grasset, 1972), coll. Tel, Gallimard, 1997, p. 87.
[3] *Ibid.*, p. 103.
[4] L'épisode « *marque, à sa manière, la sortie hors de la pensée mythique, et l'entrée dans l'âge de la rationalité* », Françoise Gaillard, « Le Réenchantement du monde », *Le Mythe et le Mythique*, Colloque de Cerisy, Albin Michel, 1987, p. 52.

« Longtemps je me suis branlé de bonne heure[1]... » : Georges Bataille ou le Bâtard réaliste

Surya assure que *« cinquante ans plus tard, cet enfant aurait été "avorté"[2] »*. Lorsque Georges Bataille naît en effet le 10 septembre 1897 à Billom (Puy-de-Dôme), entre la porte de la Boucherie et l'Église, son père, Joseph-Aristide, tabétique général, est aveugle. Totalement paralysé dès 1900, il sombrera progressivement dans la folie avant de mourir, seul, en novembre 1915, à Reims, où la famille s'était installée, alors qu'une pluie de bombes allemandes arrose la ville et que Georges a été, par sécurité, emmené par sa mère à Riom-ès-Montagnes (Cantal), dans la maison de ses parents. Sa mère, Marie-Antoinette, déchirée par le calvaire familial, connaît elle aussi plusieurs accès de folie suffisamment profonds pour qu'elle ait tenté, à deux reprises au moins, de se donner la mort, vers la fin 1914. Georges Bataille a également un frère aîné, Martial, né en 1890, soit deux ans après que ses parents se sont mariés dans le village natal maternel. Voilà pour le canevas traumatique initial. Non seulement c'est lui qui déterminera les grandes orientations biographiques de Georges Bataille, par acceptation ou par rejet (du catholicisme, de la poésie, etc.), mais toute l'œuvre future n'aura de cesse d'y revenir : en en rejouant par exemple les plus sombres motifs sur un mode narratif ou poético-mythologique ou, sur un mode analytique, en prolongeant jusque dans ses retranchements les plus extrêmes, un questionnement général de ce que d'autres n'auraient pas voulu « regarder en face », tant dans la part théorique que critique de son œuvre. Or, contrairement à André Breton, et dans quelque genre qu'il transparaisse, ce canevas initial accuse chez lui très nettement la différenciation sexuelle parentale propre au Bâtard réaliste et inscrit dans le coït originel sa problématique première. Contre l'opposition frontale de l'Enfant trouvé pré-œdipien, on observera ici le traumatisme œdipien dans sa triangularité même, soit du côté paternel puis maternel, et ce, malgré la part d'artifice inhérente à une analyse qui ne peut traiter l'une et l'autre que successivement, alors qu'elles jouent simultanément dans le roman familial de l'enfant.

Rappelons brièvement le schéma œdipien : parce que l'enfant comprend tout à coup la certitude de sa filiation maternelle, la construction fantasmatique du Bâtard réaliste porte en priorité sur l'instance paternelle qui, elle, s'avère toujours douteuse. Tout l'objet du travail consiste alors pour l'enfant à affirmer sa proximité naturelle avec la mère et simultanément, à tuer la figure du père pour s'emparer de sa puissance et procréer comme lui. Au désir d'une mère réelle, *« proche et triviale[3] »*, soit jamais assez rabaissée, avilie, humiliée, au nom

---

[1] Christian Laborde, *L'os de Dionysos*, Régine Desforges éditeur, 1989, p. 9.
[2] Michel Surya, *Georges Bataille, la mort à l'œuvre*, Gallimard, 1992, p. 11, note 4. Pour de nombreux aspects biographiques concernant Georges Bataille, ainsi que pour la compréhension générale de son œuvre, on ne dira jamais assez combien le livre de Michel Surya est précieux.
[3] Marthe Robert, *Roman des origines et origines du roman* (Grasset, 1972), coll. Tel, Gallimard, 1997, p. 50.

même de l'amour qu'elle inspire d'une part, répond d'autre part le désir d'un père jamais assez éloigné, jamais assez absent, assez déréalisé, assez mort en somme, un père simultanément idéalisé et haï, admiré et jalousé. Toute la complexité vient, comme on voit, de l'ambivalence permanente des sentiments de l'enfant à l'égard de chacun des parents, ambivalence profondément génératrice d'angoisse.

Et de fait, Georges Bataille n'en a jamais fini de tuer le père. Ce meurtre, proprement obsessionnel, prend chez lui des modalités si diverses et si variées qu'il serait impossible de les répertorier et de les analyser toutes. Car ce père infirme, horriblement diminué, nul doute qu'il commença par l'aimer : *« à l'inverse de la plupart des bébés mâles qui sont amoureux de leur mère, je fus, moi, amoureux de ce père »*, écrit-il dans la seconde partie de l'*Histoire de l'œil*[1]. Cet amour initial, loin de signifier aucun « Œdipe inversé » comme Bataille lui-même feint de le suggérer, est au contraire, si l'on suit bien Marthe Robert, la condition même de l'Œdipe tel qu'il est vécu par le Bâtard réaliste. Car c'est bien cet amour qui pousse inconsciemment l'enfant à une admiration qui déréalise la figure du père ; cet amour qui éloigne le père d'un quotidien trivial et le place dans une « sur-nature » que l'enfant jalouse. Mais comment alors agencer pareille adoration jalouse avec l'image de « ce père » (on appréciera la valeur du déterminant) aveugle et paralysé, empêché d'*« aller uriner dans les water-closets, mais [qui] était obligé de le faire sur son fauteuil dans un petit réceptacle »* et à qui il *« arrivait par exemple de conchier ses culottes*[2] *»* ? Ne pourrait-on émettre ici, avec toute la prudence requise en la matière, l'hypothèse somme toute peu extravagante que le petit enfant ait pu précisément prendre cette infirmité comme le signe d'une différence, voire d'une ascendance, qui sait royale (le « trône » que son père ne quittait pas...), pour le moins extraordinaire, valorisante, et que son Œdipe signifie rien moins qu'un dessillement progressif quant à la condition réelle de ce père ? Et que loin d'empêcher l'amour, ce dessillement en devienne au contraire l'un des ferments ? Autrement dit plus le père se révélait dans cet être abject, ce monstre d'infirmité aux yeux de l'enfant dont la compréhension s'affine, plus il incarnait l'anormalité qui simultanément et paradoxalement, déséquilibrant la symétrie du couple parental, stimulait l'ambivalence paroxystique des sentiments du fils à son égard, sentiments dont le versant haineux se révèlerait ultérieurement. L'insistance de Georges Bataille, à ce moment précis de sa révélation, sur les yeux révulsés du père au moment de la

---

[1] Georges Bataille, *Histoire de l'œil* (1928), *OC I*, Gallimard, 1970, p. 75. Signalons que cette seconde partie, initialement intitulée « Coïncidences », s'intitulera « Réminiscences » dans la seconde version que Bataille donne en 1947. Michel Leiris a souligné combien les modifications de cette seconde version atténuaient le caractère traumatique des révélations faites, *« soit que l'auteur ait tenu à légèrement gommer des confidences trop intimes concernant les sentiments que son père et sa mère lui inspiraient, très jeune enfant puis devenu jeune homme, soit qu'il ait pensé avoir faussé certains faits par la vue qu'il en avait prise, sous l'angle du complexe d'Œdipe »*, Michel Leiris, « Du temps de Lord Auch », *Georges Bataille, Michel Leiris. Échanges et correspondances*, « Les inédits de Doucet », Gallimard, 2004, p. 34. La première version est plus explicite pour notre propos.
[2] *Ibid.* p. 76.

miction, semble, par déplacement, significative de sa propre fascination/répulsion devant pareil spectacle (voir ou tourner les yeux ?...). Significative aussi de la progressive prise de conscience par l'enfant de ce qui s'y jouait réellement, ce que révèlerait alors de façon symbolique cette « couverture » (encore !) dérisoire dont Bataille nous dit que le père aveugle la *« plaçait généralement de travers »* : elle voilait et dévoilait en même temps la virilité flasque et, sous lui, dégoulinante (ne pas voir/voir/savoir). L'*Histoire de l'œil* toute entière, signée du pseudonyme éloquent de Lord Auch (« Dieu aux chiottes »), se laisse bel et bien lire comme le récit d'un affranchissement, par les moyens conjugués de la psychanalyse et de la littérature, du traumatisme de la vision (la compréhension) d'un père aveugle et paralysé (impuissant). Dans l'élaboration de son roman familial, nul doute alors que l'enfant ait pu éprouver une immense culpabilité : celle, d'abord, qui résultait du sentiment de dégoût indicible éprouvé à l'égard de ce père aimé ; celle, surtout, plus profonde, suscitée par l'angoisse « castratrice » d'être, puisque né d'un pareil « impuissant », impuissant soi-même, puis par la révolte meurtrière à son encontre, et enfin par le châtiment désiré que cette révolte appelle.

C'est dans cette même perspective qu'on lira le « Rêve » transcrit en 1927, soit sensiblement à l'époque même de sa psychanalyse et de la rédaction de l'*Histoire de l'œil*. Ce rêve, terriblement révélateur, se déroule en trois étapes : dans une première partie, le narrateur en bicyclette semble difficilement chercher sa voie sur une route inopportunément pavée qui, après un virage, débouche contre toute attente sur une immense tranchée ; ensuite, il observe au fond de la tranchée des *« ouvriers cavistes extrêmement virils et brutaux[1] »* qui tentent de redresser *« des carcasses de tonneau aux bois disjoints dans des cercles »* en les remplissant de terre ; enfin, *« une nuit atroce se fait »* tout à coup, et le narrateur se reconnaît en gentleman américain observant le sordide spectacle[2]. L'interprétation œdipienne ne fait aucun doute pour Bataille lui-même et le matériau manifeste renvoie bien à un contenu latent infantile qu'il reconnaît sans peine : il associe à ce rêve, en guise de clef interprétative, une mosaïque de souvenirs d'enfance, dont la cave de la maison rémoise où il est descendu avec son père (la tranchée), une déculottée sur ses genoux[3], et un souvenir, horrible entre tous, où son père *« aurait voulu se livrer à quelque chose sur [lui] d'atroce avec plaisir »*. La condensation entre une correction dont la violence dégénère en acte incestueux et un tel acte allusivement allégué est portée à son comble, de sorte

---

[1] Georges Bataille, *[Rêve] (1927)*, *OC II*, Gallimard, 1970, p. 9.
[2] *« Il est nécessaire pour ériger le tonneau de tirer sur de grosses cordes noires de suie auxquelles on suspend des animaux tels que d'énormes rats atroces par la queue mais qui menacent de mordre, mais il faut les tuer. Les ouvriers cavistes sont avec un grand plaisir en contact avec ces immondices qu'ils accrochent avec joie mais le visiteur américain au complet risque de se tacher et d'être mordu et il n'est pas peu dégoûté et même effrayé. Cependant il se maintient avec peine les poissons visqueux et sanglants ou rats morts mais menaçants à hauteur de sa figure. »*
[3] *« Sorte d'ambivalence entre le plus horrible et le plus magnifique. Je le vois avec un sourire fielleux et aveugle étendre des mains obscènes sur moi. »*

que Bataille semble lui-même incapable de la démêler[1]. Elle nous semble révéler quoi qu'il en soit une zone psychique obscure chez l'enfant où se nouent horreur coupable et plaisir masochiste, zone qui, par retour, pourrait autoriser une lecture quelque peu différente du rêve : acceptons de voir dans ce tonneau disloqué au fond de la tranchée la représentation du corps cassé du père, mort sinon dans « les tranchées », du moins sous les bombes allemandes de la guerre de 14[2] ; acceptons de voir dans ce « visiteur américain » la projection onirique de cette distance désirée par le Bâtard réaliste envers ce père ignoble et dégoûtant, dont il désire pourtant voir l'immondice (le « visiteur », celui qui, étymologiquement, « vient voir » l'immondice, laquelle d'ailleurs est maintenue avec peine « à hauteur de sa figure », soit… la hauteur d'un fauteuil pour les yeux d'un enfant ?...). On pourrait alors, et sans aucunement prétendre épuiser le contenu manifeste du rêve, lire les « ouvriers cavistes » comme les incarnations plurielles à la fois d'un père fantasmé (la virilité, la brutalité des ouvriers, envers symétrique de ce père amoindri) et d'un Moi devenu son égal, son double, son *alter ego*, et travaillant comme lui cette fois dans la joie et le plaisir de l'immondice[3]. Tout se passerait donc comme si le rêve dramatisait ce moment du développement psychique où le Bâtard réaliste hésite encore, recule devant l'horreur de la réalité familiale (le visiteur américain), cherche à prolonger l'aveuglement pré-œdipien (il fait une « nuit atroce ») ou au contraire consent résolument à ouvrir les yeux et, se retroussant les manches, à enterrer définitivement un père « redressé » dont il peut devenir le digne successeur (Georges : étymologiquement, *qui travaille la terre*…). On comprendrait alors combien les quelques éléments interprétatifs que Bataille donne lui-même à la suite de sa retranscription sont partiaux et partiels : que l'acte monstrueux de pédophilie incestueuse ait eu lieu ou pas (et il semble que ce ne fut pas le cas), l'horreur mêlée de plaisir masochiste qu'on a soulignée exprime simultanément le désir odieux qu'un tel acte se soit fantasmatiquement produit (étonnant irréel du passé *« mon père étant jeune aurait voulu se livrer à… »*, qui suppose que l'enfant ait deviné les désirs du père, ou plutôt qu'il ait projeté sur lui ses propres désirs ?), car un tel acte accréditerait la virilité du père et démentirait son impuissance visible, mais aussi, inhérente à un tel fantasme, la culpabilité atroce qu'on a déjà signalée et qui réclame la « correction » que le père inflige[4].

---

[1] « [l'idée d'un tel acte] ne l'a quitté que des années plus tard, quand on lui a fait voir, rationnellement, qu'infirme il n'était pas possible que son père descendît à la cave de l'habitation rémoise ; pas possible donc qu'il se soit livré sur lui à quelque voie de fait que ce soit. S'il descendit à la cave, ce fut seul, et accompagné de ses seules terreurs ; il ne fait cependant pas de doute qu'a pu lui paraître "déplacé" et "obscène" tout geste tendre de l'infirme sur lui », précise Michel Surya, *Georges Bataille, la mort à l'œuvre*, Gallimard, 1992, p. 26.
[2] Glissement tranchée/caveau/cave, facilité par l'étymologie. On signalera, ce n'est pas anodin, qu'on appelle aussi « tranchées » des coliques aiguës.
[3] « L'état de saleté et de puanteur auquel le réduisait fréquemment son infirmité totale […] était, de plus, loin de m'être aussi désagréable que je croyais », Georges Bataille, *Histoire de l'œil* (1928), *OC I*, Gallimard, 1970, p. 76.
[4] Analyse qui ne suit pas celle que Denis Hollier propose de ce même rêve, où il voit dans ses éléments manifestes une imprégnation politique correspondant au schéma bipolaire de la lutte

En 1943, Bataille reprend dans *Le Petit* (signé Louis Trente, et antidaté de 1934) un certain nombre des motifs traumatiques des « Coïncidences » de l'*Histoire de l'œil*, et les insère dans une section intitulée « W.-C. (Préface à l'Histoire de l'œil) », écrite par composition des « restes » d'une première ébauche rédigée un an avant *Histoire de l'œil* et qu'il prétend avoir détruite. Dans notre perspective, cette reprise, inscrite dans le cadre très singulier d'une autobiographie (le « petit » enfant) sur un mode anal[1], offre un intérêt majeur : outre que sa réitération signale, si l'on en doutait, le caractère traumatique d'un refoulé qui, périodiquement, fait retour, on y trouve explicitement mentionné l'ancrage œdipien du Bâtard réaliste : « *Mon père m'ayant conçu aveugle (aveugle absolument), je ne puis m'arracher les yeux comme Œdipe. J'ai comme Œdipe deviné l'énigme : personne n'a deviné plus loin que moi*[2] ». Insistons bien sur l'ambiguïté syntaxique de cette mention : dans la formule « *Mon père m'ayant conçu aveugle...* », faut-il lire l'adjectif « aveugle » comme attribut du sujet ou du COD ? Le brouillage grammatical renforce l'idée d'une homologie entre le fils (le petit) et son père, et la confusion tragique entre leurs deux destins[3]. Bataille est bien cet Œdipe que ne quittera pas le commandement (paternel) de voir.

À ce stade, il n'est pas anodin de signaler que les conflits internes auxquels est contraint au cours de son développement psychique le Bâtard réaliste à l'encontre de son père se trouvent chez Bataille comme objectivement réalisés, extériorisés sur le plan de la biographie, qu'ils se trouvent comme projetés, dépliés, dans l'ordre du réel. Pas si anodin en effet d'observer qu'à l'en croire, il avait « *environ quatorze ans quand [son] affection pour [son] père se transforma en haine profonde et inconsciente* », soit, comme il le précise dans la version suivante, « *[à] la puberté*[4] ». Vers 1911 en effet, c'est-à-dire lorsque sa propre virilité est assurée, se consomme un meurtre qui ose progressivement dire son nom. S'étant enfin non plus fantasmatiquement mais pour ainsi dire physiologiquement emparé de

---

des classes. Voir Denis Hollier, « La Tombe de Bataille », *Les Dépossédés*, coll. Critique, Éditions de Minuit, 1993.

[1] « *Un jour, une fille nue dans les bras, je lui caressai la fente du derrière. Je lui parlai doucement du "petit". Elle comprit. J'ignorais qu'on L'appelle ainsi, quelquefois, dans les bordels* », Georges Bataille, *Le Petit* (1943), OC III, Gallimard, 1971, p. 37.

[2] *Ibid.*, p. 60. On trouverait aussi l'aveu suivant dans deux états antérieurs du *Coupable* (1944), OC V, Gallimard, 1973, p. 504, note 2, où Bataille se demande à propos de son père : « *Pourquoi, enfant, avais-je sous les yeux un aussi répugnant ascète ?* » puis écrit : « *Ce qui m'a également terrifié : le visage de Laure avait une obscure ressemblance avec celui de cet homme si affreusement tragique : le visage d'Œdipe vide et demi dément. Cette ressemblance s'accrut au cours de sa longue agonie...* ». Voir également p. 537, note 1, Bataille rapportant un rêve où il se voit affirmer à Roger Caillois qu'il est Œdipe.

[3] Cécile Moscovitz s'interroge à juste titre : « *Qui est Louis Trente ? un névrosé (un psychotique ?) pour qui seule la défécation donne sens au monde ? qui fait mourir son père à nouveau pour mieux faire mourir son propre "petit" – son état infantile –, et devenir à son tour capable de ne pas éluder son destin – sa virilité ?* », Georges Bataille, *Romans et récits*, préface de Denis Hollier, édition publiée sous la direction de Jean-François Louette, avec la collaboration de Gilles Ernst, Marina Galletti, Cécile Moscovitz, Gilles Philippe et Emmanuel Tibloux, Gallimard, Bibliothèque de la Pléiade, 2004, p. 1150.

[4] *Ibid.*, *Histoire de l'œil*, et respectivement « Coïncidences » (1928), p. 105 et « Réminiscences » (1947), p. 49.

la puissance virile, il peut entrer « *dans le cycle de la transgression où il tourne sans fin autour de sa mauvaise conscience et de sa révolte, scandalisé par les limitations de son être, coupable, honteux, hanté par l'expiation et le châtiment[1]* ». La crise pubertaire chez Bataille, sur fond de reniement paternel, prend les allures d'une rupture catégorique avec le foyer familial : refusant de poursuivre ses études, et renvoyé du lycée de Reims, il s'enferme alors dans la solitude avant d'entrer volontairement comme pensionnaire au collège de garçons d'Épernay et… de se convertir au catholicisme[2]. Le meurtre du père « terrestre » comme achevé par l'affirmation virile de son propre corps, il fallait bien une nouvelle instance qui, en en prenant le relais, en amplifie simultanément la geste, de sorte que cette conversion peut se lire chez lui comme l'aboutissement même de son roman familial révolté. *« Dieu n'est pas un curé mais un gland : papa est un gland[3] »*. Mais les choses, loin s'en faut, ne s'arrêtent pas là, car tuer le père est un travail de Sisyphe : d'abord, Joseph-Aristide meurt effectivement en 1915 ; ensuite Bataille, après avoir été tenté par la vie monacale, entend le rire de Nietzsche (autre père de substitution) qui, à son tour, pulvérise sa foi. D'un meurtre l'autre, puis le suivant, ou le même, toujours, constamment répété : innombrables seront dans son œuvre les homologies entre père terrestre et Père céleste (Dieu et autres substituts : prêtres, statues du Commandeur, voire cathédrale « Notre-Dame de Rheims »…) que les blasphèmes les plus violents, à proportion de cette angoisse et de cette culpabilité infantile, n'ont jamais fini d'atteindre en plein cœur.

Observons maintenant l'incidence du roman familial de Bataille sur la figure maternelle. On se souvient que Marthe Robert explique comment la dissymétrie parentale décuple l'angoisse du Bâtard réaliste, partagé entre une admiration haineuse, spirituelle, à l'égard du père, et un amour sexuel, charnel, à l'égard de la mère[4]. Processus qui correspond, presque trait pour trait, au traitement que l'œuvre de Bataille fait subir à l'instance maternelle, omniprésente dans ses écrits.

---

[1] Marthe Robert, *Roman des origines et origines du roman* (Grasset, 1972), coll. Tel, Gallimard, 1997, p. 60.
[2] Quoique son père fût irréligieux, et qu'il mourût en refusant le prêtre, Georges Bataille avait été baptisé en 1898, à Reims.
[3] Georges Bataille, *Le Petit* (1943), *OC III*, Gallimard, 1971, p. 65.
[4] *« De reine qu'elle était, la mère tombe d'un coup à une condition sociale humiliée, mais à cet état médiocre ou servile s'ajoute encore une indignité morale, puisque la fable de l'illégitimité n'a pas d'autre fondement que son adultère supposé. Condamnée moralement par cela même qui cause sa déchéance sociale, la mère se voit alors imputer autant d'aventures amoureuses qu'elle a eu d'enfants ou que le conteur est capable d'en inventer, si bien que, perdant ensemble son trône et sa vertu, elle descend aussitôt au rang de la servante, de la femme perdue, voire tout bonnement de la prostituée […]. [L'enfant] ayant lié la sexualité à la "chute", comme n'importe quel théologien, il lui faut dénigrer l'objet aimé précisément en raison de son attrait (la mère tombe en effet à l'instant même où elle est reconnue en sa qualité de femme désirable), et admirer, imiter, égaler ou mieux encore surpasser l'objet haï qu'il aspire à tuer »*, Marthe Robert, *Roman des origines et origines du roman* (Grasset, 1972), coll. Tel, Gallimard, 1997, p. 55-56.

Partons encore des « Coïncidences » qui terminent *Histoire de l'œil*. La mère y est d'abord évoquée négativement, comme une présence inopportune lors d'une promenade faite à vingt-et-un an, un soir, dans les ruines d'un château fort situé aux environs du village *« d'où [sa] famille est issue[1] »*, promenade faite en compagnie de plusieurs jeunes filles parmi lesquelles celle dont Georges Bataille est alors amoureux[2]. Cette promenade a marqué son esprit en raison d'une facétie de son frère Martial qui, déguisé avec un camarade, effraie à tel point les promeneurs *« qu'une des jeunes filles et ma mère tombèrent ensemble à la renverse et que les autres poussèrent des cris perçants. J'éprouvais moi-même une terreur subite qui me coupait la parole et il me fallut plusieurs secondes avant d'adresser quelques menaces d'ailleurs inintelligibles à ce fantôme, bien que j'eusse été certain, dès le premier instant, d'être en présence d'une simple comédie[3] »*. C'est la découverte d'une photo des ruines du château dans un magazine qui a suscité ce souvenir bouleversant, découverte qui survient au moment même où, précise-t-il, Bataille a achevé dans son récit l'épisode du drap blanc[4], ce qui le conforte dans l'idée d'un lien entre les deux scènes. Surgissement d'un fantôme terrible, hurlements des jeunes filles (dont Marie, la jeune fille aimée), chute de Marie-Antoinette la mère, interposition du fils terrifié quoique conscient de la supercherie : la saynète, dans l'optique qui nous intéresse, constitue un archétype inespéré. Allons plus loin. La mère revient dans la suite de ces « Coïncidences » lorsque, ayant évoqué le souvenir horrible de son père, Bataille se remémore un épisode particulièrement effroyable qui *« explique en grande partie* Histoire de l'œil[5] » : une nuit, après un accès de folie du père et l'arrivée du docteur que l'adolescent est allé chercher, sa mère se retire dans la chambre voisine avec le docteur lorsque le père se met à hurler devant lui : *« Dis donc, docteur, quand tu auras fini de piner ma femme ! »*. Et Bataille rajoute aussitôt : *« Pour moi, cette phrase qui a détruit en un clin d'œil les effets démoralisants d'une éducation sévère a laissé après elle une sorte d'obligation constante, inconsciemment subie jusqu'ici et non voulue : la nécessité de trouver continuellement son*

---

[1] Georges Bataille, *Histoire de l'œil* (1928), *OC I*, Gallimard, 1970, p. 73. En fait, occultation de la lignée paternelle, seule sa famille maternelle est issue du village de Riom-ès-Montagnes.
[2] *« [Et] celle-ci partageait mon amour, mais nous ne nous étions cependant jamais parlé, parce qu'elle se croyait une vocation religieuse qu'elle voulait examiner en toute liberté »*, *Ibid*. Remarquons que cette jeune fille, Marie Delteil, porte le premier prénom, prénom biblique de la Vierge maternelle, de sa mère et que Bataille est lui-même à ce moment-là (vers 1918) fortement partagé entre désir d'une vie laïque et d'une vie religieuse.
[3] *Ibid.*, p. 74.
[4] Voir le chapitre « Une tache de soleil », où le narrateur et Simone dans la pénombre voient une ombre accrocher un drap blanc souillé à un des barreaux de la fenêtre de la maison de santé, *« sorte de château entouré d'un parc muré, isolé sur une falaise dominant la mer »*, pour le faire sécher. Ils reconnaissent alors Marcelle, et interprètent ce drap claquant au vent comme un signal de détresse. Remarquons au passage que Bataille précise que la photo se trouve dans un magazine « américain ». Faut-il y voir autre chose qu'une simple coïncidence avec la nationalité du « visiteur » dont on a parlé pour le rêve de juin 1927 ? Ou ce magazine participe-t-il du matériau diurne du rêve fait à l'époque même de la rédaction d'*Histoire de l'œil* ? Insoluble, la question vaut cependant d'être posée.
[5] *Ibid.*, p. 77.

équivalent dans toutes les situations où je me trouve[1] ». Véritable clé « lubrique » non seulement de son œuvre, mais de sa personnalité même, cette phrase lancée par un père aveugle et dément exprime sans doute, et ô combien violemment, la révélation d'une femme, désirable, désirée, sous les apparences de la mère. Elle met crûment en lumière les pulsions œdipiennes qui, depuis longtemps, travaillent Georges Bataille[2]. Enfin, celui-ci établit, quoique prudemment, un autre rapprochement qui concerne la figure maternelle : celui qui l'assimile pour partie au personnage de Marcelle, dont le suicide par pendaison provoque, après toutes les débauches partagées[3], la première relation sexuelle effective entre le narrateur et Simone. Cette assimilation passe notamment par le souvenir des deux tentatives de suicide de la mère, dont l'une par pendaison justement. Jamais sous la plume de Bataille, l'instance maternelle n'interviendra autrement que dans cette « porno-graphie » (étymologiquement : écriture de la femme publique) qui, constamment, reculera à son égard les bornes du pire.

Les grandes dépravées de Bataille n'incarnent en effet jamais une profanation assez forte de la figure maternelle : profanation biblique de Marie, la Vierge (*Le Mort*) qu'un long calvaire sexuel mène à la mort ; profanation morale que celle de Mme Hanusse (!), mère d'Éponine, qui encaisse les paiements de sa fille prostituée (*L'Abbé C.*)... Il faut encore, clairement, crûment, que l'Œdipe cherche à s'accomplir. D'abord dans le roman *Ma Mère*, bien sûr, qui, racontant l'initiation érotique d'un jeune homme par sa mère alors que le père est mort, en retard, par intermédiaires lubriques interposés, la consommation effective[4]. Ensuite, et surtout peut-être, par l'aveu réitéré à quatre reprises d'un véritable acte nécrophile sur son corps mort. Cette masturbation eut-elle réellement lieu, ce 15 janvier 1930, lorsque Marie-Antoinette Bataille décéda à Paris[5] ? Que le fait soit avéré ou pas, il participe

---

[1] *Ibid.* Signalons à ce sujet comment l'existence même d'un frère confirme le Bâtard réaliste dans l'observation qu'il fait de ses parents, et notamment dans l'avilissement de la mère, puisqu'il y en a eu *d'autres que lui*. Il faudrait alors pouvoir suivre aussi les relations de Georges avec son frère Martial, par exemple dans les nombreuses figures de la gémellité dans son œuvre.
[2] Susan Rubin Suleiman observe justement que « *[la] découverte, ou la reconnaissance du corps de la mère comme corps féminin, comme objet de désir (objet désigné tel par la parole du père, qui, tout en étant malade et fou, garde une puissance extraordinaire), est indiquée ici comme la source de l'imagination pornographique du fils. [...] Le corps féminin, dans sa duplicité "oedipienne" (pureté maternelle vs souillure sexuelle, sublimation vs désir charnel), est l'emblème même de la coexistence contradictoire de la transgression et de l'interdit, qui caractérise à la fois l'expérience intérieure de l'érotisme et les jeux textuels du récit pornographique* », Susan Rubin Suleiman, « La pornographie de Georges Bataille », *Poétique*, n°64, Seuil, novembre 1985, p. 491.
[3] Un des paroxysmes de ces débauches toujours plus extrêmes est bien de s'y adonner devant la mère de Simone, « *avec le désir qu'elle s'en allât et aussi la joie de ne plus tenir compte d'aucune limite* », Georges Bataille, *Histoire de l'œil* (1928), *OC I*, Gallimard, 1970, p. 39.
[4] Sollers voit pour sa part dans la trame de ce roman non le récit d'un inceste, car la mère s'offre selon lui sans obstacles, mais plutôt celui d'un inceste refusé, impossible : « *au lieu de parler (comme le savoir courant) d'un inceste impossible (au niveau du réel) mais conçu comme possible (au niveau symbolique), il décrit un inceste réellement et physiquement possible mais symboliquement annulé* », Philippe Sollers, « Le récit impossible », *Logiques*, coll. Tel Quel, Seuil, 1968, p. 161.
[5] Bataille insère la scène à deux reprises dans *Le Bleu du ciel*, Troppmann en faisant l'aveu d'abord à Lazare à propos d'« *une femme âgée* » puis à Xénie, reconnaissant alors qu'il s'agissait de sa mère.

d'une élaboration générale de l'« hétérologie » de Bataille, qui sacralise la part « maudite », excrémentielle, de l'expérience humaine (érotisme, rire, potlatch…, soit toutes formes de « dépenses improductives »), et qui pose comme indéfectible le lien œdipien entre le sexe (de la mère) et la mort (du père).

Admiration haineuse, jalouse et horrifiée d'un père monstrueux, inhumain ; désir coupable d'une mère jamais assez avilie, jamais assez présente, charnelle, humaine : toutes les composantes du Bâtard réaliste semblent exemplairement réunies dans la généalogie de Georges Bataille. Partant de là, la « scène primitive » à laquelle celui-ci doit l'existence peut bien prendre toute son ampleur traumatique, et l'on pourrait suivre plusieurs chaînes paradigmatiques qui, et chaque fois différemment, la rejoueraient obsessionnellement. A-t-on remarqué par exemple comment il était né d'un père Joseph (impotent) et d'une mère Marie (Vierge) ? Une fois la brève mais fervente conversion au catholicisme anéantie par Nietzsche, le paradigme violemment sacrilège qui se déploie dans son œuvre accuse l'impossible lignage du Bâtard réaliste. Plus encore : il fallut que sa mère portât comme second prénom Antoinette, qu'elle incarnât en quelque sorte auprès de cet homme dément cette Marie-Antoinette à qui la Révolution avait aussi coupé la tête. Même origine, autre paradigme : celui de la guillotine[1] ; celui de l'acéphale, mythe nietzschéen essentiel chez Bataille ; celui encore qui se poursuit en Louis Trente, pseudonyme dont il signe précisément *Le Petit* et qu'on pourrait lire comme l'« union » (l'addition) de Louis XIV (le soleil) et de Louis XVI (le guillotiné)[2]… On trouverait encore à lire cette « scène primitive » dans la cosmogonie fantas(ma)tique que Bataille élabore notamment autour des mythes de *L'anus solaire* ou de *L'œil pinéal* vers 1927, et qui se lisent comme des genèses anti-chrétiennes et parodiques engendrées dans un pansexualisme frénétique où s'illustre la figure, commune

---

Il la reprend ensuite dans « W.-C., préface à l'Histoire de l'œil » et dans un fragment non daté, intitulé « Le cadavre maternel », où il se souvient en outre s'être livré, deux ans auparavant, *« à une longue orgie pendant l'absence de [sa] mère, précisément dans cette chambre et sur le lit qui servait maintenant de support au cadavre »*, cette orgie intervenant le jour même de son anniversaire, soit s'interposant symboliquement *« entre l'accouchement qui [lui] avait donné la vie et la morte pour laquelle [il éprouvait] alors un amour désespéré »*. Respectivement Georges Bataille, *Le Bleu du ciel* (1937), *OC III*, Gallimard, 1971, p. 407 et p. 433 ; *Le Petit* (1943), *Ibid.*, p. 60 ; « Le cadavre maternel », *OC II*, Gallimard, 1970, p. 130.

[1] *« guillotine ayant au lieu d'une lunette un œil, qui était aussi le soleil couchant »*, elle illustre par exemple le livre *W.-C.* écrit dans les années 1925-1926 (coït primitif symbolique que celui de ce chiotte-œil-soleil avec cette guillotine), Georges Bataille, *Le surréalisme au jour le jour* (1951), *OC VIII*, Gallimard, 1976, p. 179. Le livre est détruit à l'exception d'une matrice du chapitre « Dirty » dans *Le Bleu du ciel*.

[2] Cette lecture est suggérée par Jean-François Louette qui, sans l'inscrire comme ici dans le paradigme traumatique du Bâtard réaliste fils de Marie-Antoinette, suppose que *« Louis Trente est non pas un roi fainéant mais un roi-néant, qui serait triplement anonyme (Trente, soit XXX), et dans lequel se conjoignent peut-être Louis XIV et Louis XVI : le plus haut (le Roi-Soleil) et le plus bas (le roi décapité) »*, Jean-François Louette, « Introduction » à Georges Bataille, *Romans et récits*, Gallimard, Bibliothèque de la Pléiade, 2004, p. LXXXIII. Cette lecture place aussi d'une certaine manière la future implication politique de Georges Bataille sous une lumière œdipienne.

aux deux textes, du Jésuve, mot-valise formé par une triple condensation éloquente (Je/Jésus/Vésuve)[1]. Autre paradigme enfin, que celui de l'effort analytique, théorique, ou critique inouï de toute une autre part de l'œuvre de Georges Bataille, qui le pousse à tout voir, tout savoir, tout comprendre de ce dont d'ordinaire on détourne prudemment les yeux et dont il veut faire, lui, l'expérience jusqu'au bout, jusque dans la folie et dans la mort. Effort qu'on regardera comme le pendant (à la fois exact et différent, en ce qu'il implique chez lui une mise en jeu personnelle) de l'observation minutieuse du romancier réaliste qui distingue le Bâtard.

André Breton, l'Enfant trouvé ; Georges Bataille, le Bâtard réaliste. On l'a dit, répétons-le : ces complexions doivent se lire avec la plus extrême prudence, d'abord parce qu'elles reposent sur des investigations où les précautions ne sont jamais trop nombreuses, ensuite parce qu'elles cloisonnent trop schématiquement deux moments consécutifs du développement psychique de chacun et qu'elles doivent donc être entendues comme des dominantes, enfin parce qu'elles risqueraient de placer leur confrontation générale dans un déterminisme dirimant. Pour autant, les éléments qui semblent, même conjecturalement, véritablement *fourmiller*, composent un roman palpitant qui fournit bel et bien le premier outil décisif à partir duquel une nouvelle approche générale du problème peut être envisagée.

---

[1] Ceci, par exemple : « *C'est ainsi que l'amour s'écrie dans ma propre gorge : je suis le* Jésuve, *immonde parodie du soleil torride et aveuglant. Je désire être égorgé en violant la fille à qui j'aurais pu dire : tu es la nuit* », Georges Bataille, *L'anus solaire* (1927, 1931), *OC I*, Gallimard, 1970, p. 86.

Les romans de formation

Au contact du monde, on forge son devenir, on achève le sevrage familial. Aspects secondaires ? Sans doute. Mais il est cependant possible, et probablement nécessaire aussi, de repérer et de croiser les principaux éléments de ces devenirs, qui dessinent comme l'« arrière-pays » de cet échange qui ne se connaît pas encore. C'est là que se constitue comme l'inconsciente propédeutique d'une rencontre manquée.

Bagages scolaires

Pour le peu qu'on puisse en savoir aujourd'hui, quelques aspects, d'un intérêt peut-être moins immédiat, méritent tout de même d'être soulignés à propos des parcours scolaires d'André Breton et de Georges Bataille. Oublions les culottes courtes, pour observer plutôt les attitudes de chacun face à l'institution scolaire, ainsi que les filières respectivement suivies par les deux adolescents, traduisant le premier bagage et, fût-ce par défaut, les premiers pôles d'intérêt perçant alors en chacun.

Qu'apprend-on donc en croisant les sources ? D'abord qu'André Breton fut un élève appliqué et consciencieux, et ce, semble-t-il, très tôt, soit dès la maison Sainte-Élizabeth qu'il fréquente à Pantin, faute d'école maternelle laïque, puis à l'école communale de Pantin, où il est inscrit de 1902 à 1907 avant d'entrer au collège Chaptal. Ce ne fut pas le cas de Georges Bataille, écolier turbulent du lycée de Reims, où il suit l'ensemble de sa scolarité, des petites classes jusqu'à la classe de première[1]. Ses études sont médiocres, et son caractère rebelle à toute autorité lui attire de nombreux ennuis : « *À treize ans (?), [...] je demandai à un camarade quel était, de l'étude, le plus paresseux : c'était moi ; mais de tout le lycée, moi, encore. En ce temps-là, je me rendis la vie difficile,* faute d'écrire sous la dictée. *[...] sous les punitions redoublées, je vécus longuement le martyre de l'indifférence* », avouera-t-il par la suite[2].

---

[1] « *Très bagarreur, Georges est souvent battu par ses camarades de classe, plus grands que lui* », « Chronologie », Georges Bataille, *Romans et récits*, Gallimard, Bibliothèque de la Pléiade, 2004, p. XCIV.
[2] Georges Bataille, *Méthode de méditation* (1947), *OC V*, Gallimard, 1973, p. 210.

Loin d'être anecdotiques, ces éléments sont au contraire dignes d'intérêt si l'on constate que la révolte adolescente va, sur un tel terreau, s'exprimer de manière diamétralement inverse chez l'un et chez l'autre. Breton, en effet, entrant en seconde, « *commence à négliger mathématiques et physique, ce qui contrarie les desseins de ses parents qui envisageaient pour lui une grande école scientifique[1]* ». Premières rebuffades en effet à l'encontre d'un projet parental (surtout maternel) qui, plusieurs années encore, l'aiguillera pourtant vers la carrière médicale. Inscrit, conformément à ce projet, dans la section D du lycée, il y rencontre en 1911 Théodore Fraenkel avec lequel il se lie d'amitié. L'ironie de Fraenkel, son esprit caustique, féroce, le séduisent et le dissipent, faisant considérablement chuter ses résultats scolaires, notamment dans les matières scientifiques[2]. Chez Bataille, cette révolte adolescente va s'exprimer à l'opposée. L'élève dissipé et bagarreur, aux résultats scolaires pas mêmes médiocres, refuse en décembre 1912 de poursuivre ses études : « *renvoyé du lycée en janvier 1913, il s'enferme dans la solitude, fuyant ses camarades[3]* ». Que se passe-t-il alors en lui, à quelle révolte obéit-il pour que, après quelques mois passés dans une oisiveté solitaire, il décide de son propre chef d'entrer comme pensionnaire au collège d'Épernay, et entame cette étonnante métamorphose qui fera de lui et le catholique fervent provisoirement tenté par la prêtrise, et le futur brillant élève de l'exigeante École Nationale des Chartes ?

Observons d'abord comment l'un, André Breton, agit par projection/reconnaissance chez l'autre, l'ami (Fraenkel), d'un désir qui sourd en lui mais qu'il ne sait pas réaliser sans cette présence incitative[4], alors que l'autre s'affirme dans la plus parfaite solitude, comme dans un retour sur soi, une « retraite » salutaire d'où rejaillit, régénérée voire décuplée, une nouvelle énergie vitale. Observons également la prudence adolescente de Breton qui, malgré l'aiguillon de l'amitié, n'en paraît que plus modérée face au jusqu'au-boutisme de Bataille, passant d'un extrême à un autre. En fait, on voit comment, de deux substrats distincts, naîtront deux révoltes adolescentes symétriques, si bien que ce qui est révolte pour l'un n'en serait pas pour l'autre, passerait au contraire pour lui comme l'effet du pire conservatisme. Disons-le autrement : le bon élève André, qui, aidé de son ami Fraenkel, parvint à dissiper le projet parental devint peut-être cet élève un peu turbulent que Georges Bataille avait, lui, commencé par être, mais alors catégoriquement, et avec lequel il lui fallut résolument rompre pour s'affranchir, dans l'étude et dans la foi, de l'horreur du foyer familial. La structure en miroir qu'on voudrait faire apparaître ici n'aurait d'intérêt qu'anecdotique si elle ne symbolisait déjà une plus large conformation

---

[1] « Chronologie », André Breton, *OC I*, Gallimard, Bibliothèque de la Pléiade, 1988, p. XXX.
[2] « *Fraenkel [...] est exactement le genre de catalyseur dont a besoin le ressentiment longtemps contenu de Breton* », Mark Polizzotti, *André Breton*, Biographies, Gallimard, 1999, p. 19.
[3] « Chronologie », Georges Bataille, *Romans et récits*, Gallimard, Bibliothèque de la Pléiade, 2004, p. XCIV.
[4] Cette « présence incitative » est sans doute déterminante dans la future constitution du collectif surréaliste, et dans le sens très particulier qu'il donna à l'amitié.

de leurs rapports, qui non seulement les disposera souvent symétriquement de part et d'autre d'un axe sur les repères analytiques, mais aussi, à l'image du mot « révolte » qu'on peut indifféremment utiliser pour exprimer ces mêmes mouvements adolescents de dégagement, de désaliénation, mais ici en des sens diamétralement opposés, conditionnera leurs relations et forgera nombre de malentendus par exemple lexicaux ou terminologiques entre eux deux, comme on le verra par la suite.

Les cursus respectivement suivis sont également susceptibles d'enseignements liminaires[1]. André Breton s'oriente donc vers la section D, langues-sciences, et obtient avec Fraenkel son baccalauréat en 1913. Georges Bataille pour sa part est reçu bachelier de la section B, latin-langues, en 1914. Pour Breton, on sait que cette orientation correspond au projet parental qui le destine à une carrière médicale. Pour autant, et dès l'école primaire, dès les histoires fascinantes de l'instituteur, dès les livres d'aventure et autres récits illustrés qu'il dévore alors, chemine en lui un goût incomparablement plus vif pour la littérature, et précisément pour la poésie, qui ne fera que s'affirmer contre ce projet parental. L'amitié déjà « littéraire » envers Fraenkel, étayée par la découverte de Huysmans, Baudelaire, Mallarmé… donne à sa curiosité son inextinguible effervescence. Il publie alors deux premiers poèmes dans la petite revue de son condisciple René Hilsum, publications qu'il espère dérober aux yeux de sa mère en les signant du pseudonyme anagrammatique de René Dobrant[2]. Et s'il est difficile de connaître les motivations de Bataille quant au choix de la section B, il faut cependant relever comment ces deux cursus creusent assurément un premier fossé culturel entre eux deux : l'un (Bataille) intégrant une section plus prestigieuse qui le nourrit de ces « humanités » gréco-latines qui l'influenceront, dans ses lectures prochaines (Odon de Cluny, ou Remy de Gourmont…), ses références, ses emprunts, voire sur le strict plan stylistique[3], mais aussi dans son orientation vers le catholicisme ou encore vers le concours de l'École Nationale des Chartes, d'une impressionnante érudition,

---

[1] Rappelons que depuis les années 1880, l'enseignement secondaire connaît en France un véritable renouveau pédagogique qui conduira à une grande réforme en 1902. Portés par un esprit général favorisant les méthodes expérimentales (des sciences naturelles à l'explication des textes), les nouveaux programmes scolaires entérinés par la réforme distinguent quatre grandes sections : une section latin-grec (A), une section latin-langues (B), une section latin-sciences (C) et une section, dite « moderne » par opposition aux « humanités classiques » des sections latinistes, section langues-sciences (D) qui succède à un premier cycle sans latin, cette dernière section étant durablement vécue comme une section inférieure, « *un enseignement classique de seconde zone* », soumis à la docte suprématie des sections classiques où sont orientés les meilleurs élèves. Voir Antoine Prost, *L'enseignement en France, 1800-1967*, Armand Colin, 1968, pp. 245-sq.

[2] Dans l'élaboration ludique de cette anagramme, peut-on supposer que Breton, outre René, tomba aussi sur le prénom Robert *et qu'il l'écarta* ?...

[3] André Masson, non pas le peintre mais son homonyme, condisciple de Bataille à l'École des Chartes, précise ainsi : « *Passionné de recherches verbales et plein de mépris pour les constructions de phrases classiques, il se complaisait dans les mots demi-barbares qui forment la transition du latin au français* », cité d'après Michel Surya, *Georges Bataille, la mort à l'œuvre*, Gallimard, 1992, p. 42, note 1.

école où il soutient en 1922 une thèse d'archiviste paléographe sur « L'Ordre de Chevalerie », conte en vers du XIIIe siècle ; l'autre (Breton), qui inclinera toujours dans le sens de la modernité (auprès du collectionneur Jacques Doucet, par exemple) contre les tenants d'un classicisme à ses yeux révolu, qui confirmera son goût pour la littérature anglo-saxonne (les romans noirs anglais de Horace Walpole, Charles-Robert Maturin, Anne Radcliff, la poésie et la philosophie allemandes de Novalis, Hegel…), et qui inscrira d'une certaine manière tout le surréalisme, constitué par la première génération issue du réaménagement des programmes scolaires[1], dans une nouvelle guerre des Modernes contre les Anciens. En ce sens, Norbert Bandier va jusqu'à affirmer que « *[les] conflits esthétiques entre le surréalisme et les écrivains occupant les positions dominantes du champ littéraire recouvrent [...] en partie une opposition plus large dans le champ intellectuel entre une culture forgée à travers les sections "classiques" des lycées et une nouvelle culture marquée par une formation "moderne"*[2] ». Loin d'inscrire Georges Bataille parmi les tenants de cette culture classique, et encore moins parmi ces « écrivains occupant une position dominante du champ littéraire », il semble cependant que ces cursus croisés permettent de différencier deux « bagages » qui participeront à leur manière des divergences ultérieures.

1913, 1914 : les renaissances

Années 1913 et 1914, années charnières. Enfin débarrassé des oripeaux d'une enfance « massacrée », chacun entre dans une première réalisation personnelle par le biais d'un certain nombre d'expériences décisives. Et ces expériences, accomplissant la révélation de soi-même, impulseront bientôt le geste résolu d'écrire, soit de « se compromettre » enfin.

17 en 13. 17 ans en 1913. Dans les *Entretiens* radiophoniques qu'il accorde en 1952 à André Parinaud, André Breton assigne lui-même à cette date une véritable valeur d'origine[3]. Peut-on douter qu'il y ait, dans cette datation ultérieure, et parmi d'autres raisons, la volonté de projeter dans sa biographie les chiffres mêmes de sa vie ? Il y a longtemps déjà que Breton a *« observé que, réduite aux initiales, sa propre signature simule le nombre 1713*[4] », si bien qu'il se plaît souvent à crypter son identité derrière ces chiffres, dans sa signature donc, ou encore dans le poème-objet intitulé « Portrait de l'acteur A.B. dans son rôle mémorable l'an de grâce 1713[5] ». Dès janvier 1922, au moment de son

---

[1] Le premier groupe surréaliste était lui-même divisé sur ce point. Parmi les « modernes » : Breton, Desnos, Éluard… Parmi les « classiques » : Aragon, Crevel, Leiris…
[2] Norbert Bandier, « André Breton et la culture classique », *Europe*, n°743, mars 1991, p. 23.
[3] Voir André Breton, *Entretiens* (1952), *OC III*, Gallimard, Bibliothèque de la Pléiade, 1999, p. 427-428.
[4] André Breton, « Du poème-objet » (1942), *Le Surréalisme et la peinture* (nouvelle édition revue et corrigée, 1928-1965), Folio essais, Gallimard, 2002, p. 365.
[5] Voir également le dessin de Nadja constitué par un visage de femme sur une main, sans doute un autoportrait, semi-caché par un cœur où figure le nombre 13, qu'on peut lire également

installation au 42 rue Fontaine avec Simone, c'est même par la seule mention « 1713 » apposée sur sa porte qu'il signale à ses visiteurs l'appartement qu'il occupe[1]. Goûtant assez ces cryptages ésotériques et l'harmonie secrète qu'ils confèrent à une vie, Breton a pu vouloir en 1952 continuer le jeu chiffré auquel il aime prêter sa biographie. Il y a plus, si l'on se souvient de l'admiration indéfectible de Breton envers Rimbaud. Aucune âge sans doute n'est plus rimbaldien que 17 ans : c'est à 17 ans, soit en 1871, que Rimbaud, après une nouvelle fugue, et dans une vive euphorie provoquée par l'agitation communarde, adresse ses deux lettres dites « du voyant », l'une à Georges Izambard, le 13 mai, l'autre à Paul Demeny, le 15, lettres décisives que Breton « réécrira » à sa façon dans sa « Lettre aux voyantes » de 1925. C'est à 17 ans également que Rimbaud rencontre Verlaine. Tout se passe donc comme si Breton, rétrospectivement, et plus ou moins consciemment, arrangeait sa biographie afin de lui conférer des faux airs rimbaldiens, afin de se rapprocher lui-même, de rapprocher lui-même sa propre vie de celui qui, justement, *« est surréaliste dans la pratique de la vie et ailleurs[2] »*. Les analogies foisonnent : mère pareillement *« revêche et rigoriste[3] »*; professeur jouant le même rôle de mentor (Izambard/Keim, le suppléant de français). On y lit la même fusion indémêlable entre révélation poétique, révolte impulsive et découverte érotique, qui font bien de l'année 1913 une cristallisation symbolique, hautement ésotérique et rimbaldienne, de la renaissance de Breton.

Révélation poétique, en effet : *« le démon qui me possède alors n'est aucunement le démon "littéraire" : je ne brûle pas de l'envie d'écrire, de me faire, comme on dit, "un nom dans les lettres". Je suis, à cet âge, l'objet d'un appel diffus, j'éprouve, entre ces murs, un appétit indistinct pour tout ce qui a lieu au-dehors, là où je suis contraint de ne pas être, avec la grave arrière-pensée que c'est là, au hasard des rues, qu'est appelé à se jouer ce qui est vraiment relatif à moi, ce qui me concerne* en propre, *ce qui a profondément à faire avec mon destin[4] »*. L'articulation ouverture/fermeture (la « couverture » maternelle), prend ici une importance ontologique qu'on pourrait à la rigueur reformuler ainsi : je suis... où je ne suis pas. Ontologie qu'on dirait « exotique », en ce qu'elle se nourrit d'une altérité à la fois fortuite et inscrite dans un *fatum*, et que, récusant les *« bancs d'amphithéâtre »* et les *« tables de laboratoire »* de la préparation médicale (je ne suis pas où je suis, où l'on a voulu que je sois), elle récuse simultanément la « littérature » entendue à la fois comme pratique et comme carrière, soit comme étrangère elle aussi à cette sollicitation. Et par opposition à elle, rien ne signifie mieux cet appel d'air que la poésie, celle de Rimbaud, donc, qu'il commence à découvrir. Celle aussi de Valéry, auréolée du mutisme littéraire

---

comme les initiales AB, André Breton, *Nadja* (1928), *OC I*, Gallimard, Bibliothèque de la Pléiade, 1988, p. 724 et p. 1553, note 3.
[1] *« Aragon racontera que ses amis l'appelaient parfois, en plaisantant, "dix-sept-treize" »*, Mark Polizzotti, *André Breton*, Biographies, Gallimard, 1999, p. 192.
[2] André Breton, *Manifeste du surréalisme* (1924), *OC I*, Gallimard, Bibliothèque de la Pléiade, 1988, p. 329.
[3] Jean-Luc Steinmetz, Article « Rimbaud », *Encyclopædia Universalis*.
[4] André Breton, *Entretiens* (1952), *OC III*, Gallimard, Bibliothèque de la Pléiade, 1999, p. 428.

dans lequel il s'est enfermé une fois certains sommets atteints, et qui, nouvel Harrar, offre à ses écrits leur plus bel écrin de silence. Certes 1913 est aussi l'année de la publication d'*Alcools* par Apollinaire. Breton n'en a pas encore connaissance, ou si peu. N'empêche : « *Cette année 1913 marque à peu près la fin d'une frange, celle de l'ombre que peut porter la pyramide du XIXe siècle sur celle du XXe qui commence à peine à s'édifier[1]* ». Un nouveau monde moderne commence. Éclot avec lui l'origine poétique de Breton, entendue dans les termes de cette « ontologie exotique » : le poème le plus ancien qu'il conserve en effet en 1919 lors de la composition de son premier recueil, *Mont de Piété*, est le très mallarméen « Rieuse », qui date précisément de 1913[2].

En corrélation étroite avec cette révélation poétique explicite, 1913 marque également une révélation d'un tout autre ordre, bien que, ou *si bien que* les deux aspects désormais ne puissent plus être dissociés chez lui. C'est en 1913 en effet, le 16 mars, qu'il assiste à une grande manifestation antimilitariste organisée par la CGT et les socialistes[3]. Le climat politique est des plus délétères : entre nationalisme revanchard, relayé par une classe intellectuelle démagogique, et population avide d'en découdre, la « patrie » gonfle à nouveau le torse devant l'Allemagne. Or, très tôt, Breton s'était montré sensible au gangstérisme anarchiste de Ravachol (exécuté le 11 juillet 1892 après divers attentats sanglants), d'Émile Henry (guillotiné le 21 mai 1894)[4], de Caserio (exécuté le 15 août 1894, après avoir assassiné le président Sadi Carnot), de la bande à Bonnot (particulièrement active entre 1911 et 1913, son procès défraye la chronique)... Autant d'agitations qui « bercent » sa naissance et sa jeunesse, et qui, pour ce qu'il en découvre progressivement dans les publications (*Le Libertaire, L'Anarchie, L'Action d'Art*) qu'il s'est mis à lire, le maintiennent dans des ferments idéologiques violemment hostiles à ce patriotisme belliqueux. Le souvenir de cette manifestation de mars 1913 apparaît dans *Arcane 17*[5]. Breton,

---

[1] *Ibid.*, p. 432. Parmi les frémissements que Breton ignore encore en 1913, mais qu'il n'ignore plus en 1952, cette année voit également la publication de *Locus Solus* par Raymond Roussel ou l'élaboration du premier ready-made par Marcel Duchamp, une « Roue de bicyclette ».

[2] Après deux premières tentatives poétiques, « Le Rêve » et « Éden... » respectivement datés de 1911 et 1912 et publiés dans la petite revue de René Hilsum sous le nom de René Dobrant, « Rieuse », dédicacé à Paul Valéry, sera publié en mars 1914 dans la revue *La Phalange* dirigée par le poète symboliste Jean Royère, avec « Le Saxe fin » et « Hommage ». Voir André Breton, *OC I*, Gallimard, Bibliothèque de la Pléiade, 1988, p. 6, 29 et 30.

[3] « *sans aucun doute une des manifestations qui se déroulèrent en 1913 à la Butte-Rouge, au Pré-Saint-Gervais, contre la "loi de trois ans", retour à un service militaire de trois ans, qui s'inscrit dans la politique d'armement préparant directement à la guerre* », suggère Marguerite Bonnet, *André Breton. Naissance de l'aventure surréaliste* (1975), José Corti, édition revue et corrigée, 1988, p. 50.

[4] Marguerite Bonnet rapporte à son sujet une anecdote piquante : « *dans les premiers moments de son arrestation, Henry avait prétendu se nommer Breton. Une sorte de lent transfert, de nature presque onirique, cheminant dans les zones les plus mystérieuses de la sensibilité, aurait ainsi préparé en lui la tentation fugitive de s'identifier à l'ange exterminateur de l'anarchie* », *Ibid.*, p. 65. Il ne manquait alors au hasard objectif que son nom.

[5] « *Le drapeau rouge, tout pur de marques et d'insignes, je retrouverai toujours pour lui l'œil que j'ai pu avoir à dix-sept ans, quand, au cours d'une manifestation populaire, aux approches de l'autre guerre, je l'ai vu se déployer par milliers dans le ciel bas du Pré-Saint-Gervais. Et pourtant – je sens que par raison je n'y puis rien – je*

qui insiste sur son manque de conscience politique d'alors – on n'est décidément pas sérieux, quand on a dix-sept ans... –, se déclare, sinon rationnellement ou idéologiquement, pour le moins sensiblement saisi par le spectacle de cette révolte, qui se répète en outre le 25 mai suivant, et de façon plus importante encore, avec la présence de nombreux vétérans de la Commune auxquels son souvenir rend hommage. D'association en association, il en vient alors à se remémorer un souvenir plus ancien encore, celui de *« la détente, l'exaltation et la fierté que [lui] causa, une des toutes premières fois qu'enfant on [le] mena dans un cimetière – parmi tant de monuments funéraires déprimants ou ridicules – la découverte d'une simple table de granit gravée en capitales rouges de la superbe devise : NI DIEU NI MAÎTRE ».* Cette exaltation d'enfance, par deux fois relayée en 1913, est explicitement associée aux vertus subversives de la poésie et de l'art, au-dessus desquels, *« qu'on le veuille ou non, [bat] aussi un drapeau tour à tour rouge et noir[1] ».*

Il faudrait aussi rattacher à cet éveil de la personnalité emblématisé par l'année 1913, les premiers émois amoureux, ceux furtivement éprouvés envers une prostituée aux yeux violets, puis envers une jeune Russe du nom d'Olga auprès de qui il s'arrange pour s'asseoir à l'impériale de l'omnibus qui le conduit au collège[2]. Premiers émois également à l'égard de sa cousine Manon, pour laquelle il éprouve *« un grand attrait sexuel, [qu'il prenait] alors pour de l'amour[3] ».* Ces révélations sensuelles sont attisées par le trouble que provoque la découverte des femmes peintes par Gustave Moreau, leurs visages fascinants, leurs poses lascives. Plus érotique qu'esthétique, le regard pictural se façonne sur leurs courbes, avec lesquelles tranchent violemment les angles saillants de la *Guitare sur une table* de Picasso qu'il découvre fin 1913, dans la revue *Les Soirées de Paris* dirigée par Apollinaire, et qui provoque en lui un électrochoc qui ébranle ses premières réticences envers le cubisme.

---

continuerai à frémir plus encore à l'évocation du moment où cette mer flamboyante, par places peu nombreuses et bien circonscrites, s'est trouée de l'envol de drapeaux noirs », André Breton, *Arcane 17* (1947), OC III, Gallimard, Bibliothèque de la Pléiade, 1999, p. 41-42.
[1] *Ibid.*, p. 43. Le souvenir de ces manifestations réapparaît des années plus tard dans un *Entretien avec Marianne Oswald* non daté, où Breton apporte deux compléments : d'abord, l'enthousiasme de la foule, comme le sien, a atteint son paroxysme *« quand la parole fut donnée aux délégués allemands »* ; ensuite, il suggère que ce qui l'a proprement exalté, c'est la *« communion passionnée »* qui a réuni non seulement les prochains belligérants, mais plus encore, et au mépris de toute considération nationale, les hommes entre eux. La disposition dans la section « Inédits II » de l'édition de la Pléiade semble le situer vers 1949-1950, voir *Ibid.*, p. 1113. On distinguera clairement cet engouement passionnel qui saisit Breton et qui forge sinon encore une conscience politique, du moins les rudiments d'une éthique, de la *« grande représentation artistique »* que ces manifestations signifient chez lui selon Mark Polizzotti, *André Breton*, Biographies, Gallimard, 1999, p. 23.
[2] Leur souvenir à toutes deux traverse brièvement *Les Vases communicants*, ravivé par une phrase de réveil qu'il associe justement à un vers de Rimbaud. Voir André Breton, *Les Vases communicants* (1932), OC II, Gallimard, Bibliothèque de la Pléiade, 1992, p. 175.
[3] André Breton, *Ibid.*, p. 123. Manon est la fille de Louis Le Gouguès, frère de la mère d'André, et de sa première femme, Maria Raulin. Elle est née le 18 février 1898, soit même jour que la fausse date anniversaire de Breton.

Telles sont les nouvelles impulsions qui affleurent visiblement en 1913 pour se nouer en lui de façon inextricable désormais, et qui font de cette année celle, reconnue comme telle, mieux, désirée comme telle, de la « renaissance » d'André Breton.

Et si 1913 marque pour Georges Bataille l'apogée de sa crise adolescente (renvoi du Lycée de Reims, solitude oisive) puis, après quelques mois, la résolution apparente de cette crise dans une scolarité sérieuse et studieuse, ainsi que dans une rapide et fervente orientation vers le catholicisme, c'est l'année 1914 qui, pour lui, marque symboliquement le moment de sa « renaissance ». De sa « première renaissance » plutôt, car cette période, dominée par la paternité de substitution que sera Dieu, appellera quelques années plus tard un nouvel Œdipe anti-chrétien sous la férule hilare de Nietzsche. Michel Surya a clairement distingué cette date. Selon lui, en effet, « *1914 est peut-être la [date] la plus symbolique parmi toutes celles qui serviront à faire de la vie de Bataille une histoire : c'est certainement à cette date que ce qui n'avait été jusqu'alors qu'un drame devint une tragédie*[1] ». Pourquoi ? D'abord, c'est explicitement de cette année-là que date donc la conversion de Bataille au catholicisme. Or Surya signale, pour en douter, que Bataille prétend la même année songer à élaborer déjà une « philosophie paradoxale[2] ». Volonté de placer *a posteriori* sa conversion au catholicisme sous le signe mensonger d'une adhésion paradoxale ? Si le concept de « philosophie paradoxale » trouve sans doute, après la rencontre notamment de Nietzsche, voire de Hegel, une réalisation avérée dans la pensée « hétérologique » de Bataille, que dire à ce stade encore d'une « adhésion paradoxale » au catholicisme ? Adhésion certes, mais déjà, et simultanément réticente ?...

Cette conversion, en effet, il faut d'abord souligner qu'elle fut fervente, sans aucun doute. Mais dans le contexte familial horrible qu'on a décrit, et dans la crise œdipienne qui se jouait en lui, l'entrée en religion ne continue-t-elle pas en l'amplifiant le conflit interne qui cherchait à tuer le père ? Intervenant après la puberté, soit après l'affirmation physiologiquement assurée de sa propre virilité qui, achevant une première rupture avec l'infâme modèle d'un père impotent, permet enfin à la haine envers lui de se révéler ouvertement, elle est bien cet écho aux dimensions métaphysiques qui, par la négation (le père était irréligieux), continue paradoxalement le roman familial tout en croyant rompre avec lui (l'impuissance du père pouvant en outre symboliquement se continuer dans l'interdiction religieuse de la sexualité, bien entendu). Nul doute que

---

[1] Michel Surya, *Georges Bataille, la mort à l'œuvre*, Gallimard, 1992, p. 28.
[2] « *il est en effet douteux que Bataille pensât déjà écrire de la philosophie ; beaucoup plus douteux que, pour autant qu'il y pensât, ce fût aussitôt sous la forme d'une philosophie paradoxale* », Michel Surya, *Georges Bataille, la mort à l'œuvre*, Gallimard, 1992, p. 28.

prêtres et confesseurs aient pu être des secours dans un tel désarroi affectif, et dans une telle horreur familiale[1].

Paradoxale également, cette conversion, si l'on songe au contexte dans lequel elle intervient. Car ce même mois d'août 1914 (le 3), l'Allemagne déclarait la guerre à la France. En quelques semaines à peine, les armées allemandes sont aux portes de Reims. Lorsque la ville est assiégée, le 4 septembre, Georges Bataille a été emmené par sa mère à Riom-ès-Montagnes, dans son village natal. La Grande Guerre restera pour lui synonyme de ce départ qui signifie l'abandon du père sous le feu allemand. Il ne le reverra pas vivant. *« Il ne suffisait pas qu'une sorte de destin antérieur à toute intervention de l'adolescent qu'était Bataille conjuguât sur la personne de son père, sur celle de sa mère et sur la sienne, le pire, il fallait encore qu'il le mît dans la position de s'en sentir à tout jamais coupable[2] »*, observe justement Michel Surya. Le catholicisme de Bataille, recours « paternel » contre le père, est, comme on voit, originellement, soit dès 1914, entaché d'une culpabilité (morale chrétienne qui, simultanément, frappe et dispense ses onguents par la confession), relayant elle-même une première culpabilité (d'ordre œdipien).

Paradoxale enfin, cette conversion, lorsqu'on observe les premiers émois amoureux qui, chez Bataille aussi, apparaissent à cette époque. Réfugié à Riom-ès-Montagnes, il y retrouve Marie Delteil, sœur de son ami d'enfance Georges Delteil[3], dont il se déclare très vite amoureux. Elle partage son amour, et l'obstacle entre eux deux n'est alors précisément rien d'autre que les vocations religieuses respectives de chacun, qui ne manqueront pas de placer Bataille dans une tentation douloureuse[4].

Réalisée au moment d'une conjonction désastreuse entre troubles personnels (développement psychologique), tragédie familiale (l'abandon du père, sa mort bientôt, la folie de la mère, ses tentatives de suicide), et tragédie nationale, mondiale, humaine (la guerre), chaque calamité se répercutant sur les autres et les décuplant, la conversion au catholicisme de 1914, tout en offrant un secours estimable auquel il tient fermement, porte en fait à son paroxysme le tiraillement qui déchira dès lors, et pour une grande part encore à son insu, Georges Bataille. Il faudra rien moins que la rencontre de Nietzsche pour que cette marmite en ébullition puisse enfin exploser dans un grand éclat de rire.

---

[1] Et ce, *a fortiori* lorsque de tels secours sont relayés, encouragés par une nouvelle amitié de collège, celle de *« Paul Leclerc, son condisciple, fervent chrétien »*, « Chronologie », Georges Bataille, *Romans et récits*, Gallimard, Bibliothèque de la Pléiade, 2004, p. XCIV.
[2] Michel Surya, *Georges Bataille, la mort à l'œuvre*, Gallimard, 1992, p. 31.
[3] Figures de la gémellité : contre Martial, le « faux » frère, c'est Paul Leclerc dont il a imité la ferveur religieuse ; c'est l'autre Georges, Delteil, son ami d'enfance, dont il convoite la sœur qui, comme sa mère, et comme celle de Jésus, s'appelle aussi Marie.
[4] Voir à ce sujet les lettres du 15 décembre 1917 ou du 10 janvier 1918 dans Georges Bataille, *Choix de lettres 1917-1962*, édition établie, présentée et annotée par Michel Surya, « Les Cahiers de la nrf », Gallimard, 1997, respectivement p. 8 et 10.

On voit donc comment la réalisation de soi chez Breton et chez Bataille ne se joue pas selon des modalités identiques. Pour Breton, il semble avéré que cette renaissance se manifeste par la révélation de la poésie, indissolublement liée à la révolte anarchisante susceptible de générer dans la lutte une véritable communion humaine au nom d'une morale de refus – de la littérature, de la P.C.N., du patriotisme anti-allemand, de la guerre imminente, c'est tout un…–. Cette renaissance s'accomplit chez lui par l'élaboration (ou l'appropriation) d'une « proto-éthique » de l'art qui s'inscrit au cœur même du renouveau moderniste général dont 1913 devient l'emblème, et qui s'exprime singulièrement non pas dans l'avènement mature d'aptitudes rationnelles, théoriques, susceptibles d'abstraction et de jugement réfléchi, mais au contraire dans la fixation de l'ébranlement sensible, érotique, comme instrument de révélation. Littéralement obnubilé par un nœud tragique qui détermine sa soudaine conversion au catholicisme, Bataille réalise pour sa part cette même renaissance en portant plus ou moins consciemment ses tensions personnelles à leur paroxysme, ce qui le conduit pour quelques années à se placer dans le confort mensonger d'une vie pieuse qui diffère l'achèvement de la réalisation de soi. Ce qui, en somme, est déjà, chez l'un, recherche d'un *langage de bouleversement*[1], est chez l'autre perpétuation d'une accablante *inquiétude existentielle* en recherche d'émollients philosophico-religieux.

La Grande Guerre

Dans un enthousiasme belliqueux quasi-unanime, la guerre est déclarée le 3 août 1914. Pour Breton, pour Bataille, le traumatisme prend soudain des dimensions mondiales : une même cause, mais des effets distincts, quoique tout aussi désastreux. La tranchée qui se creuse entre eux deux se remplit des premiers cadavres. Les fantômes de l'enfance mettent bas leur drap, et parmi les mille anonymes que la guerre piétine, parmi tous ces corps qu'elle amoncelle, se trouvent quelques visages proches, aimés, à peine identifiables dans cette amas putride, mais qui donnent à la mort dévoilée, reconnue, affrontée, tout l'effroi de sa vérité nue. Et elle gardera longtemps pour chacun les traits familiers et chers de ces quelques êtres enlevés qui imprimeront sur elle le caractère bientôt mythifié d'autant de liens perdus. Voilà en quoi cette Grande Guerre, quoique

---

[1] L'observation de Marguerite Bonnet paraît d'autant plus pertinente et mérite d'être rappelée ici : « *devant l'opinion critique qui veut voir en Dada "l'éclair révélateur", à l'origine de "la grande mutation" de 1919 chez Breton, force est de souligner que les nuages de la négation passaient dans son ciel bien avant Dada et hors de lui, et qu'ils venaient de divers points de l'horizon* », Marguerite Bonnet, *André Breton. Naissance de l'aventure surréaliste* (1975), José Corti, édition revue et corrigée, 1988, p. 61. On précisera que pour Marguerite Bonnet, c'est l'année 1916 qui constitue l'année cruciale pour André Breton, car c'est en 1916, et par le poème « Façon », qu'il met selon elle totalement au point sa poétique. Dans notre perspective, il nous a semblé plus important de revenir au choix même de la poésie comme instrument d'émancipation, lecture qui n'est donc absolument pas contradictoire avec la sienne.

différemment vécue, est pour chacun le ravage initial décisif et participe de leurs romans de formation respectifs.

Les chronologies sont fort distinctes. Breton, affligé par la montée d'un nationalisme revanchard, a donc suivi ses parents à Lorient dès juillet 1914, et c'est là-bas qu'il reçoit la nouvelle de la déclaration de guerre, le 3 août. Son écœurement est immense, incommensurable sa révolte[1]. De retour à Paris, il reprend ses études de médecine, est incorporé dès février 1915 dans un régiment d'artillerie et connaît plusieurs affectations successives dans différents services médicaux[2]. De son côté, Georges Bataille, réfugié avec sa mère à Riom-ès-Montagnes, n'est mobilisé qu'en janvier 1916 (son frère Martial l'avait été dès le 1er août 1914). Incorporé au 154e régiment d'infanterie, il contracte très vite une pleurésie, première atteinte pulmonaire grave, et est réformé dès janvier 1917. Aussitôt rentré à Riom-ès-Montagnes, il entame des études de philosophie par correspondance, dans une atmosphère d'une telle piété qu'il songe à la vie monacale[3]. Sa ferveur, réelle, est cependant déchirée par des tentations charnelles (Marie Delteil) qui le jettent d'une certitude à une autre. Sa réussite au concours d'entrée de l'École des Chartes (il est reçu 6e sur 11) l'amène à quitter l'Auvergne et à s'installer vers novembre 1918 à Paris, où il continue d'aller à la messe tous les matins.

On devine peut-être, à ce simple exposé factuel, comment la guerre a pu chez l'un et chez l'autre représenter une phase décisive et ô combien traumatisante de leurs « formations » respectives. Le contraire eût été étonnant. Mais il y a davantage : dans ce qui va se jouer entre eux, et plus particulièrement dans cette étape muette qui précède leur rencontre, la guerre cristallise un certain nombre de distributions d'ordres très variés, mais d'une étonnante symétrie. L'apprentissage que la guerre continue, voire achève en un sens, réalise en effet une répartition étrangement symétrique et les dote chacun de dispositions dont l'autre d'une certaine façon incarne exactement l'envers.

---

[1] « *Ici, j'assiste appuissant [sic] au plus ridicule enthousiasme belliqueux que j'aie connu (déclarations puérilement chauvines, confiance exorbitante en soi-même, marseillaises d'ivrognes, etc.). L'arrivée des réservistes et territoriaux après la mobilisation est fort comique. La moitié des hommes environ est ivre pour entrer à la caserne* », écrit-il à Fraenkel, *Ibid.*, p. 45. Marguerite Bonnet signale que le néologisme « appuissant » est très certainement volontaire. L'attitude de Breton face à la guerre sera sujette à polémique avec son ami Théodore Fraenkel, qui ne partage absolument pas son pacifisme ironique, lui qui a cédé, selon Breton, à la « *vague absurde de l'opinion* » (lettre du 30 août 1914, d'après Mark Polizzotti, *André Breton*, Biographies, Gallimard, 1999, p. 35).

[2] À Nantes, en tant que médecin auxiliaire dans le service de chirurgie de l'hôpital (juillet 1915-juillet 1916) ; au Centre neuro-psychiatrique de Saint-Dizier (juillet-novembre 1916), d'où il gagne le front près de Verdun comme brancardier (novembre-décembre 1916) ; enfin à l'hôpital du Val-de-Grâce, à Paris, où il est inscrit à un programme de formation médicale accélérée pour préparer l'examen de médecin auxiliaire (à partir de janvier 1917), période parisienne d'apprentissage complétée par un externat au Centre neurologique de la Pitié et à peine interrompue par une brève affectation à Moret-sur-Loing (mai-septembre 1918). Breton obtiendra son examen de médecin auxiliaire en été 1919 après un premier échec.

[3] Il passe, à Riom-ès-Montagnes, de longs moments de recueillement dans l'église Saint-Georges (!), reçoit le sacrement de la confirmation (fin 1917) et fait même une retraite chez les jésuites de La Barde (Dordogne), où il pratique les exercices ignaciens (juin 1918).

La guerre est avant tout apprentissage de la mort. Or ni l'un ni l'autre ne fait cet apprentissage comme soldat au front, de sorte qu'elle offrira cruellement à chacun un poste d'observation assez singulier sur la mort : au regard de *thérapeute* qu'il sera donné à Breton de jeter sur elle, répond le regard de *patient* qui, littéralement, sera celui de Bataille. Pour le dire autrement, la guerre, qui leur jette à tous deux la mort en pleine face, est pour le premier le moment de chercher à comprendre comment il est possible d'aller mieux malgré la vie horrible ; elle est pour le second l'expérience qui lui montre jusqu'où l'on peut aller mal avant la mort certaine.

Les quelques semaines que Breton passa au front, du côté de Verdun, n'eurent ainsi probablement rien à envier en horreur à quantité d'autres vécus. Elles ne constituent pourtant qu'une infime part de l'expérience traumatique que, dans les différents services médicaux où il fut successivement affecté, il put avoir de la guerre, de la mort, de la souffrance physique comme mentale des combattants aux corps broyés, aux visages détruits[1]. Nul doute que la guerre, qu'encadrent douloureusement pour lui, d'une part, l'assassinat de Jaurès la veille de la mobilisation générale, d'autre part, la mort d'Apollinaire, emporté par l'épidémie de grippe espagnole qui ravage l'Europe deux jours avant l'armistice[2], n'ait, dans le contexte hospitalier qui est alors le sien, horriblement charrié au quotidien son lot de cadavres. Mais cette époque est pour Breton celle d'une initiation décisive : c'est en effet d'abord auprès du Dr Leroy, directeur du centre de Saint-Dizier, puis auprès du Dr Babinski, à la Pitié, qu'il découvre les rudiments de la « psycho-analyse ». Marguerite Bonnet a minutieusement retracé les étapes de cet apprentissage, au contact de deux maîtres qu'il admire. Freud est encore quasiment inconnu en France, où aucun de ses ouvrages n'est traduit avant 1921. C'est donc d'abord par le biais des grands classiques de la psychiatrie que Breton est progressivement familiarisé avec les recherches et les thérapies nouvelles, auxquelles pour l'instant s'opposent vertement les milieux médicaux, universitaires, philosophiques... Il lit, outre les ouvrages des docteurs Régis et Hesnard (*Précis de psychiatrie*, *La*

---

[1] « *Jamais il n'avait été donné au monde médical d'observer de tels délabrements corporels, et moins encore avec une pareille fréquence* », souligne l'historienne Sophie Delaporte, « Médecine et blessures de guerre », *Encyclopédie de la Grande Guerre 1914-1918*, sous la direction de Stéphane Audouin-Rouzeau et Jean-Jacques Becker, Bayard, 2004, p. 347. Voir aussi son article intitulé « Névroses de guerre », qui insiste sur la gravité des traumatismes psychiques chez les combattants. Voir également les témoignages de deux compagnons de Breton au « 4e Dingue » du Val-de-Grâce, à savoir Aragon et le Dr Held, qui évoquent tous deux la dureté des journées dans le service plus carcéral que médical des fous, au milieu de leurs hurlements déments, et dans une sécurité toute relative assurée par des gendarmes de faction, sous la menace permanente des bombardements de l'ennemi, Louis Aragon, *Lautréamont et nous*, (Les Lettres Françaises, 1er et 8 juin 1967), Sables, Toulouse, 1992, notamment pp. 24-29 et Dr René R. Held, *L'Œil du psychanalyste. Surréalisme et surréalité*, Petite Bibliothèque Payot, 1973, pp. 16-19. Ce second ouvrage, discutable sur de nombreux aspects, ne nous intéresse ici qu'à titre de témoignage de quelqu'un qui, avec Breton et Aragon notamment, n'a de cesse de répéter qu'il « en était » aussi.
[2] Pandémie de grippe plus meurtrière que la guerre elle-même, il faut le rappeler.

psychoanalyse) où le nom de Freud apparaît[1], le *Traité de pathologie mentale* et les *Leçons de clinique médicale sur les psychoses et affections nerveuses* de Gilbert Ballet, l'*Introduction à la médecine de l'esprit* de Maurice de Fleury, les *Leçons cliniques sur les maladies mentales* de Magnan, les *Leçons sur les maladies du système nerveux* de Charcot, *La démence précoce* de Constanza Pascal, l'*Introduction à la psychiatrie clinique* de Kraepelin[2].... Et son enthousiasme théorique immédiat s'accompagne d'une véritable fascination expérimentale, soit devant les consultations menées par Leroy ou Babinski, soit devant les récits de fous qu'il est lui-même amené à collecter, puis les premiers diagnostics qu'il émet. Or l'ambivalence que de telles expériences font naître chez lui est tout à fait remarquable : si son intérêt s'avère immense pour les productions verbales incongrues des malades qu'il entend, et pour leur sidérante puissance créatrice[3], il éprouve simultanément un sentiment de profonde répulsion à leur égard, et développe une véritable et bien paradoxale *« psychopathophobie*[4] *»*. Confronté à cette « limite » dont on ne revient pas, il s'effraie, hésite, recule. Sa fonction de thérapeute est garante d'une santé mentale que lui, dans la folie meurtrière générale, n'a pas encore perdue. Et il gardera longtemps le souvenir particulièrement impressionnant de cet *« homme jeune, cultivé, qui, en première ligne, s'était signalé à l'inquiétude de ses supérieurs hiérarchiques par une témérité portée à son comble : debout sur le parapet, en plein bombardement, il dirigeait du doigt les obus qui passaient. Sa justification devant les médecins était des plus simples : contre toute vraisemblance et bien que de sa part, ce manège ne fût pas nouveau, il n'avait jamais été blessé. Mais, par-dessous, s'articulaient des certitudes nettement hétérodoxes : la prétendue guerre n'était qu'un simulacre, les semblants d'obus ne pouvaient faire aucun mal, les apparentes blessures ne relevaient que du maquillage et, du reste, l'asepsie s'opposait à ce que, pour en avoir le cœur net, on défît les pansements. Il soutenait aussi que les morts prélevés dans les amphithéâtres étaient amenés et distribués de nuit sur les faux champs de bataille, etc.*[5] *».* Lorsqu'en 1952, dans les *Entretiens*, il se remémore cet homme, il ne

---

[1] Mark Polizzotti signale qu'*« en cette période de guerre, les notions étranges en matière de sexualité d'un neuropsychiatre renégat, d'autant plus suspectes que leur inventeur est autrichien (et juif !), ne sont guère susceptibles d'emporter l'enthousiasme de la communauté psychiatrique française. Régis et Hesnard ont dû faire précéder leur étude de Freud de considérations visant à rassurer les lecteurs en affirmant que ses découvertes, en dépit de sa nationalité, sont dignes d'intérêt »*, Mark Polizzotti, *André Breton*, Biographies, Gallimard, 1999, p. 62.

[2] *« Sa formation psychiatrique théorique, pour brève qu'elle ait été, est donc réelle »*, observe Marguerite Bonnet, *André Breton. Naissance de l'aventure surréaliste* (1975), José Corti, édition revue et corrigée, 1988, p. 99.

[3] Fraenkel note dans ses *Carnets* que *« Breton dans son hôpital de fous s'émeut et s'épouvante de voir des aliénés plus grands poètes que lui »*, cité d'après Mark Polizzotti, *André Breton*, Biographies, Gallimard, 1999, p. 63.

[4] Marguerite Bonnet, *André Breton. Naissance de l'aventure surréaliste* (1975), José Corti, édition revue et corrigée, 1988, p. 110. Marguerite Bonnet explique que *« s'il jalouse aux fous ces quelques fonctions intellectuelles, il n'est pas prêt pour les acquérir à s'abandonner à la folie. La déchéance physique des malades mentaux le frappe : visages prognathes, embonpoint monstrueux, gestes stéréotypés – et leur détresse, lisible dans "l'amère obstination des fronts, les paupières cernées, le regard chargé de cette supplication d'un secours impossible, inconnu", l'afflige ».*

[5] André Breton, *Entretiens* (1952), *OC III*, Gallimard, Bibliothèque de la Pléiade, 1999, p. 443.

craint pas (ou… *plus*) d'inscrire son attitude dans la lignée de l'idéalisme philosophique d'un Fichte par exemple, ni d'y voir *a posteriori* la préfiguration de l'« Introduction au discours sur le peu de réalité » de 1925, laquelle explicite rien moins que les postulats idéalistes de la phase intuitive du surréalisme. Attitude donc fondatrice : avec les délires incontrôlés, la collection à des fins d'interprétation des premiers récits de rêves des malades, et autres procédés d'associations, ces éléments *« constitueront, au départ, presque tout le matériel surréaliste*[1] *».*

Georges Bataille, pour sa part, n'a pas l'expérience du front. Son année au régiment d'infanterie de janvier 1916 à janvier 1917 reste encore assez obscure. Il faudra attendre la seconde guerre pour qu'il y fasse très brièvement allusion, alors que d'autres combats déchirent à nouveau le monde, et encore ces allusions ne figurent-elles que dans des versions finalement abandonnées. D'abord dans *Le Coupable*, cette espèce de journal paradoxal qu'il tient entre 1939 et 1943, dans lequel il reprend, à la date du 14 juillet 1941, une note datant de janvier ou février[2]. Ensuite, dans un projet d'introduction pour *La limite de l'utile*, texte constitué de fragments abandonnés du projet *La Part maudite* également rédigé lors de la seconde guerre mondiale[3], lequel semble faire écho à la section intitulée « La guerre » dans *La limite de l'utile*. Bataille y cite abondamment l'ouvrage très nietzschéen *La Guerre notre mère* de Jünger, et notamment les descriptions les plus crues des combats. Il semble qu'à recouper les divers fragments en présence, on puisse déceler une certaine culpabilité maladive chez lui, composée de sentiments contradictoires : celui de ne pas s'être montré « à la hauteur » ; celui de préférer à la grandeur héroïque des combats la solitude intellectuelle d'une froide et calme contemplation, la guerre se révélant un point de vigie idéal sur l'homme, sur soi, sur la mort *assurément promise* ; celui d'une angoisse existentielle, enfin, que la guerre objective, dramatise. On voit combien, à l'inverse de Breton, la guerre est pour Georges Bataille la révélation de l'identité pathologique de l'homme. Combien simultanément, elle impose l'impératif de la « contemplation » : *voir qui est l'homme, qui « je » suis*. Et qui est-il, en pleine guerre, sinon lui-même « Bataille »,

---

[1] *Ibid.*, p. 442.

[2] On peut y lire notamment ceci : « *Personnellement, je n'ai pas aimé la guerre. […] Quand je dis que je n'ai pas aimé la guerre, je veux dire avant tout que je n'ai jamais été sensible à cette sorte de délivrance dont elle est la recherche. Des ivresses et des éclats de fierté qu'elle donne à des régiments vainqueurs, je crois que même l'occasion offerte, ils m'auraient été refusés. […] Je n'ai combattu dans aucune des guerres auxquelles j'aurais pu être mêlé* », Georges Bataille, *OC V*, Gallimard, 1973, p. 540-541.

[3] « *L'apologie de la guerre, qui se trouve autant qu'il semble dans ce livre, à mes propres yeux même apparaît comme une impudence. À l'encontre de beaucoup d'autres, elle est le fait d'un homme qui ne s'est pas battu. […] Il me faut même aller plus loin : les circonstances ont fait que je n'ai jamais dû me battre, mais, de plus, je n'ai jamais désiré le faire. Si je n'en ai pas fui l'occasion, je ne l'ai pas non plus cherchée. Ce que je dois préciser : la guerre ne m'a jamais intéressé comme elle intéresse de véritables soldats. Exactement, je n'ai jamais été obsédé que par une seule guerre. Pendant de longues années de jeunesse – de dix-sept à vingt-et-un an – cette guerre inexorable était devenue pour moi l'unique horizon possible, un horizon irrémédiablement fermé. Le sort ne fit de moi – à dix-huit ans – qu'un soldat malade, imaginant chaque jour, au milieu de blessés et de malades plus vieux, l'enfer auquel il demeurait promis* », Georges Bataille, *OC VII*, Gallimard, 1976, p. 523-524.

par son père ? Car la maladie ontologique qui, dans la guerre, dévoile sa dimension mondiale, ne l'avait-elle pas déjà durement affecté dès l'enfance dans cette impossible identification au père dont on a parlé ? Les années 14-18 représentent chez lui la conflagration inouïe entre tragédie familiale et objectivation sur la scène mondiale de la tragédie d'être. Car c'est la maladie, et non la guerre, qui, en temps de guerre, finit par emporter son père, en novembre 1915, après que Georges et sa mère l'ont réellement abandonné sous les bombes allemandes de Reims, et après qu'il l'a, lui, symboliquement abandonné par sa conversion au catholicisme. C'est la maladie qui a raison de sa mère, à Riom, pendant de longs mois, manquant de peu de l'emporter définitivement elle aussi. Et c'est aussi la maladie, une pleurésie, qui le tire de l'univers malade de la guerre pour le ramener à Riom, augmentant sa culpabilité du sentiment de ne pas, virilement, « en être ». La piété fervente dont il continue de faire preuve, réformé, poursuit elle aussi, et à sa manière, le processus d'auto-culpabilisation. La conversion au catholicisme peut bien alors se comprendre chez lui comme une tentation/tentative d'éluder l'enseignement tragique à laquelle sa propre maturation l'avait ouvert, et dont la guerre allait brièvement lui imposer le douloureux spectacle, ou, pas moins douloureusement, *le lui refuser*. *Manœuvre* de survie, en somme, dans cette contamination généralisée, mais dont les secours provisoirement salutaires exacerbent simultanément en lui les tensions les plus extrêmes.

La guerre est également phase d'apprentissage de l'écriture. Et si cet apprentissage se réalise pour Breton dans cette « présence incitative » dont on a déjà parlé avec Fraenkel, il semble, et sans schématiser, être chez Bataille plutôt le fait d'une « absence » tout aussi incitative. En un mot, c'est bien parce que Breton fit sur sa route un certain nombre de rencontres décisives et véritablement impulsives vis-à-vis du geste d'écrire qu'il amorça son œuvre, alors qu'il fallut à Bataille traverser une certaine épreuve du deuil pour que celle-ci, même paradoxalement, puisse être engagée. Et on observera à ce sujet comment un tel apprentissage se réalise progressivement chez le premier, chaque rencontre (réelle ou livresque) offrant un nouveau palier à dépasser jusqu'à l'élaboration d'une poétique propre enfin dégagée d'influences embarrassantes, alors que le problème pour le second échappe absolument à cette même logique : sa réalisation de soi n'étant pas encore aboutie, s'étant même en quelque sorte momentanément dévoyée dans le catholicisme (même tourmenté), c'est à cette ferveur pieuse qu'il devra les premières impulsions à écrire, c'est elle qui leur donnera des airs de « faux départ », c'est à cause d'elle qu'il lui faudra encore faire une « table rase » complète et tout recommencer bientôt. Généalogie compulsive : le Bâtard réaliste entra en littérature en engendrant un avorton dont l'ascendance (énième paternité substitutive) bientôt violemment récusée fera de lui… un mort-né.

On se souvient que les premières velléités d'écriture sont apparues chez Breton vers 1911, mais que c'est de 1913, et notamment du poème mallarméen « Rieuse » qu'il date lui-même ses premiers désirs de poésie. On se souvient aussi comment la poésie signifie dès l'origine pour lui l'élan vital à la fois hors du projet parental (la carrière médicale), hors de la « littérature » entendue comme accommodement moral, recherche de gloriole, voire compromission idéologique en pleine montée anti-germanique, et ainsi, hors de la « société », lorsqu'elle fourbit ses armes (idéologiques et matérielles) avant la Grande Boucherie. Révolte par essence, la poésie confond en lui une triple affirmation, narcissique, éthique et idéologique. La maturation poétique de Breton, dont le recueil *Mont de piété* publié en juin 1919 retrace l'évolution, est assez claire aujourd'hui[1]. Pendant les années de guerre, Breton va connaître sur le plan poétique des bouleversements importants et des phases successives qui s'enchaînent au gré des rencontres qu'il lui est donné de faire. La rencontre augurale de Baudelaire, Huysmans, et Mallarmé par l'intermédiaire du suppléant de français Albert Keim, qui s'était bientôt traduite par la parution dans le numéro de mars 1914 de la revue de Jean Royère *La Phalange* de trois poèmes, l'a conduit ensuite à entrer en relation suivie avec Paul Valéry, qui joue auprès de lui un rôle de mentor. Or c'est la découverte de Rimbaud, seul auteur qu'il emporte avec lui lors du déménagement à Lorient, qui donne à sa quête poétique un élan décisif. Avec lui, le vers se libère de nombreuses contraintes sans les nier absolument. La poésie, en s'affranchissant de son propre carcan, respire un air nouveau. Mais son incorporation rompt ses aspirations poétiques : l'année 1915 est celle d'un profond dénuement, d'abord parce que la guerre fait rage, bien sûr[2], mais aussi parce qu'il se trouve poétiquement « coincé » entre Mallarmé et Rimbaud, soit entre l'art le plus accompli et la liberté la plus frondeuse. Pour résoudre un tel dilemme, c'est vers Apollinaire qu'il se tourne, c'est lui qui vient prêter main forte à Valéry. C'est en effet à eux deux que Breton adresse son poème « Décembre », fin 1915, qui, inaugurant la longue correspondance avec Apollinaire, entame un grand remaniement poétique qui prendra fin en juin 1916 avec le poème « Façon », où son affranchissement poétique est désormais confirmé. Les anciens thèmes symbolistes empruntés à la mythologie sont abandonnés pour une réalité plus quotidienne, plus triviale, pour une beauté du hasard, de la surprise… Mais une nouvelle rencontre a encore tout changé : Jacques Vaché. Avec lui, désormais, une autre mythologie peut commencer. Difficile d'apprécier la sédition humoristique de Vaché sans la bande-son d'horreur que la guerre compose. Difficile d'entendre son rire léger, insoutenable au milieu des cadavres et des corps déchirés. Breton fait sa rencontre à l'hôpital de Nantes, où il effectue ses gardes. Vaché est blessé au mollet. Mais Breton « thérapeute » est sidéré devant le paradoxe dont lui fait prendre conscience ce drôle de blessé spectaculairement iconoclaste. Ses multiples

---

[1] Pour de plus amples détails, voir la notice de *Mont de piété* dans André Breton, *OC I*, Gallimard, Bibliothèque de la Pléiade, 1988, pp. 1065-1070. Voir également le précieux livre de Marguerite Bonnet, *André Breton. Naissance de l'aventure surréaliste* (1975), José Corti, édition revue et corrigée, 1988.
[2] *« Le choc de la guerre et l'apprentissage des armes paraissent avoir momentanément anesthésié en lui le don créateur »*, dit Marguerite Bonnet, *Ibid.*, p. 74.

excentricités (elles font aujourd'hui légende), son élégance désinvolte, son ironie anti-sentimentale, ses jugements foutraques qui n'épargnent ni Rimbaud, ni Apollinaire, ni même son ami le « pohète » Breton, sont pour celui-ci une révélation : « *Devant l'horreur de ces temps, à quoi je n'avais encore vu opposer autour de moi que réticences et murmures, il m'apparut comme le seul être absolument indemne, le seul qui eût été capable d'élaborer la cuirasse de cristal tenant à l'abri de toute contagion*[1] ». Le blessé, plus indemne que le « thérapeute » : tel est le Vaché qu'il voit, définitivement et superbement à l'abri de l'horreur, et toujours prêt d'un trait d'esprit à briser tout conformisme, fût-il moderniste : « *Sans lui j'aurais peut-être été un poète ; il a déjoué en moi ce complot de forces obscures qui mène à se croire quelque chose d'aussi absurde qu'une vocation* », avoue ainsi Breton[2] qui, devenu poète, mesure combien sa conception de la poésie doit à Jacques Vaché. Et si les rencontres entre les deux hommes ont été sporadiques, la correspondance qu'ils entretiennent alimente l'admiration effrénée de Breton ; mieux, elle révèle par défaut l'absence d'œuvre de Vaché, qui s'impose de fait avant tout pour lui comme une attitude au monde[3]. Nul doute alors que sa mort même, tout auréolée de mystère ne participe à sa façon de cette attitude dont Breton fera un mythe. Vaché mort, d'une mort qui portait au sublime son esprit de sédition absolue[4], c'est désormais devant l'injonction permanente de sa présence fantomatique que Breton voudra se montrer à la hauteur[5]. Le façonnage progressif de sa personnalité et de sa poétique se poursuit, sous la double tutelle de Valéry et d'Apollinaire, lequel lui ouvre la revue *Nord-Sud* en le présentant à son fondateur Pierre Reverdy, dont les conceptions théoriques aiguisent son esthétique naissante.

---

[1] André Breton, *Entretiens* (1952), *OC III*, Gallimard, Bibliothèque de la Pléiade, 1999, p. 439.
[2] André Breton, « La Confession dédaigneuse » (1923), *OC I*, Gallimard, Bibliothèque de la Pléiade, 1988, p. 194.
[3] « *La fortune de Jacques Vaché est de n'avoir rien produit* », André Breton, « Pour Dada » (1920), *Les Pas perdus*, *OC I*, Gallimard, Bibliothèque de la Pléiade, 1988, p. 237. De fait, la seule production qu'on lui doive tient dans ces lettres, que Breton a préfacées et publiées après sa mort. Voir Jacques Vaché, *Lettres de guerre*, Mille et une nuits, 2001.
[4] En un sens, peut-être fut-il pour Breton le dernier mort de la guerre, si celui qui se faisait un point d'honneur à *ne pas mourir* en temps de guerre avait décidé d'attendre, pour commettre la « *dernière* fourberie drôle » de son suicide (selon les mots de Breton) que la guerre soit terminée. Le 7 janvier 1919, Vaché est trouvé mort dans une chambre de l'hôtel de France, place Graslin, à Nantes, en compagnie d'un de ses amis, à la suite d'une overdose d'opium.
[5] Georges Perros a peut-être écrit les plus belles lignes de ce qui se jouera alors en lui : « *La personne et l'œuvre d'André Breton, c'est l'histoire d'une fidélité, et d'une impérieuse fin de non recevoir à toute sollicitation perturbatrice. Fidélité, d'abord, à un homme qui fut presque muet et fascina Breton, détermina le sens de son ambition, en la ruinant ; dont le suicide fut le signal d'une charge, comme si cette mort imposait à celui qui restait le plus lourd héritage à ne pas dilapider, comme si la vie de Breton devait "mériter" le suicide de Vaché. Aucun homme n'est en mesure de juger, ni capable de savoir si de vivre permet la perpétuité d'une illusoire pureté que seule la mort déclare en toute indifférence. Vivre impose trop de résistance pour que le seul acte qui vaille ne soit pas justement le refus de résister. Ce n'est pas accabler Breton sous l'injure d'un compliment qu'à tous égards il doit lui importer peu de s'entendre faire, que d'assurer comme à part soi, que la sensation de Jacques Vaché parcourt toutes les veines de son langage, et que sans jamais tomber dans le ridicule des fleurs hebdomadairement déposées sur une tombe imaginaire, rien, ni dans ce qu'on connaît de sa vie, ni dans son œuvre, ne trahit sa première et fulgurante connaissance*. » Voir Georges Perros, « André Breton : *La Clé des champs* », La Nouvelle N.R.F., 1ère année, n°11, 1953, repris dans Michel Murat (dirigé par), *André Breton*, Cahiers de L'Herne n°72, 1998, p. 72.

C'est aussi par l'entremise d'Apollinaire qu'il rencontre Philippe Soupault, dont l'humour pince-sans-rire et les facéties évoquent pour lui Vaché, Soupault auquel une complicité immédiate l'unit. Ultime rencontre décisive de ces années de guerre, celle d'Aragon, en septembre 1917, au Val-de-Grâce (Aragon entame lui aussi une carrière médicale), qui lui fait lire Lautréamont au début de 1918[1]. Le choc est immense. Il bouleverse sa poétique naissante, encore sous l'emprise moderniste de Rimbaud et Apollinaire. Une nouvelle ère désormais est ouverte, plus que jamais placée sous le signe incitatif de l'amitié (Vaché, Soupault, Aragon), laquelle s'aiguise à la lecture passionnée, mais aussi croisée, collective, partagée, d'œuvres de sédition à l'idéologie de guerre ambiante (après Mallarmé et Rimbaud, Apollinaire, puis Jarry, et désormais surtout Lautréamont). Tel est le trajet poétique que le recueil *Mont de piété* retrace *a posteriori* en juin 1919, et dont le titre lui-même exprime assez la reconnaissance par Breton de ses dettes successives et, simultanément, les dépassements consécutifs de ces mêmes héritages. Mais à cette date, déjà, les choses auront encore changé pour lui. Révolté insatiable, il aura encore bouleversé l'équilibre poétique qui lui assure déjà, en cette fin de guerre, et au gré des quelques parutions en revue, une première notoriété. Si bien que le recueil qui paraîtra alors ne réunira rien d'autre que les squames successives laissées sur le bord de la route par Breton au cours de sa mue poétique.

L'apprentissage de l'écriture se réalise de façon complètement différente pour Georges Bataille. On sait que c'est d'abord l'expérience de l'incorporation militaire qui éveille ses premières velléités : il prend des notes, qui s'inscrivent peut-être dans la multitude de témoignages divers que la guerre suscite[2]. On ignore cependant ce que ces notes contenaient exactement, et à quelle date il les a détruites. « *J'éprouvais du dégoût pour l'usage que je voyais faire autour de moi, dans les journaux, de grands mots, de grands principes : un combattant, je n'en doutais plus, ne pouvait donner qu'un seul sens à ce qui lui restait de vie, celui qu'un gladiateur pouvait trouver (risquait de trouver) quand il offrait sa mort à la foule qui la désirait. J'écrivis à ce moment-là au jour le jour, des notes qu'avec un orgueil triste j'intitulais* Ave Caesar… *Ma vie comme celle des soldats parmi lesquels je vivais, me paraissait enfermée dans une sorte d'apocalypse lointaine et cependant présente entre les lits d'hôpital. Dans cette vision, où le droit et la justice étaient des mots inertes, seule régnait la* GUERRE, *lourde, aveugle, elle-même, elle seule, exigeant du sang, comme le César assis dans les gradins*[3] ». Ces quelques lignes appellent plusieurs observations sur

---

[1] Aragon a raconté les circonstances de ces lectures à voix haute, la nuit, parmi les fous du « 4ᵉ Fiévreux » du Val-de-Grâce qui, pris de terreur sous les déclamations hallucinées des deux compères, hurlaient eux-mêmes « Au fou ! » Voir Louis Aragon, *Lautréamont et nous* (Les Lettres Françaises, 1ᵉʳ et 8 juin 1967), Sables, Toulouse, 1992.
[2] « *[l'] un des effets les plus visibles de la Grande Guerre fut d'enfler démesurément le nombre de ceux qui prirent la plume pour entamer le récit de leur expérience.* », Christophe Prochasson, « La littérature de guerre », *Encyclopédie de la Grande Guerre 1914-1918*, sous la direction de Stéphane Audouin-Rouzeau et Jean-Jacques Becker, Bayard, 2004, p. 1189.
[3] Georges Bataille, Notes de *La limite de l'utile* (1939-1945), *OC VII*, Gallimard, 1976, p. 524. On aura saisi, après le roman familial qu'on a rappelé, toute la lourdeur de l'adjectif « aveugle » qui qualifie ici la guerre, ainsi que l'image du César « assis dans les gradins ».

ce « premier » texte qui n'existe pas[1], même si, très largement postérieures aux événements eux-mêmes, elles ont pu subir la projection déformante de sentiments ultérieurs. Il faut y souligner, chez lui comme chez Breton, le même dégoût envers la « morale de guerre » qui alimente la propagande nationaliste. Sa conversion au catholicisme aurait pu signifier l'entrée en « croisade » que la guerre a signifiée pour tant d'autres[2]. À l'en croire, ce ne fut pas le cas. La guerre, dans la métaphore filée de ce combat de gladiateurs qui donne son titre à l'ensemble, est bien le spectacle d'une vie dont la mort est l'unique impératif, lequel semble se dérouler sous le regard unique d'un César avide de sang. Faut-il d'ailleurs voir en ce César la personnification d'un Dieu bien peu conforme à l'idée du Dieu catholique qui devait être alors celle de Bataille ? Nouvelle preuve de son catholicisme « paradoxal », à la fois total et totalement réticent ? La guerre est quoi qu'il en soit pour lui le révélateur d'une condition « aveugle » dont la « vision » (la compréhension) déclenche le geste d'écrire. Réformé et de retour à Riom, Bataille écrit un poème[3], plusieurs sans doute[4], avant le texte en prose que l'on connaît aujourd'hui sous le titre *Notre-Dame de Rheims*, achevé en août 1918 et aussitôt publié sous forme de plaquette[5]. Denis Hollier a donné de ce texte une lecture particulièrement riche, dont on peut ici retenir ceci : l'édifice poétique et religieux que Bataille érige en mémoire de cette cathédrale détruite dans une ville, Reims, où son père a trouvé la mort[6], tout se passe ensuite comme si toute son œuvre ultérieure consistera à le mettre en pièces. À consumer à son tour ce « faux départ », réalisé au nom de « fausses valeurs » (famille, patrie, culte des illustres

---

[1] Il y aurait de fait toute une bibliographie à faire des livres que Bataille *n'a pas écrits* (qu'il n'a pas commencés, pas terminés, pas conservés), ce dont donne une idée le chapitre « Projets abandonnés, publications anonymes ou hors commerce, conférence sans texte : les oeils morts » de Francis Marmande, *Le Pur bonheur, Georges Bataille*, Lignes, 2011.

[2] La lettre citée dans la note suivante montre que ce fut aussi le sens que Bataille catholique lui attribua pourtant (le terme « croisade »).

[3] « *J'ai commencé hier un nouveau poème sur Jérusalem. Le sujet à la fois vague et simple s'inspire de la déception que peut causer cette nouvelle croisade en regret des temps héroïques. La forme est le vers libre comme je l'écrivis dans le poème de Notre-Dame de Rheims dont vous avez lu un court fragment – mais le style est plus clair – moins subtil* », Georges Bataille, *Choix de lettres 1917-1962*, édition établie, présentée et annotée par Michel Surya, « Les Cahiers de la nrf », Gallimard, 1997, p. 8.

[4] « *Un seul a pu être retrouvé parmi les papiers ayant appartenu à sa cousine Marie-Louise : Les fronts des vieux. Il est inédit et, sans doute, est-ce mieux ainsi. Quel intérêt peut-il y avoir à donner à lire des poèmes où riment : sabots et fagots, ride et aride, dru et bourru ?* », Michel Surya, *Georges Bataille, la mort à l'œuvre*, Gallimard, 1992, p. 38, note 1.

[5] Retrouvé par Jean Bruno, le texte figure dans un addendum de 1973 au premier tome des œuvres complètes, publié chez Gallimard en 1970. Voir Georges Bataille, *Notre-Dame de Rheims* (1918), *OC I*, Gallimard, 1970, pp. 611-616.

[6] Annette Becker signale que, se multipliant dans les arts de l'époque, « *[les] représentations de milliers d'églises détruites – à commencer par l'omniprésente cathédrale de Reims qu'on a même pensé ne jamais restaurer afin qu'elle reste pour toujours la preuve de l'ignominie allemande fichée au cœur de la France – sont là pour témoigner à la fois du consentement au sacrifice pour sa patrie et de la haine de l'autre* ». Voir Annette Becker, « Les artistes », *Encyclopédie de la Grande Guerre 1914-1918*, sous la direction de Stéphane Audouin-Rouzeau et Jean-Jacques Becker, Bayard, 2004, p. 693.

disparus – Jeanne d'Arc[1] –, dédicace édifiante aux *« jeunes gens de Haute-Auvergne »*... : aucune ne semble manquer dans ce florilège de littérature pieuse) et articulé selon une « fausse logique » (celle, ternaire, de la dialectique hégélienne, dont Bataille, sans aucune initiation à Hegel, utilise pourtant la dynamique selon Hollier)[2]. Placée sous le triple signe *religieux* de la contrition, de l'oraison funèbre (monument aux morts), et de l'homélie, l'écriture chez Bataille réalise donc originellement le paradoxe où les tragédies familiale et nationale cherchent, par les moyens de la poésie, le secours de la transcendance (éternelle) pour échapper au spectacle inéluctable de la mort immanente (imminente).

Comment ne pas être troublé devant l'écart qui s'affirme, au cours de leurs romans de formation respectifs, entre André Breton et Georges Bataille ? Comment ne pas voir que cette différence fait progressivement de l'un l'envers de l'autre, et que cette disposition éclate tout particulièrement pendant la guerre dans leur incitation à écrire ? Alors qu'André Breton conforte un rapport altier avec le monde, ses horreurs, sa « folie », et met progressivement au point, par une chaîne de rencontres décisives et d'enthousiasmes partagés, une poétique qui l'en éloigne à une distance violemment critique, Georges Bataille, trop certain de ce qu'il verra, hésite encore à ouvrir résolument les yeux, cherche cette même distance dans une transcendance chrétienne qui apaise et décuple simultanément sa culpabilité œdipienne, et engage son propre geste d'écrire dans une impulsion idéaliste qui entachera bientôt, et durablement, sa conception de la poésie, à commencer par celle de Breton, du souvenir trop probable de ce qu'elle aura alors signifié pour lui.

---

[1] Canonisée en 1920, Jeanne d'Arc incarne par excellence le symbole d'une France coupable et honteuse selon David O'Connell, « 1920 : Canonisation de Jeanne d'Arc, péché bourgeois », dans Denis Hollier (sous la direction de), *De la littérature française* (*A New History of French Literature*, Harvard University Press, 1989), Bordas, 1993.
[2] *« D'une certaine manière, toute l'œuvre de Bataille sera une réécriture de ce texte initial, une reprise de ce commencement, réécriture destinée à le démanteler, à extraire ses silences. [...] L'écriture en ce sens serait un geste profondément anti-architectural, geste non pas constructif, mais qui mine au contraire tout ce qui vit de prétentions édifiantes »*, Denis Hollier, *La Prise de la Concorde* (1974), Gallimard, 1993, p. 52. Hollier rappelle comment dans l'*Ésthétique* de Hegel, l'architecture est justement le commencement de l'art.

Passage Dada

LE problème de Dada, relativement à la confrontation qui nous occupe, mérite d'être traité à part, et contraint à une petite entorse dans cette approche diachronique. On sait en effet que, du côté de Breton, les premières activités du surréalisme intuitif ont accompagné celles de Dada, qu'elles se sont effectuées simultanément, comme en marge de cette marge qu'était Dada, et ce depuis 1917, date où Breton feuillette assez distraitement les deux premiers numéros de la revue Dada chez Apollinaire[1], jusqu'à 1921 au moins, date du procès Barrès qui entérine de façon spectaculaire les divergences avec Tzara[2]. La question de l'automatisme, par exemple, est *déjà* d'actualité pendant Dada[3], mais pierre d'angle du surréalisme naissant, on s'autorisera à la traiter ici ultérieurement, comme véritable « point du jour » du surréalisme intuitif. Dada Breton est ailleurs. Et la chose est encore plus vraie pour Bataille : l'observation de la question en synchronie n'aurait de son côté (quasiment) aucun sens. Bataille est, au moment de l'explosion Dada, ce jeune homme modèle qui partage sa vie entre études et piété (fervente, quoique tourmentée). En somme, le problème consiste bien, pour commencer, à *réduire* le champ d'observation pour ce qui concerne Breton aux stricts éléments Dada, soit à savoir *cibler* ce qui participe de Dada et ce qui participe plutôt du surréalisme intuitif, alors que pour Bataille, il s'agit au contraire d'*élargir* ce même champ d'observation à un état d'esprit, une attitude, un mouvement général qu'on pourrait (ou pas) assimiler à Dada.

Dada Breton

Le « Manifeste Dada 1918 » de Tristan Tzara fait pour Breton l'effet d'une bombe. Publié dans *Dada 3* en décembre 1918, ce texte selon lui *« proclame la*

---

[1] *Dada 1* est de juillet, *Dada 2* de décembre 1917. Apollinaire, dont le patriotisme se trouvait froissé d'y voir son nom côtoyer celui de Tzara, *« considérait [ces revues] d'un très mauvais œil, soupçonnant certains de ses rédacteurs de ne pas être en règle avec l'autorité militaire de leur pays et allant jusqu'à craindre que le fait de recevoir une telle publication par la poste ne le compromît... »*, André Breton, *Entretiens* (1952), Gallimard, Bibliothèque de la Pléiade, 1999, p. 458.
[2] *« Dada et le surréalisme – même si ce dernier n'est encore qu'en puissance – ne peuvent se concevoir que corrélativement, à la façon de deux vagues dont tour à tour chacune va recouvrir l'autre »*, Ibid., p. 462.
[3] La rédaction des *Champs magnétiques* date du printemps 1919.

rupture de l'art avec la logique, la nécessité d'"un grand travail négatif à accomplir", il porte aux nues la spontanéité. Plus encore que ce qui y est dit compte pour [lui] ce qui s'en dégage à la fois d'excédé et de nerveux, de provocant et de lointain, de poétique aussi[1]. » Le fait est que ce numéro 3 tranche catégoriquement avec les deux précédents. La typographie se libère, la pagination s'affole[2]... Et le manifeste de Tzara, sur lequel s'ouvre justement la revue, énonce, avec une liberté inédite dans le genre plutôt didactique du manifeste, des propositions d'une teneur subversive sidérante[3]. La négativité brute, la hautaine *affirmation de la négativité*, qui n'épargne ni les esthétiques (classicisme, cubisme, futurisme), ni les philosophies (dialectiques, rationnelles), ni les théories (psychanalytiques), ni la morale (bourgeoise), embrase en Breton, poète déjà prometteur et familier de la librairie d'Adrienne Monnier que fréquente le tout Paris littéraire, les ferments d'une révolte qui s'est déjà exprimée par ailleurs, et depuis longtemps[4]. Dada se situe de fait à l'exacte intersection de deux libérations absolues, la frénésie ducassienne et la saillie loufoque et caustique de Vaché. Et Tzara, impatiemment attendu à Paris, incarne pour Breton la convergence de ces deux élans, d'autant plus douloureuse, d'autant plus urgente, qu'il vient précisément d'apprendre le « suicide » de son ami Vaché.

Assurément, Breton fut pleinement Dada. Lorsqu'il le fut, il le fut totalement. L'entreprise de sédition paroxystique orchestrée par Tzara emporta son engouement réel, et il ne fait aucun doute que Breton participa à l'immense opération de « crétinisation » spectaculaire que fut Dada. Avant même l'arrivée de Tzara à Paris, en janvier 1920, Breton réoriente la revue *Littérature* qu'il a fondée en mars 1919 avec Aragon et Soupault mais qui, déjà, et quoique sensiblement plus audacieuse, n'a que trop l'apparence d'une belle revue artistique parmi tant d'autres des plus convenables[5]. Et son implication prend immédiatement la forme de ce « spectacle » de sédition par lequel Dada se propose d'agir, et où Dada Breton joue pleinement son rôle (diverses lectures publiques de manifestes Dada, sous les huées, etc.). À son actif également, les deux courtes pièces de théâtre qu'il écrit en collaboration avec Soupault, *S'il vous*

---

[1] *Ibid.*, p. 458.
[2] Voir *DADA 1916-1922*, Éditions Jean-Michel Place, réimpression de la collection des revues *Dada* publiées à Zurich et à Paris de 1916 à 1922, présentation de Michel Giroud, traduction des textes allemands Sabine Wolf et des textes italiens Michael Gluck, 1981.
[3] Par exemple : *« J'écris un manifeste et je ne veux rien, je dis pourtant certaines choses et je suis par principe contre les manifestes, comme je suis aussi contre les principes [...]. J'écris ce manifeste pour montrer qu'on peut faire les actions opposées ensemble, dans une seule fraîche respiration ; je suis contre l'action ; pour la continuelle contradiction, pour l'affirmation aussi, je ne suis ni pour ni contre et je n'explique pas car je hais le bon-sens. [...] Dada ne signifie rien »*, Tristan Tzara, « Manifeste Dada 1918 », *Ibid.*, p. 142.
[4] *« Breton n'aurait eu qu'à se laisser porter par le courant pour faire ce qu'on appelle une belle carrière littéraire ; il lui préféra le risque de la découverte, au prix de l'incompréhension et de la moquerie, en s'engageant dans l'expérience de l'écriture automatique puis en se liant pour un temps au mouvement dada »*, observe justement Marguerite Bonnet, *André Breton. Naissance de l'aventure surréaliste* (1975), José Corti, édition revue et corrigée, 1988, p. 118.
[5] La réorientation Dada de la revue sera achevée avec le numéro 13 de mai 1920, entièrement consacré à la publication de vingt-trois manifestes Dada, dont trois de Breton.

plaît et *Vous m'oublierez*, pièces qui dynamitent les contraintes narratives et dramaturgiques du théâtre pour faire de leur représentation de purs moments de délire Dada[1], où sont glorifiés l'inanité risible de l'illusion artistique et la revanche de la spontanéité émotionnelle sur l'embrigadement des codes esthétiques. Acteur de tout premier plan de l'insurrection Dada, partisan de tous les scandales, de toutes les provocations[2], Breton participe également à son élaboration « théorique », si l'on accepte de prendre ce terme au sens où Tzara en a vidé le contenu avec le manifeste programmatique de 1918. Et les trois manifestes qu'il propose ainsi en mai 1920, « Bocaux Dada », « Géographie Dada » et « Patinage Dada », s'avèrent très fortement imprégnés de ce qu'il a pu lire chez Tzara. On y retrouve la même progression par juxtaposition d'assertions hétéroclites, la même mise en pièce du cubisme et du futurisme, de la raison critique, du bon sens, de la morale, du nationalisme, le même goût pour l'humour, pour la contradiction (que Breton a également lue chez Lautréamont), la même orientation générale paradoxalement placée sous une fausse égide cartésienne (le « doute », instrument de la *tabula rasa* Dada, emprunté à Descartes *contre* Descartes)[3]. L'implication Dada de Breton est enfin particulièrement sensible dans sa production poétique d'alors. Les années 1920-1921 sont, parmi d'autres poèmes où l'influence Dada serait également indéniable, celles de plusieurs pièces typiques de la production Dada, pièces qui, dans une certaine mesure, se singularisent pour ces mêmes raisons de la poétique à laquelle le nom de Breton est aujourd'hui attaché : dislocation lexicale et phonétique (« Pièce fausse »), dilution du nom propre, non pas dans l'anonyme ou le pseudonyme, mais dans la multiplication d'homonymes réels collectés dans l'annuaire (« PSTT »), dilution du poème lui-même sous la seul présence paradoxale et énigmatique de son titre, mis en scène par un jeu typographique (« Mémoires d'un extrait des actions des chemins », voire également le poème « Île »[4])... Tels sont les aspects les plus saillants qui inscrivent bien ces poèmes dans une poétique Dada, laquelle joue avec la lettre, la vocalisation, la musicalité, la profération volontiers polyphonique mais aussi avec la typographie, la plasticité du mot, comme l'ont étudié Marc Dachy ou Yves Peyré[5].

---

[1] La pièce *S'il vous plaît* devait originellement se terminer par le suicide réel, sur scène, d'un des protagonistes tiré au sort.
[2] Sarane Alexandrian affirme, non sans exagérer, que « *sans Breton, Dada ne se serait pas produit à Paris, ou y aurait pris un tour plus futile. [...] c'est lui qui osait le premier, quand les autres hésitaient encore, [...] imperturbable sous les huées et les projectiles divers* ». Voir Sarane Alexandrian, *André Breton par lui-même*, coll. Écrivains de toujours, Seuil, 1971, p. 21.
[3] Voir André Breton, « Bocaux Dada » (mai 1920), *OC I*, Gallimard, Bibliothèque de la Pléiade, 1988, p. 411 et « Deux manifestes Dada » (mai 1920), *Les Pas perdus*, *Ibid.*, pp. 230-232. Le premier texte n'a pas été repris dans le recueil *Les Pas perdus* et les titres des deux autres n'y ont pas été conservés.
[4] Tous ces poèmes figurent dans le recueil *Clair de terre*, *Ibid.*, p. 154-sq.
[5] Voir Marc Dachy, *Dada. La révolte de l'art*, coll. Découvertes, Gallimard, 2005, notamment p. 37 où il prend l'exemple du Dadasophe Raoul Hausmann et Yves Peyré, « La page ou l'espace du poème », dans « Dada, l'esprit de révolte, de Tristan Tzara à Guy Debord », dossier coordonné

Tous ces éléments rendent indiscutable l'implication Dada de Breton, à condition cependant d'observer ceci : si cette implication fut totale, et sans réticence aucune au moins quelque temps, elle ne dut cependant pas suffire à Breton de sorte que, pour totale qu'elle ait été lorsqu'elle eut lieu, elle ne parvint pas à contenir un certain nombre de propensions qui trouvèrent ailleurs, et souvent simultanément, à s'exprimer. Peut-être cette implication disons « paradoxale »[1] a-t-elle d'ailleurs d'emblée été grevée par la divergence des bagages respectifs. Lorsque Tzara arrive à Paris, le groupe constitué autour de Breton se reconnaît sur le plan artistique des affinités avant tout littéraires, et plus spécifiquement poétiques. Sans minimiser l'impact notamment sur Breton d'œuvres comme celle de Moreau ou de Chirico qu'il a découvert pendant la guerre, une prédisposition personnelle le pousse à faire de la poésie le foyer commun de toute révolte digne de ce nom. Tel n'est pas le cas de Dada, qui a déjà une longue pratique de déconstruction plastique et picturale, dans la mouvance de nombreux abstractionnismes[2]. Cette divergence culturelle entre bien pour part dans ce qui démarque Breton de Dada, et qui éclate au grand jour par exemple lors du fameux procès Barrès du printemps 1921[3]. De même, il était inévitable que la révolte poétique de Breton, impulsée sur les ferments anarchisants et attisée par les découvertes psychanalytiques, comme on l'a vu, ne s'accommode que provisoirement, et assez mal, de l'indifférence à l'histoire dont Dada faisait montre. Histoire subjective d'abord : celle dont commençaient à autoriser l'approche les méthodes d'investigation freudiennes, fustigées par Tzara car prétendant non seulement rendre compte, par le biais de théories abusivement généralisantes, de la singularité rageuse d'un individu, mais s'arrogeant de plus le droit de le domestiquer, le sociabiliser, soit l'accommoder à des normes bourgeoises abhorrées[4]. Histoire sociale, ensuite. Politique et sociale : l'instantanéité revendiquée par Dada dissolvait toute inscription libertaire dans la chaîne de l'histoire. Ruinant un passé toujours trop encombrant, une mémoire toujours trop étouffante, elle refusait aussi toute projection politique, soit tout échafaudage concerté du présent en vue d'un

---

par Marc Dachy, *Le Magazine littéraire*, n°446, octobre 2005, où Peyré inscrit le caractère visuel de la poétique Dada dans une filiation qui doit à Mallarmé, Apollinaire et Reverdy notamment.

[1] À la manière dont, précédemment, on a pu observer chez Georges Bataille une conversion au catholicisme à la fois totale et réticente.

[2] Les poètes parisiens seraient « *plus séduits par la juxtaposition de séquences visuelles et narratives, procédé proprement métaphorique tel que le pratique Max Ernst (dont ils accueillent les œuvres à Paris au printemps 1921) qu'ils ne le seront jamais par l'œuvre de Picabia ou des Dadas allemands ou américains dont les échos, du reste, leur parviennent d'autant plus assourdis et sporadiques qu'ils n'en sont guère soucieux* », suggère Marc Dachy, *Dada & les dadaïsmes*, Folio essais, Gallimard, 1994, p. 222.

[3] Première dissension grave entre lui et Tzara, après de profondes disparités apparues notamment lors du jeu de notation « Liquidation », ce procès place bel et bien au banc des accusés un homme qui n'a jamais signifié pour Tzara l'autorité morale qu'il a signifiée pour Breton.

[4] « *On croit pouvoir expliquer rationnellement, par la pensée, ce qu'on écrit. Mais c'est très relatif. La pensée est une belle chose pour la philosophie mais elle est très relative. La psychanalyse est une maladie dangereuse, endort les penchants réels de l'homme et systématise la bourgeoisie* », Tristan Tzara, « Manifeste Dada 1918 », *Dada 3*, *DADA 1916-1922*, Éditions Jean-Michel Place, 1981, p. 143.

lendemain plus heureux. *« Tout pour aujourd'hui, rien pour hier, rien pour demain »* : le mot d'ordre Dada (lancé ici par Picabia) prônait une irresponsabilité individualiste absolue au regard de l'histoire[1]. On voit alors comment deux conceptions du « politique » s'opposent : celle (Breton et les futurs surréalistes) qui engagera un mouvement de plus en plus présent sur la scène de l'histoire, dans la sphère artistique (la volonté de déterminer les caractères de « l'esprit moderne » qui n'engendre que le mépris de Tzara) ou dans la sphère plus spécifiquement politique (l'orientation marxiste à venir), soit dans la double détermination de « changer la vie » (Rimbaud) et/ou « transformer le monde » (Marx) ; celle (Tzara et les dadaïstes) qui annihile l'histoire en marche dans l'acte « décervelé » et joyeusement créateur du présent immédiat[2]. Cette opposition a pour effet d'engendrer deux conséquences qui démarquent encore Breton de Dada. La première concerne la nature même du lien communautaire désiré par l'un et l'autre. Si en effet on peut admettre que le « politique » est pour Dada cette inscription instantanée de la violence du geste artistique comme déchirement de l'histoire, au mépris de toute considération de sens à donner autre que l'exaltation née de ce déchirement même, on comprend bien qu'aucun projet commun n'unit les dadaïstes sinon la profération collective, joyeuse et amicale, d'un tel acte, susceptible d'être signifié par des actions très différentes, voire contradictoires[3]. L'association dont Breton rêve réclame un tout autre liant. Véritable société secrète, elle fomente une conspiration d'un tout autre genre, qui cherche dans l'histoire son lieu d'accomplissement. L'individualisme absolu de l'un achoppe sur le fantasme communautaire de l'autre. Deuxième conséquence de cette incompatibilité « politique » : la volonté théorique s'affirme chez Breton là où la seule répétition du geste suffit à Dada, au risque sinon d'une distance critique, d'une ré-flexion qui étale dans la

---

[1] Et en un sens, justement, telle fut paradoxalement sa signification éminemment politique, comme l'a bien souligné Gaëtan Picon : *« pour Dada, comme il n'y a rien à dire, rien à révéler, il ne s'agit que d'apparaître (d'où le jeu typographique des textes) ou de manifester : d'où les scandales et les spectacles. Cet aspect extérieur ne signifie évidemment pas le souci de la forme, ou du théâtre, mais la destruction active de toute réalité substantielle. Dada a eu avec l'action politique plus d'affinités naturelles que le surréalisme : l'acte – un acte qui ne pose pas, mais dépose – est son véritable signe »*, Gaëtan Picon, *Journal du surréalisme 1919-1939*, Skira, Genève, 1976, pp. 42-43.
[2] Précisons que nous parlons ici de Dada Paris : on sait en effet que sa réalisation allemande, à Berlin, autour de Huelsenbeck, Hausmann, Grosz... eut des velléités autrement plus politiques. Il faut aussi rappeler que, bien après la mort de Dada, Tzara lui-même n'hésitera pas à se tourner vers l'action politique : il dirige le Comité de soutien aux intellectuels espagnols (1936-1939), et entre en Résistance pendant l'Occupation en organisant le Comité national des écrivains dans le Sud-Ouest et en publiant plusieurs poèmes clandestins. Ironie de l'histoire : sa conférence, après-guerre, intitulée *Le Surréalisme et l'après-guerre* (1947) est un réquisitoire contre ses anciens amis, dont Breton, qu'il accuse d'avoir abandonné la lutte.
[3] *« Je parle toujours de moi puisque je ne veux pas convaincre, je n'ai pas le droit d'entraîner d'autres dans mon fleuve, je n'oblige personne à me suivre et tout le monde fait son art à sa façon, s'il connaît la joie montant en flèches vers les couches astrales, ou celle qui descend dans les mines aux fleurs de cadavres et de spasmes fertiles »*, Tristan Tzara, « Manifeste Dada 1918 », *Dada 3*, *DADA 1916-1922*, Éditions Jean-Michel Place, 1981, p. 142.

linéarité logique qu'il combat la valeur d'un acte qui signifie par lui-même[1]. Il n'est en effet que de lire le texte « Pour Dada », que, parmi d'autres articles critiques qui se multiplient sous sa plume, Breton rédige en août 1920, pour mesurer déjà la distance qui le sépare des manifestes Dada précédemment évoqués, de telle sorte que le titre prend presque des allures antiphrastiques. S'il s'agit bien d'une défense de Dada (contre les attaques de Gide dans *La Nouvelle Revue française*, contre un certain retour au classicisme, contre les offensives qui prolifèrent dans la presse), s'y expriment déjà une dimension théorique, quoique paradoxale, une continuité discursive et même une première anticipation du dépassement de Dada[2]... autant d'éléments qui, déjà, singularisent Breton avant même sa rupture explicite[3]. Le fait est que l'« idiotie » revendiquée par Dada, et dont Breton a pu se montrer à l'occasion complètement capable, ne lui suffisait pas et qu'il a pu y voir une sorte de conformisme, même paradoxal, qui s'auto-satisfaisait de ses propres imbécillités. Dans un autre ordre d'idées, c'est aussi toute une pratique nouvelle autour de Breton qui, échappant à Dada, détermine chez lui la singularité de sa poétique. En effet, l'écriture automatique, que Breton découvre avec Soupault dès le printemps 1919 (Tzara n'est pas encore arrivé à Paris), et qui, outre *Les Champs magnétiques*, produit de nombreux poèmes du recueil *Clair de terre*, n'a rien à voir avec l'automatisme mécanique que Dada expérimente[4]. À une coulée inépuisable qui prétend plonger au plus profond de l'humain[5], s'oppose une explosion libératrice qui au contraire le congédie totalement. Le langage étant asservi à la pire des conventions sociales et morales, Dada en dynamite les formules usées, les associations communes en

---

[1] *« Les manifestes des dadaïstes venus de* Littérature, *malgré toute leur application à l'incohérence, tendent malgré eux vers la définition, demeurent des textes d'*idées, *alors que chez Arp ou Serner, le non-sens est cultivé, non sans bonheur, pour lui-même »*, remarque Marguerite Bonnet, *André Breton. Naissance de l'aventure surréaliste* (1975), José Corti, édition revue et corrigée, 1988, p. 211. De son côté, inévitable riposte, Marc Dachy prétend que *« si les manifestes Dada sont effectivement dadas, le manifeste du surréalisme n'est pas surréaliste, il énonce une théorie littéraire dans une langue superbe mais convenue »*, Marc Dachy, *Dada. La révolte de l'art*, coll. Découvertes, Gallimard, 2005, p. 94.

[2] Significativement, c'est dans cet article que se trouve la première occurrence du mot « surréaliste » sous la plume de Breton.

[3] Dans « Après Dada » (mars 1922), Breton récuse à Tzara la paternité du mot « Dada » et met même en doute celle du « Manifeste Dada 1918 ».

[4] Voir par exemple la célèbre méthode préconisée par Tzara « Pour faire un poème dadaïste ».

[5] La question de l'écriture automatique surréaliste fait l'objet d'un chapitre ultérieur. La dernière exposition Dada au centre Pompidou (5 octobre 2005 au 9 janvier 2006), sans doute sur la seule foi de la publication de certaines séquences du livre dans des revues Dada de l'époque, ne craignait cependant pas de présenter comme œuvre Dada le manuscrit des *Champs magnétiques*. Dans « Exposer Dada, entretien avec Laurent Le Bon » (propos recueillis par Juliette Cerf), le commissaire de l'exposition allait même jusqu'à affirmer hâtivement que *Les Champs magnétiques*, comme les *Poèmes* de Tzara, sont *« des moments majeurs de la littérature dada. [...] une grande majorité des artistes contemporains se sentent plus d'affinités avec l'aspect très ouvert de Dada qu'avec le surréalisme qui apparaît comme un mouvement génial mais à la forme esthétique fermée, systématique, doctrinaire. Dada fut un immense réseau qui prend son sens à l'heure de l'Internet et des connexions multiples »*. On voit aujourd'hui, sans même parler du surréalisme, à quoi ressemblerait donc la « révolte Dada »... Voir « Exposer Dada, entretien avec Laurent Le Bon », dans « Dada, l'esprit de révolte, de Tristan Tzara à Guy Debord », dossier coordonné par Marc Dachy, *Le Magazine littéraire*, n°446, octobre 2005, p. 40.

décalage avec la pulsion de l'individu, mais ne s'inquiète jamais de son sens ou de son intelligibilité, ni pour lui-même ni pour autrui. En un mot, là où seul l'acte d'énonciation fait sens chez Dada, c'est aussi l'énoncé que Breton, dans une stimulation collective, veut également entendre. C'est dans son sens latent qu'il veut lire la révélation effective de la libération du sujet. De plus, un tel rapport divergent au langage et à la poésie s'accompagne chez Dada d'une relative indifférence à la question de l'érotisme, pourtant fondatrice du futur surréalisme. Ni Breton ni Tzara n'ont bien entendu encore lu Sade, mais on a déjà signalé la nature proprement érotique de la révélation de soi chez Breton (femmes réelles ou corps peints par Moreau), érotisme qui électrise la réception artistique et participe à l'impulsion d'écrire. Rien de tel chez Dada : à l'exception assez remarquable du « Merzbau » de Schwitters, véritable réalisation architecturale Dada nommée « cathédrale de la misère érotique[1] », les motifs érotiques paraissent relativement absents[2], et contribuent ainsi à singulariser Breton, avec quelques autres, du groupe Dada. Et peut-être, pour en terminer avec ce point, les cartes étaient-elles biaisées dès le départ entre André Breton et Tristan Tzara. Car c'est bien dans le vide laissé par la mort de Vaché que Breton installe, très vite assez consciemment, la figure de Tzara. Les dates mêmes, symboliquement, coïncident, puisque la première lettre de Tzara à Breton est du 6 janvier 1919, soit le jour même de la mort de Vaché[3]. Tzara est bien à ses yeux celui qui ranime l'esprit frondeur de Vaché, et le transfert de personnalité qui s'instaure, s'il commence par dynamiser les relations entre Breton et Tzara, finit bien par tourner au désavantage de ce dernier. On ne lutte pas avec un fantôme. Avec le souvenir mythifié qu'il a laissé. Les jours se bousculent pour empêcher les vivants de se maintenir à hauteur de la mémoire des morts. De sorte qu'aux yeux de Breton, l'injonction intérieure de Vaché aura aussi contribué à forger finalement l'insatisfaction Dada en lui.

Le cheval (l'écheveau) de Bataille

La caractérisation de Dada rendue possible en suivant les traces de Breton permet par contraste d'interroger l'œuvre et la pensée de Georges Bataille en

---

[1] Il s'agit d'une grotte sadienne où est notamment exposé le corps mutilé d'une jeune fille entourée d'offrandes. Voir quelques photographies du « Merzbau » dans Marc Dachy, *Dada. La révolte de l'art*, coll. Découvertes, Gallimard, 2005, pp. 50-51. Le « Merzbau » de Hanovre a été détruit en 1943 par les bombardements alliés. Une reconstitution réduite a été tentée en 1988 à partir de photographies. Marc Dachy signale également combien Schwitters, s'il avait reçu à Zurich l'aval de Tzara, était loin de faire l'unanimité dans les rangs Dada.
[2] Ce que confirme l'exposition Dada au centre Pompidou déjà mentionnée.
[3] À cette lettre, Breton répond significativement : « *Ce que j'aimais le plus au monde vient de disparaître : mon ami Jacques Vaché est mort. Ce m'était une joie dernièrement de penser combien vous vous seriez plu ; il aurait reconnu votre esprit pour frère du sien et d'un commun accord nous aurions pu faire de grandes choses* », André Breton, lettre à Tristan Tzara, 22 janvier 1919, cité d'après Mark Polizzotti, *André Breton*, Biographies, Gallimard, 1999, p. 106.

extension, et d'essayer d'y repérer les « objets » auxquels elle pourrait s'appliquer.

Rappeler d'abord qu'en aucun cas (et personne, sans doute, n'y songea jamais), Bataille ne saurait être considéré comme dadaïste au moment de Dada Paris, soit entre les années 1920 et 1923[1], alors que, fervent chrétien, il passe sa thèse à l'École des Chartes, et effectue plusieurs voyages d'études (à Londres, où il découvre *Le Rire* de Bergson ; à Madrid, où il assiste le 7 mai 1922 à la mort du célèbre torero Manuel Granero, le crâne défoncé d'un coup de corne en pleine corrida…). Quoique parisien à ce moment-là, il ne semble jamais avoir été d'une manière ou d'une autre en contact avec les scandales Dada. Les lit-il seulement dans la presse ? S'il en a peut-être connaissance, sa proximité avec une certaine Jeanne Lecomte de Noüy, laquelle, *« évoquée par Francis Picabia dans* La Pomme de pins *du 25 février 1922, aurait signé la même année, sous le nom de J. Lecomte de Noüy, un tract contre Tzara*[2] *»*, l'en tient au mieux à distance, au pire contribue à son désintérêt.

C'est Aragon, lorsque Michel Leiris le lui présente en 1925, qui, immédiatement, aurait considéré Bataille comme un « dadaïste attardé », de l'aveu même de Michel Leiris[3]. Il ne fait aucun doute, si elle est avérée, qu'à ce moment-là, l'étiquette est un pléonasme agressif dans l'esprit d'Aragon : le surréalisme, « résolument moderne », a supplanté Dada sur le terrain d'une modernité qui laissait Tzara complètement indifférent. Elle est peut-être à entendre dans la perspective des Fatrasies auxquelles Bataille travaille alors, à la demande de Leiris, pour la revue dirigée par Breton. L'idiotie affichée de ces textes médiévaux qu'il traduit – *« Les* Fatrasies *sont des poèmes du XIIIe siècle dont le principe est de n'avoir pas l'ombre de sens*[4] *»* – a pu en un sens les assimiler à la production poétique Dada, et partant, assimiler leur traducteur à un « dadaïste attardé » à l'heure (1925) où les surréalistes viennent d'entrer dans une phase « manifeste » furieusement active[5].

---

[1] C'est la soirée du *Cœur à barbe* du 6 juillet 1923 qui, achevant dans la violence une rupture inévitable depuis longtemps entre Tzara et Breton, porte simultanément un coup fatal à Dada.
[2] Voir « Chronologie », Georges Bataille, *Romans et récits*, Gallimard, Bibliothèque de la Pléiade, 2004, p. XCVII.
[3] L'expression figure notamment, sans guillemets, dans une « Chronologie bio-bibliographique » dans Georges Bataille, Michel Leiris, *Échanges et correspondances*, « Les inédits de Doucet », Gallimard, 2004, p. 246. Elle provient, semble-t-il, d'un « Entretien de Michel Leiris avec Bernard-Henri Lévy » du 18 septembre 1989 repris dans Bernard-Henri Lévy, *Les Aventures de la liberté : une histoire subjective des intellectuels*, Grasset, 1991, p.177. Aliette Armel, dans sa biographie de Leiris, la reprend à son tour mais, prudente, précise que *« la transcription de cet entretien n'a pas été soumise à Michel Leiris »*. Voir Aliette Armel, *Michel Leiris*, Fayard, 1997, p. 220.
[4] Georges Bataille, *Le Surréalisme au jour le jour*, *OC VIII*, Gallimard, 1976, p. 176. On verra plus bas que la question des fatrasies est relativement plus complexe.
[5] Parution du *Manifeste du surréalisme* de Breton fin 1924 ; ouverture du « Bureau de recherches surréalistes » puis lancement de la revue *La révolution surréaliste* ; scandales divers contre Anatole France, puis contre Claudel lors du banquet de Saint-Pol Roux ; orientation délibérément marxiste du mouvement…

Cette appellation, avérée ou pas, rejoint quoi qu'il en soit ce que Bataille lui-même suggèrera au printemps 1961, lors d'un entretien accordé à Madeleine Chapsal qui vise à clarifier ses rapports avec le surréalisme[1]. Bataille ne refuse pas l'idée d'incarner un « dadaïste attardé » au début de ses rapports avec le groupe de Breton, soit vers 1925. Or c'est, pour ce qui le concerne, sur la base d'un certain « extrémisme » que non seulement il accepte l'idée de son propre dadaïsme, mais qu'il y voit une différence éclatante avec le surréalisme. Extrémisme dont sans doute les fatrasies participent sur le plan poétique (par leur non-sens absolu, qui fait un pied-de-nez aux canons de la « belle poésie » classique, romantique ou symboliste), mais qu'elles ne constituent pas à elles-seules (les poèmes surréalistes n'ont, en apparence, pas grand-chose à leur envier sur ce strict plan). Tout se passe en effet comme si Bataille utilisait le nom de Dada pour instrumentaliser son extrémisme contre Breton[2]. C'est cet extrémisme qui permettrait, dans la lignée des principes Dada de Tzara, de fustiger les prétentions théoriques de Breton et de proclamer la suprématie critique de la « stupidité ». Ainsi cet aveu, dans la « Chronique nietzschéenne » (*Acéphale* n°3-4, juillet 1937) : « *Que pourrait [...] signifier le fait que, pendant plusieurs années, quelques-uns des hommes les plus doués se sont évertués à briser leur intelligence en morceaux, croyant par là faire sauter en éclat l'intelligence elle-même ? Dada est généralement regardé comme un échec sans conséquence alors que, pour d'autres, il devient le rire qui délivre – une révélation qui transfigure l'être humain[3]* ». Parfois, d'ailleurs, l'extrémisme de Bataille est tel qu'il va jusqu'à refuser de reconnaître même à Dada cette « stupidité absolue » qu'il veut faire sienne, et Dada lui-même devient alors carcan, notamment lorsqu'il est perçu comme dévoyé vers (par ?) Breton[4]. De sorte qu'on peut suggérer que pour Bataille, Dada représente, fût-ce au

---

[1] « *il y a dans le surréalisme quelque chose de profondément religieux, tel que le nom de saint Jean de la Croix ne le déforme pas à mon avis. Une de mes difficultés, au début, avec le surréalisme, était que j'étais beaucoup plus dada que les surréalistes, ou du moins je l'étais encore quand ils ne l'étaient plus. Il est certain que pour moi il faut aller à l'extrême, vers ce qu'on pourrait peut-être appeler mysticisme et que j'ai essayé de désigner par le nom de saint Jean de la Croix. Quand je dis à l'extrême, je veux dire aux deux extrêmes : que peut-on imaginer de plus contrasté qu'un monsieur qui affirme à la fois être dada et touché par la biographie de saint Jean de la Croix ?* », Madeleine Chapsal, « Georges Bataille », *Envoyez la petite musique...*, coll. Figures, Éditions Grasset & Fasquelle, 1984, p. 238.

[2] Et Hollier ne manque pas, en 1974, soit à l'époque hautement polémique de la revalorisation critique de Bataille au détriment de Breton, de lui emboîter le pas : « *la référence à Dada est importante chez Bataille. [...] D'une manière générale, on pourrait dire que, en s'opposant aux ambitions intellectuelles du surréalisme, Bataille a été conduit à valoriser Dada pour ce qu'il faut bien appeler ici sa* bêtise », Denis Hollier, *La Prise de la Concorde* (1974), Gallimard, 1993, p. 142, note 4.

[3] Georges Bataille, « Chronique nietzschéenne » (juillet 1937), *OC I*, Gallimard, 1970, p. 490.

[4] « *Il est [...] indispensable à la solidité de l'édifice dont notre existence intellectuelle dépend qu'une certaine activité de l'être humain, relevant si l'on veut de la liberté morale, ne puisse être désignée par aucun terme. Il y a déjà beaucoup d'années que le poussif DADA (d'ailleurs un peu trop courtois à tout prendre, un peu vite à la disposition des rieurs) a été fossoyé par ses propres fabricants* », Georges Bataille, « Les Pieds nickelés » (1930), *Ibid.*, p. 232. Au premier rang de ces « fossoyeurs », Tzara bien sûr, qui vient justement de rejoindre le mouvement surréaliste de Breton, dont il paraphe, contrairement aux anciens dadaïstes Ribemont-Dessaignes ou Vitrac qui collaborent bientôt au *Cadavre* de Bataille, le *Second manifeste*...

détriment de ce que le mouvement a réellement été, l'une (non la seule) des aspirations extrêmes de sa vie, aspiration (étayée par Nietzsche) à l'enfance la plus sotte et la plus gaie (régression par la part innommable de Dada vers l'*infans*), et systématiquement jouée contre le surréalisme intellectualiste de Breton. Reste à savoir comment les choses se passent effectivement à l'œuvre chez lui.

Donc Dada, immense entreprise de « crétinisation » anti-bourgeoise, anti-rationaliste, anti-théorique, anti-communautaire, qui faisait du « spectacle artistique » (poétique, plastique, pictural, théâtral, architectural) l'instant privilégié d'une crise agressive et joyeuse sans concession de sens autre que celle de son unique profération. Politique de l'acte immédiat, contre toute politique de l'histoire. Pour faciliter notre survol de l'œuvre en regard des impératifs Dada, on pourrait ici reprendre la lecture qu'en propose Daniel Hawley qui, partant de l'inanité du cloisonnement générique de l'œuvre de Bataille, suggère plutôt une saisie générale topographique pour y dégager des « saillants », soit des dominantes fonctionnelles transgénériques[1]. Dada donc, ce qu'il nomme les « saillants démystificateurs » chez Bataille, soit cette dynamique de révolte contre l'ordre établi, contre les polarités morales, contre un certain conservatisme qui maintient la vie humaine à l'abri de l'angoisse et de l'excès ? Dans la dépravation la plus absolue, qui ouvre une béance sur la mort enfin affrontée, Bataille pulvérise effectivement et de façon la moins littéraire toute morale sexuelle (*Histoire de l'œil*), tout militantisme politique (*Le Bleu du ciel*), tout respect de la religion et de la famille (*L'abbé C.*, *Ma Mère*). Cette pulsion démystificatrice, alimentée par le nihilisme nietzschéen, s'apparente sans conteste à la crise des valeurs générée par Dada : s'y élabore dans le même paradoxe une création qui s'échafaude sur sa propre ruine. Les « saillants mystificateurs » sont ensuite ceux où Bataille, simultanément à ce travail destructeur, reprend ou construit une série de mythes dotés d'un sacré plus puissant que les mythes chrétiens notamment, car n'en expurgeant pas leur propre « part maudite » (érotique, sacrificielle...). Cette entreprise le conduit à dramatiser, par la multiplication de contradictions tendues (*Madame Edwarda*, la divine prostituée), d'incohérences narratologiques (*L'Impossible*, et sa poétique détruisant la poésie[2]), le dépassement extatique de la condition humaine vers l'Impossible[3] : il y a bien là toute une démarche typiquement Dada à l'égard du

---

[1] Voir Daniel Hawley, *L'Œuvre insolite de Georges Bataille, une hiérophanie moderne*, Librairie Slatkine, Genève, Librairie Champion, 1978. Il ne s'agit pas ici d'entrer dans une discussion sur la pertinence du classement ni de telle ou telle analyse de Daniel Hawley, mais de lui emprunter un outil de lecture générale particulièrement pratique.

[2] « *On insiste curieusement, ceux qui l'ont connu, sur son sourire carnassier, ce mélange animal d'extrême urbanité et de fauve. On ne cite jamais ses bizarreries, ses mystères, ses phrases dérangées - comme par gêne (" mon regret est de n'être ni Dieu ni une huître")* », Francis Marmande, « Puerta de la carne », *Georges Bataille après tout*, sous la direction de Denis Hollier, L'extrême contemporain, Belin, 1995, p. 287.

[3] Daniel Hawley, à plusieurs reprises, qualifie un tel dépassement de « transcendant ». Il faudrait s'entendre sur le sens à donner à cette prétendue « transcendance » chez Bataille, alors que celui-

langage, comme espace de mystification de premier choix. Les « saillants parodiques » voient ensuite Bataille parodier la métaphysique traditionnelle pour élaborer une ontologie matérialiste et une cosmogonie pansexualiste (*L'Anus solaire*, *L'œil pinéal*, *Le Petit*, etc…). Ce mouvement se traduit le cas échéant par l'abandon poétique des règles grammaticales et syntaxiques (*L'Archangélique*) auquel Dada, par opposition à la poétique surréaliste de Breton, ne rechignait pas. Les « saillants athéologiques » de l'œuvre de Bataille marquent pour leur part l'avènement de la première personne : Bataille semble se démasquer et revendiquer personnellement une sorte de nouvelle idéologie religieuse, de nouvelle « mystique » débarrassée de toute transcendance, de toute divinité, et accessible à l'homme par le seul biais de la perte dans l'instant, de la ruine qui non seulement met l'être lui-même en jeu, mais aussi s'exprime, et paradoxalement, dans l'échec de son projet communautaire (*Acéphale*) : partant d'une démarche très étrangère à Dada, on voit comment la proclamation d'une « mystique de l'instant », de l'inutile, du non-savoir universaliste, contre toute morale de l'histoire, du savoir utile, du particularisme, proclamation qui prend le corps comme voie d'accès à l'extase, peut en un sens aisément passer pour Dada sur plus d'un aspect. Ce sont enfin les « saillants critiques » (études, articles, essais…) qui, chez Bataille, regroupent sa lecture « hétérologique », « athéologique » du monde objectif, laquelle se développe non comme l'application rationnelle d'une méthode de lecture, mais comme la réaction pulsionnelle aux *stimuli* du monde (littéraire, pictural, anthropologique, philosophique, économique, politique, ethnologique…) qui motivent sa propre réflexion. On pourrait reprendre nombre de ces *stimuli* pour montrer leur parenté avec les motivations Dada (la question du rire, ou celle, plus large, de la dépense, la théorie anti-rationnelle, etc.).

Pour autant, quelles œillères faut-il mettre pour ne pas voir combien Dada n'est pas le cheval de Bataille ? Si on a pu faire apparaître des similitudes certaines, comment ne pas voir que c'est au détriment d'une grande part de la singularité des deux démarches respectives ? Si *« Dada est tatou¹ »*, Dada n'est pas tout chez Bataille, et tout chez Bataille n'est pas Dada, loin s'en faut. On a vu comment la revendication explicite du dadaïsme correspond chez lui à un jusqu'au-boutisme anti-surréaliste (et anti-Breton) caractéristique de certains moments de leurs relations (les années 30 par exemple), et consiste pour lui à s'approprier en quelque sorte une forme si besoin vide par nécessité de surenchère extrémiste (Dada n'est pas *Dada*). On sait comment à partir des années 70, une critique partisane a pu exagérément souligner ce pseudo-dadaïsme pour les mêmes raisons. À la lumière du parcours de l'œuvre rapidement effectué au moyen de l'outil typologique de Daniel Hawley, les

---

ci ne cesse d'en affirmer le caractère immanent, au contraire. C'est aussi un aspect déterminant du rapport à Breton qui se joue dans cette question.
[1] Tristan Tzara, « Dada manifeste sur l'amour faible et l'amour amer », *Dada est tatou. Tout est Dada*, introduction, établissement du texte, notes, bibliographie et chronologie par Henri Béhar, GF-Flammarion, 1996, p. 227.

divergences n'ont-elles pas affleuré d'elles-mêmes ? Les « démystifications » à l'œuvre chez Bataille travaillent par le biais d'une débauche narrativisée qui, pour scandaleuse qu'elle soit, dissémine dans le temps de l'histoire des acmés de révolte que Dada, lui, fait exploser dans l'instant du poème, dans la fulgurance de l'acte. Il ne semble pas que Bataille d'ailleurs ait jamais souhaité participer à aucune espèce de « happening » ou de « pré-situationnisme » spectaculaire, à moins de leur assimiler hâtivement ses « expériences extérieures » (alcool, orgies diverses) ou son « expérience intérieure ». À moins également d'y inscrire sa conception du sacrifice au mépris du sens profondément communautaire qu'il lui attribuait, contrairement à l'acte Dada. Et c'est précisément cet aspect communautaire qui commande chez lui l'intérêt « mystificateur » du mythe, de sa redécouverte par-delà le christianisme, de sa création parfois presque *ex nihilo* (*Contre-Attaque*, *Acéphale*...), de sa puissance politique également (on n'oubliera pas les nombreuses entreprises idéologiques marxisantes auxquelles le nom de Bataille est associé). Or le mythe, fût-il « parodique » ou « athéologique », même s'il utilise un même outil poétique anti-logique, anti-rationnel, n'est pas Dada, car il contrevient à ses prétentions rageusement individualistes et libertaires : l'éventuelle parenté formelle signalée (destruction du langage) masque à peine une contradiction profonde. Que dire enfin de l'immense entreprise théorique et critique de Bataille, de son érudition passionnée, sinon que rien ne ressemble moins au « non-savoir » auquel celui-ci aspirait que la « bêtise » Dada ? Désireux d'abolir tout le savoir dans un dépassement qualitatif et quantitatif qui prenne en charge les données les plus larges de la science humaine (de la psychanalyse à l'économie, de la philosophie à l'histoire de l'art, sur quoi Bataille ne se sera-t-il pas penché ?), Bataille, qui plus est, ose poser l'érotisme comme expérience privilégiée de la déchirure de soi constitutive de la volonté d'être homme. Volonté de puissance qui, chez lui, ne se mesure jamais qu'à l'exacte propension à la perte de soi jusqu'à la mort. Dada en rirait aux éclats... et oublierait trop vite le sens même de ce rire que Bataille partageait avec lui certes, mais sans cesser d'y chercher pour sa part l'expression éperdue d'une communication vitale et contagieuse. Décidément, le prétendu Dada se perd derrière l'écheveau galopant de Bataille.

Passée au crible Dada, la confrontation entre Breton et Bataille se précise. Dada semble bien agir comme un révélateur de ce qui singularise l'un et l'autre. La déconstruction Dada du langage qui marque significativement leur poétique à tous deux est un leurre formel qui masque combien le premier est davantage sensible à la révélation de soi que la psychanalyse lui permet de lire dans la coulée automatique alors que le second y trouve le moyen de renverser la raison et d'atteindre la souveraineté de l'extase (paternelle-divine-nietzschéenne : l'éloge de la folie puise loin ses ferments). Or, il est tout à fait étonnant de constater que ce mouvement, d'intériorisation heuristique chez Breton, d'extériorisation jouissive chez Bataille, se réalise, contrairement à Dada, dans le même désir d'une communauté, d'une contagion à/par l'autre qui non seulement trouve dans la relation érotique son accomplissement exemplaire, mais aussi cherche dans le mythe une efficacité collective proprement politique : celle qui, en face de la marche inéluctable de l'histoire, serait susceptible de dresser l'instant comme son dépassement même, l'une devenant condition de l'avènement paradoxal de l'autre et inversement, ce qui justifie à la fois l'impérieuse nécessité théorique chez chacun, ainsi que les prochains engagements pro-marxistes, ce dont Dada Paris se moque pareillement.

Les « Lâchez tout[1] »

CHEZ Breton, l'année 1913 impulsait l'irréversible quête d'un « langage de bouleversement ». L'année 1914 précipitait Bataille dans les ornières provisoires et réconfortantes d'un catholicisme sans doute opportun en pleine guerre mais qui, poursuivant la tragédie du roman familial et s'avérant incompatible avec les tentations du corps, le plaçait simultanément dans un déchirement de plus en plus intenable. Les « Lâchez tout » qui marquent désormais la véritable libération de soi s'expriment pour l'un par la découverte sidérée de l'écriture automatique, pratique fondatrice de l'époque du surréalisme intuitif (1919-1924), et pour l'autre, par la lecture non moins sidérée de Nietzsche (à partir de 1922) qui renverse absolument sa foi. Dans ces quelques années qui précèdent leur rencontre, ces découvertes décisives contribuent à agrandir l'écart de compas qu'on voit s'ouvrir entre eux deux.

L'« homme coupé en deux par la fenêtre » : André Breton et l'écriture automatique

Le langage de bouleversement que, dès 1913, André Breton cherchait à mettre au point, sous l'égide bienveillante de Valéry et d'Apollinaire, et dans l'influence contradictoire de Mallarmé et de Rimbaud, il fallut sans doute rien moins que de nouvelles déflagrations d'une force au moins équivalente pour le susciter : diffraction poétique amplifiée d'une onde de chocs existentiels dont lui, André Breton, se retrouvait le carrefour improbable. Côté adret, Vaché, d'abord, sa rencontre éblouie, sa vérité « pataphysique », et puis sa mort, brutale, horrible, lumineuse ; Aragon, ensuite, qui, en pleine pluie de cadavres, insuffle les grands vents de Lautréamont-Ducasse. Côté ubac : les rudiments

---

[1] *« Lâchez tout.*
Lâchez Dada.
Lâchez votre femme, lâchez votre maîtresse.
Lâchez vos espérances et vos craintes.
Semez vos enfants au coin d'un bois.
Lâchez la proie pour l'ombre.
Lâchez au besoin une vie aisée, ce qu'on vous donne pour une situation d'avenir.
Partez sur les routes », André Breton, « Lâchez tout » (1er avril 1922), *OC I*, Gallimard, Bibliothèque de la Pléiade, 1988, p. 263.

d'une « psycho-analyse » qui, avec Freud pour lampe frontale, s'enfonce dans les galeries de l'être. C'est à cette conjonction inouïe, sur fond d'amitié partagée comme une exigence, que Breton doit la découverte de l'écriture automatique, qui ouvrira toutes grandes les vannes du langage.

« *Un soir, donc, avant de m'endormir...* » On connaît l'histoire. Lui-même n'a pas manqué de la raconter plusieurs fois. Dans l'épopée générale du surréalisme, elle marque une date, partage un « avant » et un « après » qui inaugure le « surréalisme intuitif », en marge de Dada[1].

L'automatisme est une pratique d'abord, d'emblée placée sous le signe de la collectivité, et où entrent indistinctement partage, émulation réciproque, rivalité, défi... De Breton à Soupault, mais aussi en 1930 entre Breton, Char et Éluard (*Ralentir travaux*, *L'Immaculée Conception*), il y a bien un homme, instance énonciatrice « coupée en deux » (en trois) qui caractérise de façon foncièrement grégaire l'automatisme surréaliste. Ainsi, très souvent, une séquence produite par l'un est lue à haute voix à l'autre auquel elle passe le relais en lui servant de tremplin, et ainsi de suite. De fait, l'unité de temps de l'écriture automatique est bien la durée de chacun de ces jaillissements, de chacune de ces « coulées », indépendamment de la phrase, du mot, ou de tout autre élément de cohérence linguistique. Chaque pulsion d'écriture doit parvenir à son terme avant de servir à son tour de tison pour stimuler l'imaginaire de l'autre. Or cette pulsion sollicite en chacun une double posture simultanément intenable[2] : celle d'un abandon le plus total (de la raison et des mécanismes mentaux logiques, de la mémoire consciente, de la culture, mais aussi de l'attention au monde extérieur et à ses perturbations, de la vitalité naturelle du corps...) et celle d'un contrôle inhérent à la possibilité même de saisir dans l'écriture (dans ses conditions les plus matérielles : papier, stylo..., comme dans ses conditions techniques : articulation linguistique qui dispose du lexique et respecte la syntaxe), la voix continue de ce flux de parole interne et permanent auquel elle prétend accéder. Or cette scission-là, autre « coupure », interne cette fois, de l'« homme automatique », répète finalement le partage entre les deux grandes sources de l'écriture automatique chez Breton. D'une part, celle-ci s'irrigue en effet au flot continu de parole que Vaché et (surtout ?) Lautréamont ont ouvert en lui, mettant un terme au dilemme technique et formel qui enserrait précédemment sa poétique, et le plaçant désormais dans une totale adhésion acritique au jaillissement de sa propre voix. D'autre part, elle postule la nécessité d'une distance à soi qui, de plus en plus, s'autorisera de la théorie freudienne pour y voir en travail le « fonctionnement réel de la pensée » et en appeler au

---

[1] S'agissant des fameux *Champs magnétiques* rédigés au printemps 1919, Breton insiste : « *Incontestablement, il s'agit là du premier ouvrage* surréaliste *(et nullement dada) puisqu'il est le fruit des premières applications systématiques de l'écriture automatique* », André Breton, *Entretiens* (1952), *OC III*, Gallimard, Bibliothèque de la Pléiade, 1999, p. 461.
[2] En ce sens, l'« automatisme psychique pur » est bien un horizon impossible, dont la pratique ne peut que s'approcher de façon asymptotique.

décryptage des séquences produites. Voilà la coupure épistémologique qui définit l'automatisme surréaliste et sur laquelle il faut s'arrêter.

S'il y a d'abord écriture automatique, c'est qu'il y a plongée en soi dans un matériau verbal inépuisable et pour ainsi dire toujours disponible. Il y a un débit souterrain constitutif de l'être humain, auquel les séances d'écriture permettent d'accéder, comme par ponction ou par carottage[1]. Or il ne fait aucun doute que ce matériau signale d'abord, en Breton, la présence fantomatique de Vaché. Disons-le autrement : une fois Vaché rencontré, une fois celui-ci mort, Vaché sera le nom définitif que l'absence de l'autre portera. Il est, dit Breton, cette *« si jolie ombre [qui] danse au bord de la fenêtre par laquelle je vais chaque jour recommencer à me jeter*[2] *»*. Le motif de la « fenêtre », proprement impulsif de l'automatisme chez lui, est explicitement associé à Vaché : indice éloquent de cette pulsion de mort que l'écriture conjure. Son image, on le sait, traverse d'ailleurs à plusieurs reprises le texte des *Champs magnétiques*[3], qui lui est en outre dédié. « Le Pagure dit » : Vaché, *va chez...* Partant donc de cette présence intériorisée de Vaché, il y a dans l'écriture automatique une dynamique verbale, une « logorrhée » qui, par son mode même d'expansion, semble tout entière redevable de Lautréamont. Si, par l'humour explosif, Vaché a en effet déverrouillé en Breton les cadenas du sérieux, de la carrière (fût-elle poétique), c'est lui, assurément, le grand libérateur de la parole. Car qui d'autre, plus que Lautréamont-Ducasse, pour incarner à ses yeux cet « homme coupé en deux » ? La ligne de partage qui feint de séparer d'un côté l'œuvre noire et pseudonyme (*Les Chants de Maldoror*), et d'un autre l'œuvre « blanche » et revendiquée (*Poésies*) ne tient pas[4], et c'est bien un homme, un même homme qui intéresse d'emblée Breton derrière l'apparence manichéenne de ses écrits[5]. Lautréamont-Ducasse incarne, dès sa découverte par l'entremise d'Aragon, l'« inconciliable » par excellence, celui qui, par les seuls pouvoirs d'un verbe effréné, a pu se jouer de la mort, de l'angoisse, de la guerre, bref celui qui a su porter l'idée de liberté à son accomplissement le plus parfait. De fait, la période d'expérimentation de l'écriture automatique (1919) coïncide chez Breton avec une grande imprégnation ducassienne qui se

---

[1] Jules Monnerot parle d'*« une sorte de prise de sang de l'âme »*, *La Poésie moderne et le sacré*, Gallimard, 1945, p. 40.
[2] André Breton, « La Confession dédaigneuse » (1923), *Les Pas perdus*, OC I, Gallimard, Bibliothèque de la Pléiade, 1988, p. 202.
[3] Dans le chapitre « Saisons », par exemple, entièrement de la main de Breton : *« De tous les passants qui ont glissé sur moi, le plus beau m'a laissé en disparaissant cette touffe de cheveux, ces giroflées sans quoi je serais perdu pour vous. Il devait nécessairement rebrousser chemin avant moi. Je le pleure »*, André Breton, *Les Champs magnétiques* (1919), OC I, Gallimard, Bibliothèque de la Pléiade, 1988, p. 60. Georges Sebbag suggère que ce recueil a été écrit à la vitesse V' de Vaché, *L'Imprononçable jour de ma naissance. 17ndré 13reton*, Jean-Michel Place, 1988, p. 7.
[4] C'est à ce moment-là l'interprétation généralement admise.
[5] Un homme « coupé en deux », dont la fin n'évoque que trop celle de Vaché : Ducasse meurt, à 24 ans, le 24 novembre 1870, deux mois après la capitulation française à Sedan devant l'armée prussienne (Vaché meurt deux mois après la victoire française), d'une mort soudaine, accidentelle ou volontaire on ne sait pas, due... à une overdose de belladone (opium, pour Vaché).

joue en marge de Dada[1]. Car il y a chez Maldoror-Lautréamont/Ducasse une puissance moderne en marche dont il est urgent de s'inspirer : c'est l'écriture automatique, la schizophrénie jouée dont elle se réclame, la profusion métaphorique qu'elle engendre[2], le rire que déclenchent ses plus belles réussites… Sa lecture enseigne la fécondité de la parole elle-même, et la capacité que le verbe a, puissance infinie, d'engendrer du verbe[3]. En ouvrant les vannes du langage, Lautréamont est celui qui offre à la poésie toute la latitude (morale, psychologique, esthétique…) qui définira l'automatisme surréaliste. Il est celui qui *« marque un recommencement. […] le langage de Lautréamont est à la fois un dissolvant et un plasma germinatif sans équivalents[4] »*.

Il offre davantage encore. Par la destruction de toute illusion fictionnelle, il est celui qui, déjà, met son propre texte à distance, le continue en le commentant, s'y abandonne et s'en déprend simultanément. Dans cette distance vis-à-vis de sa propre énonciation, Breton peut-être entrevoit déjà la nécessité d'un retour sur les matériaux bruts de l'expérience automatique, afin d'y éclairer le fameux « fonctionnement réel de la pensée ». Double phase, productrice et réceptrice de l'automatisme, qui procède du clivage de l'instance énonciatrice[5]. L'expérience automatique, fondamentalement heuristique, exige en effet un déchiffrement ultérieur, et se déchiffre selon Breton dans une triple incidence. D'abord, elle révèle au sujet lui-même une infra-conscience personnelle, que la théorie freudienne aide à décrypter : par le recoupement symbolique, par le travail de condensation ou de déplacement caractéristique du rêve, Breton va s'évertuer à interpréter les séquences obtenues comme autant de plongées dans le nœud obscur de son propre désir[6]. Ensuite, et parce que,

---

[1] Breton transcrit à la main ses *Poésies* à partir du seul exemplaire disponible à la Bibliothèque Nationale, puis les publie dans les numéros 2 et 3 de la revue *Littérature* (respectivement avril et mai 1919). On remarque également le jeu homophonique qui rapproche *Les Champs magnétiques* et *Les Chants de Maldoror*, auxquels Breton consacre en juin 1920 un article important.

[2] Selon le *Manifeste*, s'en souvient-on, c'est Lautréamont qui offre un des exemples les plus accomplis de l'image surréaliste dont Reverdy a inauguré la théorie.

[3] Lecture de Lautréamont qui, chez Breton, opère inévitablement un tri : selon Marguerite Bonnet, *« il en retient tout particulièrement non les récits où se déchaînent fureurs et démons de l'érotisme et de la cruauté mais tout ce qui touche à l'expérience et à l'expression poétiques : rupture du jeu littéraire, dénonciation de la fiction soit par le moyen de l'humour, soit par l'irruption de l'auteur comme regard étranger au livre »*, Marguerite Bonnet, note pour « Les Chants de Maldoror », *André Breton, Ibid.*, p. 1255.

[4] André Breton, « Isidore Ducasse, comte de Lautréamont », *Anthologie de l'humour noir* (1940), OC II, Gallimard, Bibliothèque de la Pléiade, 1992, p. 987.

[5] Pierre-Olivier Walzer souligne ainsi à propos de Lautréamont que *« le miracle est qu'un si jeune homme soit toujours si pleinement conscient de ses démarches et que tant de lucidité s'allie chez lui à tant de délire »*, Voir Pierre-Olivier Walzer, « Introduction » à Lautréamont, Isidore Ducasse, *Les Chants de Maldoror, Poésies*, Gallimard, Bibliothèque de la Pléiade, 1970, p. 34.

[6] D'où précisément la différence de qualité des textes produits par l'automatisme selon qui s'y prête, ce que rappelle Aragon : *« la légende règne qu'il suffit d'apprendre le truc, et qu'aussitôt des textes d'un grand intérêt poétique s'échappent de la plume de n'importe qui comme une diarrhée inépuisable. Sous prétexte qu'il s'agisse de surréalisme, le premier chien venu se croit autorisé à égaler ses petites cochonneries à la poésie véritable, ce qui est d'une commodité merveilleuse pour l'amour-propre et la sottise. Seulement, le malheur, c'est que même, c'est que surtout quand la critique discursive ne sévit plus, la personnalité de celui qui écrit s'objective, et à*

on l'a dit, l'expérience automatique privilégie la collectivité, elle permet d'atteindre à une « matière mentale commune » qui transgresse la seule idiosyncrasie du poète : véritable percée dans ce que d'autres nommeraient l'« inconscient collectif », elle dévoile les mythes communs et, simultanément, consolide la communauté par une pratique partagée, un jeu de société, un acte fondateur, totémique[1]. Enfin, et dans une dimension quasi-anthropologique, elle ouvre le poète à un savoir sur le monde, sur l'ordre du cosmos : par la traversée jusqu'au-boutiste de sa propre subjectivité, celui-ci atteint en effet une objectivité *« que voilent les apparences ordinaires des choses et les différences immédiates des êtres, mais qui n'en est pas moins réelle et présente à la fois dans l'être et dans les choses. On comprend dès lors qu'il ne s'agisse plus seulement pour Breton d'une technique : c'est l'unité du monde et la nature de l'esprit qui sont en cause et qui, obscurément, se manifestent dans cette cohérence seconde apparue par-delà l'incohérence[2]. »*

Langage de bouleversement, par conséquent, qui, par le biais de l'analogie tissée à perte de vue, voit le poète parler le langage même du monde, et réciproquement, ce qui, inévitablement, en appellera bientôt à la transformation effective de ce même monde objectif. Ainsi (trop) généralement définie, on voit bien les écueils de telle ou telle interprétation critique : littéraire, elle dilue un tel élan dans l'approche rassurée d'un genre, le « poème en prose », et prétend faire de cette pratique un enrichissement thématique et technique qui en élargit la définition[3] ; textuelle, elle s'avère certes particulièrement efficace quant à la saisie des mécanismes de productivité du langage et à la mise à jour de leur surdétermination linguistique[4], mais aboutit à l'impasse analytique qui, parce qu'une telle voie lui échappe, consiste à évacuer combien ces mêmes

---

cet égard, on peut dire en quelque sorte qu'un texte surréaliste, en fonction de son auteur, atteint à une objectivité analogue à celle du rêve, qui dépasse de beaucoup le degré d'objectivité relative des textes ordinaires, où les défaillances n'ont aucune valeur, alors que dans le texte surréaliste elles sont encore des faits mentaux, *intéressants au même titre que leurs contraires »*, Louis Aragon, *Traité du style* (1928), coll. L'Imaginaire, Gallimard, 2000, p. 188.

[1] *« Si la communication intersubjective doit passer par un seuil minimum de cohérence logique, alors la parole automatique récuse la fonction communicative du langage. Si la communication intersubjective peut s'exercer par le moyen de grandes lueurs sensorielles, dont l'image est le véhicule, alors la parole automatique exalte la fonction communicative du langage »*, écrit justement Jacqueline Chénieux-Gendron, dans « L'expérience vive du récit dans le surréalisme », *André Breton ou le surréalisme, même*, textes réunis par Marc Saporta avec le concours d'Henri Béhar, Bibliothèque Mélusine, Éditions L'Âge d'Homme, Lausanne, 1988, p. 68.
[2] Marguerite Bonnet, *André Breton. Naissance de l'aventure surréaliste* (1975), José Corti, édition revue et corrigée, 1988, p. 181.
[3] Voir Suzanne Bernard, « Le surréalisme et son influence sur le poème en prose », *Le Poème en prose de Baudelaire jusqu'à nos jours*, Librairie Nizet, 1959.
[4] Voir notamment les travaux de Laurent Jenny, « La surréalité et ses signes narratifs », *Poétique*, n°16, Seuil, 1973 ; ceux de Michael Riffaterre, « La métaphore filée dans la poésie surréaliste » et « Incompatibilités sémantiques dans l'écriture automatique », *La Production du texte*, coll. Poétique, Seuil, 1979 ou ceux de Michel Ballabriga, *Sémiotique du surréalisme. André Breton ou la cohérence*, coll. Champs du signe, Presses Universitaires du Mirail, Toulouse, 1995.

mécanismes sont toujours conditionnés par un retour du refoulé[1]. Mais ce qui importe, c'est ce que l'expérience automatique a pu signifier aux yeux de Breton : une approche proprement dangereuse de la mort en soi, de la folie irréversible[2], retournée contre les puissances négatives de la vie et proclamant l'assomption poétique ; une certitude qu'au cœur de l'homme, il y a du langage et non du vide, et qu'en ce langage réside la clé de sa propre vie, langage vital, donc, essentiel, où se vivifie la dynamique poétique contre les cadavres de la mémoire et la marche inéluctable de la mort en soi[3].

Georges Bataille : de Dieu à Nietzsche, ou de la vie recluse à la vie déchiquetée

Parce qu'elle répète en l'amplifiant sa culpabilité œdipienne, et qu'elle fait obstacle au désir envers Marie Delteil[4], la vie religieuse de Georges Bataille depuis sa conversion de 1914 ne va pas sans déchirements. Il lui faudra quatre années, de 1920 à 1923, pour complètement se dégager du « mensonge » catholique et reconnaître enfin en Nietzsche la paternité substitutive qui lui fait défaut depuis la mort horrible de son père. De ce père-ci, il ne démordra plus.

La première impulsion vient de Bergson. En septembre 1920, Bataille est à Londres, pour un séjour d'études au British Museum. L'occasion d'une retraite de deux ou trois jours au monastère de Quarr Abbey, sur la côte nord-est de l'île de Wight[5], et la découverte simultanée, paradoxale, du désir de voyage et de l'apprentissage nomade. Entre vie recluse et méditative, et vie *« déchiquetée, discursive[6] »*, la tension ira croissant. Bergson, donc, dont il lit *Le Rire*. La

---

[1] « *À supposer [...] que l'analyse parvienne à éclairer [...] le mode de génération de ces pages en dégageant toutes les formes de productivité des signifiants, elle ne nous renseignerait en rien sur les déterminations qui font surgir tel ou tel générateur à partir de tel ou tel autre, alors qu'il existe plus d'une possibilité d'aiguillage, pas plus que sur les origines, ni sur le contenu latent des textes, leurs signifiés psychiques* », Marguerite Bonnet, *André Breton. Naissance de l'aventure surréaliste* (1975), José Corti, édition revue et corrigée, 1988, p. 394.
[2] « *Quelques chapitres de plus, écrits à une vitesse v'''' (beaucoup plus grande que v'') et sans doute ne serais-je pas, maintenant, à me pencher sur cet exemplaire* », précise Breton sur l'exemplaire n°1 qu'il offre en 1930 à Valentine Hugo, d'après Sarane Alexandrian, *Le surréalisme et le rêve*, coll. Connaissance de l'inconscient, nrf, Gallimard, 1974, p. 96.
[3] « *Ni moyen de communication, ni moyen d'expression, le langage est d'abord* moyen de transport, *nous précédant alors, comme notre ombre, pour nous indiquer la direction - ou le sens - que nous sommes en train de prendre* », écrit superbement Annie Le Brun, *Qui vive, considérations actuelles sur l'inactualité du surréalisme*, Ramsay/J.-J. Pauvert, 1991, p. 42.
[4] Bataille la demande en mariage en 1919 mais le père de la jeune fille, sans doute par crainte de la trop lourde hérédité d'un père syphilitique, lui refuse sa main : « *même mort, Joseph-Aristide Bataille continue d'infléchir l'existence de son fils dans un sens auquel celui-ci essaie d'échapper* », observe justement Michel Surya, *Georges Bataille, la mort à l'œuvre*, Gallimard, 1992, p. 48. On voit comment l'homologie entre père terrestre et père céleste se poursuit sur le mode de l'obstacle.
[5] Dans la *Notice autobiographique* qu'il rédige vraisemblablement vers 1958, c'est après ce séjour qu'il prétend avoir perdu « *brusquement la foi parce que son catholicisme avait fait pleurer une femme qu'il aimait* ». Voir Georges Bataille, *Notice autobiographique*, *OC VII*, Gallimard, 1976, p. 459.
[6] Georges Bataille, *L'expérience intérieure* (1943), *OC V*, Gallimard, 1973, p. 72.

déception est immense. Rien de ce que le philosophe avance au sujet du rire ne convient à Bataille : sa réduction au « *minable comique*[1] » l'exaspère. Mais cette lecture lui ouvre paradoxalement et le chemin de la philosophie, et la révélation d'une question fondamentale, le rire[2], qui passe un premier coup de balai sur les certitudes du dogme et ouvre, avec les tourments de la sensualité, un premier appel d'air.

Mais c'est surtout la découverte de Nietzsche qui le fait définitivement, irrémédiablement, basculer dans un anti-christianisme farouche, encore que ce basculement n'ait été que progressif, au gré des à-coups qui le voient céder à la tentation puis pathétiquement se reprendre et s'en confesser immédiatement[3]. En août 1922, il lit successivement les *Considérations inactuelles* et *Par-delà le bien et le mal*[4]. Mais la date fatidique qu'il assigne lui-même à la lecture décisive de Nietzsche, dans la béance ouverte par Bergson et le rire, est 1923[5]. Reprendre l'ensemble des apports nietzschéens absolument déterminants dans la constitution de la pensée de Bataille serait une véritable gageure. Ces apports, jamais Bataille ne semblera les affirmer avec assez d'insistance, à la fois explicitement, par le nombre d'ouvrages, d'articles, d'études, d'allusions qu'il lui consacrera, mais aussi implicitement, dans le trajet de son œuvre marquée de son omniprésence intertextuelle, voire dans celui de sa vie même[6]. Bataille ne pense pas à propos de Nietzsche, il pense à partir de lui. Il faut ainsi comprendre en quoi cette lecture, en 1923, après son catholicisme dévot et à quelques mois de la rencontre avec Breton, fut décisive au point qu'il n'hésitera pas à assumer enfin cette identification-substitution œdipienne que les « pères » précédents n'avaient pas rendue possible : « *Il me semble aujourd'hui devoir dire : ceux qui [lisent Nietzsche] ou l'admirent ou le bafouent [...]. Sauf moi ? (je simplifie).*

---

[1] *Ibid.*, p. 562.
[2] « *je me disais que si j'arrivais à savoir ce qu'était le rire, je saurais tout, j'aurais résolu le problème des philosophies* », Georges Bataille, « Non-savoir, rire et larmes » (9 février 1953), *OC VIII*, Gallimard, 1976, p. 221.
[3] Surya observe ce même mouvement de recul lorsque Bataille lit les *Cinq grandes odes* de Claudel « *qui répondaient assez conformément à ce que* Notre-Dame de Rheims *pouvait appeler pour continuer l'"œuvre" commencée en 1918* », Michel Surya, *Georges Bataille, la mort à l'œuvre*, Gallimard, 1992, p. 73.
[4] Voir la précieuse liste des « *Emprunts de Georges Bataille à la Bibliothèque nationale (1922-1950)* », Georges Bataille, *OC XII*, Gallimard, 1988, p. 553. Du propre aveu de Bataille, ce ne fut là ni une véritable première, ni le tournant radical qu'on aurait pu supposer : « *J'ai lu Nietzsche en premier lieu (des passages de* Zarathoustra*) alors que j'étais croyant. J'étais frappé et je résistais. Mais lorsqu'en 1922, je lus* Par-delà le bien et le mal*, j'avais si bien changé que je crus lire ce que j'aurais pu dire – si du moins... [...] Par la suite je m'efforçai de m'accorder – de mon mieux – avec ceux que j'aimais, qui m'entraînèrent vite d'un côté contraire. J'oubliai Nietzsche, ou du moins je cessai d'y penser* », Georges Bataille, « Notes pour Nietzsche et le communisme », *OC VIII*, Gallimard, 1976, p. 640.
[5] Voir par exemple Georges Bataille, *Notice autobiographique*, *OC VII*, Gallimard, 1976, p. 459.
[6] Entre autres similitudes, Nietzsche enfant avait perdu son père, mort aveugle et fou, atteint probablement de syphilis, et il fut lui-même sérieusement malade dès l'âge de 30 ans, avant de sombrer dans une folie définitive procédant d'une syphilis au stade tertiaire. Funeste vérification de cet « éternel retour » qui, d'emblée, promit aussi à Bataille le pire pour lui-même ?

[...] Cette totale libération du possible humain qu'il a définie, de tous les possibles est le seul sans doute qu'on n'ait pas tenté (je me répète : en simplifiant, sauf moi (?))[1] ».

Nietzsche est bien celui qui, proclamant la mort de Dieu, tue simultanément Dieu vivant en Bataille. Véritable *« conversion à rebours[2] »*, la lecture de Nietzsche sape une foi (la transcendance divine), une morale (la primauté du bien), une communauté, bref une idéologie au sens le plus large : celle d'une humilité constitutive de l'humanité face à la souveraineté de Dieu. Dessillant des yeux que la génuflexion avait baissés, Nietzsche, loin de purger Bataille de sa culpabilité, lui permet au contraire d'ouvrir grand un regard lucide sur elle, d'en assumer, mieux, d'en désirer la vision d'horreur. On se souvient que la mort de Dieu est proclamée par Nietzsche au terme d'une longue décadence du genre humain, qui a érigé la raison en despote et a parqué l'énergie et la passion derrière les garde-fous de la morale, de la religion. Elle signifie *« que l'ensemble des idéaux et des valeurs qui garantissaient la domination de la décadence trahit le néant qui en était le fondement caché[3] »*. Ce néant déchire avec Nietzsche la conscience humaine et plonge l'homme dans l'angoisse. Détruisant tout idéalisme transcendant, il inverse les polarités morales : le bien (chrétien) devient tout le *mal* générateur de la décadence. Bataille, après Nietzsche, sera le philosophe de ce mal antichrétien, auquel il opposera un autre bien qui achève une idéologie générale basée sur le renoncement aux forces immanentes de la vie, au travail concret de la matière[4]. Découvrir Nietzsche, se résoudre à le lire jusqu'au bout, voilà qui ouvre en Bataille un questionnement existentiel et passionnel, et dont l'acceptation de ce qui est, ce qui est *vraiment* donne la clef. À proportion de l'angoisse générée par le néant de Dieu, il y a d'abord le rire, celui que Bergson avait si mal analysé, celui dont Zarathoustra fait un usage décapant et que Bataille (citant Nietzsche) érige en principe de connaissance : *« tenez pour faux ce qui ne vous a pas fait rire au moins une fois[5] »*. Le rire (mais aussi les larmes bientôt, le sexe...) est cet ébranlement physique irrépressible, instinctif, immédiat qui, né d'une angoisse infinie, ouvre l'individu à la matière vivante du cosmos : une « extériorisation jouissive ». Ce faisant, il célèbre la vie par-dessus tout, par-dessus ce néant fondamental dont il permet le dépassement dans le nihilisme extatique du surhomme, et dans sa « volonté de puissance » – elle s'appellera « souveraineté » chez Georges Bataille. Force morale qui place métaphoriquement le « surhomme » dans une lutte permanente pour renouer, par-delà le christianisme, avec le sens tragique de Dionysos et la nouvelle

---

[1] Georges Bataille, *Sur Nietzsche, volonté de chance* (1944), *OC VI*, Gallimard, 1973, p. 13.
[2] Michel Surya, *Georges Bataille, la mort à l'œuvre*, Gallimard, 1992, p. 73.
[3] Jean Granier, *Nietzsche* (1982), coll. Que sais-je ?, n° 2042, P.U.F., 2004, p. 28.
[4] *« La source de Dieu ? Le mépris de la Vie, la peur de la Volonté de puissance, l'impuissance à l'assumer, à l'aimer. L'ignorance également : ne pas savoir, c'est tendre vers le croire. [...] Refuser le réel, c'est générer Dieu. L'accepter, c'est le congédier »*, Michel Onfray, *La Sagesse tragique. Du bon usage de Nietzsche*, Biblio essais, Le Livre de Poche, 2006, p. 53.
[5] Georges Bataille, *Le Coupable* (1939-1943), *OC V*, Gallimard, 1973, p. 309.

compréhension du sacré qu'il offre[1]. Les grands nœuds de la pensée de Bataille (érotisme, sacré, hétérologie, sacrifice, souveraineté, transgression…) sont tous à entendre à partir de là, à partir de Nietzsche. De sorte que cet *« intenable assentiment au monde*[2] *»*, ce mouvement d'approbation, ce grand *Oui* nietzschéen[3] sous le signe duquel on a placé Bataille, encore faut-il clairement établir combien il est certes un acquiescement à la nature matérielle du monde (à sa vérité matérialiste), mais simultanément, un violent déni de la culture de ce même monde (car forcément idéaliste, c'est-à-dire décadente).

De quelques interférences avant la rencontre

On a vu comment chez Breton la poésie, par le truchement de l'automatisme, était investie d'un triple prestige : d'abord, elle permettait, aux confins de la folie, la révélation d'un soi véritable sous la croûte policée de la morale, de la raison ; ensuite, elle dotait la communauté surréaliste embryonnaire d'une pratique fondatrice, qui rompait violemment avec la société ; enfin, elle ouvrait le poète à une autre appréhension du cosmos par les vertus de l'analogie, et suggérait dans la puissance du langage une force de bouleversement de l'ordre même du réel. On a d'autre part dit combien, pour Bataille, le terme de « poésie » restait entaché de sa propre religiosité, de cet idéalisme transcendant (catholique) avec lesquels Nietzsche lui permettra de rompre catégoriquement. Il ne fait dès lors pas de doute que la question de la poésie, voire au-delà la question du langage, puisse concentrer bientôt nombre de malentendus et devenir la pomme de discorde majeure des querelles prochaines. Alors que Breton se conforte dans l'idée d'un infra-langage permanent où puiser l'énergie vitale, Bataille découvre avec Nietzsche l'indicible extase qui déborde la parole, la désintègre (dans le rire). Pour le dire autrement, le questionnement existentiel passe inéluctablement chez le premier par la poésie qui, dans sa dépense frénétique, reste toujours le sens par excellence (sémantique, géographique) ; chez le second, ce même questionnement existentiel s'impose par défaut, lorsque le « néant » se découvre et que l'angoisse démesurée qu'il génère réclame une même démesure émotionnelle inaccessible

---

[1] *« un élan vers l'unité, une sortie hors de la personne, du quotidien, de la société, de la réalité, par-dessus l'abîme de ce qui passe ; le débordement passionné, douloureux, dans des états plus obscurs, plus forts et plus fluctuants ; une affirmation extasiée de la vie comme totalité, en tant qu'elle est égale à elle-même en tout changement, également puissante, également heureuse ; la grande participation panthéiste à la joie et à la douleur, qui approuve et qui sanctifie même les aspects les plus terribles et les plus énigmatiques de la vie ; l'éternelle volonté d'engendrer, de produire et de reproduire ; le sentiment de l'unité nécessaire de la création et de la destruction »*, Friedrich Nietzsche, *Fragments posthumes*, cité d'après Jean Lefranc, *Comprendre Nietzsche*, coll. Cursus, Armand Colin, 2003, p. 86.
[2] Francis Marmande (sous la direction de), *Bataille-Leiris, l'intenable assentiment au monde*, Belin, 1999.
[3] *« un Oui entier, sans élusion d'aucune sorte, un Oui profond à proportion de ce qu'y trouve le monde de léger, et de ce qu'y trouve d'enjouement celui qui le prononce »*, Michel Surya, *Georges Bataille, la mort à l'œuvre*, Gallimard, 1992, p. 75. Surya insiste également sur la dette de Bataille à l'égard de Léon Chestov dans sa lecture de Nietzsche.

au langage. La ligne de partage reprend en quelque sorte celle qui sépare poésie et philosophie, quoique Bataille se défende pendant longtemps d'être un philosophe, et que la philosophie elle-même (mais celle de Nietzsche probablement moins que bien d'autres) soit le domaine par excellence de la parole discursive[1] : c'est bien par cette porte-là qu'il en vient pourtant avec Nietzsche à interroger sa propre existence, alors que Breton voit dans le « message automatique » une réponse poétique surclassant toutes les autres, puisque, affirme-t-il après Lautréamont, la poésie « *n'a de rôle à jouer qu'au-delà de la philosophie et par suite elle manque à sa mission chaque fois qu'elle tombe sous le coup d'un arrêté quelconque de cette dernière*[2]. »

Peut-on inscrire dans le droit fil de ce partage la prochaine réticence de Bataille à entrer dans la « communauté » surréaliste ? Il ne fait pas de doute que la sociabilité religieuse qui avait pu être la sienne, y compris (voire qui est plus est) dans sa tentation monacale, est également pulvérisée par l'individualisme forcené de Nietzsche. Certes, il lui arrivera plus tard de céder à la tentation de la communauté, fût-elle sacrificielle, et se réclamât-elle alors de l'enseignement nietzschéen. Mais pour l'instant, et alors que le groupe surréaliste se forme autour de Breton, tissant entre ses membres des liens qui poussent l'exigence et le partage à leur comble, il semble que Bataille, sur l'instigation de Nietzsche, à savoir indépendamment même des strictes questions de relations interpersonnelles (avec Breton notamment), entende farouchement rester en-dehors de toute participation sociale, quand bien même cette microsociété s'organiserait comme une machine collective antisociale. Tout se passe ainsi comme si Breton n'avait de cesse de rechercher son impossible *alter ego* dans le cortège de fantômes qui le suivent depuis l'enfance, et que cette recherche le conduisait à entrer dans un certain nombre de relations de réciprocité privilégiée qui constitueraient un groupe (complexion horizontale), alors que Bataille ressasse le meurtre œdipien du *super ego* (complexion verticale) jusqu'à trouver en Nietzsche une autorité substitutive d'une puissance définitivement irréfutable, parce qu'elle a justement fait de la nécessité de son propre sacrifice, le gage flamboyant et paradoxal du triomphe de son enseignement. Bataille assurément éprouve cet enseignement émancipateur là où Breton, avec ferveur, désire le partage des enthousiasmes.

Mais les choses, semble-t-il, sont plus compliquées encore. Car déjà, se tissent en effet, et comme malgré eux, des liens d'une autre espèce. Il est par exemple indéniable que la leçon nietzschéenne dut amener Bataille à reconsidérer son rapport à la poésie. La grande variété stylistique et générique de Nietzsche semble trouver des échos dans le disparate de l'œuvre de

---

[1] On verra comment cette question rejaillira au moment de la découverte de Hegel par le biais des cours de Kojève.
[2] André Breton, « La Confession dédaigneuse » (1923), *OC I*, Gallimard, Bibliothèque de la Pléiade, 1988, p. 198. Lautréamont avait écrit que « *[les] poètes ont le droit de se considérer au-dessus des philosophes* », cité d'après Marguerite Bonnet, « Introduction » à Lautréamont, *Œuvres complètes*, Garnier-Flammarion, 1969, p. 20.

Bataille : argumentations suivies, fragments aphoristiques certes, mais aussi poésie extatique et lyrique, parodie de textes sacrés… La question poétique de fait est loin d'être étrangère à Nietzsche. Il y a bien davantage encore, si l'on interroge les liens entre Lautréamont et Nietzsche, soit entre les références majeures des « lâchez tout » respectifs, qui dépassent la problématique « occasionnelle » du genre ou du style. Maldoror, dont l'une des onomastiques probables est le retournement négatif de « Théodore », « le don de Dieu », triomphe de l'« archange », le « crabe tourteau » envoyé par Dieu puis de Dieu lui-même, ce « Céleste Bandit » et proclame l'exaltation de toutes les forces de la vie, dans un humour frénétique dont le travail de dénigrement moral se poursuit jusque dans les *Poésies* d'Isidore Ducasse. L'analogie avec Zarathoustra, ou avec tel moment du *Gai Savoir*[1], s'impose : Lautréamont scénarise un combat anti-chrétien qui anticipe sur la « volonté de puissance » humaine et dont l'issue heureuse est proclamée par Nietzsche, un Nietzsche à distance égale, soit également indécidable de son Zarathoustra que Lautréamont-Ducasse l'est sans doute de son Maldoror. Et chez l'un comme chez l'autre, c'est bien l'enfant qui incarne l'avers rédempteur d'une humanité adulte pareillement détestée : Édouard ou Mervyn, arrachés à leur quiétude familiale pour sauver en eux l'enfance « massacrée », préfigurent bien la dernière métamorphose spirituelle de Zarathoustra, celle de l'enfant[2]. Mais ce n'est, semble-t-il d'après le relevé des emprunts à la Bibliothèque nationale, qu'en juin 1925 que Bataille découvre Lautréamont, et lit coup sur coup *Les Chants de Maldoror* et les *Poésies*[3]. À cette date-là, il aura déjà rencontré Michel Leiris, et subi par son entremise l'influence des lectures surréalistes.

Si, assurément, un certain « maldororisme » transpire au travers de Nietzsche jusqu'à Bataille, l'inverse est encore plus vrai, et il ne fait pas de doute que Breton, même malgré lui, même s'en défendant puisqu'il réfutera en un premier temps la référence nietzschéenne, ait subi l'influence du « philosophe au marteau ». Cette imprégnation chez lui est d'ailleurs assez ancienne : elle puise en effet à ses lectures libertaires de jeunesse. Lorsque, vers 1913, André Breton se met à lire la presse anarchiste, plusieurs noms servent de véhicule à la révolte anti-patriotique et anti-revancharde, parmi lesquels Remy de Gourmont et Nietzsche, justement, tous deux références incontournables des mouvements libertaires. Le premier, Remy de

---

[1] Ce *« nouveau chant de Maldoror »* selon Michel Onfray, *La Sagesse tragique. Du bon usage de Nietzsche*, Biblio essais, Le Livre de Poche, 2006, p. 58.
[2] Voir Friedrich Nietzsche, « Des trois métamorphoses », *Ainsi parlait Zarathoustra*, Folio essais, Gallimard, 1971, p. 35-sq. Zarathoustra enseigne *« comment l'esprit devient chameau, et lion le chameau et, pour finir, enfant le lion »*.
[3] Jean-Pierre Le Bouler et Joëlle Bellec-Martini, *« Emprunts de Georges Bataille à la Bibliothèque nationale (1922-1950) »*, dans Georges Bataille, *OC XII*, Gallimard, 1988, p. 560. Plus tard, bien plus tard, lorsqu'il réunira en 1957 huit études sous l'angle de *La littérature et le mal*, il reconnaîtra qu' *« [il] manque à cet ensemble une étude sur* Les Chants de Maldoror. *Mais elle allait si bien de soi qu'à la rigueur elle est superflue. À peine est-il utile de dire des* Poésies *qu'elles répondent à ma position »*, Georges Bataille, « Avant-propos », *La Littérature et le mal* (1957), *OC IX*, Gallimard, 1979, p. 172.

Gourmont, a, en 1891, déjà violemment attaqué les ferments de l'idéologie de la revanche anti-germanique, dans un article, « Le Joujou patriotisme », auquel il doit d'être révoqué de son poste à la Bibliothèque Nationale. Anti-rationaliste convaincu, Remy de Gourmont ne conçoit le symbolisme que dans une démarche militante qui séduit Breton. Et qui le séduit davantage que son approche de la poésie : c'est lui en effet que, sans le nommer, il attaque en 1925 dans l'« Introduction au discours sur le peu de réalité », pour son ouvrage *Le Livre des masques* (1896) où il proposait un « dictionnaire » de traduction des images symbolistes (celles de Saint-Pol Roux), dictionnaire que Breton lit comme l'aveu pathétique d'un véritable déni de tout sentiment poétique[1]. Or Georges Bataille a fait en 1918-1919 du *Latin mystique* de ce même Remy de Gourmont son véritable *« livre de chevet*[2] *»* : chartiste, il y découvre une passionnante érudition dans le domaine de la littérature médiévale religieuse de langue latine. Mais c'est surtout pour lui l'occasion d'une lecture parmi plusieurs autres qui, au moment de ses propres tourments sensuels, présente la chair comme terrifiante et diabolique, car putride[3]. La chair jamais ne lui paraîtra d'autant plus désirable qu'elle signifiera simultanément la répugnance envers cette pourriture à laquelle elle est promise ; jamais elle ne le sera autant que lorsque souillée, salie, elle signifiera l'inanité de l'idéal et de la beauté divine. Et jamais non plus Bataille ne se déprendra d'une fascination du supplice que le christianisme a aussi enduré dans l'histoire, avant que ce supplice soit indissociable du martyre paternel que de telles lectures rejouent. On voit comment entre Breton et Bataille, Remy de Gourmont se présente avant leur rencontre comme une passerelle bancale, chacun jetant sur son œuvre un regard très étranger à celui jeté par l'autre.

Il en va de même pour Nietzsche. L'imprégnation nietzschéenne de Breton, par l'entremise de ses lectures anarchistes de jeunesse, ne fait pas de doute. Elle a notamment pour courroie de transmission la peinture de Chirico, que Breton découvre avec éblouissement en pleine guerre, et dont l'œuvre « métaphysique » se place sous l'égide de Nietzsche, même si Breton le passe sous silence dans les articles qu'il lui consacre : il semble en effet davantage le regarder sous l'angle ducassien de la juxtaposition d'objets hétéroclites susceptibles de générer une étincelle poétique révélatrice, que sous celui d'un questionnement tragique de l'espace et du temps. Cette prédilection pour Lautréamont qui, en quelque sorte, occulte la référence pourtant implicite à Nietzsche, se confirme lors de la conférence intitulée

---

[1] Voir André Breton, « Introduction au discours sur le peu de réalité » (1925), *OC II*, Gallimard, Bibliothèque de la Pléiade, 1992, p. 276-277.
[2] Michel Surya, *Georges Bataille, la mort à l'œuvre*, Gallimard, 1992, p. 41. Michel Surya reprend l'expression à André Masson, condisciple chartiste de Bataille.
[3] Par exemple, Odon de Cluny : *« si les hommes voyaient ce qui est sous la peau, […] la vue seule des femmes leur serait nauséabonde : suburre, sang, humeur, fiel. Considérez ce qui se cache dans les narines, dans la gorge, dans le ventre : saletés partout. Et nous qui répugnons à toucher même du bout du doigt de la vomissure ou du fumier, comment pouvons-nous désirer de serrer dans nos bras un simple sac d'excréments ? »*, *Ibid.*, p. 42.

« Caractères de l'évolution moderne et de ce qui en participe », que Breton prononce à Barcelone le 17 novembre 1922. Breton, après celle de Chirico notamment, en vient à souligner l'importance de Lautréamont et à observer l'articulation *Chants de Maldoror/Poésies* comme une véritable réalisation nietzschéenne : à la démesure du premier texte de Lautréamont, correspond la mesure tout aussi humoristique du second, *« comme si ce n'était pas assez qu'avec lui le fameux :* Tout est permis *de Nietzsche ne fût demeuré platonique et qu'il entendît signifier que la meilleure règle applicable à l'esprit, c'était encore la débauche[1] »*. Façon de justifier le parallèle avec Maldoror et de reconnaître le nietzschéisme de Lautréamont, dont on peut penser qu'il préfère ici sa réalisation poétique que, chez Nietzsche lui-même, ce qu'il juge là pour l'instant comme une expression plus philosophique[2].

Deux derniers éléments, sans doute plus anecdotiques, qui figurent dans les lettres que Bataille envoie à Marie-Louise, sa cousine, puis à Colette Renié, sa « Béatrice des choses de la terre ». Dans une correspondance engagée depuis Madrid entre février et juin 1922 avec la première, il se déclare à la recherche d'une véritable technique onirique, dont il met rapidement la méthode au point : *« Voici une recette de rêve :*
1. Prenez une cigarette de moyenne grandeur et de tabac tout à fait blond.
2. Prenez un visage absolument inexpressif de la nature de celui des personnages dormant.
3. S'enorgueillir.
Le rêve commence alors comme un ruisseau qui coule dans une nuit de lune[3]. »

Au même moment, à Paris, les surréalistes groupés autour des paroles hallucinées de Crevel et Desnos multiplient les expériences de sommeil. Le parallèle pour l'instant ne conduit qu'à ceci, qui confirme certaines hypothèses développées ici : ce qui est pour eux moyen de susciter un autre langage est pour lui sortie dans un espace imaginaire extra-linguistique (« s'enorgueillir » !...). Cette tentative farfelue de méthode onirique préfigure à sa manière la rigueur méthodologique de l'« expérience intérieure » : Bataille cherche dans le recours à la raison (la méthode) un moyen paradoxal pour la dépasser. Ce qui nous amène au second élément. À l'automne de la même année 1922, voici ce que dit une lettre adressée à Colette : *« J'enrage quand on attribue (ou que j'imagine qu'on attribue) mes exubérances ou mon extravagance à la folie. Et vous allez comprendre facilement que sur ce point je sois ombrageux. Tout d'abord j'y vois une sorte d'irrespect à l'égard des seules choses auxquelles s'adresse de ma part le seul*

---

[1] André Breton, « Caractères de l'évolution moderne et ce qui en participe » (1922), *OC I*, Gallimard, Bibliothèque de la Pléiade, 1988, p. 301. Il s'agit ici d'une allusion à la quatrième partie de *Zarathoustra* ;
[2] Encore que Zarathoustra soit précisément une des œuvres les plus « poétiques » de Nietzsche. Méconnaissance de Breton, qui ne semble pas avoir encore lu directement Nietzsche ?
[3] Georges Bataille, *Choix de lettres 1917-1962*, édition établie, présentée et annotée par Michel Surya, « Les Cahiers de la nrf », Gallimard, 1997, p. 28. L'éloge « donjuanesque » du tabac entrera ultérieurement comme illustration du principe de la dépense.

respect que j'ai. Je veux dire la passion fiévreuse, l'inquiétude de l'esprit et le désir. *[...] D'autre part, j'ai une expérience personnelle de la véritable folie et avouez qu'elle est pénible puisque c'est mon père et ma mère que j'ai vus successivement devenir fous*[1]. » Dans l'ignorance encore de Freud, qu'il découvre à partir de l'année suivante, Bataille exprime clairement ici un grief ultérieur probable, mais alors encore indicible, à l'encontre des surréalistes, de leur célébration de l'hystérie (1928), et de leurs expériences de « contrefaçon » de la folie (l'automatisme, en un sens, signifiera-t-il autre chose pour lui ?) qui culmineront en 1930 (année du paroxysme de la querelle avec Breton), avec la tentative de simulation des pathologies mentales de la section « Les possessions » dans *L'Immaculée conception.*

---

[1] *Ibid.*, p. 54.

DEUXIÈME PARTIE

LA TABLE (de dissection) DES MATIÈRES

Comment, en l'espace des quelques années qui séparent leur rencontre de la querelle ouverte des années 1929-1930, Breton et Bataille ont-ils pu passer d'une collaboration circonstancielle à une haine aussi violente ? Après les nombreux « cadavres » qui ont, de part et d'autre, grevé les commencements respectifs et diversement infléchi les biographies jusqu'à constituer deux personnalités aux dispositions souvent symétriques, leur rencontre ouvre une période d'instabilité personnelle et de dégradation relationnelle. Le surréalisme constitué autour de Breton amorce une profonde mutation qui le conduira, non sans heurts, aux côtés de la révolution marxiste. À l'éclat solaire d'André Breton, son noyau, répond l'opacité tourmentée et maladive de Bataille, enfoncé dans une solitude à la fois désirée et subie, que l'amitié ne compense pas – qu'elle exacerbe plutôt –, et qu'aucune orgie, alcoolique ou sexuelle, ne rachète. La notoriété tapageuse du premier, son omniprésence sur la scène intellectuelle et artistique par le biais d'écrits personnels ou collectifs prolifiques et bruyants, placent inévitablement les premières œuvres du second dans une ombre d'autant plus dense que leur publication est retardée (*L'anus solaire*, écrit en 1927, n'est pas publié avant 1931 ; *L'œil pinéal* la même année, ne connaîtra de publication, et encore, partielle, qu'en 1967, soit à titre posthume), ou pseudonyme et confidentielle (*Histoire de l'œil*), ce qui n'est pas pour faciliter la révélation de leur importance ni de celle de leur auteur.

La rencontre, etc. : fatras et fatrasies

LE fatras qui décide de la rencontre de deux personnes est toujours difficile à démêler. Les croisements biographiques ni les scrupules chronologiques n'y font jamais la part du fortuit. Mathématique ordinaire : du papillon à l'orage, la vie quotidienne aussi s'écrit comme un scénario possible du chaos.

Historique d'un fatras[1]

C'est par l'entremise de Michel Leiris que Georges Bataille va être amené à rencontrer André Breton. Depuis l'automne 1924, en effet, Leiris fréquente assidûment le cercle surréaliste, dont l'a rapproché son ami André Masson, que Breton, déjà admirateur de sa peinture, vient de rencontrer. De son côté, Jacques Lavaud, ancien camarade de lycée de Leiris, lui a présenté Georges Bataille, son collègue à la Bibliothèque Nationale, à peu près à la même époque, soit avant son adhésion au surréalisme[2]. Par Leiris, Bataille va fréquenter Fraenkel, ainsi que le groupe de la rue Blomet, c'est-à-dire Masson, Miró, Limbour, Artaud[3], avant de devenir également un des fidèles du groupe de la rue du Château (Prévert, Duhamel, Tanguy...). Ces deux groupes constituent les deux cellules d'agitateurs à faire une allégeance enthousiaste à Breton, au moment de la formation du surréalisme « manifeste ». Pourtant, et à la différence notable de la rue du Château, aux comportements assurément moins

---

[1] Ce chapitre a connu une première publication dans une version antérieure, sous le titre « Georges Bataille, André Breton : de la "grenouille" et du "bœuf" surréaliste en 1925 », dans l'ouvrage collectif *Otherness and identity. Journeys back to the self*, Interstudia, Colloque *Des autres à soi-même – les voies du retour (Ecriture et pratiques discursives)*, 23-24 mai 2008, Université de Bacau, Roumanie, 2008.
[2] Michel Leiris ne fait pas partie des signataires du *Manifeste du surréalisme* publié à l'automne 1924 par Breton. Son portrait ne figure pas dans le photomontage « Hommage à Germaine Berton », réalisé pour le n°1 de *La Révolution surréaliste* en décembre 1924 mais il signe la « Déclaration du 27 janvier 1925 » qui semble entériner dans l'intervalle son inclusion dans le mouvement. Voir *Tracts surréalistes et déclarations collectives*, Tome I (1922-1939), présentation et commentaires de José Pierre, Éric Losfeld éditeur, 1980, pp. 31-35.
[3] *« Artaud et Bataille n'eurent pas l'occasion de se connaître mieux. Le rapprochement assez mécanique fait de leurs deux noms depuis le début des années soixante-dix ne doit pas induire en erreur : il ne signale guère plus que l'importance posthume prise par leurs deux œuvres, parmi les plus considérables du siècle, mais aucunement que de leur vivant, il y ait eu entre eux et entre leurs œuvres des relations ou des affinités, sauf lointaines »*, Michel Surya, *Georges Bataille, la mort à l'œuvre*, Gallimard, 1992, p. 98.

« déviants », la rue Blomet n'est pas la rue Fontaine : on y cultive une liberté en matière de sexe ou d'addictions diverses (alcool, drogues) qui n'est pas celle de Breton[1], et jamais la probité morale de quiconque n'y prévaut sur l'œuvre qu'il crée, ce qui contrevient à l'impératif de morale anti-sociale que Breton envisage et que rien, pour lui, ne devance, et certainement pas une quelconque réalisation artistique[2]. Nul doute en effet qu'au moment de la naissance officielle du surréalisme, ce n'est pas par indifférence frondeuse mais, au contraire, au nom d'une sorte d'« hypermorale » qu'est violemment proclamée la nullité des socles moraux de la société (à commencer par la sainte trinité chrétienne et bourgeoise : travail, famille et patrie). Au sens où le surréalisme l'entend, jamais un « artiste » ne peut se montrer coupable d'indignité, de bassesse, d'infamie, et jamais il n'accuse assez, dans son œuvre mais d'abord dans sa pratique de la vie, l'indignité, la bassesse, l'infamie de la morale sociale. Introduit dans cette fournaise à nouvelles idées, Bataille, comme un électron libre parasitant à distance de Breton son champ d'influence, ne peut manquer d'incarner à son égard la plus franche contradiction. L'autorité naturelle de Breton, que lui ont déjà reconnu Soupault et Aragon depuis plusieurs années, a marqué de son ascendance innée l'ensemble du groupe. Elle tranche tapageusement avec la timidité maladive de Bataille à cette époque, empêtré dans des questionnements existentiels, et tiré d'une profonde solitude méditative par ses nouvelles amitiés. Le jusqu'au-boutisme de Breton lui vaut de perdre les derniers liens qui l'attachaient à une certaine inscription sociale : le pamphlet collectif *Un Cadavre* publié le 18 octobre 1924, scandale retentissant à l'occasion de la mort d'Anatole France, le prive bientôt du soutien financier du couturier mécène Jacques Doucet et, sa situation n'étant pas celle d'un Éluard, il doit dès lors assurer sa subsistance des quelques premiers droits d'auteur qu'il perçoit, des ventes irrégulières de tableaux, manuscrits ou autres éditions originales en sa possession[3], ou de quelques emprunts contractés auprès de proches plus fortunés (ses parents, ou plus sûrement Éluard...). Une telle vie contraste avec celle du bibliothécaire méticuleux, qui passe ses nuits dans la débauche la plus absolue, dépensant des fortunes dans les jeux, l'alcool et les filles, aux antipodes de la vie maritale aux apparences des plus convenables de Breton[4]. De telles

---

[1] Contrairement à de nombreux commentateurs, André Thirion réfute cette opposition. Pour lui, la particularité de la rue du Château tient au caractère nettement plus populaire et plus moderne de ses moyens d'expression favoris (cinéma, jazz...), ainsi qu'à une désinvolture permanente (notamment en matière politique et philosophique), mais certainement pas à une quelconque libéralité morale (drogue, sexe...), même si l'influence de Breton avait tendance à raidir certains partis pris. Voir André Thirion, *Révolutionnaires sans révolution* (Robert Laffont, 1972), Actes Sud, 1999, pp. 164-178.
[2] « *La morale est la grande conciliatrice. L'attaquer, c'est encore lui rendre hommage. C'est en elle que j'ai toujours trouvé mes principaux sujets d'exaltation* », André Breton, « La Confession dédaigneuse » (1923), *OC I*, Gallimard, Bibliothèque de la Pléiade, 1988, p. 195.
[3] Il est déjà le collectionneur impénitent qu'il restera toute sa vie.
[4] André Breton s'est marié avec Simone Kahn le 15 septembre 1921. Polizzotti rapporte le malaise de Breton lorsque, en octobre 1922, Picabia l'entraîne dans les quartiers chauds de Marseille. Voir Mark Polizzotti, *André Breton*, Biographies, Gallimard, 1999, p. 211. Breton

dispositions bien différentes expliquent pour partie les conditions de leur rencontre, surtout si l'on songe combien, alors que Bataille n'a rien écrit encore (rien, ou si peu : rien dont il puisse être fier devant lui), Breton est déjà l'auteur d'une œuvre incontournable : si *Mont de piété*, son premier recueil poétique, n'a suscité aucun commentaire dans la presse, *Les Champs magnétiques* puis *Clair de terre*, *Les Pas Perdus* et le *Manifeste du surréalisme* achèvent d'imposer Breton comme une figure incontournable de la scène littéraire. Cette œuvre, de plus, s'inscrit dans un projet insurrectionnel communautaire qui, depuis la découverte de l'automatisme en 1919, exige une « économie » du groupe, économie interne (de l'amitié, de la passion, de la jalousie, de l'émulation réciproque...) mais aussi externe (des forces de sédition en présence, des moyens d'engager le combat, des pertes et des profits...) qui, si elle fut loin d'être l'objet d'une « gestion » planifiée à l'avance – on a parfois fait de Breton un arriviste machiavélique qu'il n'était pas du tout –, n'en imposa pas moins, « sur le tas », sa nécessité. Et cette « économie » inhérente au désir de communauté du surréalisme, Bataille, dans la « dépense frénétique » qui était la sienne à ce moment-là, dans la hantise nietzschéenne d'une communauté qui pourrait exiger de lui un agenouillement comparable à celui qu'avait exigé la communauté de l'église, ne pouvait en aucun cas l'accepter.

Telles sont les conditions générales dans lesquelles Bataille est présenté à Breton par Michel Leiris, probablement quelque temps après le 16 juillet 1925, date à laquelle Leiris lui demande au nom de Breton une transcription de plusieurs fatrasies pour la revue surréaliste. Bataille lui-même, des années plus tard, et alors que ses rapports avec Breton auront pris une tout autre tournure, rédigera un compte-rendu précieux de sa rencontre avec les surréalistes. Sans sous-estimer les flottements éventuels de la mémoire, près de trente ans après les faits, ni l'importance des fluctuations relationnelles, observons que Bataille commence alors par focaliser sur Leiris et affirmer que son adhésion au mouvement de Breton l'a profondément affecté. Leiris incarne bien un enjeu amical qu'il avoue immédiatement jalouser à Breton, d'autant que l'influence de celui-ci sur son ami est indéniable. Le sentiment de se trouver comme dépossédé de Leiris par Breton est clairement exprimé. Il est aggravé par l'impression d'une autorité qui, comme par ricochet depuis Breton, investit soudainement son ami et augmente d'autant sa propre inhibition naturelle : « *Leiris, plus jeune que moi, m'intimidait : j'avais honte de parler de ce qui m'occupait tout entier. Non seulement je vivais dans ce sentiment de honte, mais Leiris était, de nous deux, l'initié*[1] ». Rien ne semble justifier sous la plume de Bataille cette idée d'une

---

désapprouvait fermement la fréquentation des prostituées. De même, il n'a pas de mots assez durs pour condamner la relation à trois qu'entretiennent à cette époque Gala, Paul Éluard et Max Ernst, auxquels il a rendu visite en novembre 1923 : « *si j'étais la foudre, je n'attendrais même pas l'été* », écrit-il à Simone le 11 novembre. Voir *Ibid.*, p. 224. On reviendra ultérieurement sur cette question de la morale sexuelle de chacun, qui se posera en lien avec la lecture de Sade.
[1] Georges Bataille, *Le Surréalisme au jour le jour* (1951), *OC VIII*, Gallimard, 1976, p. 171.

« initiation » de Leiris, dont l'œuvre est encore à venir, sinon l'adoubement de son ami par le cercle de Breton. Empruntée au domaine ésotérique, elle accrédite la nature sectaire du groupe surréaliste aux yeux de Bataille, et partant, le sentiment d'en être exclu. Et ce que Leiris lui en rapporte le conforte d'ailleurs très vite : *« Leiris se montait le coup, j'avais l'appréhension d'une bruyante supercherie[1] »*. Complexe d'infériorité[2] ou au contraire sentiment de supériorité plutôt, comme si cette timidité n'était, jansénisme dévoyé, que le signe extérieur d'une élection, d'une pré-destination dont il avoue, probablement dans l'influence nietzschéenne, être intérieurement animé[3] ? De fait, avant même de rencontrer les surréalistes, les dés sont pipés : *« Je me trouvais rejeté, et comme j'éprouvais par contagion ce choc qui avait directement frappé Leiris, j'eus le sentiment d'être accablé par une force étrange, menteuse et hostile, émanant d'un monde sans secret, d'une estrade où jamais je ne recevrai, ni n'accepterai de place, devant laquelle je resterai muet, médiocre et impuissant[4]. »* On soulignera la connotation sexuelle du dernier adjectif de la triade qui rappelle, face à l'autorité surréaliste, l'ancien complexe (paternel) du Bâtard réaliste que le premier terme, « muet », suggère aussi par glissement de handicap, depuis la « cécité » du père, vers la « mutité » du fils : le surréalisme ressemble bien aux yeux de Bataille à une sorte de Némésis susceptible de mettre en péril la « volonté de puissance » fraîchement insufflée par Nietzsche.

Bataille n'a pas assez de mots pour se remémorer le changement d'attitude qu'il perçoit en Leiris, à partir de son accointance avec les surréalistes[5]. La longue description qu'il en donne révèle assez le prisme déformant par lequel il voit l'éloignement de Leiris, selon lui doublement victime d'une sorte de mort prématurée et contagieuse (le « froid ») et d'une régression infantile (elle-même significative de la « menace » paternelle – « l'œil vide » – représentée par le surréalisme à ses propres yeux). Rien en effet ne permet de supposer que Leiris ressentit pour sa part jamais son adhésion au surréalisme de la sorte. Dans son

---

[1] *Ibid.* L'expression « se monter le coup » est curieuse. Si l'on connaît bien le « coup monté », au sens d'une *« affaire mûrement préparée afin de nuire »* (*Dictionnaire historique de la langue française*), nulle part cette expression ne semble avérée. Faut-il entendre que le surréalisme est un « coup monté » dans l'esprit de Bataille ? Cette dimension révoltée ne semble pas prévaloir ici. On pourrait plutôt voir jouer l'homophonie coup/cou, ce qui ramènerait par métonymie l'expression « se monter le cou » à celle de « se monter la tête », au sens de *« s'exciter, s'emporter »* ou plus précisément *« se faire des illusions »*. L'expression, bel exemple de lapsus écrit, serait alors une condensation sémantique, permise par jeu (involontaire ?) phonétique et métonymique.
[2] L'insistance nihiliste, que Bataille souligne et répète, doit assurément se lire dans l'influence de Nietzsche.
[3] *« Je ne m'intéressais à rien que de décousu et d'inconséquent, si ce n'est le désir que j'avais d'une vie brillante [...]. Je ne pouvais me reporter qu'à une violence secrète et agacée qui m'animait, qui me vouait, croyais-je, à quelque sort voyant et digne d'intérêt »*, Ibid.
[4] *Ibid.*
[5] *« je ressentais le froid qui avait saisi Leiris. [...] Ses paroles étaient peut-être sentencieuses, afin de mieux s'irriter soi-même, semblait-il, et d'être plus authentiquement cet hurluberlu traqué, cet enfant pris en faute, brusquement soucieux d'observer quelque pointilleuse discipline : cette discipline, il l'observait l'œil vide et le regard ailleurs... avide obliquement de ce qu'il n'osait pas, de désobéir ou de fuir »*, Ibid., p. 172.

Journal, le prétendu « choc » de la rencontre avec Breton et les surréalistes en cette fin 1924 ne se traduit pas autrement que par la notation scrupuleuse de rêves, laquelle semble très significativement s'intensifier à partir du mois d'août 1924[1]. En outre, même *a posteriori*, Leiris minimise l'influence de Breton sur lui[2]. Pourtant, c'est bel et bien Breton, et nul autre, qui incarne pour Bataille ce funeste pouvoir d'attraction que le surréalisme représente au détriment de son amitié avec Leiris[3]. Lui, dont il a déjà lu plusieurs textes qui vont déterminer la rencontre imminente.

Trois, exactement, selon l'aveu fait dans *Le Surréalisme au jour le jour*. Il est assez difficile de se faire une idée de l'ordre dans lequel il a pu découvrir ces textes, mais si l'on peut se fier aux décrochages temporels passé simple/plus-que-parfait de ce récit ultérieur, il semble qu'il ait découvert d'abord le *Manifeste* (« *illisible*[4] ») et *Poisson soluble*, puis enfin *La Confession dédaigneuse*. L'automatisme le laisse méfiant, quoique paradoxalement[5]. En effet c'est à la fois une réduction de la littérature (un jeu qui prétend parvenir à dire le « fond » de l'homme où ne gît que le néant en s'abandonnant au langage débridé) et, en même temps, une sorte de retour à son essence même (qui fonde la posture enviée d'écrivain). C'est en ce sens sans doute qu'il faut aussi entendre « l'illisibilité » du *Manifeste*, texte qui, certes, théorise la pratique fondatrice du surréalisme, mais qui déborde très largement le strict cadre d'une présentation théorique vers des dimensions auxquelles Bataille ne semble pas avoir été sensible. Pire : auxquelles il est difficile de ne pas voir comment il aurait pu ne pas être réticent. L'éloge initial de l'imaginaire au détriment de la réalité contredit de fait l'impératif œdipien-nietzschéen qui demande d'oser voir la réalité telle qu'elle est. Il s'exprime de surcroît par le biais d'une acceptation surjouée de la folie dont Bataille a déjà dit par ailleurs comme elle l'exaspérait. En outre, les exemples que Breton choisit pour achever la condamnation du roman empruntent justement aux deux auteurs grâce auxquels, avec Nietzsche, Bataille a pu entreprendre sa conversion antichrétienne : Dostoïevski, d'abord, exemple

---

[1] Voir Michel Leiris, *Journal 1922-1989*, édition établie, présentée et annotée par Jean Jamin, Gallimard, 1992, p. 60-sq.
[2] Il se déclarera davantage lié à Aragon, « *pas pour des raisons idéologiques, mais parce que Breton était plus distant. Et puis Breton ne noctambulait pas dans les boîtes de Montmartre. Aragon, lui, était davantage dans la vie courante* », Michel Leiris, entretien avec Claude Roy, *Le Nouvel Observateur*, mai 1988, cité d'après Jean-Paul Clébert, Article « Leiris Michel », *Dictionnaire du surréalisme*, Seuil, 1996, p. 337. On signalera que cette proximité avec Aragon n'apparaît pas davantage dans son *Journal*. Le « choc » allégué par Bataille fut, semble-t-il, assez mesuré.
[3] Bataille parle d'une véritable « *terreur morale qui émanait de la brutalité et de l'habileté d'un meneur de jeu* », Georges Bataille, *Le Surréalisme au jour le jour* (1951), *OC VIII*, Gallimard, 1976, p. 171.
[4] Cet aveu, pourtant : « *Ma timidité, ma sottise et la méfiance que m'inspirait mon propre jugement étaient si grandes que je résolus de penser ce que Leiris disait avec une si invincible conviction* », Ibid.
[5] « *La méthode à laquelle Breton réduisait la littérature, l'écriture automatique, m'ennuyait ou ne m'amusait que lourdement. J'aimais comme les autres un jeu dépaysant, mais ne m'y intéressais que paresseusement, c'est mon humble condescendance et ma provocante timidité. Mais la méthode avait ceci d'admirable à mes yeux qu'elle retirait la littérature à la recherche d'avantages vaniteux, auxquels je renonçais peut-être, mais comme un écrivain y renonce* », Ibid., p. 173. Les oxymores, comme on voit, prolifèrent.

même selon Breton du « néant » de la description réaliste alors que Bataille était à ce moment-là lui-même devenu d'après Leiris un personnage dostoïevskien à part entière[1] ; Proust, ensuite, que Breton fustige avec Barrès comme caractéristique d'une tendance psychologisante du roman, et par lequel Bataille de son côté découvre la littérature contemporaine en 1922, Proust dont il interrogera longtemps l'œuvre par la suite, et notamment en fonction de son rapprochement avec le surréalisme, justement[2]. De plus, cette condamnation anti-romanesque n'a de sens chez Breton qu'en fonction de l'éloge inverse de la poésie, que Bataille, dans l'ignorance totale de Lautréamont au moins (mais Rimbaud ? mais Apollinaire ? sans doute tout autant), lit et relie probablement à la lumière trompeuse de sa propre expérience religieuse. Bataille ne manque enfin pas de souligner le paradoxe qui voit Breton faire très explicitement dans *La Confession dédaigneuse* le projet de ne pas faire de projet, ce qu'il interprète alors comme *« une pénible prétention[3] »*. Aveu rétrospectif d'autant plus éloquent qu'entre temps, Bataille, mieux que personne, aura porté l'idée à son comble : *« Principe de l'expérience intérieure : sortir par un projet du domaine du projet[4] »*. On ajoutera que ce récit rétrospectif sur la rencontre avec les surréalistes, fait par Bataille en 1951, omet un certain nombre de références avérées par la liste des emprunts de Bataille à la Bibliothèque Nationale. On découvre ainsi que dans l'intervalle de la rencontre avec Leiris puis avec Breton, Bataille lit également le recueil *Mont de piété*, dont on sait le caractère daté pour Breton lui-même dès sa publication en 1919, et *Les Champs magnétiques*[5].

---

[1] Celui du *Sous-sol*, *« un homme "impossible", ridicule et odieux au-delà de toute limite »*. Voir Michel Leiris, « De Bataille l'impossible à l'impossible *Documents* », *Critique* n°195-196, « Hommage à Georges Bataille », Éditions de Minuit, août-septembre 1963, p. 687. C'est au moment même où Leiris se rapproche du groupe surréaliste que Bataille de son côté lui fait découvrir Dostoïevski. À maints égards, Raskolnikov lui-même n'incarne-t-il pas aussi un homme « du sous-sol » ? Bataille emprunte d'ailleurs *Crime et Châtiment* et *Le Sous-sol* le même jour, soit le 16 juin 1925, c'est-à-dire alors que sa rencontre avec Breton est justement imminente et qu'il lit par ailleurs le *Manifeste* où précisément ce livre est égratigné. Voir Jean-Pierre Le Bouler et Joëlle Bellec-Martini, *« Emprunts de Georges Bataille à la Bibliothèque nationale (1922-1950) »*, dans Georges Bataille, *OC XII*, Gallimard, 1988, p. 560.
[2] Voir par exemple l'article « Marcel Proust », où Bataille suggère une parenté entre *« la trouvaille involontaire »* de Proust et la recherche automatique surréaliste. Georges Bataille, « Marcel Proust » (1948), *OC XI*, Gallimard, 1988, p. 391.
[3] Georges Bataille, *Le Surréalisme au jour le jour* (1951), *OC VIII*, Gallimard, 1976, p. 173.
[4] Georges Bataille, *L'expérience intérieure* (1943), *OC V*, Gallimard, 1973, p. 60. Voir aussi à peu près contemporain à ce récit rétrospectif, le texte de *La Souveraineté*, où la question du projet est cruciale puisque *« tout instant vécu pour lui-même est souverain, mais la pensée de celui qui le vit peut, dans l'instant lui-même, l'assigner à la servitude (sous la forme, par exemple, de projet littéraire) »*. Voir enfin le questionnement anthropologique qui, à la fin de sa vie, rassemble nombre des préoccupations de l'œuvre entière de Bataille tout en les décentrant de leur focale subjective, par exemple la mise en perspective de l'animalité, du jeu, de l'art et de la notion de projet. Respectivement Georges Bataille, *La Souveraineté* (1953-1956), *OC VIII*, Gallimard, 1976, p. 417, et *Lascaux ou la naissance de l'art* (1955), *OC IX*, Gallimard, 1979.
[5] Dans l'influence probable du surréalisme naissant, et de ses conversations avec Leiris, il lit également, entre octobre 1924 et juillet 1925, Aragon (*Anicet ou le panorama* et *Feu de joie*), mais aussi Apollinaire (*Les Mamelles de Tirésias*), Lautréamont (*Les Chants de Maldoror* et *Poésies*) et enfin

Reste alors la question directe de la rencontre effective avec Breton. Postérieure à la traduction des fatrasies demandées par Leiris le 16 juillet 1925, elle daterait en fait du jour de la remise en mains propres de ces traductions à Breton, lequel le complimente immédiatement pour les quelques lignes introductrices. Dans son récit rétrospectif, un terme apparaît par trois fois en quelques lignes pour évoquer cette rencontre : la « prétention ». *« Il me semblait conventionnel, sans la subtilité qui doute et qui gémit, et sans les paniques terribles où il n'est plus rien qui ne soit défait. Ce qui me donna le plus de malaise n'était pas seulement le manque de rigueur, mais l'absence de cette cruauté pour soi-même, toute insidieuse, joyeuse et à dormir debout, qui ne tente pas de dominer mais d'aller loin »*, précise Bataille[1], pris au piège de la parade de Breton. *« [Les surréalistes] avaient, sans apprêt, dans leur insouciance, quelque chose de pesant, de soucieux et de souverain qui mettait simplement mal à l'aise. Mais le plus lourd malaise venait de Breton, dont il me semble que ses amis d'alors tenaient cette manière d'être si insidieusement en porte-à-faux : elle laissait à distance et engageait à s'engourdir sans plus parler et à se griser d'une attitude médusée[2] »*. Pourtant la répulsion que Bataille éprouve à l'égard de Breton est à la mesure de son attirance : *« J'ai beaucoup aimé cette allure sans complaisance, qui avait à mes yeux valeur de signe. [...] Encore aujourd'hui je ne puis que difficilement m'attacher à des êtres qui n'ont jamais cette lenteur indifférente, cet air fêlé et désemparé, cet éveil si absorbé qu'il semble être un sommeil. Mais la difficulté, justement, commence là[3]... »* C'est là en effet que la difficulté commence pour celui qui se voit en même temps insupportablement dominé par cette instance sans concession, et séduit par sa souveraineté, par cette puissance qu'il lui envie mais à laquelle, pour l'égaler, il ne doit pas succomber. Leçon nietzschéenne, encore, que celle de cette confrontation qui exige pour être partagée de ne pas s'y soumettre. C'est ainsi que les compliments de Breton, immédiats, choquent Bataille[4]. Inextricable amas de sentiments contradictoires qui, entre paranoïa, schizophrénie, narcissisme, jalousie, se mêlent en Bataille lors de cette première entrevue. Passer outre serait éluder trop facilement l'étonnante structure en miroir qui s'instaure entre les deux, dans l'indifférence (ou la complaisance) aggravante du premier, et le désir inavouable et rédhibitoire du second. Encore que cette indifférence de la part de Breton ne fut pas si entière qu'on l'a dit. *« Breton me dit souhaiter me revoir et me demanda de l'appeler »*. Appréhension à téléphoner, puis coup de fil auquel une *« voix de femme »* (Simone ?) répond, qui demande de rappeler quelques jours plus tard *« sans le moins du monde justifier ce délai »*, excuses bredouillées[5]... L'anecdote serait insignifiante si Bataille ne la rapportait vingt-cinq ans après les

---

Roussel (*Locus Solus*). Voir Jean-Pierre Le Bouler et Joëlle Bellec-Martini, *« Emprunts de Georges Bataille à la Bibliothèque nationale (1922-1950) »*, dans Georges Bataille, *OC XII*, Gallimard, 1988, pp. 558-560.
[1] Georges Bataille, *Le Surréalisme au jour le jour* (1951), *OC VIII*, Gallimard, 1976, p. 173.
[2] *Ibid.*, p. 177.
[3] *Ibid.* C'est, s'agissant de cette confrontation, une phrase qu'on cite peu, et pour cause.
[4] *« J'avais espéré de la rigueur et ne pouvais rien imaginer de plus décevant que d'être apprécié sur un bien autre plan que celui où Breton se maintenait, lui, un plan qui justement exclut la vulgarité des compliments »*, *Ibid.*
[5] *Ibid.*

faits, comme si le rendez-vous téléphonique, moment crucial en forme d'acte manqué, s'avèrerait lourd de conséquences et marquait symboliquement le début d'un long malentendu. Il n'en faut pas davantage à la paranoïa de Bataille, d'autant que Leiris, consulté, le met sévèrement en garde[1], malgré un premier jugement manifestement plutôt favorable de la part de Breton. Un « obsédé » ? Rien ne prouve que s'il fut prononcé, le mot fut pour autant rédhibitoire puisque la vie de débauche qui répugnait à Breton était aussi celle d'Éluard, Ernst, voire Aragon, Leiris... bref, celle de la plupart de ceux avec lesquels il s'était pourtant acoquiné. Est-il possible alors d'envisager, à titre d'hypothèse, une influence non pas concordante de Leiris entre Breton et Bataille, comme on le dit toujours, mais au contraire hostile si l'on suppose, mécanisme psychologique somme toute banal, que Leiris aurait pu vouloir conserver la même « suprématie » sur Bataille que Breton avait sur lui-même et que, finalement, sa propre aura amicale sur Bataille dépendait de ce que celui-ci précisément ne « succombe » pas à l'aura de Breton[2] ? On en lirait presque l'aveu involontaire dans la réserve avec laquelle Bataille se remémore les événements en 1951[3]. Dans l'impossibilité de trancher, et sans d'ailleurs que les différents facteurs puissent jouer exclusivement les uns des autres, il faut, dans cette mésentente bientôt ouvertement hostile, ajouter un autre élément que Bataille lui-même soupçonne avec une grand lucidité ultérieure : « *Au surplus, j'imagine aujourd'hui [que Breton] put ressentir un sentiment de malaise en face d'un homme qu'il gênait, qui ne respirait jamais librement devant lui, qui manquait d'innocence et de résolution[4]* ». Mieux qu'un malentendu ou qu'une mésentente, qui ne furent ni l'un ni l'autre une réalité immédiate de leur rencontre, il semble bien que cette idée de « *malaise réciproque* » soit celle qui traduise le mieux la nature de leur premier échange. Ce malaise place d'emblée pour Bataille leur rapport dans une sorte de défi où l'on ne fait pas le départ entre émulation et jalousie : « *En de semblables conditions, je renonçai à me taire et j'entrai dans l'horrible jeu où je m'écœurai de ma prétention pour avoir refusé celle d'un autre. Je devais à mon tour enfler la voix, l'enfler davantage et plus sottement pour vitupérer une enflure que je dépassais[5]* ». L'intertexte de la fable s'impose comme on voit dès la rencontre entre Breton et Bataille, et ne manquera pas de resurgir plus ou moins explicitement dans l'histoire très

---

[1] « *mieux vaudrait en rester là. Je ne lui demandai pas d'explication et je n'appris de lui que bien plus tard que Breton m'avait très défavorablement jugé. Je n'étais selon lui qu'un obsédé, c'est du moins le mot que Leiris employa* », Ibid.
[2] Au moment de *Documents*, en 1929, le « rapport de force » se sera inversé entre Leiris et Bataille, puisque c'est Leiris qui exprimera, à plusieurs reprises, son sentiment d'infériorité. Voir par exemple Michel Leiris, *Journal 1922-1989*, édition établie, présentée et annotée par Jean Jamin, Gallimard, 1992, p. 188.
[3] Par exemple : « *Ne l'avais-je pas voulu ? Et n'étais-je pas vraiment un obsédé ? Ce que Leiris avait sans doute dit de mon livre avant [que Breton] ne m'eût rencontré avait dû lui sembler sinistre* », Georges Bataille, *Le Surréalisme au jour le jour* (1951), OC VIII, Gallimard, 1976, p. 179.
[4] *Ibid.*
[5] *Ibid.*, p. 173.

fluctuante de leurs relations[1]. Grenouille se voulant aussi grosse que le bœuf, Bataille désire une rivalité qui, par l'indépendance qu'elle lui confère, garantisse non seulement sa propre volonté de puissance mais aussi assure une « communication paradoxale » et paradoxalement stimulante avec l'autre, auquel une ressemblance assumée/désirée le lie indubitablement, jusqu'à l'obliger à la surenchère.

Fatrasies (foutaises ?)

Arrêtons-nous quelques instants sur ces fatrasies que Bataille publie anonymement dans le numéro 6 de *La Révolution surréaliste*, et qui constituent le seul et unique document de leur drôle de collaboration immédiate. C'est donc Michel Leiris qui, dans une lettre du 16 juillet 1925, lui en fait la demande[2]. On ne sait trop où Breton fut sensibilisé aux fatrasies. Aucun ouvrage ne semble à cette date révéler la présence d'un tel intérêt dans sa collection personnelle. La formulation de la lettre de Leiris laisse d'ailleurs entendre que Breton ne demanda par la traduction de textes précis (en connaissait-il alors seulement ?), mais qu'il laissa Bataille juge de choisir lui-même parmi les plus caractéristiques. La liste de ses emprunts à la Bibliothèque Nationale suggère deux phases consécutives de travail. La première, du 22 juillet au moins au 1er août, le voit successivement emprunter les deux volumes du *Nouveau recueil de contes, dits, fabliaux et autres pièces inédites des XIIIe, XIVe et XVe siècles* publié par Achille Jubinal en 1842 (empruntés le 22 juillet, rendus le 27), puis l'ouvrage *Jongleurs et trouvères, ou choix de saluts, épitres, rêveries et autres pièces légères des XIII et XIVe siècles* du même Jubinal et le *Recueil général des sotties* d'Émile Picot (empruntés tous deux le 27, rendus le 1er août). La seconde phase de travail court du 24 novembre au 22 décembre 1925, où Bataille réemprunte les trois ouvrages de Jubinal[3]. Il n'est pas impossible de penser que Bataille ait pu vouloir retoucher ou améliorer une première ébauche qui, pour des raisons de délais non tenus, n'avait pu paraître dans le numéro 5 sorti le 15 octobre. C'est finalement dans le numéro 6, en mars 1926, que ses traductions paraissent, sans signature. Cette volonté d'anonymat s'expliquerait selon un entretien de Leiris avec Surya par la méfiance immédiate de Bataille envers Breton[4], qu'on a pu nuancer comme on vient de le voir. Elle inaugure quoi qu'il en soit un mode de publier qui, avec les

---

[1] En 1930 par exemple, dans le pamphlet *Un Cadavre*.
[2] *« Cher ami, Pourriez-vous traduire en français moderne une ou deux des plus significatives Fatrasies, et les envoyer, avec une courte notice bibliographique, à Breton, 42 rue Fontaine, ou à moi, – si possible avant huit jours ? Elles paraîtraient en octobre, dans le numéro 5 de La RS »*, Michel Leiris, lettre à Georges Bataille, 16 juillet 1925, *Georges Bataille, Michel Leiris. Échanges et correspondances*, « Les inédits de Doucet », Gallimard, 2004, p. 95.
[3] Voir Jean-Pierre Le Bouler et Joëlle Bellec-Martini, *« Emprunts de Georges Bataille à la Bibliothèque nationale (1922-1950) »*, dans Georges Bataille, *OC XII*, Gallimard, 1988, pp. 560 et 562.
[4] Voir Michel Surya, *Georges Bataille, la mort à l'œuvre*, Gallimard, 1992, p. 104.

œuvres signées et les œuvres pseudonymes, caractérisera définitivement Bataille, brouillant les pistes d'une réception homogène de son travail.

Bataille retient quatre textes, qu'il traduit donc en français moderne. Il sélectionne les deux premiers dans le *Nouveau recueil* de Jubinal, et les deux autres dans une édition en deux volumes des *Œuvres poétiques de Philippe de Remi, sire de Beaumanoir* qu'il dit avoir reçue *« par hasard en prix pour avoir eu le premier rang à un examen de l'école des Chartes[1] »*. Or, sur ces quatre textes, deux seulement s'avèrent réellement être, ou plutôt contenir des fatrasies au sens proprement générique du terme.

La définition que Bataille donne dans sa brève notice introductive fait des fatrasies des *« poèmes incohérents, composés au XIIe siècle »* dont la plupart sont anonymes[2]. Ce critère sémantique est également le seul retenu près de trente ans plus tard, même si la datation a changé : *« Les Fatrasies sont des poèmes du XIIIe siècle dont le principe est de n'avoir pas l'ombre de sens[3] »*. Or, à en croire Lambert C. Porter, qui a livré l'une des rares études sur le genre, cet unique critère sémantique, qui a longtemps contribué à la confondre avec le « fatras », est loin d'être suffisant. La fatrasie selon lui se caractérise en effet d'abord par une grande rigidité formelle : c'est un onzain d'une seule strophe ordonnée en aabaabbabab[4]. Le sizain initial est composé de vers de 5 syllabes. Les cinq vers suivants en comptent 7. La confusion fatrasie/fatras, passant par Jubinal, se prolonge jusqu'à Bataille, qui reprend indifféremment des textes relevant effectivement de la fatrasie et d'autres n'en relevant pas[5].

Plusieurs raisons expliquent la grande difficulté du genre à traverser les siècles, parmi lesquelles, selon Porter, le fait qu'il était par nature voué à l'oubli et à l'anonymat. Bataille, donnant ses traductions à publier sans signature, ne fait en quelque sorte que perpétuer l'anonymat qui, dès l'origine, entourait donc

---

[1] Georges Bataille, *Le Surréalisme au jour le jour* (1951), *OC VIII*, Gallimard, 1976, p. 176. Il s'agit sans doute de la seconde édition, celle de 1885 par Suchier, après celle de 1869 par Bordier.
[2] Georges Bataille, « Fatrasies », *OC I*, Gallimard, 1970, p. 103.
[3] Georges Bataille, *Le Surréalisme au jour le jour* (1951), *OC VIII*, Gallimard, 1976, p. 176.
[4] Lambert C. Porter, *La Fatrasie et le fatras, essai sur la poésie irrationnelle en France au Moyen-Âge*, Librairie E. Droz, Genève, Librairie Minard, 1960, p. 22. C'est ce qui le distingue du « fatras », apparu à la fin du XIIIe siècle, onzain enté sur un distique initial qui donne le mètre (variable d'une pièce à une autre, mais fixe au sein d'un même poème) et la rime, et dont les vers sont repris selon le schéma AB AabaabbabaB. Porter, qui signale également des différences sémantiques, voit dans le fatras une poésie de joute improvisée. C'est la poésie pratiquée par les Grands Rhétoriqueurs, qui, au XIVe siècle, ignorent déjà la fatrasie à proprement parler. S'agissant du critère sémantique de la fatrasie (début XIIIe siècle), il précise en outre que *« toute fatrasie doit, pour avoir droit au nom, être "impossible", c'est-à-dire, faire accomplir de façon invraisemblable ou impossible des actions également impossibles ou improbables par des acteurs qui sont en raison de leur nature ou condition incapables de les accomplir. »*
[5] Il ne reste aujourd'hui, selon Porter, que 66 exemples de fatrasies, qu'il reproduit intégralement dans son étude : 55 sont anonymes, qu'il suppose d'un même auteur et qu'il groupe sous l'étiquette géographique des « Fatrasies d'Arras » ; 11 sont dues à Philippe de Beaumanoir, présenté comme jurisconsulte, erreur que les historiens ont corrigé depuis peu, et qui consistait à confondre le père, Philippe de Rémy de Beaumanoir, poète et auteur prolifique des fameuses fatrasies, et son fils, célèbre jurisconsulte.

la fatrasie. Il insiste, dans sa brève introduction, sur le caractère « maudit », « occulte », du genre et la rareté des pièces qu'il donne, sauvées de l'oubli *« comme elles avaient échappé à la cervelle de ceux qu'un éclat de rire aveugla un jour[1] »*. Comparaison superbe, absurde, insensée, précieuse : c'est donc un même mouvement totalement irrationnel qui a pu générer ces productions, comme par accident d'une activité mentale normale, et aussi les conserver à travers l'histoire, comme par accident de la transmission culturelle ordinaire qui les vouait à l'oubli. Signe doublement négatif, qui marque la fatrasie d'une dimension « excrémentielle », et fait ainsi d'elle la matière d'une déjection à la fois mentale et culturelle. Elle est le produit d'une réaction physiologique naturelle d'un corps secoué par le rire. Inversion du processus logique : le rire n'est plus conséquence de ces textes (de leur écriture, de leur lecture), il est cause de leur production même, parce qu'il a soudainement et irrépressiblement oblitéré la raison et l'activité consciente. Le rire est ce moyen qui a fait du « cerveau » une « cervelle », et la fatrasie, produit rejeté par cette opération, peut alors participer des anciennes préoccupations traumatiques de Bataille : elle est, par le rire (de Nietzsche), une voie de retour à la folie et à la cécité œdipienne désormais désirées.

« C'est ce qu'il y a de plus beau », aurait donc dit Breton en lisant les traductions de Bataille[2]. Nombreuses sont les raisons pour lesquelles ces poèmes purent le séduire : leur irrationalité bien sûr, leur humour, leur inventivité, mais aussi le renouveau poétique qu'elles avaient pu signifier, leur « clandestinité » dans l'histoire littéraire... Il n'y pas jusqu'à leur mode même de production qui, observé sous l'angle linguistique, ne les apparente en quelque sorte à l'écriture automatique : une même pseudo-narrativité, un même engendrement linguistiquement contraint du texte (par exemple par la prolifération phonétique, etc.)... Les fatrasies, malgré leur rigidité formelle, participent ainsi totalement du renouveau du sens même de la « beauté » que le surréalisme entend imposer contre les canons esthétiques qui, selon lui, emprisonnent l'art et la poésie. Elles prennent à rebours tous les attendus rationnels, référentiels, logiques, moraux, qui sclérosent le langage, et les font un par un éclater par le rire. L'introduction de Bataille présentait ces textes sous l'angle de « produits » rejetés par le cerveau humain et par l'histoire culturelle. Il n'est pas sûr dès lors que Bataille ait pu entendre le sens dans lequel Breton trouvait ces textes « beaux », lui, chartiste, médiéviste, et profondément travaillé par la folie paternelle-nietzschéenne, pour qui ils se présentaient davantage comme des « documents » à la fois psychiques et culturels. Pour le dire autrement et schématiquement, la « beauté » que Breton trouvait à ces textes mettait sans doute l'accent sur la réception, sur la lecture de la fatrasie, au détriment des conditions de leur création, de leur production, lesquelles

---

[1] Georges Bataille, « Fatrasies », *OC I*, Gallimard, 1970, p. 103.
[2] Georges Bataille, *Le Surréalisme au jour le jour* (1951), *OC VIII*, Gallimard, 1976, p. 176.

importaient davantage à Bataille. Entendit-il ainsi la « beauté » de Breton comme la simple saisie esthétique qu'elle n'était pas non plus, et qu'elle voulait plutôt renouveler de fond en comble ? Y vit-il déjà l'effet d'une transmutation typiquement surréaliste qui, selon lui, rechignerait bientôt à regarder la chose en soi, et s'empresserait de la métamorphoser, par un nouveau langage, en une réalité acceptable, digeste ? Car, ces fatrasies étant issues de *« la volonté évidente de reproduire à dessein les propos illogiques de la folie et de faire de ces propos la marque d'un genre déterminé »*, comme le souligne Lambert C. Porter[1], transformer leur « folie » en « beauté », n'était-ce pas *ne pas voir* leur folie ? L'insatisfaction immédiate de Bataille devant les compliments de Breton, outre les motifs personnels précédemment évoqués, tient aussi sans aucun doute pour partie à ce décalage, et on verrait alors le récit rétrospectif que Bataille fait en 1951 se faire discrètement ironique lorsqu'il évoque précisément les mots de Breton. Après avoir rapporté la phrase de Breton *« C'est ce qu'il y a de plus beau »*, Bataille, perfidement, ajoute en effet : *« Je cite à l'appui de son jugement ces quelques vers d'un célèbre jurisconsulte du XIIIe siècle*[2] *»*, avant de reproduire la fatrasie 4 de Philippe de Beaumanoir, qui conte les mésaventures loufoques du hareng-saur, des deux morts et d'une caille... Le contraste proprement héroï-comique entre le superlatif laudatif de Breton et l'exemple particulièrement trivial et absurde immédiatement donné par Bataille plaisante assurément l'autorité critique de Breton.

Stratégie malicieuse, à une époque (1951) où l'attaque frontale n'est plus de mise, mais qui montre l'éventail des ruses plus ou moins retorses qu'il faut s'attendre désormais à les voir utiliser dans leurs relations, des moments les plus hostiles à ceux les plus amicaux.

---

[1] Lambert C. Porter, *La Fatrasie et le fatras, essai sur la poésie irrationnelle en France au Moyen-Âge*, Librairie E. Droz, Genève, Librairie Minard, 1960, p. 12.
[2] Georges Bataille, *Le Surréalisme au jour le jour* (1951), OC *VIII*, Gallimard, 1976, p. 176.

La question de la psychanalyse

LES années 1925-1930, fragile intervalle qui conduit de la collaboration épisodique qu'on vient de voir à la haine la plus violente, invitent à poser la question de la relation respective de Breton et de Bataille à la psychanalyse. Relation déjà ancienne chez Breton, mais que Bataille pour sa part initie en suivant une cure déterminante avec le psychanalyste Adrien Borel. La psychanalyse s'avèrera dès lors constitutive de leurs cheminements respectifs et de leur échange. Ni l'un ni l'autre n'abandonnera plus ni le questionnement d'une théorie, ni l'exercice d'une pratique qu'ils intègrent, on a pu le suggérer lorsqu'on a parlé de la Grande Guerre, bien différemment.

La para-psychanalyse surréaliste

On a déjà rappelé combien la rencontre de la médecine mentale par André Breton passait par son propre apprentissage médical durant la guerre, notamment aux côtés de Babinski, et participait de façon décisive à l'essor de l'automatisme surréaliste dès 1919. Dans une méconnaissance encore importante de son œuvre quoi qu'il en dise – Freud n'est traduit qu'à partir de 1921 en France –, Breton est d'abord retenu par la notion freudienne de « censure », et considère *les Champs magnétiques* comme la première expérience de libération effective. D'emblée à l'œuvre chez lui, apparaît la rivalité assez fière dans laquelle il place sa relation à la psychanalyse, et particulièrement à l'égard de Freud, alors même qu'il ne l'a pas encore lu directement[1]. La thérapie freudienne est ainsi vue par Breton d'abord comme une force de suscitation du discours, dont l'automatisme est l'application surréaliste. Et la « censure », dont

---

[1] On se souvient de sa déception lorsqu'il est parvenu à obtenir un rendez-vous avec lui, le 10 octobre 1921, dans son cabinet à Vienne. Sans aucunement remettre en cause ses propres connaissances ni la pertinence de ses questions, Breton, évoquant devant Freud Charcot et Babinski, regrette de n'en obtenir que des généralités. Élisabeth Roudinesco suggère au sujet de ce rendez-vous manqué entre Breton et Freud qu'il y eut *« une double méprise qui renvoie moins à l'hostilité de Freud pour les idées nouvelles qu'aux positions respectives des deux hommes. À cette époque, Breton cherche en Freud la figure de ce maître révolté qu'il rêve lui-même de devenir. Il lui demande une reconnaissance que celui-ci ne peut lui donner. [...] Quant à Freud, il se trompe sur Breton parce qu'il pense avoir affaire au représentant d'une nouvelle école littéraire et non à l'animateur d'un projet de négation de la culture »*, Voir Élisabeth Roudinesco, *La Bataille de Cent ans. Histoire de la psychanalyse en France*, volume 2 (1925-1985), Seuil, 1986, p. 39.

il croit si facilement triompher avec l'automatisme, loin de la fonction de travestissement des désirs inconscients lors du passage vers la conscience telle que la définit la première topique freudienne, est lue comme une sorte de révélateur de l'oppression morale dont le sujet est la victime permanente, comme si sa formation était donc plus exogène (sociale) qu'endogène. Comme si le travail de résistance aussi n'était pas plus habile, plus retors qu'il ne semble le croire, alors même que Freud ne cessera d'en soupçonner la force grandissante à proportion même de l'avancée de la cure psychanalytique. Or, pour opérer (du moins, Breton veut-il s'en convaincre) une incursion dans les zones inconscientes du psychisme humain, l'automatisme « pur » bientôt se gâte d'un jugement esthétique qui en dénature *a priori* la source ou en altère *a posteriori* les produits[1]. De fait, l'opération automatique en tant qu'expérience heuristique s'avère vite insuffisante pour pénétrer dans les couches profondes de la matière mentale.

Et c'est bien entendu à Freud que Breton doit aussi l'intérêt, fondateur pour le surréalisme, envers le rêve. On sait qu'au départ, étaient appelés « textes surréalistes » les seuls récits de rêves, scrupuleusement consignés par les divers membres du groupe : récits que, *« pour leur épargner semblable stylisation [que celle de l'automatisme], je voulais sténographiques*[2]. *»* Il y a là tout un continent que le surréalisme travaille d'emblée à arracher à l'oubli, et qui constitue un matériau poétique de premier choix. Comme dans l'automatisme, la vitesse est ici aussi un facteur déterminant : immédiateté de la captation écrite du rêve, rapidité de sa notation (d'où la sténographie)... Mais l'oubli est tenace : nouvelle « censure » psychique endogène cette fois, la mémoire du rêve s'avère défaillante. Or Breton ne rattache pas techniquement cette défaillance de la mémoire à une recrudescence justement de la censure, comme Freud le fait pourtant explicitement, voyant dans ces défaillances mêmes un matériau de tout premier ordre pour l'analyse. Il y voit au contraire une perte du message, qui jette un discrédit partiel sur l'ensemble de la pratique onirique. Dans le *Manifeste*, deux ans plus tard, l'éloge du rêve, à nouveau placé sous l'autorité de Freud, répète ce discrédit de la mémoire dans l'approche du rêve, puis se poursuit par quelques observations théoriques : hypothèse (scientifiquement invalidée depuis) d'une continuité de l'activité onirique durant toute la phase de sommeil, voire d'une nuit à l'autre ; discrédit jeté sur l'état de veille par le biais des lapsus

---

[1] « *Nous n'en risquions pas moins, en prêtant même malicieusement l'oreille à une autre voix que celle de notre inconscience, de compromettre dans son essence ce murmure qui se suffit à lui-même, et je pense que c'est ce qui arriva. Jamais plus par la suite, où nous le fîmes sourdre avec le soin de le capter à des fins précises, il ne nous entraîna bien loin. Et pourtant il n'avait été tel que je n'attends encore de révélation que de lui* », André Breton, « Entrée des médiums » (novembre 1922), *OC I*, Gallimard, Bibliothèque de la Pléiade, 1988, p. 275. Observons le terme apparemment peu freudien d'« inconscience », encore qu'il faille se méfier des questions de traduction ou de transcription des concepts par Régis et Hesnard notamment.
[2] André Breton, « Entrée des médiums » (novembre 1922), *OC I*, Gallimard, Bibliothèque de la Pléiade, 1988, p. 275. Breton publie ainsi « Cinq rêves » dans son recueil poétique *Clair de terre* (1923), les quatre premiers ayant déjà paru dans la revue *Littérature* entre mars et décembre 1922.

et autres actes manqués étudiés par Freud ; éloge du rêve comme réalisation des désirs et levée de toute angoisse inhibitrice ; nécessité d'un examen méthodique du rêve, dans l'espoir d'y trouver le pôle de négation « dialectique » du réel, cette contradiction étant appelée à un dépassement synthétique dans la « surréalité » : en action, toute la terminologie hégélienne dans sa lecture du rêve.

En outre, dès l'année 1922, les expériences de sommeil, qui se multiplient rue Fontaine notamment autour des « dormeurs » Robert Desnos et René Crevel, si elles participent d'une vogue expérimentale pseudo-spirite tout en en refusant catégoriquement les présupposés métaphysiques, poursuivent cette même recherche onirique qui, avec l'automatisme (d'ailleurs lui-même déclenché par une phrase de demi-sommeil) et les récits de rêves, prospecte dans les régions inexplorées du psychisme humain. On se souvient du climat de terreur dans lequel ces expériences se sont déroulées, plongeant les divers participants dans une angoisse morbide et une violence assassine telles que de strictes raisons de « santé mentale » et de sécurité poussent à y mettre bientôt fin[1]. Le parallèle est, de fait, assez tentant avec l'abandon de l'hypnose par Freud.

Aux antipodes du « fait littéraire », le surréalisme se constitue dans la conjonction de ces trois modes d'incursion dans une « autre » réalité. Il se présente comme une véritable solution aux difficultés du quotidien, jetant son discrédit sur le réel objectif pour mieux faire l'éloge de l'enfance, de l'imagination pratiquée « à la folie », de la folie elle-même, précisément présentée comme victime d'une véritable « censure » sociale qui l'oblige à l'internement[2]… Or c'est bien sous l'égide de Freud que cet immense discrédit est prononcé. Car la psychanalyse, qui rompt avec toute une tradition rationaliste, empirique, utilitariste, met enfin en lumière *« une partie du monde intellectuel, et à mon sens de beaucoup la plus importante, dont on affectait de ne plus se soucier*[3] *»*. De fait, son exemple sert de tison à tous les explorateurs de l'esprit humain, et place en balance scientifiques et artistes, pour la réalisation conjuguée d'un objectif commun. Il y a ainsi, entre projet surréaliste et psychanalytique, une prétendue équivalence de buts qui tente de doter le surréalisme d'une dimension heuristique.

---

[1] Breton les évoque par exemple dans les *Entretiens* (1952), *OC III*, Gallimard, Bibliothèque de la Pléiade, 1999, pp. 482-483.
[2] En 1928, c'est aussi l'hystérie qui fera l'objet d'un même éloge, Breton et Aragon y voyant un *« moyen suprême d'expression »* qui prend le corps comme langage, et récusant l'idée qu'elle soit *« un phénomène pathologique »*, Voir Louis Aragon, André Breton, « Le Cinquantenaire de l'hystérie (1828-1928) » (1928), *Tracts surréalistes et déclarations collectives*, Tome I (1922-1939), présentation et commentaires de José Pierre, Éric Losfeld éditeur, 1980, p. 88. Élisabeth Roudinesco note à ce propos qu'*« [en] comparant ce texte à celui de Freud de 1893 et surtout à l'article de Codet et Laforgue de 1925, on s'aperçoit qu'Aragon et Breton se conduisent en théoriciens rigoureux »*, dans *La Bataille de Cent ans. Histoire de la psychanalyse en France*, volume 2 (1925-1985), Seuil, 1986, p. 23.
[3] André Breton, *Manifeste du surréalisme* (1924), *OC I*, Gallimard, Bibliothèque de la Pléiade, 1988, p. 316.

Les détracteurs de Breton et du surréalisme n'ont pas manqué de souligner, souvent non sans sarcasme, ce qu'une exégèse scrupuleuse n'a par ailleurs jamais caché : le freudisme de Breton relève d'une appropriation très personnelle de la doxa psychanalytique, qui ne s'embarrasse ni d'une connaissance très partielle, ne fût-ce que par le rythme des traductions françaises, ni d'un dévoiement des concepts, de leurs objectifs comme de leur champ d'application d'origine. L'indifférence de Breton vis-à-vis de la vocation première thérapeutique de la psychanalyse (indifférence qui nuance la prétendue convergence de projets)[1], est flagrante, ainsi que la hargne avec laquelle il lui arrive d'évoquer l'institution médicale[2]. Si la préoccupation première de Freud est ainsi la souffrance, et si l'on peut tenir pour acquis qu'elle procède d'une vérité du désir, on comprend que son discours ait pu porter sur des champs bien étrangers à la seule sphère médicale, et notamment sur l'art. D'ailleurs Freud lui-même, avec son analyse du *Moïse* de Michel-Ange ou de la *Gradiva* de Jensen, par exemple, a avancé l'idée d'une « psychanalyse appliquée », qui porte sur des objets bien loin de la stricte cure. C'est que Freud se persuade que les artistes ont une mesure d'avance sur les scientifiques quant à la connaissance de l'âme humaine, de sorte qu'étudier leurs œuvres, à l'intersection exacte du biographique (histoire personnelle) et de l'esthétique (histoire de formes artistiques), c'est assurément affiner en retour les outils théoriques qui permettent d'en rendre compte. Mais ce qui fascine Breton dans la théorie psychanalytique, c'est ce processus de construction de sens à partir de l'insensé, ce postulat décisif que l'insensé n'existe pas, qu'*« il n'y a rien d'incompréhensible »* (Lautréamont), ce que Breton entend dans la langue de Freud : il n'y a aucun « hasard » psychique. C'est sur la base de cette croyance freudienne en un déterminisme mental absolu que Breton lance l'investigation surréaliste de l'automatisme ou du rêve. Et telles sont aussi les circonstances de sa découverte de Freud, à l'intersection précisément de son roman familial et d'apprentissage (facteurs biographiques), et d'une histoire objective abusivement juchée sur la Raison et ses Lumières et qui s'est finalement abîmée dans l'horreur de la guerre. On voit sans doute comment Breton en est venu naturellement à survaloriser cette région obscure du psychisme humain qu'il nomme « inconscient » au détriment d'une « conscience » hégémonique perçue comme

---

[1] Élisabeth Roudinesco montre en détail la « coupure radicale » entre pénétration médicale des théories freudiennes en France, et pénétration littéraire, source d'une véritable *« incommunicabilité entre le mouvement psychanalytique et l'avant-garde moderniste »*, Voir Élisabeth Roudinesco, « Le surréalisme au service de la psychanalyse », *La Bataille de Cent ans. Histoire de la psychanalyse en France*, volume 2 (1925-1985), Seuil, 1986, p. 19-sq.

[2] Dans sa communication présentée lors des entretiens de Cerisy consacrés au surréalisme, en 1966, le psychiatre Gaston Ferdière, celui qui, à Rodez, avait pratiqué les électrochocs sur Artaud, exprime une grande reconnaissance à Breton pour ses attaques qu'il juge fondées de la pratique psychiatrique jusqu'aux années 40, et affirme que le surréalisme a considérablement contribué à la refonte totale par la psychiatrie du problème de la folie, de son sens, ses limites, etc., Voir Gaston Ferdière, « Surréalisme et aliénation mentale », *Le surréalisme*, entretiens dirigés par Ferdinand Alquié, Mouton, 1968.

lamentable et cruelle, et ce, au risque même de faire mentir l'enseignement freudien qui n'a jamais signifié cette saisie axiologique.

Approximation conceptuelle de Breton à l'égard des outils théoriques de Freud ? Certes, cette approximation, on l'a dit, s'explique assurément en partie par la diffusion progressive des traductions de ses ouvrages et donc la méconnaissance relative de son œuvre par les lecteurs français non-germanophones. Elle tient en outre certainement à la relative désinvolture avec laquelle on a vu et on verra parfois Breton hâtivement se convaincre d'une connaissance des œuvres certainement moins fondée qu'il le prétend et se satisfaisant d'une simple approche intuitive. Mais il faut aller plus loin. Car Breton, lisant Freud, incorpore son apport théorique à toute une dynamique de bouleversement du réel, d'abord par les moyens du langage, bientôt par ceux de la révolution sociale, soit d'abord avec Hegel, bientôt avec Marx, dynamique projective qui inscrit la connaissance apportée par Freud non comme instrument d'adaptation du sujet au réel donné – n'est-ce pas, en un sens, un des effets de la cure ? – mais comme moyen d'intervenir sur ce réel et de faire du savoir sur soi, un véritable pouvoir sur l'Autre (sur l'Autre du monde : son objet). C'est ainsi que dans le *Manifeste*, son éloge prétendument freudien du rêve se dote de dimensions bien peu freudiennes : réfutation de l'objectivité du réel, et de son caractère d'origine des matériaux du contenu manifeste du rêve ; espoir « nervalien » en la qualité agissante du rêve nocturne vis-à-vis de la vie diurne... L'investigation surréaliste du psychisme humain s'approprie en fait une démarche psychanalytique, qu'elle réoriente d'une thérapie qui accommode le sujet avec le réel, vers une libération, un accomplissement du sujet dans un nouveau réel enfin élargi à toutes les virtualités de l'esprit.

Faut-il alors s'étonner du fait que jamais Breton n'ait suivi de cure psychanalytique, qui aurait pu lui donner quelques clefs méthodologiques et le conforter dans son apprentissage théorique ? Voire légitimer sa parole parmi les freudiens ? Constamment, c'est à lui, et à lui seul, que Breton s'en remettra pour l'analyse des éléments manifestes automatiques ou oniriques à laquelle il se livrera de plus en plus après les années 1930. Mais Freud lui-même, malgré ses mises en garde contre l'autoanalyse, ne s'est-il pas fait l'analyste de lui-même ? Breton, par la pratique d'une analyse réflexive, s'intronise en quelque sorte praticien, peut-être au nom de son ancienne expérience d'étudiant en médecine, plus sûrement au nom du projet singulier qu'on vient d'ébaucher, projet *vital* pour lui, et auquel il entendait faire participer la psychanalyse. Freud non le maître, mais presque le rival de Breton. Comique de situation : Freud, dans une lettre à Stefan Zweig, de récuser les surréalistes parce que ce sont... *« des fous intégraux*[1] *»*. Cette lecture a le mérite de couper court aux reproches réitérés de nombreux praticiens qui contestent à Breton sa lecture de Freud, en s'attachant

---

[1] Cité d'après Élisabeth Roudinesco, *La Bataille de Cent ans. Histoire de la psychanalyse en France*, volume 2 (1925-1985), Seuil, 1986, p. 49.

davantage à ce que Breton a évidemment changé chez Freud, qu'à ce que Freud a changé chez Breton.

Il n'a pas manqué dès lors de psychanalystes pour essayer de rendre raison de cette réticence *a priori* paradoxale à l'analyse chez Breton. Le Dr Held suggère un parallèle entre le groupe surréaliste réuni autour de Breton, et le groupe des disciples de Freud réunis autour du maître viennois : une même prétendue homosexualité latente ignorée de tous ; une même trace de conflits infantiles mal liquidés et refoulés ; un même jusqu'au-boutisme des amitiés ou des inimitiés[1]... Plus sérieusement, on a judicieusement proposé de voir le discours poétique non comme une levée de la censure mais, au contraire, comme son expression même : la poésie (la création artistique en général) contribuerait ainsi à barrer l'accès véritable aux signifiés traumatiques profonds. Le désir de Breton de se soustraire à une véritable analyse et de se contenter d'une autoanalyse sécurisante signifierait ainsi le refus du risque de tarir la source traumatique du poème lui-même, dont il serait la sublimation prolifique[2]. Cette conception a le mérite de décaler la position du surréalisme d'une frontalité assurément bancale avec la psychanalyse et de lui restituer sa dynamique propre de création et d'intervention dans le réel, sans la couper pour autant ni de son origine inconsciente, ni du désir de rendre celle-ci dicible. Elle met alors en lumière la question cruciale de la sublimation non seulement dans la poétique de Breton au sens large, mais aussi dans l'élaboration discursive de sa propre « para-psychanalyse ».

Georges Bataille : la psychanalyse, ou le supplice désiré des yeux ouverts

C'est en 1923 que Georges Bataille pour sa part découvre Freud. Le 10 février, en effet, il emprunte l'*Introduction à la psychanalyse* que Jankélévitch a traduite chez Payot l'année précédente[3]. Aucun mot, aucune note au sujet de ce texte. Rien sur les « actes manqués » (première partie). Rien sur les « rêves » (deuxième partie), ni sur la « théorie générale des névroses » (troisième partie). À se fier d'ailleurs à la liste des ouvrages empruntés, cette première approche ne semble pas susciter le désir d'un approfondissement immédiat de la question : l'emprunt suivant (*Totem et tabou*) n'est que de mai 1927, plus de quatre ans plus tard. On peut d'autant plus s'étonner de ce relatif désintérêt théorique que Bataille a entrepris dans l'intervalle, avant de nombreux autres, une psychanalyse avec le Dr Adrien Borel. Sa rencontre avec la psychanalyse passe ainsi d'abord non par le biais d'une découverte théorique, mais par cette cure originale, entreprise auprès d'un médecin non moins original.

---

[1] René R. Held, *L'Œil du psychanalyste. Surréalisme et surréalité*, Petite Bibliothèque Payot, 1973.
[2] Jean Guillaumin, « Rêve, réalité et surréalité dans la cure psychanalytique et ailleurs », *Le Rêve et le Moi*, P.U.F., 1979.
[3] Voir Voir Jean-Pierre Le Bouler et Joëlle Bellec-Martini, *« Emprunts de Georges Bataille à la Bibliothèque nationale (1922-1950) »*, dans Georges Bataille, *OC XII*, Gallimard, 1988, p. 554.

Original, le Dr Borel ? On le dit, en effet. Car voilà un thérapeute totalement affranchi des règles freudiennes et qui, sans technique prédéterminée, se met avant tout à l'écoute. Anticonformiste assurément si, aux dires de certains, il n'a pas lui-même été psychanalysé comme il est de règle parmi les freudiens. Dès 1925, Borel a salué dans le numéro 1 de la revue *L'Évolution psychiatrique*, la fondation officielle du surréalisme[1]. Hommage assurément discutable (une « évasion du réel »….), mais qui montre l'ouverture d'esprit du médecin à l'égard du surréalisme et de Breton. Davantage même : la certitude d'une influence cathartique de la création artistique sur la souffrance. En ce sens, sans aucun doute, l'art est bel et bien pour lui « au service de » la psychanalyse. Or précisément, observons que cette *catharsis* artistique, si elle place l'art dans une instrumentalité thérapeutique que Breton récuse, contrevient également à la doctrine freudienne, qui préfère à la reviviscence symbolique qu'elle implique les notions de transfert et de libre association. Psychanalytique donc, cette cure que Bataille entreprend auprès de Borel ? On peut supposer en tous cas que dans les nombreux groupuscules qui, en France comme ailleurs, se disputent à cette époque-là l'héritage méthodologique freudien, plusieurs lui en récuseraient assurément l'appellation, à commencer sans doute par Freud lui-même.

On a beaucoup dit que le premier geste de Borel, geste en un sens ahurissant s'il faut y voir l'amorce d'une thérapie, fut de communiquer à Bataille le fameux, l'atroce cliché du supplicié chinois. Il y a des approches thérapeutiques plus conventionnelles que de tendre à un patient en proie à une débauche jouissive et douloureuse, voire suicidaire, la photo d'un homme condamné à être découpé en cent morceaux[2]. Inconscience inouïe, ou au contraire, si un tel geste est avéré, intuition « thérapeutique » géniale ? Possédées, simplement aperçues, ces images quoi qu'il en soit le hanteront jusqu'au bout, jusqu'aux *Larmes d'Éros*, le dernier livre, comme un motif traumatique dont l'atrocité visible, objective, hurlée, déchire

---

[1] « *Sans entrer dans la critique de son livre,* Manifeste du surréalisme, *nous nous devons de signaler cette évasion du réel que tente l'auteur pour s'enfermer (ou plutôt) s'élargir dans un monde imaginaire extrêmement étendu, à la formation duquel concourent tous les modes d'expression et tout ce qu'il y a de merveilleux et de féerique dans l'individu* », Adrien Borel, « Les rêveurs », *L'Évolution psychiatrique*, 1925, cité d'après Élisabeth Roudinesco, *La Bataille de Cent ans. Histoire de la psychanalyse en France*, volume 2 (1925-1985), Seuil, 1986, p. 25.

[2] Dans son article en ligne « Bataille et le supplicié chinois », Jérôme Bourgon, de l'Institut d'Asie Orientale, a catégoriquement réfuté l'idée communément admise qu'il s'agirait de Fou-Tchou Li, condamné pour le meurtre du prince Ao Han Ouan, et accuse Louis Carpeaux d'avoir « *brodé sur un fait véridique des détails de son cru* ». Selon lui, le mystère de l'identification du supplicié reste entier. Plus encore, qui vient jeter le trouble sur cette cure avec Borel : « *un cliché de supplice chinois aurait été remis à Bataille par le Dr. Borel en 1925. Or cette information est inconciliable avec celles que nous délivrent par ailleurs son œuvre et sa correspondance. Selon toute vraisemblance, Bataille découvre par hasard le supplice chinois lorsqu'il emprunte à la Bibliothèque Nationale, dès leur parution, les volumes du Nouveau traité de psychologie de Georges Dumas. C'est le 3 décembre 1934 qu'il emprunte le troisième volume, dans lequel les fameuses photos servent d'exemple aux « conditions de l'horripilation », texte dont un passage recopié par Bataille est repris dans les commentaires des* Larmes d'Éros. *Aucune mention par contre ni dans la liste des emprunts à la BN, ni dans les écrits ultérieurs, du deuxième volume, où ces mêmes photos illustrent les « contractions faciales » provoquées par la douleur. On peut donc tenir pour vraisemblable que Bataille connaît l'existence du supplicié chinois depuis décembre 1934, mais qu'il n'a pas encore de photos à sa disposition.* »

le théorème discursif à l'abri duquel pouvait placer l'habituelle distance prudente de la science. Démenti horrible à toute entreprise de théorie, à toute œuvre de science qui, par définition, instaure une séparation entre l'objet à connaître et le sujet de la connaissance, ces clichés, « ce » cliché (lequel, au juste ?) matérialise avec une exactitude inouïe le nœud traumatique qui a tressé en Bataille les fils œdipiens, religieux et philosophiques, jusqu'à décider définitivement d'un questionnement intellectuel qui le replonge en permanence tout au fond de son propre gouffre existentiel : supplice paternel d'un Dieu crucifié qui se révèle en fait... Dionysos chinois. L'Autre, toujours, en moi, qui « me » parle sous la forme insoutenable de ces dieux dérisoires, parodiques, non plus olympiens mais réellement photographiés aux confins du monde « civilisé », et qui dénude en un cri d'extase et d'horreur le tréfonds d'angoisse qu'il y a à vivre. Ce que n'avait pas su faire le texte théorique freudien[1], c'est cette photo qui ne va cesser de le faire.

Entreprise *« entre W.-C. inachevé et la fin d'*Histoire de l'œil *»*[2], soit entre les années 1926 et 1928, années des premiers écrits de Bataille, cette psychanalyse singulière se présente plutôt comme une sorte de déclencheur de l'écriture, qui émancipe d'inhibitions anciennes et refoulées, et qui rend effectif le commandement de voir que Nietzsche avait prononcé contre Dieu. Il ne fait ainsi aucun doute que les textes qui occupent Bataille durant ces quelques années sont très fortement empreints de cet impératif, et qu'il faut y deviner l'influence de cette cure originale qui intime à la souffrance nécessaire du voir, une non moins nécessaire verbalisation susceptible d'en traduire simultanément l'horreur et la jouissance masochiste[3]. Ce seront les mythes de *L'anus solaire* et de *L'œil pinéal* qui occupent l'année 1927, lesquels ramènent la question du pansexualisme freudien depuis la neutralité objective de la théorie scientifique vers un point d'intersection où le sujet expulse ses propres tourments dans une douleur extatique. Ce sera, sur un mode romanesque cette fois, l'*Histoire de l'œil*, livre dont la seconde partie, celle des « Coïncidences », prétend, en ramenant explicitement les scènes fictionnelles cruciales à un canevas autobiographique, en donner la clef traumatique[4]. Retour du processus cathartique, mais alors avec une remarquable originalité : la verbalisation des éléments traumatiques enfouis dans la mémoire s'accomplit sous l'impulsion de Borel comme une sublimation d'une nature très spéciale. La création littéraire, loin de s'effectuer selon la désexualisation qui résulte d'après Freud du désinvestissement d'une pulsion socialement inconvenante et de sa réorientation

---

[1] Malgré le chapitre consacré à « L'angoisse », dans l'*Introduction à la psychanalyse* par laquelle Bataille cherche à s'initier à Freud.
[2] Michel Surya, *Georges Bataille, la mort à l'œuvre*, Gallimard, 1992, p. 125.
[3] Surya signale que toujours, *« Bataille resta l'ami de Borel et cette attribution d'une sorte de paternité de celui-ci sur la possibilité de l'écriture, Bataille trouva pour la symboliser un rite dédicatoire qu'il a toute sa vie respecté : en lui adressant le premier exemplaire numéroté de chacun de ses livres publiés »*, Ibid., p. 127.
[4] Dans la seconde partie, Bataille fait d'ailleurs allusion au Dr Borel sans le nommer autrement qu'*« un de [ses] amis qui est médecin »*, à qui il fait lire les pages écrites et dont il écoute les observations, Voir Georges Bataille, *Histoire de l'œil* (1928), *Romans et récits*, Gallimard, Bibliothèque de la Pléiade, 2004, p. 103.

vers une issue socialement valorisante, passe au contraire chez Bataille par une accusation forcenée de la nature traumatique de la pulsion érotique initiale, de sorte que celle-ci finisse, par une dramatisation jusqu'au-boutiste, par en devenir méconnaissable. La sublimation, qui « métaphorise » en quelque sorte les pulsions originelles, n'est plus euphémisme, elle est hypotypose : elle s'annonce comme « pur spectacle » qui instrumentalise le travail de la langue en jeu au profit de l'exhibition la plus violente que possible.

Encore que la question se complique, si l'on songe que ce que la cure entreprise avec Borel commençait à autoriser dans l'écriture était amplifié par la découverte, théorique cette fois, de *Totem et tabou*, texte assurément fondamental dans la lecture de Freud par Bataille, qui décentrait le problème d'une stricte psychanalyse ontologique (dont *Histoire de l'œil* était redevable), vers une psychanalyse phylogénétique élargissant le questionnement du sujet aux dimensions de l'anthropologie et du mythe (voir la série « pinéale »). « Je » n'est pas un autre, il est « les autres » : négligeant une théorie freudienne qui réduisait le sujet à la préhistoire de son unique nombril, Bataille se montre par contre extrêmement sensible à cet autre apport théorique freudien qui permet d'ouvrir la problématique à une amplitude culturelle large, à savoir celle des fondements mêmes de l'humanité. Bataille emprunte donc *Totem et tabou* pas moins de trois fois en l'espace de quelques mois à peine. Il y découvre la tentative de Freud d'appliquer à certains phénomènes encore obscurs de la psychologie collective les points de vue et les données de la psychanalyse individuelle, soit la possibilité de projeter dans le champ historique et social les traumas qui l'agitent. Ainsi, ce crime originel, ce refoulé œdipien, a bel et bien eu lieu dans la préhistoire de l'humanité, lorsque le père de la horde primitive a été assassiné puis dévoré par ses enfants. La culpabilité qui était jusqu'alors vécue comme celle de Bataille en propre devient celle de l'humanité toute entière. Interroger l'une, c'est interroger l'autre : démenti cinglant au principe d'une recherche purement objective de la science où le sujet jamais ne se mettait personnellement en jeu.

De fait, on voit comment l'intérêt de Bataille envers la psychanalyse, d'abord éprouvée sur un plan thérapeutique, ensuite interrogée sur un mode théorique, s'écarte d'un freudisme strict qui privilégie le questionnement ontologique avant d'en tirer ensuite des observations phylogénétiques. Si Bataille indéniablement trouve dans une thérapie originale le moteur de son geste créateur, il ne se trompe pas sur l'intérêt heuristique de la psychanalyse, laquelle participe alors de sa propre orientation intellectuelle qui le voit progressivement élaborer une connaissance objective sur le monde en osant se risquer lui-même à cette connaissance : d'une objectivation cathartique de son angoisse existentielle, qui le pousse à l'entreprise littéraire, il en vient à une appropriation subjective de la lecture anthropologique de l'origine de l'humanité faite par la psychanalyse, lecture qui désigne en lui le nœud traumatique de sa propre culpabilité. Sujet-objet, objet-sujet, c'est tout un mode compulsif du savoir qui s'instaure définitivement chez Bataille, et qui confère au nombril des dimensions universelles et à l'univers tout entier, la sensibilité douloureuse et/ou jouissive la plus intime.

C'est ainsi que cette double saisie de l'apport psychanalytique partage Breton et Bataille. Le premier prétend non sans quelque légèreté bénéficier de la théorie freudienne pour secouer en lui (par l'automatisme, le rêve…) un langage enfoui d'une toute autre « réalité » pour le sujet que celle de la parole consciente : porteur moins d'un passé traumatique qui travaille l'être de l'intérieur que d'une libération des contraintes externes qui lui sont imposées (sociales, morales…), un tel langage, se projetant tout à coup dans la fadeur du réel, est appelé par sa mise au jour même à en provoquer la re-création spontanée. Le travail psychanalytique ne bouscule pas le sujet, qui s'y prête sans aucune attente « thérapeutique » : il l'aide à lire en lui pour se retourner contre l'objet donné du monde. Rien de tel chez le second : c'est que la thérapie suivie, peu orthodoxe, réclame le langage comme une projection susceptible de travailler l'être en retour, ce travail d'expectoration accompagnant non sans douleur le dessillement nietzschéen. Or cette *catharsis*, dont naît l'œuvre embryonnaire, ne se suffit pas à elle-même et Bataille, qui entend continuer un questionnement auquel la philosophie l'a intéressé, trouve alors dans l'élaboration théorique tardive de Freud de nouveaux outils qui permettent d'homologuer sa quête ontologique avec la recherche phylogénétique. En somme, alors que Breton se jette éperdument dans le langage pour y chercher l'être libéré de toute contrainte, Bataille, désireux de trouver l'être, s'estime quant à lui contraint d'en passer par le langage. Le premier se persuade d'une expérience du langage qui émancipe l'homme et met en branle la société toute entière, le second reprend son histoire personnelle dans la mise en abyme de celle de l'humanité : tous deux cependant refusent pareillement de séparer la connaissance du monde objectif d'un questionnement où le sujet tout entier s'abîme.

Reste alors en suspens le problème de la sublimation. Breton n'a pas encore accordé à cette notion l'intérêt fondamental qu'il lui accordera bientôt, mais on a pu interpréter son refus d'en passer par une psychanalyse véritable et son désir d'élaborer une œuvre qui sublime bel et bien son propre ancrage pulsionnel comme la volonté de ne pas en menacer la source effective. Bataille, quant à lui, contraint la verbalisation cathartique à l'excès, comme pour en épuiser la source traumatique. Il y a assurément dans ces deux attitudes deux manières simplificatrices de concevoir le travail de la censure : l'un, certain d'en triompher par un mode d'expression qui prétend éviter le canal conscient dont elle surveillerait l'entrée, espère alors tout dire de soi en croyant vider son inconscient comme un sac de langage ; l'autre, c'est par son jusqu'au-boutisme même qu'il croit tout dire, par la crudité du style et toute une stratégie de dénudation qui entend faire émerger, au-delà même de l'origine traumatique (personnelle, collective) de son angoisse névrotique, le néant obscur dont elle procède en son propre cœur.

Mouvements des corps libres

APRÈS la collaboration, épisodique, circonstancielle, anonyme, entre André Breton et Georges Bataille pour la revue *La Révolution surréaliste*, les mois qui s'annoncent sont ceux d'une évolution importante et sans échange. Entre 1925 et 1929 en effet, chacun va, de son côté, effectuer une véritable métamorphose : Breton assume non sans dégâts le basculement du surréalisme depuis sa phase intuitive vers une nouvelle ère « manifeste », qui s'exprime notamment par une instabilité philosophique et une réorientation idéologique du mouvement tout entier ; Bataille entame dans la revue *Aréthuse* une longue réflexion qui ne le quittera plus sur l'art dans ses dimensions mythologique et anthropologique, notamment par le biais de l'analyse numismatique, et s'essaye simultanément et confidentiellement à la mythogenèse parodique (*L'anus solaire*, *L'œil pinéal*), creusant ainsi ses premières galeries souterraines sous l'œuvre visible, publiée, signée, et revendiquée.

Vers un surréalisme matérialiste

Lorsque, au cours de sa conférence prononcée le 1ᵉʳ juin 1934 à Bruxelles, Breton retrace l'histoire du surréalisme, il évoque les bouleversements internes des années 1925 et distingue *« une époque purement intuitive et une époque raisonnante*[1] *»*. La première, de 1919 à 1925, est celle de l'automatisme, des expériences de sommeil, des récits de rêves. La seconde, symboliquement inaugurée par le *Manifeste du surréalisme* et la création de la revue *La Révolution surréaliste*, en décembre 1924, ouvre, dans la fureur la moins conciliante, une phase de transition qui place le surréalisme dans le désir et la nécessité de la théorie, de la réflexion philosophique et bientôt, de l'engagement marxiste. Il est, dans le problème de la confrontation à Bataille, particulièrement important de clarifier cette évolution parce qu'elle contient en germe le point de contentieux majeur entre les deux, à partir de 1929. Breton lui-même assigne à cette évolution une dimension d'abord philosophique : elle est celle du passage d'un certain idéalisme du surréalisme intuitif vers un matérialisme dialectique qui incorpore tout un enseignement philosophique assurant la transition de

---

[1] André Breton, *Qu'est-ce que le surréalisme ?* (1934), *OC II*, Gallimard, Bibliothèque de la Pléiade, 1992, p. 231.

Hegel à Marx. Cette mutation philosophique s'exprime par un engagement quoique prudent aux côtés des forces révolutionnaires fédérées par le parti communiste.

Tout se passe donc, aux yeux de Breton, comme si l'histoire du surréalisme, dont l'aboutissement consistait en la *« résultante d'action pratique[1] »* qu'est l'adhésion au parti communiste, se voyait sommée par sa relative impuissance objective à rejouer en condensé l'histoire même de la pensée philosophique et de son trajet de l'idéalisme initial vers le matérialisme moderne, soit « dialectique ». D'abord, donc, l'espoir (vite obsolète) d'une suprématie de la pensée sur la matière, dont l'automatisme était assurément l'une des expressions, lâchant la bride au signifiant dans l'objectif de bousculer le signifié, et jusqu'au référent même du monde : *« La médiocrité de notre univers ne dépend-elle pas essentiellement de notre pouvoir d'énonciation[2] ? »* Ensuite, la certitude d'une nature matérielle de la pensée elle-même, la conviction historique qu'un bouleversement de la matière du monde provoquerait inéluctablement un bouleversement de la matière psychique, ce qui immanquablement en appelait à la révolution comme première étape d'émancipation de l'homme.

Parce qu'il s'inscrit au sein de toute une histoire de la philosophie, le concept hégélien d'« idéalisme absolu » que Breton revendique pour la phase du surréalisme intuitif pose problème[3]. Comme une étiquette trop large dont Breton alourdit imprudemment un ensemble de pratiques expérimentales à la fois plus graves et plus ludiques que sa formulation laisse entendre, il cache la mosaïque d'emprunts et la singularité de leur combinaison dans la pensée surréaliste. Il cache également les impasses et les incompatibilités avec tout un héritage qui s'en réclame tout autant que lui. Bref, il signale un piège critique à manipuler avec les plus grandes précautions, au risque sinon de lui faire dire tout et son contraire, et de passer à côté de ce que son avatar surréaliste signifia précisément.

Les pratiques automatiques depuis 1919 avaient incité le surréalisme à dénier sinon la matérialité objective du réel[4], du moins l'obligation de sa primauté dans l'existence, et à lui substituer l'imaginaire, le dérèglement poétique du langage, le merveilleux, susceptibles de plonger le sujet dans une sorte d'hallucination volontaire à la fois agie et subie, qui remodelait le réel selon la loi de ses désirs.

---

[1] *Ibid.*, p. 233.
[2] André Breton, « Introduction au discours sur le peu de réalité » (1925), *Ibid.*, p. 276.
[3] Concept hégélien repris par Breton quand Aragon préfère celui de « nominalisme absolu ».
[4] Aragon par exemple : *« Sachez que si je traverse la rue en me préoccupant des voitures bien que le contraire vous paraisse plus héroïque et que vous ayez cru démêler dans mes écrits une idée de l'existence incompatible avec la prudence, c'est que je tiens à ne pas être écrasé parce que je ne trouve pas ça très intelligent de se laisser écraser, et ça ne m'enlève pas le droit de dire que je n'ai aucune reconnaissance à mes père et mère de m'avoir mis au monde, et que d'autre part je tiens à arriver sur l'autre trottoir avec une main droite, et de préférence mes deux pieds pour pouvoir plus commodément flanquer une gifle à quelqu'un, peut être vous-même, à qui j'ai la ferme intention de flanquer une gifle, un jour »*, Louis Aragon, *Traité du style* (1928), coll. L'Imaginaire, Gallimard, 2000, p. 228.

Voir Freud, tel qu'il est alors lu par Breton. Outre l'exemple de la démence cliniquement observée pendant la guerre (le soldat qui, au front, niait la véracité des combats), ou celui de l'humour (Vaché), les stratégies de victoire subjective sur un réel décevant sont dès l'origine alimentées chez Breton par toute une imprégnation philosophique idéaliste, notamment d'origine allemande (mais aussi ésotérique), qui s'inscrit d'emblée en faux contre les prétentions rationalistes d'un certain matérialisme français et accompagne ainsi le procès radical du positivisme réaliste, regardé par Breton comme l'héritier direct des Lumières. Dès le « Projet pour la bibliothèque de Jacques Doucet » (février 1922), Kant est ainsi convoqué comme premier recours de révolte contre *« le mot d'ordre du matérialisme officiel*[1] *»*. Ces emprunts, plus ou moins directs de la part de Breton, filtrent d'abord principalement par le biais de la poésie romantique et symboliste qui, avec les lectures ésotériques, lui permet entre autres la découverte de l'analogie comme mode privilégié de saisie poétique du monde (par Novalis, notamment). Mais c'est surtout Hegel qui, dès les années 1920 au moins, et de façon plus instante encore à partir de 1924, devient pour Breton la référence principale[2]. Immense entreprise de totalisation de la pensée, l'idéalisme absolu de Hegel consiste rien moins qu'en une laïcisation de l'absoluité divine (d'où l'allusion sacrilège au Messie) : L'Idée du monde, c'est la réalité totale de ce monde, à laquelle il est momentanément donné au philosophe (à Hegel) de prêter sa voix. En marche, la réalisation de l'Esprit absolu, l'Infini de l'Idée, dans le développement chaotique (dialectique) de l'histoire et de ses contingences, de ses finitudes. Principe de synthèse, donc, qui réclame l'exacerbation des oppositions jusqu'à l'épuisement des termes antagonistes, la dialectique accompagne chez Breton la négation antirationaliste de l'époque Dada et du surréalisme intuitif : elle contribue à réinscrire l'histoire du surréalisme dans une conformité avec la philosophie totalisante hégélienne comme moment de la négation, dialectiquement appelé à déboucher sur une négation de la négation (une synthèse). C'est dans cette perspective que, dès le *Manifeste* de 1924, dans une relative méconnaissance générale de Hegel, principalement médiatisé par Benedetto Croce (*Ce qui est vivant et ce qui est mort dans la philosophie de Hegel*), il s'approprie, sans citer ni nommer Hegel, l'instrument dialectique pour légitimer la démarche du surréalisme intuitif et baptiser sur son autel même le mouvement surréaliste. C'est bien sûr la célèbre phrase de *« la résolution future de ces deux états, en apparence si contradictoires, que sont le rêve et la réalité, en une sorte de réalité absolue, de* surréalité, *si l'on peut ainsi dire*[3] *»*. C'est aussi le fondement et la clef de lecture de la question de l'image surréaliste

---

[1] Louis Aragon, André Breton, « Projet pour la bibliothèque de Jacques Doucet », dans André Breton, *OC I*, Gallimard, Bibliothèque de la Pléiade, 1988, p. 631.
[2] Dans le même « Projet pour la bibliothèque de Jacques Doucet », il est présenté comme le « *véritable Messie, [...] dont l'"idéalisme absolu" exerce aujourd'hui une influence énorme, au point que les partis conservateurs et les partis les plus avancés s'en réclament au même titre »*, *Ibid.*, p. 632.
[3] André Breton, *Manifeste du surréalisme* (1924), *OC I*, Gallimard, Bibliothèque de la Pléiade, 1988, p. 319.

dont Breton emprunte la fameuse théorie à Reverdy (le fameux *« rapprochement de deux réalités plus ou moins éloignées[1] »*). L'« arbitraire » de la métaphore surréaliste rompt avec le principe de l'analogie romantique en le portant à son paroxysme, affirmant par là-même la toute-puissance de la subjectivité énonciatrice.

En résumé, l'« idéalisme absolu » sous lequel Breton place le surréalisme intuitif donne à la révolte initiale son assise philosophique, principalement sous l'égide de Hegel. Il signifie une volonté de rupture avec les modèles rationalistes hérités des Lumières, et le désir d'une autre compréhension du devenir du monde qui, échappant d'un côté au simple déterminisme de la matière, échappe également de l'autre à l'eschatologie chrétienne en ce qu'il supprime la référence à Dieu par une laïcisation de sa puissance transférée au devenir même de l'humanité. Cette opération déplace la transcendance, d'un rapport homme/Dieu vers un rapport individu/espèce humaine : c'est, par le développement dialectique de l'histoire, dans le devenir de l'humanité en tant qu'espèce que doit en effet s'accomplir l'avènement d'une « absoluité spirituelle » que Breton pour sa part nomme tout aussi bien « surréalité », et dont le travail poétique du langage est la voie d'accès. Autant dire que l'avatar surréaliste de cet « idéalisme » n'accepte aucune « transcendance » au sens platonicien ou chrétien du terme, à savoir aucun « contre-monde » idéel/idéal à celui de la matière, de l'objet du monde, « contre-monde » qui exigerait une morale de salut, susceptible d'en garantir l'accès par exemple après la mort. Il entend davantage avec Hegel inscrire cette matière, cet objet du monde, dans un mouvement qui en nécessite la traversée agressive par le biais du langage, utilisé comme levier pour faire sauter le donné navrant du réel.

Plusieurs facteurs, dès 1925, vont cependant concourir à l'abandon non de Hegel mais de la référence devenue encombrante à cet « idéalisme absolu », pour la remplacer par le matérialisme dialectique emprunté à Marx et Engels. Breton lui-même assigne à la guerre du Maroc le rôle de déclencheur de cette évolution. Alors qu'Abd el-Krim a soulevé les tribus du Rif contre l'occupation, et a même proclamé une République indépendante (22 juin 1921), on assiste à un envoi massif de troupes françaises et une nouvelle collusion des intellectuels (signature d'un appel des « Intellectuels aux côtés de la Patrie ») avec le gouvernement colonialiste. Les surréalistes, totalement hostiles à de telles manœuvres, se retrouvent isolés. La volonté d'implication qui tenaille Breton met en lui le système hégélien en porte-à-faux : le réel s'avère plus compact, plus résistant, plus impénétrable que prévu, et le langage semble ne pas suffire à provoquer cette négation de la réalité objective, dont l'horreur et le scandale continuent indifféremment leur chemin. La proximité circonstancielle avec le parti communiste et certaines organisations révolutionnaires[2] coïncide avec la

---

[1] Pierre Reverdy, « L'Image », cité par André Breton, *Ibid.*, p. 324.
[2] Le groupe *Clarté* (Jean Bernier, Marcel Fourrier...), le groupe *Philosophies* (Henri Lefebvre, Georges Politzer, Pierre Morhange...), le groupe belge *Correspondance* (Camille Goemans, Paul Nougé...)

lecture enthousiaste du *Lénine* de Léon Trotski, à l'été 1925, dont Breton rend compte dans le numéro 5 d'octobre 1925 de *La Révolution surréaliste*. *« Vive donc Lénine ! »*, écrit-il avant de saluer *« très bas Léon Trotsky »*, lui qui a su maintenir la fermeté d'un engagement révolutionnaire *« sans le secours de bien des illusions qui nous restent et sans peut-être comme nous croire à l'éternité[1] »*. La réserve est de taille : elle dit l'embarras momentané dans lequel Breton se trouve à faire concilier son système idéaliste hégélien où l'éternité était celle de l'Esprit absolu en marche vers son avènement, avec les principes marxistes-léninistes qu'il découvre progressivement[2]. Cette phase douloureuse de vacillement philosophique est par ailleurs observable dans le retrait momentané de Breton du Comité inter-révolutionnaire qui se crée notamment avec *Clarté*[3]. Bientôt mis en demeure de clarifier ses positions, Breton réplique par une longue mise au point intitulée « Légitime défense » (septembre 1926, puis dans le numéro 8 de *La Révolution surréaliste*, 1er décembre 1926). Cette mise au point, qui égratigne au passage Henri Barbusse, directeur de la page littéraire de *L'Humanité*, et le parti communiste, tente de situer le surréalisme dans le paysage idéologique révolutionnaire tout en lui conservant son autonomie d'action et de pensée. Certes il reconnaît la nécessité économique et sociale d'une révolution, mais affirme qu'il ne s'agit là que d'un premier pas vers l'émancipation totale de l'homme, finalement visée par le surréalisme. Son argumentation s'immisce dans un interstice étroit. Le programme communiste est en effet reconnu comme le seul valable, mais ses insuffisances sont aussi dénoncées. Car le communisme, matérialisme strict au sens le plus bassement économique, s'avère très insuffisant pour l'essor d'un véritable mouvement révolutionnaire qui doit dépasser l'individu pour concerner l'humanité tout entière. La stratégie de Breton consiste alors à éloigner la philosophie marxiste originelle de sa réalisation politique communiste, et à présenter le surréalisme comme une autre lecture, plus fidèle et plus engageante, du marxisme, principalement sur la base de son attachement à la dialectique hégélienne comme méthode et comme compréhension de la marche de l'histoire. La révolution que le surréalisme signifie en matière de langage rejette dans des querelles d'arrière-garde la question d'un prétendu renouveau formel de la littérature et prétend plutôt participer du mouvement révolutionnaire général. La conciliation établie entre

---

[1] André Breton, « Léon Trotsky : *Lénine* » (octobre 1925), *OC I*, Gallimard, Bibliothèque de la Pléiade, 1988, p. 914.
[2] On trouve dans le même numéro la célèbre « Lettre aux voyantes » qui, par l'éloge d'une pratique du langage susceptible de signifier une impulsion vitale comparable à celle de la parole automatique, détone avec l'orientation idéologique qui commence à être la sienne.
[3] *« Je suis extrêmement fatigué, d'une fatigue morale qui, si je voulais à tout prix la surmonter, ne pourrait m'être que de mauvais conseil. Soit que les dispositions récentes que j'ai dû prendre pour moi-même soient trop en contradiction avec mes dispositions antérieures, soit qu'à essayer de briser diverses résistances j'aie abattu momentanément la mienne, soit tout autre raison, j'en suis arrivé à douter de la valeur actuelle de ma collaboration avec vous »*, André Breton, lettre du 9 novembre 1925, dans *Vers l'action politique, Juillet 1925-avril 1926*, Archives du surréalisme publiées sous l'égide d'Actual, volume 2, présenté et annoté par Marguerite Bonnet, Gallimard, 1988, p. 122.

Hegel et Marx à partir de ces années 1926 passe par l'idée, centrale pour l'hégélianisme, d'un devenir du monde se trouvant en nécessité historique de Révolution. Comme le souligne très justement Emmanuel Rubio, observons au passage que *« ce devenir n'est pas le devenir nietzschéen, le mouvement sans raison dont jouit celui-là seul qui sait en faire une valeur. Il est relu au contraire à l'aune de la rationalisation du mouvement à laquelle a procédé l'hégéliano-marxisme. L'hégélianisme de Breton, de ce fait, s'il permet à sa réflexion d'intégrer le jeu même du devenir, vient aussi en conjurer l'aspect le plus effrayant, le moins maîtrisable. Bataille, quelque temps plus tard, ne se fera pas faute de critiquer la vertu lénifiante d'une telle lecture systématisante de Hegel*[1]. »

Georges Bataille et l'« anthropologie mythologique » de l'extase

Après l'échec de sa collaboration à la revue surréaliste de Breton, Bataille est sollicité par Jean Babelon et Pierre d'Espezel, ses collègues au Cabinet des Médailles de la Bibliothèque Nationale, où il travaille depuis juillet 1924, pour participer à la revue d'art et d'archéologie *Aréthuse*, qui existe depuis 1923. Cette participation durera jusqu'en 1929, date à laquelle il fondera sa propre revue, *Documents*. Plusieurs articles voient le jour durant cette période, contribuant à jeter une lumière des plus érudites sur leur auteur. Pour autant, souterrainement à ces contributions, cette période est aussi pour Bataille celle de plusieurs écrits importants, non publiés, mais qui révèlent, en travail chez lui, des préoccupations alimentant un certain nombre de griefs de plus en plus intenables à l'encontre de Breton.

De 1926 à 1929, ce sont donc près d'une petite dizaine d'articles que Bataille publie dans *Aréthuse*. Souvent négligées par la critique, ces contributions, d'une grande rigueur scientifique, ne nous retiendraient pas davantage ici s'il ne fallait au moins suggérer ceci : alors que Breton, comme on l'a vu, cherche à donner une nouvelle assise philosophique qui décentre sa lecture hégélienne d'un strict subjectivisme vers une intégration marxiste, Bataille, après l'électrochoc nietzschéen, est au même moment porté à s'intéresser à la monnaie comme vecteur de l'histoire d'un peuple. Son analyse l'amène ainsi à développer des considérations, des réfutations et des nouvelles hypothèses historiques par le biais de l'observation iconique et scripturaire des médailles : Grands Mogols descendants de Gengis Khan, peuples Koushans et Koushans-shahs sassanides des vallées de l'Afghanistan, Vénitiens médiévaux… Difficile de ne pas lire ces articles dans le climat qui est alors le sien, et d'oublier ainsi les résonances nietzschéennes qui colorent ici ou là ses analyses, laissant transparaître un questionnement personnel en filigrane d'une observation scientifique la plus rigoureuse et la plus objective. Le déclin accusé par la numismatique telle qu'il l'observe, traduit l'affaiblissement de la puissance morale du souverain cherchant recours dans une navrante autorité fonctionnelle de compensation. Alors que

---

[1] Emmanuel Rubio, *Les Philosophies d'André Breton (1924-1940)*, Thèse de 3e cycle, Paris III Sorbonne-Nouvelle, sous la direction de Henri Béhar, 2002, p. 226.

Nietzsche lui avait enseigné l'individualisme matérialiste et extatique, et que Freud lui a confirmé l'existence d'une « horde primitive » à la base de l'organisation sociale de l'homme, voilà que, par le biais de la numismatique, Bataille découvre peut-être le ciment matériel qui, par sa circulation même, donne cohésion à cette unité sociale : la monnaie, véritable sang du corps social, est aussi le symbole matériel de la souveraineté d'un homme dont elle porte l'effigie. La question de l'adhésion au parti communiste et à ses thèses, qui achoppait partiellement chez Breton sur le plan philosophique, ne se pose pas pour Bataille. Son attention envers l'économie, comme facteur constitutif de la société, pourra assurément l'aider à faire prochainement siennes un certain nombre de conceptions marxistes. On voit cependant comment, par Nietzsche, voire Freud, elle favorisera l'accent porté non sur l'infrastructure sociale mais plutôt, aux antipodes de l'asservissement du tyran, sur la force proprement mythologique de subjugation de la superstructure. On mesurerait alors la distance qui, en un sens, et avec d'autres facteurs qu'on observera en temps voulu, sépare chez Breton et Bataille les voies d'accès à Marx, freudo-hégéliennes là, freudo-nietzschéennes ici.

Un article de 1928 mérite cependant qu'on s'y arrête. Publié dans un numéro des *Cahiers de la République des lettres, des sciences et des arts* dirigés par Pierre d'Espezel, et consacré à l'art précolombien, « L'Amérique disparue » représente une transition très significative dans l'approche scientifique qui est celle de Bataille, entre les articles numismatiques qui affichent une volonté nette d'objectivité et ceux de la prochaine revue *Documents*, formés selon un composite remarquable d'éléments d'une crédibilité scientifique indiscutable pris dans une matière textuelle générale d'une grande subjectivité. Entre objet d'étude et sujet étudiant, on voit très clairement s'intensifier une interpénétration, médiatisée par Nietzsche et étayée par sa propre expérience (thérapeutique et théorique) de la psychanalyse, qui sera dès lors caractéristique de la démarche scientifique de Bataille. L'article consiste ainsi en une comparaison de plusieurs civilisations précolombiennes. L'intérêt ethnologique croise des motifs traumatiques personnels (la démence, l'aveuglement, la débauche). Ce sont autant de civilisations perdues fondées sur le mode de vie même qui est celui de Bataille à ce moment-là, ce qui implique une justification heuristique et une empathie réciproques : connaître celles-ci, c'est aussi se connaître ; se connaître, c'est comprendre de telles civilisations. L'article oppose alors la *« sauvagerie médiocre »*, l'*« uniformité abrutissante »* d'un empire Inca laborieusement administratif, organisateur méticuleux et sans surprise aucune et la luxuriance des civilisations de Colombie, d'Équateur, du Panama, des Antilles, et surtout de la civilisation Aztèque. La fascination éprouvée à l'égard des Aztèques tient de fait à toute une conception du sacré qui renverse le sacré chrétien : sur le plan de la représentation des dieux, comme sur le plan de la morale héritée des dieux (Tezcatlipoca, dieu dansant avec un tambour au milieu d'une foule qui se presse et s'écrase à mort contre des rochers ; Quetzalcoatl, et ses grandes glissades du haut des montagnes assis sur une petite planche...), tous, dieux farceurs, danseurs, musiciens, acrobates, dieux au corps joyeux jusque dans les sacrifices, atroces par leur violence et par leur nombre, pratiqués au nom de leur gloire. Dieux nietzschéens, Tezcatlipoca et Zarathoustra jouant et dansant d'un même pas antichrétien[1].

Ce qui est exprimé dans de tels articles sur le mode de l'analyse anthropologique s'exprime par ailleurs à la même époque sur un mode mythogénétique, dans des écrits non publiés immédiatement. L'œuvre au clair se double ainsi d'emblée d'une œuvre souterraine à la publication différée (*L'anus solaire*, écrit en 1927, est imprimé en novembre 1931), et à l'élaboration en gestation permanente (voir les cinq versions de *L'œil pinéal*, dont une seule est datable de 1930, mais dont l'origine remonte assurément à 1927), ce qui complique considérablement la réception globale de Bataille. Quoi qu'il en soit, deux textes attestent d'un même élan mythographique qui voit donc Bataille élaborer deux « mythes nouveaux », celui de *L'anus solaire* et celui de *L'œil pinéal*[2], lesquels poursuivent le travail de retournement de la civilisation chrétienne entrepris ailleurs sur le mode analytique.

Le mythe de *L'anus solaire* commence par affirmer que *« le monde est purement parodique, c'est-à-dire que chaque chose qu'on regarde est la parodie d'une autre, ou encore la même chose sous une forme décevante. [...] Tout le monde a conscience que la vie est parodique et qu'il manque une interprétation*[3] *»*. L'eschatologie chrétienne tout comme le devenir hégélien ainsi mis en pièce, soit tout un finalisme idéaliste qui prome(u)t l'histoire comme un progrès, une assomption, ne reste alors que l'éternel retour de la matière animée d'une puissance décadente. Le désir d'une saisie globale du cosmos s'exprime par un ensemble d'« identifications » analogiques qui passent par « le » copule[4], le verbe « être » (ce *« véhicule de la frénésie amoureuse*[5] *»*), fil d'Ariane qui replonge la pensée dans le labyrinthe de l'analogie, et en exige le déchiffrement. Nietzsche, encore et toujours : sa recherche non d'une essence des choses, qui supposerait une ontologie métaphysique, mais d'une existence de ces choses dans leur substance même, dans leur présence matérielle au monde, laquelle n'existe que dans l'interprétation qu'elle appelle. Suit alors un ensemble de ces identifications homologiques, qui s'accomplissent finalement en un immense pansexualisme cosmologique, combinant *« mouvement rotatif »* des

---

[1] *« Et soit perdu pour nous le jour où même une fois nous ne dansâmes »*, Friedrich Nietzsche, *Ainsi parlait Zarathoustra*, Gallimard, Folio essais, p. 261.
[2] Parce qu'ils obéissent à la même impulsion extatique et antichrétienne, parce qu'également ils contiennent un certain nombre de mythèmes communs (le « Jésuve » par exemple), il n'est pas impossible de considérer que ces deux « mythes » aussi bien n'en font qu'un. Par commodité, notre lecture les distinguera cependant en respectant l'identité textuelle de chacun.
[3] Georges Bataille, *L'anus solaire*, *OC I*, Gallimard, 1970, p. 81.
[4] Denis Hollier a largement commenté cet usage masculin par Bataille d'un terme féminin, qui participe selon lui d'une érotique phallocentrique cherchant à conjurer l'angoisse de la castration, Voir Denis Hollier, *La Prise de la Concorde* (1974), Gallimard, 1993, p. 233.
[5] Georges Bataille, *L'anus solaire*, *OC I*, Gallimard, 1970, p. 81.

planètes et *« mouvement sexuel[1] »*. Fin du principe de la causalité : systèmes planétaires, donc, animaux, êtres humains, mais aussi végétation, (les *« verges fleuries dressées vers le soleil »*), éléments naturels (*« La mer se branle continuellement »*)... toute « chose » ramenée à sa réalité la plus matérielle, la plus atomique, est animée d'un même mouvement de tumescence et de détumescence, qui la voit provisoirement prendre forme, c'est-à-dire prendre part à l'orgie générale du cosmos, avant de retomber, puis de recommencer. L'« anus solaire » est cette immense partouze cosmique, que le « Jésuve », mot-valise pour une réalité gigogne, emblématise : volcan terrestre (*« Le globe terrestre est couvert de volcans qui lui servent d'anus. Bien que ce globe ne mange rien, il rejette parfois au-dehors le contenu de ses entrailles. Ce contenu jaillit avec fracas et retombe en ruisselant sur les pentes du Jésuve, répandant partout la mort et la terreur »*) ; volcan spirituel (*« Le Jésuve est ainsi l'image du mouvement érotique donnant par effraction aux idées contenues dans l'esprit la force d'une éruption scandaleuse »*) ; volcan-sujet (*« l'amour s'écrie dans ma propre gorge : je suis le* Jésuve, *immonde parodie du soleil torride et aveuglant »*), qui détruit toute autre identité qu'*éruptive* de l'être, sa limitation physiologique comme toute psychologie sentimentaliste. Volcan ouvrier, aussi, car Bataille ne manque pas de doter le mythe d'une résonance révolutionnaire d'où tôt ou tard il *« résultera une éruption scandaleuse au cours de laquelle les têtes asexuées et nobles des bourgeois seront tranchées[2] »*. Nouveau retour imminent d'une décapitation à la fois historique (celle de Louis XVI et de Marie-Antoinette) mais aussi œdipienne (la folie des parents, qui ont « perdu la tête » ; la mort d'un père désexué, en pleine guerre de 14, dans sa propre « tranchée » fécale). Mais observons bien que ce sens politique du mythe ne fait que participer de la polysémie pansexuelle dont Freud a suscité l'économie libidinale généralisée, mais ne referme en aucun cas sa signification sur une univocité idéologique dont il serait le point culminant. C'est que, turbine perpétuelle, le mouvement rotatif se poursuit, comme se poursuit l'érotique générale de l'univers.

À partir de cette même année 1927, et dans le même élan que celui qui lui inspire *L'anus solaire*, Bataille commence à travailler à *L'œil pinéal*, qu'il reprendra à des moments très différents et ne publiera jamais. Ici, de façon très originale, se combinent mythogenèse et mythologie : la part créative se double d'une part analytique qui la commente et l'explique volontiers. On sait que cet « œil pinéal » désigne à l'origine l'épiphyse, où Descartes situait le point de contact entre l'âme et le corps. En guise de paronomase, « pine » n'est pas loin. Chez Bataille, cet organe situé au sommet du crâne est celui, volcanique encore, de l'excrétion extatique. Son existence hypothétique lui permet d'instaurer l'opposition anthropologique entre dynamique horizontale de développement (celle, essentiellement, des animaux) et dynamique verticale (celles des hommes et des végétaux) : tout le mouvement qui redresse l'*homo erectus*, s'il est contrecarré par le

---

[1] *« Ces deux mouvements se transforment l'un en l'autre réciproquement. C'est ainsi qu'on s'aperçoit que la terre en tournant fait coïter les animaux et les hommes et (comme ce qui résulte est aussi bien la cause que ce qui provoque) que les animaux et les hommes font tourner la terre en coïtant »*, Ibid., p. 82.
[2] *Ibid.*, p. 86.

maintien d'un axe horizontal pour le regard, le conduit en fait à enfouir sous les chairs l'impudique protubérance anale du singe qu'il était, et à inverser les déplacements d'énergie, dont les nouvelles voies de libération se situent vers le sommet du crâne. L'« idéalité » de la forme (celle de l'homme, du cheval…) s'épuise dans une analyse matérialiste qui, après Nietzsche, après Freud, s'attache à l'énergétique corporelle, à sa circulation et à sa libération extatique. Principe évolutionniste qui réfute Darwin (aucune adaptabilité à un quelconque environnement, aucune sélection naturelle qui s'opère au détriment des faibles), comme Freud (pas d'évolution susceptible d'accroître le principe de plaisir en acceptant de le *différer*). Cette « anthropologie mythologique » s'élabore chez Bataille par refus d'une simple « anthropologie scientifique », refus qui vise plus largement à mettre au ban de la pensée le discours scientifique (et philosophique) en général, présenté comme phase initiale certes nécessaire au savoir, mais appelant nécessairement à son propre dépassement. Après la logique explicative, l'heure est venue de la virulence et du fantasme pinéal. De sorte que l'accès à la connaissance se déroule bien en deux temps : épuiser le savoir rationnel, objectif, le pousser dans ses retranchements les plus ultimes, puis basculer dans le jeu libre où le sujet lui-même se perd et se révèle par l'expérience vitale qui est la sienne. Ainsi s'élabore l'originalité de la démarche de Bataille, qui embrasse d'un même geste la totalité du réel objectif et subjectif pour fonder un savoir global sur le monde dont le sujet lui-même participe. Cette démarche proclame la prétention et l'inanité du discours scientifique comme seul mode d'appréhension de ce qui est, ce qui revient à conférer aux fantasmes une véritable consistance matérielle à l'égal de la dureté objective du réel, et à opposer au processus d'accumulation de celui-ci, la dilapidation extatique (excrétion substantielle) propre à ceux-là.

Alors quoi ? Ainsi consécutivement traitées, les questions simultanées (disons, entre 1925 et 1929) du déplacement philosophique de Breton d'un idéalisme hégélien devenant encombrant vers un matérialisme marxiste dialectiquement constitué, et de l'élaboration par Bataille d'une « méthode » tenant à la fois de l'anthropologie objective et de la constitution mythologique du fantasme, appellent un certain nombre d'observations.

La revendication initiale de l'idéalisme hégélien chez Breton s'expliquait par un refus catégorique des modes cartésiens de pensée et de leurs avatars matérialistes hérités du XVIIIe siècle, vus comme catastrophiquement hégémoniques au sortir de la Grande Guerre. Chez Bataille, le trajet initial est inverse, et le pousse à récuser grâce au matérialisme nietzschéen son premier idéalisme chrétien. De fait, la question pour lui restera longtemps dans le champ religieux : l'idéalisme philosophique est toujours susceptible de ramener quelque transcendance de mauvais aloi, y compris dans ce qu'il sait alors de Hegel[1]. Autre

---

[1] On sait au moins qu'il a emprunté entre 1925 et 1927 à la Bibliothèque Nationale la *Philosophie de l'esprit* et la *Logique*, avant de lire les *Leçons sur l'histoire de la philosophie* dans une traduction anglaise, voir Jean-Pierre Le Bouler et Joëlle Bellec-Martini, *« Emprunts de Georges Bataille à la Bibliothèque nationale (1922-1950) »*, dans Georges Bataille, *OC XII*, Gallimard, 1988, pp. 562 et 566.

nom de Dieu, l'Esprit absolu hégélien, à supposer qu'il évacue l'idée d'une transcendance métaphysique, conserve, par son sens de l'histoire et du devenir travaillant à son accomplissement même, une transcendance qui ajourne la réalisation de l'individu comme de l'espèce dans une assomption hypothétique[1]. Pour Breton au contraire, la question de l'athéisme idéaliste va de soi, et l'audace de Hegel est justement cette laïcisation de Dieu que les chrétiens eux-mêmes ne lui pardonnent pas. Postulat ici à partir duquel la pensée moderne peut commencer sa recherche, ce problème reste une menace permanente chez Bataille, et exige donc chez lui une lutte conceptuelle de tous les instants. Partant de cette idée, le Hegel de Breton et le Nietzsche de Bataille sont absolument inconciliables, comme sont inconciliables les significations à donner aux synthèses respectives entre sujet et objet du monde : le premier espère un dépassement phylogénétique dans un devenir dialectisé, là où le second, assuré d'un sens décadent de l'histoire, cherche un dépassement ontologique dans l'extase « pinéale » immédiate. Aucun absolu d'ordre spirituel pour lui, mais la matière, la substance, l'énergie qui circule, s'arrange, s'organise, se concentre ou se propage, se perd, se gaspille.

À partir de ces deux conformations, on voit comment Bataille est indifférent pour l'instant à toute revendication sociale ou toute affiliation pro-communiste. Son matérialisme ne veut rien devoir à la dialectique hégélienne, ni même à son retournement marxiste, qui continue l'idée rationnelle d'un « grand soir » de l'homme (son « septième jour ») là où lui voit l'explosion inévitable, à son plein « midi[2] », d'une énergie « basse » (le prolétariat) trop longtemps comprimée. Deux logiques s'affrontent : une logique énergétique qui soupçonne la seconde d'un idéalisme de l'histoire mal travesti ; une logique dialectique qui, prônant comme inéluctable la Révolution, assimile le matérialisme « naturaliste » ou « biologique » du premier à un simple matérialisme mécaniste jugé obsolète depuis longtemps. En somme, le basculement qui s'opère en Breton décentre une focalisation qu'initialement l'idéalisme absolu avait excessivement fait porter sur le sujet, vers un objet matériel du monde qui ouvre simultanément à la conscience politique. Chez Bataille, au contraire, la matérialité du monde, dont le sujet lui-même participe en tant que fragment, suggère une connaissance absolue nécessitant l'opération inverse d'une anthropologie objective qui, menée à son terme, se retourne soudain vers le sujet et le somme de livrer toutes ses réserves énergétiques, corporelles (par la danse, le chant, le sexe, la douleur, l'alcool, etc.) comme mentales (par le fantasme dégorgé), opération qui contrevient inévitablement aux principes d'accumulation de la matière inhérents à la société bourgeoise, et qui place ainsi Bataille sur la voie de son prochain militantisme.

---

[1] Même réticence majeure de Nietzsche à l'encontre de Hegel.
[2] « *Ô serein, ô terrible abîme de midi, quand boiras-tu mon âme afin qu'en toi elle retourne ?* », Friedrich Nietzsche, « À l'heure de midi », *Ainsi parlait Zarathoustra*, Gallimard, Folio essais, pp. 333-336.

TROISIÈME PARTIE

UN ASSEZ BEAU SACCAGE

Deux années, 1929 et 1930, vont suffire pour parvenir à l'apogée de la violence. La guerre, d'abord larvée, éclate au grand jour, répartissant ses troupes, éclaboussant les textes où le joyeux carnage se dote d'alibis, se cherche des mots, se jette des noms et simultanément, dissimule sa part de mauvaise foi ou d'indicible, que les mêmes mots révèlent comme à leur insu.

Malgré la publication de *Nadja* au printemps[1], l'année 1928 est une année noire pour Breton. À la fois trahi par la femme qu'il quitte (Simone, dont il découvre avec stupeur la relation avec Max Morise) et par celle pour laquelle il la quitte (Suzanne, qui, contre toute attente, épouse Berl le 1er décembre 1928), il accumule les conflits (avec Artaud, Desnos, Naville, Prévert, Baron, Soupault...) et les difficultés financières (elles retardent la parution du numéro 12, le dernier, de *la Révolution surréaliste* et le contraignent à fermer la Galerie surréaliste). Bataille, quant à lui, donne sa dernière collaboration à la revue *Aréthuse*. Un autre projet se prépare en effet sur ses cendres : dès 1928, Jean Babelon et Pierre d'Espézel, ses directeurs, ont soumis au marchand de tableaux et éditeur Georges Wildenstein, le projet d'une nouvelle publication, *Documents*, qui élargirait le champ d'investigation des domaines initiaux de l'art et de l'archéologie à l'ethnographie et la philosophie. Georges-Henri Rivière, alors sous-directeur du musée d'Ethnographie du Trocadéro auprès de Paul Rivet, serait de la partie.

Breton, malgré tous ses déboires, n'a pas abandonné l'idée d'un regroupement général. La question obéit chez lui à deux impulsions : sur un plan interne, elle s'inscrit dans ce mouvement d'élargissement que plus d'une fois, on le voit accomplir, mouvement qui relève assurément moins d'un certain prosélytisme – ce n'était pas à l'adhésion systématique au surréalisme que Breton en appelait souvent – que d'une sorte

---

[1] 1928 voit la publication de *Nadja* par Breton et d'*Histoire de l'œil* signé par Bataille du pseudonyme de Lord Auch. On trouvera une analyse comparée et détaillée de l'érotique du désir/du plaisir de ces œuvres observées sous l'angle de l'ineffable littéraire dans Frédéric Aribit, « *Nadja, Histoire de l'œil* : poétiques de l'ineffable », *Syn-Thèses*, Revue Annuelle du Département de Langue et de Littérature Françaises, Université Aristote de Thessalonique, Grèce, 2008.

d'« *extraordinaire* candeur » (José Pierre)[1], à entendre alors à hauteur de son infatigable force d'initiative. On a d'ailleurs tellement raillé le mouvement inverse, celui des exclusions successives, qu'on oublie souvent l'essentiel : les efforts permanents de Breton pour, fût-ce avec lourdeur ou maladresse, initier, au-delà même du mouvement surréaliste et malgré les clivages, la constitution de groupes, leur organisation générale, leur concertation décidée. Sur un plan externe, elle s'inscrit de manière plus circonstancielle dans la volonté croissante d'un activisme politique qui réclame la conjonction de toutes les forces révolutionnaires que le parti communiste s'avère incapable de fédérer[2]. C'est ainsi que le 12 février 1929, une lettre sans signature, mais émanant des surréalistes, est envoyée à pas moins de soixante-treize destinataires : surréalistes actuels et passés (Artaud, Desnos, Naville, Prévert ou Leiris ne sont pas oubliés), groupe du *Grand Jeu*, anciens de *Clarté* en rupture de ban avec le parti (Altman, Bernier...), ainsi que diverses personnalités à distance relative du surréalisme. Parmi celles-ci, Georges Bataille. Il s'agit de savoir si les questions d'ordre personnel peuvent ou doivent continuer à entraver plus longtemps une action commune, que des *« ennemis communs »* rendent de plus en plus urgente (toujours les mêmes, et toujours plus puissants : la religion, le nationalisme, le capitalisme...). Devant l'émiettement des forces révolutionnaires, que traduisent la multiplication et la fragilisation de leurs publications, un aveu : *« Un certain nombre d'entre nous se refusent de croire à la nécessité, à la fatalité de l'éparpillement de nos efforts et à la spécialisation outrancière qui en résulte[3] »*, aveu qui débouche sur une question : l'activité collective, par-delà les dissensions, est-elle encore possible ? si non, pourquoi ? si oui, comment ? « Candeur » de Breton, en effet, qui, même dans l'éventualité d'une fin de non-recevoir de son appel, espère une réponse argumentée qui puisse encore participer au débat, même négativement. C'est Raymond Queneau qui est chargé de collecter les réponses. L'une d'elles n'y va pas par quatre chemins : *« Beaucoup trop d'emmerdeurs idéalistes. »* C'est celle de Georges Bataille.

Ainsi, alors que c'est sur une base politique (au sens large) que Breton désirait une plate-forme commune qui fasse fi des inimitiés, il se voit opposer un refus de Bataille sur la base idéologique qui, précisément, était la condition *sine qua none* de cette même action politique commune. Le ton de la querelle de ces années 1929-1930 est donné. Sa teneur, aussi : la rivalité qui s'engage pour quelques mois a pour fondement la question philosophique du matérialisme, dont toute la mouvance révolutionnaire, topos d'époque, se réclame alors. Il s'agit bien de comprendre comment Bataille en lira la réalisation dialectique surréaliste comme un avatar idéaliste, ce dont Breton se défendra vigoureusement parce que sa crédibilité

---

[1] *Tracts surréalistes et déclarations collectives*, Tome I (1922-1939), présentation et commentaires de José Pierre, Éric Losfeld éditeur, 1980, p. 423.
[2] Breton a adhéré au PC en 1927, mais il ne renouvelle pas son adhésion dès 1928.
[3] André Breton, « À suivre » (1929), *OC I*, Gallimard, Bibliothèque de la Pléiade, 1988, p. 954.

révolutionnaire vis-à-vis des communistes s'en trouve affectée, alors que Breton épinglera inversement les postulats anti-hégéliens comme autant d'archaïsmes philosophiques de la part de Bataille. En outre cette problématique restera constamment surdéterminée d'une part par des questions psychologiques et personnelles et d'autre part, par le problème de l'inscription dans le champ politique révolutionnaire.

Documents : une guerre larvée[1]

LE premier numéro de *Documents* voit le jour le 15 avril 1929. Sept numéros seront publiés cette même année, huit l'année suivante. Bataille sera ensuite écarté, et la revue périclitera bientôt. Revue éphémère, revue hétéroclite : deux tendances s'y opposent d'emblée, les « scientifiques » (Babelon, d'Espézel…) et les « artistes », Bataille entraînant dans cette seconde faction avec lui les premiers transfuges du surréalisme (Leiris, donc, mais aussi Limbour, Desnos, Vitrac…). *« Il ne fait pas de doute que, patiemment, obstinément, [Bataille] conçut* Documents *comme une machine de guerre contre le surréalisme ; comme une position avancée sur ses terres qu'un à un rallieraient ses dissidents »*, commente Surya[2]. Refusant toute vocation esthétique, la revue de Bataille intronise le « document » comme moyen d'observation chirurgicale du réel, par extraction directe de ses aspects les plus sordides, aux antipodes donc de l'imaginaire exalté au même moment par la revue surréaliste de Breton. En ce sens, le « document » est *« agressivement anti-métaphorique*[3] *»* : il dit, comme par synecdoque, de quoi le réel est fait. Un certain art occidental, mais plus encore l'ethnographie, les arts primitifs, la musique noire (le jazz)… deviennent autant de révélateurs d'une basse, d'une *juste* réalité de la matière humaine trop souvent fardée par le cosmétique social, moral, esthétique, religieux… Bataille engage avec sa revue une immense critique contre une certaine notion de l'art et de la modernité, notion *« dominée par les pouvoirs séculaires de l'idée*[4] *»*. Monstrueux ici, sera donc ce dont Breton voulait faire ailleurs l'instrument du merveilleux, mais d'un nouveau merveilleux qui aurait précisément rompu avec ces mêmes catégories : il ne fait ainsi aucun doute que pour les tenants de l'ordre social, moral, esthétique, religieux…, bien « horribles » étaient eux-mêmes les produits dégénérés que le surréalisme proposait. Bataille feint de l'ignorer : il feint d'ignorer à quel point en un sens sa démarche ne fait qu'accompagner un large mouvement qui n'a pas commencé avec lui (ni même, bien sûr, avec Breton), mais qu'il prétend porter, seul, à son

---

[1] Ce chapitre a connu une publication précédente sous une forme antérieure, sous le titre « André Breton et Georges Bataille : Querelles matérialistes et incidences picturales en 1929 », *Loxias* n°22, Doctoriales V, sous la direction d'Odile Gannier, Université de Nice, 2008.
[2] Michel Surya, *Georges Bataille, la mort à l'œuvre*, Gallimard, 1992, p. 150.
[3] Denis Hollier, « La valeur d'usage de l'impossible », *Les Dépossédés*, coll. Critique, Éditions de Minuit, 1993, p. 174.
[4] Georges Didi-Huberman, *La ressemblance informe, ou le gai savoir visuel selon Georges Bataille*, Macula, 1995, p. 15.

paroxysme. Et, initiant le tout premier un mouvement que la critique parfois reprendra par la suite, on le voit alors enferrer le débat dans une fausse opposition simplificatrice et manichéenne, qui réduit les termes en présence, leur disparité (philosophie, esthétique, morale, etc.), leur complexité, à une bipolarité spécieuse : à lui, donc, la matière, le monstrueux, le réel, le mal, le bas, etc. sans distinction ; à Breton, l'idée, la merveille, l'imaginaire, le bien, le haut, etc. sans davantage de distinction. La stratégie consiste à brouiller les repères pour renvoyer finalement Breton dans les cordes de cet idéalisme qu'il prétendait pourtant combattre. Car tels sont, en fin de compte, les termes génériques qui vont obnubiler la querelle : matérialisme contre idéalisme, Bataille revendiquant l'exclusivité du premier après la profonde blessure œdipienne infligée par le second, Breton tournant difficilement le dos à ses premières convictions philosophiques jusqu'à composer un assemblage précaire des deux qui se réclame de la dialectique de Marx et Engels. La méthode que Bataille utilise dans ses articles est celle qu'on l'a déjà vu mettre au point dès l'année précédente avec « L'Amérique disparue » : elle prélève (mutile) le réel à l'exact point d'intersection où observation à vocation scientifique (objective) et projection fantasmatique (subjective) se rencontrent et s'interpénètrent inextricablement. De sorte que, article après article – il en écrira plus d'une trentaine –, plusieurs ordres de questions interviennent en même temps, se reprenant, se répondant, se complétant, et participant toutes conjointement de cette entreprise de démolition du prétendu « idéalisme » surréaliste tout en concourant à l'élaboration d'une définition en acte du « matérialisme ».

L'univers comme un crachat, ou le matérialisme agressif de Georges Bataille

Contre toute une prétention idéaliste à la « liberté », dont Breton s'est en un sens fait le chantre, le matérialisme de Bataille s'annonce d'emblée comme une « contrainte » : contrainte de la matière vivante à l'égard de sa propre configuration atomique et de son inéluctable devenir, qui inscrit le déterminisme au cœur même de l'être. Cette question pose la nécessité de repenser le rapport de la « forme » et de l'« informe », qui polarise l'ensemble de l'investigation phénoménologique de Bataille : règnes végétal, animal et humain ; histoire ; pensée ; politique ; science ; art ; religion…, c'est toute une lecture analogique qui, aux antipodes de l'analogie poétique surréaliste, ramène la totalité de ses objets sous une même dynamique de la matière, chacun n'exprimant jamais que le « *symptôme*[1] » de la vérité générale. Forme, donc, tout

---

[1] Le terme, qui place cette dynamique générale dans une lecture *pathologique* qui emprunte à Freud sa méthode, voire son vocabulaire, et plus encore à Nietzsche son sens de la décadence, apparaît à plusieurs reprises dans les articles. On pourra assez souligner ici tout ce que le matérialisme de Bataille doit à la philosophie nietzschéenne. C'est assurément grâce à Nietzsche que Bataille en vient à Freud. Toutes nos références des articles cités, dont on ne donnera ici par commodité que le titre, dans Georges Bataille, *OC I*, Gallimard, 1970.

ce qui donne « *une redingote à ce qui est, une redingote mathématique* » (« Informe ») : celle de l'académisme ou du classicisme esthétique, de l'organisation gréco-romaine, de l'architecture et de toute autre velléité de composition qu'emblématisent la fleur ou le beau « cheval » grec, « *l'une des expressions les plus accomplies de l'*idée » (« Le cheval académique »)… Informe, au contraire : l'art infantile ou primitif, le baroque, les mondes barbare et gaulois, le pachyderme ou le singe ou l'araignée ou l'hippopotame ou le chameau, les racines proliférantes, « *contrepartie parfaite des parties visibles de la plante* » (« le langage des fleurs »), le corps morcelé, ramené à ses débris les plus dérisoires (« Le gros orteil ») ou à ses avatars les plus monstrueux, ces monstres de foire détruisant l'idéal de l'homme vitruvien (« Les écarts de la nature »)… Une dynamique de la « forme » (du corps, de la société, de la pensée, de l'esthétique…), axiologiquement valorisée, dément donc constamment, une dynamique opposée, coléreuse, de l'« informe », dans un mouvement antagoniste perpétuel. La polarité est en place : l'idéalisme formel ne fait pas, à proprement parler, front avec un matérialisme informel, il est plutôt pris dans une logique matérialiste générale, naturaliste en un mot, qui le dépasse ou l'englobe. Matérialisme foncièrement dualiste, qui ne se définit pas par simple refus de la tendance idéaliste, mais par une incorporation de celle-ci à l'intérieur même d'un processus matérialiste antagoniste qui travaille à sa perte (la fleur… fane). D'une certaine manière, cette conception rejoue l'antagonisme qui le sépare de Breton : tout se passe en effet comme si celui-ci, implicitement, était la dupe d'une plus large réalité, la réalité matérialiste du monde, qu'il ne voyait pas, qu'il refusait de voir. Tout comme le personnage au moment de son envolée lyrique était arrêté par la douleur atroce d'un cor aux pieds[1], le chantre Breton se retrouve soudain ulcéré par le chancre Bataille.

Il ne fait aucun doute que cet antagonisme entre forme et informe, antagonisme fondateur du matérialisme dualiste de Bataille, renvoie finalement à un antagonisme moral que Bataille lui-même, on l'a dit, dispose selon un axe vertical. La civilisation (idéaliste) a choisi : la noria d'équivalences « formelles »/« informelles » ne cesse de signifier à sa façon la piété religieuse qui sous-tend selon Bataille toute aspiration vers « le haut », envers laquelle toute son entreprise personnelle représenterait la juste, la nécessaire, l'inévitable compensation vers « le bas ». Dans sa stratégie argumentative, l'aplatissement des termes à une seule bipolarité atteint alors son comble, car c'est alors toujours le bien (idéaliste, platonicien, chrétien, transcendant, éternel, essentiel, c'est tout un) qui s'affronte au mal (matérialiste, dionysiaque, luciférien, immanent, immédiat, existentiel, c'est tout un autre), dans une lutte entre

---

[1] « *Aveugle, tranquille cependant et méprisant étrangement son obscure bassesse, un personnage quelconque prêt à évoquer en son esprit les grandeurs de l'histoire humaine, par exemple quand son regard se porte sur un monument témoignant de la grandeur de son pays, est arrêté dans son élan par une atroce douleur à l'orteil parce que, le plus noble des animaux, il a cependant des cors aux pieds, c'est-à-dire qu'il a des pieds et que ces pieds mènent, indépendamment de lui, une existence ignoble* », Georges Bataille, « Le gros orteil » (*Documents* n°6, novembre 1929), *Ibid.*, p. 202-203.

valeurs célestes et valeurs terrestres. Se revendiquer de l'un des termes du système, c'est forcément être passible de tous les autres : c'est donc manifester, fût-ce à son insu (ce qui n'en serait pas moins grave), un choix polaire au sein de cette seule et unique alternative dans laquelle Bataille emprisonne la pensée. Et s'affichant toujours délibérément comme le pôle négatif de cette alternative, il n'aura de cesse de repousser Breton à l'autre extrémité, du côté d'un pôle positif composite dont Breton était loin et d'en mériter, et d'en justifier la totalité des termes.

Farouchement anti-chrétien, le matérialisme de Bataille implique alors une autre pensée de l'histoire, un autre rapport au temps et, par conséquent, une autre compréhension de la révolution. Cet aspect touche à la dimension ethnologique de la revue, puis déborde sur sa marge politique. Dans cette même lecture bipolaire qu'on vient de voir à l'œuvre, Bataille va, d'article en article, et à l'instar de Nietzsche à l'égard de l'ère tragique pré-socratique, proposer comme les fragments d'une contre-histoire de la civilisation, qui se développerait à l'envers de la civilisation occidentale d'héritage gréco-romain. C'est ainsi le cas des Aztèques, bien sûr, mais aussi des Gaulois, des peuplades d'Afrique centrale... Antithèse certes si, contrairement aux civilisations judéo-chrétiennes qui en proclament l'imminente assomption, de telles civilisations conservent le travail de la mort inhérent à la matière vivante. Le temps n'est jamais le vecteur d'une « résurrection » spirituelle, mais au contraire, il est toujours porteur de mort, c'est-à-dire vecteur d'une « décomposition/recomposition » matérielle du monde qui s'accomplit par le réarrangement de ses composantes biophysiques[1]. Cette « recomposition » rappelle en l'homme civilisé, par-delà même le « barbare », l'animal sauvage qu'il a été, et qui réapparaît incidemment comme pour indiquer ce travail de la matière putride en son cœur même : « *Tant d'animaux au monde et tout ce que nous avons perdu : l'innocente cruauté, l'opaque monstruosité des yeux, à peine distincts des petites bulles qui se forment à la surface de la boue, l'horreur liée à la vie comme un arbre à la lumière. Restent les bureaux, les papiers d'identité, une existence de domestiques fielleux et, toutefois, on ne sait quelle folie stridente qui, au cours de certains écarts, touche à la métamorphose. On peut définir l'obsession de la* métamorphose *comme*

---

[1] Il n'y a, de la même façon, aucun « âge d'or » à restaurer : le primitivisme de Bataille se refuse à tout rousseauisme. Ce qui, l'éloignant de Breton, l'éloigne également pour un temps de son principal collaborateur Michel Leiris, comme le souligne Philippe Dagen : Bataille « *est à l'opposé de toute esthétique de l'archaïsme salvateur. Ce qui revient à dire à l'opposé de l'archaïsme tel que le conçoivent Breton et Tzara. Encore un motif de rompre avec eux et leur idéalisme : il n'y a pas de "bon sauvage", quoiqu'ils prétendent, quoique rêve Leiris. Le primitivisme surréaliste n'est qu'une version exotique de leur idéalisme général* ». Ce que Leiris ne comprendra que confronté à la réalité ethnologique, lors de son expédition en Afrique : « *Leiris, parti vers le merveilleux et la pureté primitifs, découvre un pays "bataillien", paradoxe désagréable [...]. Chine, Mexique, Éthiopie : plus question d'exotisme, de merveilleux, de purification. Ailleurs est semblable à ici, avec un peu moins de dissimulation, une certaine franchise dans la cruauté, l'habitude de procéder publiquement à ce qu'exigent les "instincts sadiques", des "altérations", des "défigurations" autrement plus graves que celles qui s'accomplissent dans l'art primitif* », Philippe Dagen, « Afrique fantôme, Afrique pourrie », *Bataille-Leiris, l'intenable assentiment au monde*, sous la direction de Francis Marmande, Belin, 1999, pp. 173-185.

un besoin violent, se confondant d'ailleurs avec chacun de nos besoins animaux, *excitant certains hommes à se départir tout à coup des gestes et des attitudes exigées par la nature humaine. [...] C'est dans ce sens qu'on regarde un homme comme une prison d'apparence bureaucratique*[1] ». C'est, au cœur de la moindre fleur idéale comme au cœur de l'homme, le même travail de mort de son idéalité, qui s'exprime jusque dans la pulsion érotique qu'une « transposition » idéaliste appelle « l'amour ». Travail immuable, « éternel retour », des pères vers les fils, génération après génération, et toujours affecté d'un coefficient de décadence toujours croissant. Comment alors un tel matérialisme « historique » serait-il compatible avec une quelconque velléité révolutionnaire ? Qu'y-a-t-il à attendre d'aucun « grand soir » rédempteur ? Comment ne pas voir que ce « grand soir » marxiste ne consiste qu'en une transposition laïque de l'eschatologie chrétienne, et à une négation du mouvement putride de la vie au profit de la fixité de la mort ? C'est ce que suggère Bataille à plusieurs reprises, lorsque par exemple il observe la prise de la Bastille comme un mouvement d'« *animosité du peuple contre les monuments qui sont ses véritables maîtres* » et affirme que « *[les] hommes ne représentent apparemment dans le processus morphologique qu'une étape intermédiaire entre les singes et les grands édifices* » (« Architecture »), comme si l'humanité tendait inéluctablement à sa propre pétrification idéaliste, périodiquement démolie par un retour animal, ou, plus nettement encore, lorsqu'il observe que « *les formes d'architectures terrifiantes étaient moins les églises, même les plus monstrueuses, que certaines grandes cheminées d'usine, véritable tuyaux de communication entre le ciel sinistrement sale et la terre boueuse empuantie des quartiers de filatures et de teintureries* » et accuse « *de très minables esthètes, en quête de placer leur chlorotique admiration, [d'inventer] platement* la beauté *des usines* » (« Cheminée d'usine »). De fait, le matérialisme de Bataille refuse catégoriquement de s'ériger en nouveau principe idéal, dont la raison se prétendrait capable de traduire la logique, d'où chez lui sa dynamique toujours descendante, d'où ce « bas matérialisme » dont il se réclame : « *à ce qu'il faut bien appeler la matière, puisque* cela *existe en dehors de moi et en dehors de l'idée, je me soumets entièrement et, dans ce sens, je n'admets pas que ma raison devienne la limite de ce que j'ai dit, car si je procédais ainsi, la matière limitée par ma raison prendrait aussitôt la valeur d'un principe supérieur (que cette raison* servile *serait charmée d'établir au-dessus d'elle, afin de parler en fonctionnaire autorisé)* » (« Le bas matérialisme et la gnose »). C'est donc le matérialisme « historique » de Marx qui est refusé, comme l'est aussi la dialectique de Hegel dont il procède par retournement, Hegel dont la présence explicite sous la plume de Bataille est assez tardive[2] alors même que le principe

---

[1] Georges Bataille, « Métamorphose » (*Documents* n°6, novembre 1929), *Ibid.*, p. 209. C'est Bataille qui souligne.
[2] Hormis dans « Figure humaine » (septembre 1929), la notion de « dialectique » comme le nom de Hegel ne semblent pas apparaître avant 1930 dans ses articles, soit pas avant que Breton ait en quelque sorte répondu au matérialisme de Bataille par l'entremise de son *Second manifeste*. Ce sera aussi à cette époque que Bataille empruntera et l'*Histoire du matérialisme* de Lange, et la *Misère de la philosophie* de Marx, et l'ouvrage *Ce qui est vivant et ce qui est mort de la philosophie de Hegel*, de Benedetto Croce. Voir Jean-Pierre Le Bouler et Joëlle Bellec-Martini, « *Emprunts de Georges Bataille à la Bibliothèque nationale (1922-1950)* », dans Georges Bataille, *OC XII*, Gallimard, 1988, p. 572.

de la dialectique sous-tendait dès le départ les séries d'oppositions (forme/informe) qu'on a vues. À moins de soutenir que dialectique et matérialisme peuvent s'accorder, mais alors à la stricte condition d'en réfuter l'articulation fondamentalement idéaliste qu'en propose Hegel, lui qui pose *in fine* une « synthèse », un « dépassement » chimérique. Dieu, Hegel, Marx : trois fins de l'histoire pareillement béates que récuse l'inlassable putréfaction de la matière, dont Bataille n'a de cesse de montrer l'éternel travail dualiste de gangrène à l'égard de toute forme qui veut être.

Impossible dès lors d'oublier combien cette philosophie, qui entend débarrasser la pensée de tous ses téguments idéalistes, doit aussi à un trajet personnel dont on a déjà montré l'origine traumatique. Les traces de cette projection fantasmatique affleurent, article après article, plus ou moins explicitement, ramenant l'exercice de la pensée à ce point douloureux où le sujet lui-même abîme sa propre histoire (celle de l'infirmité paternelle, de la démence parentale), et l'inclut lucidement comme fragment le plus matériel dans la totalité qu'il dévoile. Dans « Figure humaine », et à titre d'exemple parmi tant d'autres : *« Sortis (nous en parlons comme du sein maternel) des tristes chambres où tout avait été disposé par ces vaniteux fantômes, non exceptée l'odeur de la poussière rance, le plus clair de notre temps s'est passé, semble-t-il, à effacer jusqu'à la plus petite trace de cette honteuse ascendance. »* Le travail de la pensée chez Bataille toujours agrippe d'une main le monde objectif et plonge l'autre dans l'inavouable le plus intime pour en révéler la même et unique vérité : celle de la matière vivante, vivante soit toujours en instance de putréfaction.

Et le langage n'y échappe pas. Car un mot n'est pas restrictible à son seul et unique sens lexical, il travaille le réel dans la langue même, par les « effets » qu'il produit, qui y deviennent de véritables « faits » passibles d'une observation sociologique. Ce sont *« les besognes des mots »* (« Informe »). Bataille construit alors dans la revue un nouveau « dictionnaire » qui, terme après terme, durcit les effets du langage dans la sphère psychologique et sociale[1]. Il y a ce qu'ils disent, et ce qu'ils font dans le réel, et ce qu'ordinairement on ne leur fait pas dire et qui contribue néanmoins à leur travail[2]. Cette opération de morcellement du corps « idéalement » constitué du langage s'accomplit à rebours de l'activité poétique telle que la conçoit le surréalisme : elle ne présuppose aucune homogénéité analogique du monde, qu'elle considère comme la recherche finale d'une immuabilité illusoire, mais au contraire, exhibe la profonde et

---

[1] Outre leur présentation chronologique dans les œuvres complètes chez Gallimard, Jérôme Martin et Les éditions L'Écarlate en ont donné une version alphabétique.
[2] L'article « Cheminée d'usine » est à cet égard parfaitement clair : la définition donnée dans le dictionnaire d'une « cheminée d'usine » ignore la terreur du petit garçon face à la réalité de ces mêmes cheminées d'usine. Le signifiant linguistique est un fait de langue qui ne sait pas dire les effets du signifié ni du référent sur le sujet parlant ou sur son auditoire. Il n'y a guère que pour Freud que ces effets sont des faits bruts, dignes d'une observation analytique.

mouvante hétérogénéité du langage en soulignant *« l'ensemble des processus de répulsion ou de séduction suscités par le mot indépendamment de son sens[1] »*. Or, sans entrer dans une analyse de détail, il est important d'observer dans la langue même de Bataille les modalités stylistiques qu'emprunte avec prédilection son matérialisme. On a déjà suggéré comment le principe de l'analogie était, aux antipodes de l'analogie surréaliste, un expédient systématique pour rappeler l'ensemble de la matière du monde à une même et unique vérité générale de putréfaction. Un relevé de la variété des procédés (lexicaux, grammaticaux) utilisés serait fastidieux. Il vaut mieux observer que l'analogie s'exprime tout aussi systématiquement dans un sens *réducteur*. Les négations restrictives sont innombrables dans ses articles, ramenant souvent la phrase de Bataille à la formule : X *n'est rien d'autre que* Y, qui traduit linguistiquement le désenchantement anti-idéaliste à l'œuvre, puisqu'alors chaque objet du monde « n'est que » fragment du processus matérialiste qui lui est inhérent, la syntaxe minimale s'apparentant moins à une opération d'attribution qualitative (le verbe « être ») que de soustraction[2]. Le dualisme qu'on a souligné affectionne les figures de l'antithèse (*« la séduction extrême est probablement à la limite de l'horreur »*, « Œil »), notamment lorsqu'elle se présente sous l'apparence plus ramassée de l'oxymore (la *« paisible tuerie »* de « L'Apocalypse de Saint-Sever »). L'emploi de la métaphore, ou de la comparaison, figures fondamentales de l'analogie, reste soumis au même mouvement dépréciatif. C'est ainsi par l'entremise d'une vaste entreprise d'avilissement, particulièrement agressive à l'égard de son lecteur, que la vérité matérialiste de Bataille, écorchée article après article, se donne à vif.

L'analogie donc, s'avère pareillement revendiquée par l'un et l'autre. Chez Bataille, et pour reprendre les termes de l'analyse iconographique magistrale qu'en a donnée Georges-Didi Hubermann, il y a bien une « ressemblance informe »[3]. L'analogie qui régit l'univers entier est chez lui cette ultime

---

[1] Denis Hollier, *La Prise de la Concorde* (1974), Gallimard, 1993, p. 64.
[2] Par exemple : *« Tous les renversements qui paraissent appartenir en propre à la vie humaine ne seraient qu'un des aspects de cette révolte alternée »*, « Le Cheval académique », ou encore : *« [le désir] s'exerce uniquement pour souiller et flétrir cette beauté [la beauté de la fleur] qui n'est pour tant d'esprits mornes et rangés qu'une limite »*, « Le langage des fleurs ».
[3] Georges Didi-Hubermann, *La ressemblance informe, ou le gai savoir visuel selon Georges Bataille*, Macula, 1995. L'auteur, à l'instar de la « besogne des mots », parle d'une véritable « besogne de l'image » née de cette manipulation iconographique extraordinaire qu'est *Documents*. Ainsi analyse-t-il dans l'iconographie de la revue les moyens techniques de cette opération de ressemblance informe particulièrement agressive envers l'anthropomorphisme et l'anthropocentrisme : la dérision, le gros plan, la contre-plongée, la rotation ou le renversement à 180°, le floutage, le recadrage, le prélèvement... Aborder la question de la comparaison de l'iconographie de *La Révolution surréaliste* et de *Documents* déborde notre propos. Georges Didi-Hubermann donne pour sa part quelques pistes intéressantes de réflexion, en mettant en avant comment la revue de Bataille pastiche en un sens celle de Breton. De son côté, Gaëtan Picon a décrit la revue surréaliste, avec sa typographie sans recherche, son impression sur papier glacé en deux colonnes, sa présentation austère qui tranche avec les revues littéraires de l'époque, comme elle-même inspirée de la revue *La Nature*, revue de vulgarisation scientifique en vogue. Voir Gaëtan Picon, *Journal du surréalisme 1919-1939*, Skira, 1976.

profession de foi en une matière corpusculaire qui écrit l'histoire de la vie au fur et à mesure de sa « mise en forme » puis de son inévitable « décomposition ». Pour le dire autrement, la « ressemblance informe » est celle qui ouvre une analogie horrible, insoutenable, entre la « forme » (humaine, animale, etc.) précaire de la matière, et l'« informe » qui en exprime le mouvement. L'être est toujours l'instant fragile d'une putréfaction invisible mais en travail en lui. Je ne suis rien d'autre que ce qui me déforme, que ce qui me défait. Et rien ne me déforme, rien ne me défait autant que ce qui m'est résolument antagoniste : d'où les antithèses, d'où les oxymores... Le travail de la « ressemblance » chez Bataille consiste toujours à pousser la « chose » vers le terme qui lui est le plus opposé, le plus extrême dans le sens de cette décomposition. Cette ressemblance ne travaille en effet que de rapprocher jusqu'à les faire se toucher les antagonismes les plus éloignés, dont la séduction extrême survient alors lorsque les deux mouvements semblent comme se disputer la forme, travailler simultanément l'un contre l'autre – c'est par exemple le cas de la « Bouche »[1], bouche de la parole/bouche du cri ; bouche de la langue/bouche des dents. Cruauté que cette ressemblance là, qui participe chez Bataille de sa stratégie anti-idéaliste puisque la forme et la ressemblance sont d'abord d'essence mythologique, et singulièrement chrétienne – les hommes à l'image de Dieu, les fils à l'image de leurs pères, et jamais l'inverse : il y a en effet toujours un sens de la ressemblance[2] –. C'est peut-être sur cette question alors que son entreprise anti-Breton atteint à la fois le paroxysme de sa mauvaise foi, et son point culminant. On a dit comment Bataille s'ingéniait à aplatir tous les domaines concernés en une simple bipolarité manichéenne qui confondait délibérément les divers angles d'attaque anti-surréaliste pour, au final, récuser la vérité subversive du surréalisme et exacerber la polémique avec Breton au mépris de toute rigueur critique. Confronter cette question de la « ressemblance informe » chez Bataille avec l'analogie surréaliste telle que Breton la prône explicitement depuis 1924 au moins offre l'angle le plus saillant quant à leur opposition philosophique de ces années 1929-1930. Quelle « ressemblance » en effet dans l'analogie surréaliste, dont, s'en souvient-on, la valeur est *« fonction de la différence de potentiel entre les deux conducteurs*[3] *»* ? Quelle « ressemblance » si *« Sur le pont la rosée à tête de chatte se berçait*[4] *»* ? Dans l'analogie surréaliste de Breton, il n'y a pas de monde et de contre-monde, pas de forme et d'informe : rien de cette dialectique dualiste, donc tronquée, à l'œuvre chez Bataille, qui oppose un état précaire de la matière avec son terme « pourri », entrechoque un « endroit »

---

[1] Georges Bataille, « Bouche » (*Documents* n°5, deuxième année, 1930), *OC I*, Gallimard, 1970, p. 237.
[2] Saint Thomas d'Aquin : *« On peut dire que la créature ressemble à Dieu en quelque manière ; mais on ne doit pas dire que Dieu soit semblable à la créature. »*
[3] André Breton, *Manifeste du surréalisme* (1924), *OC I*, Gallimard, Bibliothèque de la Pléiade, 1988, p. 338.
[4] *Ibid.*, p. 339. Le vers, extrait du poème « Au-regard des divinités » (juillet 1923) publié dans *Clair de terre* (1923), est (partiellement) cité dans le *Manifeste* comme exemple, avec d'autres (Lautréamont, Soupault, Desnos, Aragon, Vitrac, Morise), de l'image surréaliste la plus accomplie.

des apparences idéales et un « envers » sordide, insoutenable au regard. Chez Breton, la matière du monde se donne dans sa large diversité objective, et le regard est débarrassé de toute axiologie (anti)chrétienne. Il n'y a pas les objets du bien et ceux du mal, il y a le monde objectif, infiniment varié, largement ouvert, et l'appréhension que peut en avoir telle ou telle sensibilité. La question de l'analogie est chez lui celle d'une saisie immédiate du monde par le biais du langage, elle met en contact par le langage des objets que la raison éloigne, et dont le rapprochement soudain s'avère déclencheur de l'étincelle poétique parce que tout s'y oppose raisonnablement. De la sorte, le cheval chez lui n'est pas la forme « idéaliste » de l'hippopotame, il galope *« sur une tomate*[1] *»*. La fixité de la « forme » matérielle est démentie par sa ductilité métaphorique et les virtualités métamorphiques du langage au mépris de tout « ordre du monde », fût-il rationnel, esthétique ou… moral : chrétien *comme* antichrétien, c'est toujours un « ordre » qui se cherche et que la transgression poétique récuse furieusement.

C'est ainsi que, article après article, s'exprime l'incompatibilité sur le plan conceptuel entre Bataille et Breton. C'est également ainsi que Breton, implicitement, se voit soumis à la mitraille de Bataille. Implicitement en effet, car jamais Bataille ne le citera nommément, ce que Breton s'empressera de faire dès que l'occasion d'une riposte se présentera. Une fois dégagée la nature des dissensions en jeu, et soulignée leur importance polémique dans le contexte de la confrontation à Breton, on peut repérer pourtant quelques allusions plus ou moins directes qui alimentent la discorde. La polémique, qui naît de la divergence philosophique radicale qu'on a vue, passe ainsi également par la récupération d'un certain nombre de pensées ou de références que Breton, d'après Bataille, se serait habilement accaparé. C'est par exemple une allusion à la psychanalyse et à Freud qui lorgne ainsi très clairement du côté de Breton[2]. Implicitement tancée, la frilosité de Breton (celle qui lui avait suggéré de mettre fin aux expériences de

---

[1] André Breton, « Exposition X…, Y… » (avril 1929), *OC II*, Gallimard, Bibliothèque de la Pléiade, 1992, p. 301. Certes, la critique a montré la récurrence de l'oxymore et de l'antithèse dans la poétique de Breton. Il s'agit ici d'insister sur ce qui les différencie du texte de Bataille. Chez celui-ci, on l'a dit, l'oxymore agit à l'extrême comme figure de la division dualiste, gangrénant la forme vers son informe. Chez Breton, il agit au contraire comme figure du rapprochement le moins rationnel. Voir par exemple les analyses du couple « cristal »/« corail » chez Breton dans Michel Ballabriga, *Sémiotique du surréalisme. André Breton ou la cohérence*, coll. Champs du signe, Presses Universitaires du Mirail, Toulouse, 1995. Ballabriga indique ainsi que chez Breton, *« ce n'est pas la différence à proprement parler qui est niée, mais le fait que cette différence se durcisse en séparation »*, et ajoute que *« ce n'est pas parce que des objets se ressemblent qu'on les rapproche, c'est parce qu'on les rapproche qu'ils se "ressemblent", ou plutôt leur rapprochement crée une unité nouvelle aux composants indissociables »*, respectivement p. 116 et p. 126.

[2] Désireux de placer son matérialisme (tel que son « dictionnaire » l'exprimait) dans une lecture freudienne à laquelle *« il faut emprunter une représentation de la matière »*, Bataille ajoute aussitôt : *« Il importe peu que la crainte de complications psychologiques (crainte qui témoigne uniquement de la débilité intellectuelle) engage des esprits timides à découvrir dans cette attitude un faux-fuyant ou un retour à des valeurs spiritualistes »*, Georges Bataille, « Matérialisme » (*Documents* n°3, juin 1929), *OC I*, Gallimard, 1970, p. 180.

sommeil ? celle qui le jette avec prudence dans les hallucinations de l'automatisme ?) est immédiatement rabattue sur une problématique religieuse qui accuse l'onirisme surréaliste de refuser de se colleter avec la réalité, y compris psychologique. Bataille préfère pour sa part chez Freud la vision nietzschéenne d'un homme carrefour d'influx énergétiques qu'il se voit trop souvent contraint de contenir, et qui doivent trouver nécessairement leur expulsion. C'est aussi, *via* la dialectique de Hegel, « escamotage » de la pensée, une attaque nominative de Tzara qui éclabousse le surréalisme tout entier, et donc Breton forcément, dont il vient justement de se rapprocher. Triple accusation, morale (sa prétendue « intégrité »), intellectuelle (son « hypocrisie ») et révolutionnaire (l'« utilitarisme » qui le menace), du surréalisme au moment de son orientation vers le matérialisme marxiste. Plus perfidement encore, il y a aussi cette « métamorphose » informe *« excitant un homme à se départir tout à coup des gestes et des attitudes exigées par la nature humaine »*, et qui finit par l'exemple d'*« un homme au milieu des autres, dans un appartement, [qui] se jette à plat ventre et va manger la pâtée du chien*[1]. » Limbour peut-être, alors proche de Bataille, lui-même à plat ventre avalant la pâtée du chien pour épater un Breton ébloui lors des expériences de sommeil de 1922[2]… Reste, plus emblématique, le cas Dalí.

Incidences picturales : le *Jeu lugubre* de Salvador Dalí

Si à aucun moment sur le plan strictement conceptuel, on l'a vu, Bataille ne prend la peine de réinscrire sa philosophie dans une certaine modernité à laquelle, *avec* le surréalisme, elle doit assurément, il admet cependant à plusieurs reprises, mais seulement comme à mots couverts, la proximité de son matérialisme avec un surréalisme ni théorique ni poétique (où Breton l'embarrasse) mais plutôt pictural[3]. C'est ainsi qu'il faut lire, semble-t-il, dans cette série d'articles, plusieurs allusions qui contredisent ouvertement la lecture surréaliste de la peinture que Breton vient de donner, pour en proposer au contraire une appréciation théorique prétendument plus juste, qui serait susceptible en retour de rallier à sa cause ces mêmes peintres « dévoyés » avec Breton. Ainsi, dans *Le surréalisme et la peinture*, Breton a-t-il commencé, après avoir présenté l'émotion comme seul critère surréaliste à proprement parler, par distinguer une peinture réaliste, entièrement et uniquement soumise au seul modèle extérieur, et une peinture entièrement tournée vers un modèle intérieur, qui exalte les capacités d'imagination du peintre, braque sur ses pinceaux la lumière la plus subjective, révèle de sidérants rapports entre les objets qu'elle

---

[1] Georges Bataille, « Métamorphose » (*Documents* n°6, novembre 1929), *OC I*, Gallimard, 1970, p. 208.
[2] Mark Polizzotti, *André Breton*, Biographies, Gallimard, 1999, p. 208. L'homme-chien Limbour, avatar moderne de Diogène le Cynique, ce « Socrate en délire », selon le mot de Platon.
[3] Est-ce d'ailleurs dans ce sens qu'il faut entendre ce que note Michel Leiris cette même année 1929 au sujet de Bataille, qu'il juge *« trop "esthétiquement" matérialiste »* ?, Michel Leiris, *Journal* cité d'après *Georges Bataille, Michel Leiris. Échanges et correspondances*, « Les inédits de Doucet », Gallimard, 2004, p. 206.

rapproche, et fait lever, soudainement, cette « merveilleuse surréalité[1] ». La peinture surréaliste est celle qui, réconciliant (« dialectiquement ») dans l'émotion le monde intérieur du peintre et le monde extérieur de la réalité, procure à qui la regarde l'éblouissement même dont elle est née. Ni matérialiste au sens d'une matière qui échapperait à l'entendement (ce qu'elle est pour Bataille, la pensée se présentant comme une sorte d'excroissance de matière, la « cervelle », dont la tâche impossible est justement de rendre compte de ce qui par définition lui échappe), ni idéaliste au sens d'un « supra » ou d'un « extra »-monde (religieux, ésotérique, hégélien) qu'elle révèlerait ou d'un entendement qui s'arrogerait une autorité critique sur ce que cette peinture lui montre et fait éprouver au corps. Bataille, lui, préfère observer la voie que la peinture ouvre vers *« la monstruosité bestiale[2] »*.

Par exemple, l'art primitif. Suspicieux quant à la théorie selon laquelle « l'ontogenèse répète la phylogenèse[3] », il place néanmoins l'art des enfants et l'art des peuples primitifs sous le même signe de « l'altération » des formes (et singulièrement des formes humaines). Or c'est exactement le mouvement qui selon lui anime les tendances des peintres les plus modernes, qu'il entend libérer de la mainmise de Breton. Picasso, par exemple[4], que Breton place pour sa part en tout premier dans la série de peintres susceptibles de montrer la voie au surréalisme pictural[5]. Miró, également, mettant selon Bataille *« la réalité en poussière[6] »* alors que Breton vante son *« pur automatisme[7] »*. On voit dans la perspective d'un matérialisme « appliqué » à la peinture comment ces lectures se croisent, Bataille avançant l'idée que l'altération figurée par ces peintres n'est que la « forme » de la décomposition de la matière vivante en plein travail, Breton au contraire les louant d'avoir donné forme à l'informe onirique et pulsionnel, d'avoir su capter cet incommunicable part d'obscurité intérieure de l'être pour la jeter vigoureusement sur la toile et y peindre la beauté nouvelle.

---

[1] André Breton, *Le surréalisme et la peinture* (1928), nouvelle édition revue et corrigée (1928-1965), Folio essais, Gallimard, 2002.
[2] Georges Bataille, « Architecture » (*Documents* n°2, mai 1929), *OC I*, Gallimard, 1970, p. 172.
[3] La théorie, d'inspiration darwinienne, est répandue par le biologiste Ernst Heinrich Haeckel (1834-1919). Supposant un développement « harmonieux », « ordonnancé » de l'histoire, elle ne pouvait qu'irriter Bataille, qui la cite à partir de l'ouvrage de Luquet, *L'Art primitif*, dont son article est le commentaire. Georges Bataille, « L'art primitif » (*Documents* n°7, deuxième année, 1930), *Ibid.*, p. 253.
[4] Georges Bataille, « Soleil pourri » (*Documents* n°3, deuxième année, 1930), *Ibid.*, p. 232.
[5] Breton a pris soin de ne pas inconsidérément annexer Picasso au surréalisme, étiquette *« absurdement restrictive »* le concernant.
[6] Georges Bataille, « Joan Miró : Peintures récentes », (*Documents* n°7, deuxième année, 1930), *Ibid.*, p. 255.
[7] André Breton, *Le surréalisme et la peinture* (1928), nouvelle édition revue et corrigée (1928-1965), Folio essais, Gallimard, 2002, pp. 61-62. Le passage consacré à Miró ne manque pas d'évoquer les dissensions notamment politiques qui le séparent de Breton.

Mais il faut faire ici un sort particulier à un peintre particulièrement révélateur des incompatibilités entre Bataille et Breton, peintre qui joua un rôle de premier plan dans la guerre larvée qui se déchaîne alors entre eux : c'est Salvador Dalí. Depuis plusieurs mois déjà, à Barcelone, Dalí n'a pas manqué de montrer un vif intérêt à l'égard du surréalisme (dont il a commencé à rencontrer certains membres), et spécifiquement à l'égard des écrits de Breton[1]. Lorsque Dalí arrive à Paris, au milieu de l'année 1929, Bataille ne manque pas de dire son admiration à l'égard du peintre catalan à l'occasion de la projection du *Chien andalou*, film coréalisé avec Buñuel[2]. De fait, lors de la réalisation du film, à Paris, Dalí a écrit pour *La Publicitat* une série d'articles sous le titre « Documentaire – Paris 1929 », titre qui en un sens semble s'apparenter à l'orientation générale choisie par la revue de Bataille. Son intervention réalise pourtant, et semble-t-il de manière assez consciente, une jonction assez étonnante entre le réalisme « agressif » de Bataille et le surréalisme de Breton, dont il récuse, sans les nommer, l'antagonisme[3]. Dalí ne verse donc pas dans l'amalgame manichéen de Bataille, et refuse pour l'instant de choisir, conservant à chaque démarche sa singularité et surtout sa nature subversive à l'égard des normes « idéalistes » de la société et de l'art. Conviction véritable de sa part, ou prudence stratégique pour se concilier simultanément les deux portes d'entrée les plus séduisantes dans la modernité artistique parisienne ? Quoi qu'il en soit, Dalí va faire l'objet d'un petit jeu de ping-pong entre Breton et Bataille à coups d'articles interposés.

Première manche, Breton, qui préface le catalogue de sa première exposition à Paris (Galerie Goemans, du 20 novembre au 5 décembre 1929), marquant ainsi l'entrée du peintre dans le mouvement surréaliste. Et – alors que depuis plusieurs numéros de *Documents*, les articles de Bataille se font de plus en plus virulents et qu'il est lui-même privé de tribune par les problèmes de publication

---

[1] Ainsi a-t-il proclamé un « Manifeste antiartistique » dit « Manifeste jaune » dès mars 1928, où il se réclame *« DES GRANDS ARTISTES D'AUJOURDHUI DE TENDANCES ET CATÉGORIES LES PLUS DIVERSES »* parmi lesquels figurent Reverdy, Tzara, Éluard, Aragon, Desnos et Breton. Mais aussi Cocteau, Le Corbusier, Stravinsky... La liste est plutôt disparate, comme on voit. Voir Salvador Dalí, « Manifeste antiartistique » (mars 1928), *Oui* (Denoël/Gonthier, 1971), Denoël, 2004, p. 74.

[2] Georges Bataille, « Œil » (*Documents* n°4, septembre 1929), OC I, Gallimard, 1970, p. 187. Sont reproduits dans ce même numéro trois tableaux de Dalí : *Le sang est plus doux que le miel*, *Baigneuses* et un *Nu féminin*.

[3] *« le documentaire et le texte surréaliste coïncident dès le départ dans leur processus essentiellement antiartistique et particulièrement antilittéraire, puisque n'interviennent pas dans ce processus les moindres intentions esthétique, émotionnelle, sentimentale, etc., caractéristiques essentielles du phénomène artistique. Le documentaire note antilittérairement les choses dites du monde objectif. Le texte surréaliste transcrit avec la même rigueur et aussi antilittérairement que le documentaire, le fonctionnement RÉEL, libéré, de la pensée, des histoires qui se passent en réalité dans notre esprit, grâce à l'automatisme psychique et autres états passifs (inspiration) »*, Salvador Dalí, « Documentaire – Paris 1929 – I » (26 avril 1929), *Oui* (Denoël/Gonthier, 1971), Denoël, 2004, p. 124.

de *La Révolution surréaliste*[1] – le texte qu'il écrit lui offre enfin l'occasion d'une première riposte. Il assigne ainsi lucidement à Dalí une place intermédiaire entre lui-même et Bataille, soit dit-il *« dans un système d'interférences*[2] *»*. Le sous-entendu est clair, d'autant que l'article lui-même s'organise en deux parties qui observent chacune un « côté » de Dalí après l'autre. *« D'un côté »*, donc, celui de Bataille : les mites (celles des vêtements que Dalí arbore fièrement, mites symboliques d'une dévoration en marche de l'art et de la critique), l'écrasement définitif des surréalistes, *« gueuleurs professionnels »*, sous les coups de talons d'une nouvelle normalité ironiquement conservatrice, et confortablement installée dans le conformisme social et artistique (le journalisme, la mode, le cinéma, etc.[3])... À l'accusation d'« idéalisme » portée par Bataille, Breton répond ainsi par celle de « conservatisme » réaliste. *« De l'autre côté, il y a l'espoir »*. L'espoir que Dalí contribuera à l'instruction du procès de la réalité que le surréalisme a intenté, sur la base de l'anti-esthétisme, de l'anti-nationalisme et de l'anti-capitalisme. On voit alors comment Breton conçoit de son côté la querelle : l'observation « documentaire » du réel dont se prévaut Bataille est une grave abdication de l'homme devant un ordre insupportable sur tous les plans (intellectuel, politique, esthétique, etc.). Il s'agit alors pour lui, au détriment de la fascination ostensible envers la putréfaction de la matière organique qui le rapproche de Bataille, de tirer Dalí vers l'imaginaire qu'il s'avère capable de déployer dans sa peinture, et de placer celle-ci dans un mouvement historique qui la fait participer de cette marche en avant, contre la réalité qu'« observe » Bataille dans une simple morale de constat – morale coupable, à s'en tenir là, de ne faire qu'aggraver l'ordre du monde qu'elle exhibe – vers une « imminence » surréelle.

Deuxième manche, Bataille. Bataille a mesuré avec exactitude le dilemme dans lequel Breton cherche à placer Dalí, et sa réponse, immédiate, porte d'emblée sur les deux aspects du problème : il réaffirme son projet « documentaire », placé explicitement dans une perspective scientifique ; il réfute le pseudo-conservatisme dont le taxe Breton, en proclamant l'efficacité d'une « violence » négative, destructrice, qui cible chez Breton son orientation ostensiblement marxiste et sa conception révolutionnaire d'une violence constructive et positive. La « révolte » de l'un achoppe en somme sur la « révolution » de l'autre. Et c'est alors un tableau en particulier qui va focaliser les éléments de discorde : le *Jeu lugubre*, peint sous l'attraction érotique de Gala, épouse d'Éluard, que Dalí vient de rencontrer. Le tableau montre une influence notable de la froideur des paysages de Tanguy (voire de Chirico), mais loin d'être déserté comme souvent les siens, l'espace ici (des marches d'escalier qui

---

[1] Le dernier numéro, le 11, date déjà du 15 mars 1928 et le numéro 12 tarde à sortir. Il paraîtra finalement le 15 décembre 1929, soit plus d'un an et demi après, avec notamment la première version du *Second manifeste du surréalisme*.
[2] André Breton, « Première exposition Dalí » (décembre 1929), *OC II*, Gallimard, Bibliothèque de la Pléiade, 1992, p. 307.
[3] Outre Bataille, principalement visé, les attaques ciblent ses comparses, et notamment Vitrac ou Desnos.

montent vers la droite, à gauche une statue sur son socle...) est formidablement animé par des personnages (comprenant plusieurs autoportraits), des animaux (un lion) et diverses formes organiques (viscères, têtes, bras, doigts...) ou pas (chapeau, parapluie...) prises comme dans un mouvement général de métamorphose. La composition, d'une touche méticuleusement travaillée, plonge son secret dans des visions personnelles où se mêlent fantasmes de pénétration et complexe de castration. Délires scatologiques, aussi : en bas, à droite du tableau, une forme humaine à tête de mannequin en bois (Chirico ?) semble comme éplorée, pendue au cou d'un personnage souriant en qui l'on reconnaît Dalí lui-même, le caleçon maculé d'excréments[1]. L'analyse freudienne que Bataille va proposer dans la revue ignore complètement les circonstances immédiates de sa création (la relation avec Gala)[2], et préfère expliquer le tableau tout entier par le *« complexe d'infériorité »* dont il procèderait[3]. Bataille assigne ainsi un sens de lecture à la circularité du tableau, ce que confirme un schéma en face de l'article qui, motif après motif, en décortique les étapes successives : émasculation (du personnage statufié) / fantasmes de virilité (la ronde organique et ses motifs sexuels masculins et féminins : doigt, parapluie, chapeau) / traumatisme d'une culpabilité infantile refoulée (emblématisée par le personnage souillé) / auto-satisfaction vis-à-vis de l'ensemble du processus (retour à la statue, qui se cache les yeux), qui *« trahit un besoin peu viril d'amplification poétique du jeu[4] »*. Cette analyse reproduit le mécanisme d'observation objective/fantasmatique qu'on a vu à l'œuvre dans l'ensemble des articles de Bataille, dont les propres traumatismes font indéniablement retour (impotence physique, impuissance sexuelle, et incontinence fécale du père). Elle est immédiatement suivie d'une charge à peine voilée contre Breton, *« garde-chiourme »*, dont Bataille cite sans le nommer les *« fenêtres mentales »*, motif par essence de l'ouverture automatique. La même bipolarité manichéenne s'exprime encore dans ces attaques, et poursuit sa stratégie d'amalgame : onirisme poétique, impuissance, complaisance lâche / lucidité prosaïque, virilité, colère et bestialité qui s'exprime jusqu'à la surenchère[5]. L'article se place ainsi à nouveau

---

[1] Le détail, scabreux, a son importance : il choqua tellement Breton que celui-ci se serait fait confirmer par le peintre qu'il ne s'agissait que d'un simulacre. Anecdote dont la critique se dispute la véracité.

[2] En un sens, on a vu exactement le même processus analytique chez lui dans les « Coïncidences » qui terminaient *Histoire de l'œil*, voir Frédéric Aribit, « *Nadja, Histoire de l'œil* : poétiques de l'ineffable », *Syn-Thèses*, Revue Annuelle du Département de Langue et de Littérature Françaises, Université Aristote de Thessalonique, Grèce, 2008.

[3] Georges Bataille, « Le "Jeu lugubre" » (*Documents* n°7, décembre 1929), *OC I*, Gallimard, 1970, p. 211.

[4] *Ibid.*, p. 212. C'est précisément parce qu'elle se « cache les yeux » que la statue est susceptible d'être interprétée selon Bataille comme représentant la satisfaction poétique de Dalí, en pleine contemplation narcissique, au lieu d'ouvrir « virilement » les yeux.

[5] *« il est impossible de s'agiter autrement que comme un porc quand il bâfre dans le fumier et dans la boue en arrachant tout avec le groin et que rien ne peut arrêter une répugnante voracité. [...] Je tiens ici uniquement – dussé-je, portant de cette façon l'hilarité bestiale à son comble, soulever le cœur de Dalí – à pousser moi-même des cris de porc devant ses toiles »*, *Ibid.*.

sur le terrain de l'« idée » à combattre, parce qu'il n'y a d'idée qu'« idéaliste », que tout essor de la pensée, toute manifestation intellectuelle est pareillement ravalée sous cette même étiquette « détestable » qui prétend ériger là où rien n'existe que le pourrissement. Bataille dès lors se refuse à tronquer son vocabulaire comme il accuse implicitement Breton de le faire : les peintures de Dalí *« sont d'une laideur effroyable »*. Et il n'a de cesse d'accuser cette « laideur » fascinante à proportion que Breton, lui, en vante, expression insoutenable pour lui, la *« merveilleuse terre de trésors[1] »*.

---

[1] André Breton, « Première exposition Dalí » (décembre 1929), *OC II*, Gallimard, Bibliothèque de la Pléiade, 1992, p. 308.

Le *Second manifeste du surréalisme* : une riposte à double détente

La parution le 15 décembre 1929 du dernier numéro de *La Révolution surréaliste* offre enfin à Breton l'occasion attendue d'une riposte cinglante non seulement à tous ceux qui l'ont personnellement pris à partie mais aussi à l'ensemble des détracteurs du mouvement, parmi lesquels ceux qui l'ont quitté ou ceux qui en ont été exclus. Charge au vitriol, qui voit la polémique évoluer entre débat d'idées et règlements de compte personnels, soit exactement sur le double champ de mines que Bataille, parmi les plus farouches de ses adversaires, a ouvert, mais plus sournoisement, avec *Documents*. Le *Second manifeste*[1] entérine ainsi, sur la base d'un vigoureux rappel éthique, la nouvelle impulsion du mouvement surréaliste, régénéré comme par dialyse, dans l'ensemble du paysage intellectuel, artistique et politique. L'exercice est périlleux : Breton cherche en effet à tenir d'une même main les rênes de la créativité artistique telle que le surréalisme l'a définie depuis le début, avec celles de l'activisme politique dont l'importance s'affirme toujours davantage dans le mouvement et ce, sans jamais se voir débordé, ni « sur sa droite » par ceux dont la prédilection va dans la première direction au détriment de la seconde, sacrifiant la lutte idéologique à la « gloriole » artistique (Artaud), ni « sur sa gauche », par ceux qui, à l'inverse, s'avèrent prêts à sacrifier la singularité de la recherche surréaliste aux mots d'ordre du marxisme (Baron, Naville)[2]. Il propose une sorte de bilan moral du mouvement, dont il réaffirme la

---

[1] On se souvient que le texte connaîtra deux publications consécutives. La première, en revue, à la mi-décembre 1929, alors que les principales attaques de Bataille ont déjà été lancées dans *Documents* jusqu'à atteindre le paroxysme de l'affaire Dalí. La seconde, en volume cette fois, aura lieu en juin 1930, quelques mois après la parution du pamphlet collectif organisé par Bataille. Cette version sensiblement remaniée n'ajoute pas grand-chose à la polémique qui nous intéresse. Certes Breton y apporte ironiquement quelques rectificatifs de détail à l'égard de tel ou tel signataire du pamphlet (Limbour, Desnos). Mais il semble davantage préoccupé par les différends profonds qui l'opposent alors aux marxistes « orthodoxes » du parti communiste ou de ses proches (Barbusse). Sur Bataille, rien de plus. Ou à peine un bref emprunt à Marx, en guise d'insulte à l'égard « *des philosophes-orteils, des philosophes-excréments* », ce qui semble accréditer l'idée que Breton fait alors peu de cas de Bataille personnellement – Desnos l'intéresse davantage. Désintérêt dont on peut supposer, dans le contexte relationnel qu'on tente d'élaborer, qu'il devait accroître d'autant la hargne de Bataille.
[2] Voir aussi André Breton, *Qu'est-ce que le surréalisme ?* (juin 34), *OC II*, Gallimard, Bibliothèque de la Pléiade, 1992, p. 245.

philosophie révolutionnaire sans pour autant taire les démêlés avec le parti communiste, avant d'inscrire les principes initiaux du surréalisme (poétiques, heuristiques) dans une dynamique qui s'apparente à la recherche alchimique. D'où la spécificité du matérialisme surréaliste, car assurément, la définition mosaïque que Breton en donne, si elle semble vouloir davantage répondre aux « matérialistes officiels » du parti communiste, s'élabore par réaction aux attaques violentes qu'il vient de subir de la part de Bataille.

Pour un matérialisme surréaliste

On a déjà vu comment à partir de 1925, Breton avait progressivement, et non sans mal, réorienté le mouvement surréaliste depuis l'idéalisme absolu de Hegel vers le matérialisme dialectique, en rendant des points aux représentants officiels du matérialisme marxiste. L'accent principal était alors placé sur la notion de « devenir », qui non seulement situait dans une logique dialectique la Révolution marxiste comme retournement matérialiste de l'avènement de l'Esprit absolu chez Hegel, mais plus encore, plaçait le surréalisme en bout de course comme sommation ultime à une libération totale de l'homme, que la seule révolution communiste ne garantissait pas. Or déjà, parce qu'il continuait à attribuer à l'histoire un « sens », cet élan vers le matérialisme, on l'a dit, ne cessait d'être travaillé souterrainement par un relent d'idéalisme selon Bataille, qui le refusait catégoriquement, au nom du seul « moment » de l'extase. Il s'agit donc maintenant de voir comment le matérialisme surréaliste de Breton, qui ne transige pas sur les pouvoirs de l'esprit et de l'énonciation poétique, se définit en évoluant confusément sur un triple front : d'une part le matérialisme agressif, violemment nietzschéen, de Bataille, d'autre part, le matérialisme « officiel » que le parti communiste prône sur la base d'une lecture contestée de Marx et Engels, d'autre part enfin, les tenants (nombreux) d'un idéalisme révolu. Trois fronts sur lesquels le surréalisme s'est vu contraint d'abandonner de ses forces pour poursuivre, revigoré, dans l'inaliénable voie qui est la sienne.

Il est certain que l'affirmation *« sans réserves, [d'une] adhésion au principe du matérialisme historique »* ne va pas de soi. Elle doit se comprendre comme la volonté d'une véritable compromission du surréalisme dans l'histoire. Les jeux d'alternative rappellent Hegel : le surréalisme représente la phase de négation du réel, appelée à être dépassée dans l'ordre même du réel. Mais la dialectique s'est décalée : la matière préexiste bien à la pensée, et la pensée en est le moment de négation, que le surréalisme entend porter à son paroxysme critique, jusqu'à l'avènement de la troisième phase par la Révolution. Car il y a en effet un *« résultat »* escompté : la « synthèse » que Hegel annonçait dans le monde « pur » de l'Esprit absolu est ici synthèse attendue dans la matière même de l'histoire, et elle s'oppose simultanément au mouvement perpétuellement dualiste affirmé par le matérialisme « désenchanté » de Bataille. De fait, Breton va s'ingénier à placer toutes les *« vieilles antinomies »* dans une dynamique de réconciliation qui mette inéluctablement en marche la nécessité révolutionnaire. Résolution, révolution : l'équation qu'il cherche à établir s'inscrit en faux contre le matérialisme de simple « constat » qu'il reproche implicitement à Bataille. C'est pour lui ce matérialisme attentiste qui, sous couvert de ne s'en remettre qu'à la stricte matérialité atomique du monde, s'avère véritablement lâche au regard des sommations de l'histoire. Car la lâcheté, pour Breton, n'est pas dans un soi-disant refus de voir ce qui est, elle est dans la complaisance qu'on trouve à se suffire d'y jeter un œil. Voir pour Breton, comprendre, réclame toujours de changer l'ordre des choses : l'œil sur le monde appelle à y lever la main. Rien qui ne puisse davantage faire rire Bataille, soit que cette volonté trahisse trop l'idéalisme qui la sous-tend et qu'elle prétend refuser, soit que le changement qu'elle engendre effectivement ne fasse rien que continuer (accélérer, initier, qu'importe...) un mouvement de la matière qui aurait de toute façon eu lieu parce qu'il lui est inhérent. Encore qu'il soit nécessaire de dire aussi combien chez Breton, ce « sens » de l'histoire n'est pas homogène, combien son déroulement passe par des heurts, réclame des phases de chaos, des hoquets, fussent-ils violents, qui en provoquent le basculement. Et certains couples antagonistes dont il proclame l'insuffisance rappellent précisément ceux sur lesquels Bataille fondait son matérialisme manichéen. C'est le cas par exemple de « *l'absurde distinction du beau et du laid, du vrai et du faux, du bien et du mal* » : la distribution des alternatives, parce qu'elle suppose implicitement la scission platonicienne beau, vrai, bien/laid, faux, mal, semble respecter un partage idéaliste communément admis entre valeurs positives et négatives ; ce faisant, elle ignore la répartition nouvelle que le manichéisme de Bataille a cherché à lui imposer, à savoir plutôt beau, *faux*, bien/laid, *vrai*, mal. Le dépassement axiologique chez Breton n'est pas sa recomposition chez Bataille : s'ouvre ici l'abîme qui sépare un matérialisme qui acquiesce à Marx *via* Hegel et un matérialisme qui s'y refuse catégoriquement. Et il n'est peut-être pas complètement aberrant de lire les attaques, surprenantes à maints égards, à l'encontre de Rimbaud ou de Baudelaire dans le climat généré par la polémique philosophique avec Bataille. Que leurs œuvres, d'une manière ou d'une autre, puissent prêter le flanc à une quelconque récupération chrétienne dit assez qu'elles ont en un sens failli vis-à-vis de la pensée qu'elles cherchaient elles-mêmes à exprimer : or ce que Breton semble dire à leur égard ne vise-t-il pas implicitement le matérialisme dualiste que Bataille érige avec hargne, mais qui maintient comme pôle opposé, pôle positif, pôle « haut », un ensemble de valeurs dont Breton cherche à se débarrasser par l'action, fût-elle violente ? Le « matérialisme surréaliste », contre les tenants d'un *« matérialisme primaire »* (soit antidialectique, comme Bataille) est toujours une projection en avant par-dessus les anciennes dichotomies morales (le dualisme chrétien) ou intellectuelles (le dualisme cartésien), il fait du surréalisme même une idée en voie de concrétisation.

Pour autant, la singularité du matérialisme surréaliste s'exprime en ce qu'il incorpore et maintient, de façon inadmissible tant aux yeux de Bataille qu'à ceux du parti (voire à ceux qui, soucieux de rigueur théorique, fustigent comme intenable ce mauvais alliage) un certain nombre de ferments idéalistes d'origine hégélienne et/ou occultiste. Ce faisant, et au nom même d'une dialectique marxiste, Breton pousse à l'extrême sa logique de termes contradictoires qu'il prétend dépasser. Son matérialisme s'affirme comme un composite, tiraillé presque jusqu'à la rupture, qui englobe dans une sorte de syncrétisme théorique effervescent des traditions philosophiques violemment hostiles les unes aux autres : il participe ainsi du principe même du surréalisme, associant l'inassociable. C'est à cette tendance qu'appartient indubitablement le fameux *« point de l'esprit d'où la vie et la mort, le réel et l'imaginaire, le passé et le futur, le communicable et l'incommunicable, le haut et le bas cessent d'être perçus contradictoirement*[1] *»*. Point critique, qui n'est pas sans évoquer, ailleurs, dans *Histoire de l'œil*, ce moment où le narrateur contemple de dos Simone nue faisant du vélo[2]. En jeu assurément, un même emprunt à la tradition ésotérique, que chacun ne présente en aucun cas comme incompatible avec le matérialisme qu'il cherche à prôner. Breton n'en récuse pas l'origine, au contraire ; la filiation est suggérée chez Bataille par le rapprochement qu'il fait lui-même dans un article de *Documents* entre *« le bas matérialisme et la gnose*[3] *»*. Réfutant Hegel, le recours à la gnose est aussi dans sa logique binaire une réfutation de tout l'idéalisme grec puis chrétien dont elle représente l'envers bestial, où la matière se présente comme principe actif. On atteint ainsi avec ce fameux « point » chez l'un comme chez l'autre une zone hors-discours, étrangère au langage, mais que Breton situe dans l'esprit parvenu à la pleine, l'extrême réalisation de lui-même dans l'ordre matériel du réel, et que Bataille situe dans la matière la plus vile, jamais assez débarrassée de toute présence spirituelle à moins d'avoir enfin pénétré dans l'espace de non-retour de la mort. En bon hégélien, Breton entend se libérer dialectiquement de l'esprit par excès d'esprit, excès sauvage au besoin, violent, mortel[4] ; en bon nietzschéen, Bataille cherche cette même libération dans l'excès de matière, fût-ce en se plaçant dans le risque de la mort : il y a chez chacun l'idée d'un matérialisme qui exige une tension à l'extrême, et c'est ce qui, probablement, chez Breton, peut servir à légitimer l'inscription *a priori* paradoxale d'un héritage idéaliste dans l'élaboration théorique de son matérialisme. Le « risque de la mort »

---

[1] Emmanuel Rubio a montré comment cette notion était au cœur d'une dispute conceptuelle, la critique y ayant vu soit un héritage hégélien qui s'accordait dialectiquement avec les prétentions matérialistes (c'est la lecture que privilégie Marguerite Bonnet dans l'édition Pléiade), soit un héritage engelsien (que souligne pour sa part Étienne-Alain Hubert), soit enfin un héritage ésotérique empruntant à la tradition kabbalistique (c'est le cas de Michel Carrouges). Voir Emmanuel Rubio, *Les Philosophies d'André Breton (1924-1940)*, Thèse de 3e cycle, Paris III Sorbonne-Nouvelle, sous la direction de Henri Béhar, 2002.
[2] *« il me vint à l'idée que, la mort étant la seule issue de mon érection, Simone et moi tués, à l'univers de notre vision personnelle, insupportable pour nous, se substitueraient nécessairement les étoiles pures, dépourvues de tout rapport avec des regards extérieurs et réalisant à froid, sans les retards et les détours humains, ce qui m'apparaît être le terme de mes débordements sexuels : une incandescence géométrique (entre autres, point de coïncidence de la vie et de la mort, de l'être et du néant) et parfaitement fulgurante »*, Georges Bataille, *Histoire de l'œil* (1928), *Romans et récits*, Gallimard, Bibliothèque de la Pléiade, 2004, p. 72.
[3] Georges Bataille, « Le bas matérialisme et la gnose » (*Documents*, deuxième année, n°1, 1930), *OC* I, Gallimard, 1970, p. 221.
[4] De cet excès, découle peut-être le fameux *« acte surréaliste le plus simple »* qui aura tant fait couler d'encre.

est pour lui une lecture conservatrice puisque la mort est précisément ce moment qui garantit le triomphe de l'espèce générale par-dessus l'individu particulier : elle est donc l'histoire par excellence (ou, si l'on veut, cette pointe ultime de non-contradiction entre vie et mort). Observons alors combien cette question du « point de coïncidence », quoique différemment chez l'un et chez l'autre, ouvre sur un paradoxe : Breton, revendiquant son existence et sa force synthétique mais avouant l'incapacité de jamais l'atteindre, de jamais faire mieux que de s'en approcher comme par asymptote ; Bataille, le réfutant violemment sur un plan conceptuel, et pourtant affirmant y accéder, comme par effraction (par la débauche, etc.) et sans jamais pouvoir s'y installer autrement que par la mort.

Breton n'hésite pas alors à se réclamer de doctrines et de théoriciens les plus inadmissibles pour un matérialisme marxiste orthodoxe : l'alchimie (après Flamel, Rimbaud...), une certaine forme de télépathie (avec Desnos, pourtant proche alors de Bataille), mais aussi la demande d'« occultation » du surréalisme, et la volonté d'investigations en direction de l'astrologie, la métapsychique, etc. Toutes ces directions exacerbent le moment de négativité spirituelle nécessaire à l'avènement dialectique de leur propre dépassement. Elles nécessitent ainsi d'être appréhendées d'abord comme des réalités matérielles, inscrites comme des « expérimentations » dans le mouvement de l'histoire et non comme ressortissant d'aucun fidéisme. D'où l'insistance de Breton pour prendre l'alchimie verbale de Rimbaud *« au pied de la lettre »* et pour souligner les similitudes entre recherches surréalistes et recherches alchimiques, pareillement lancées après la pierre philosophale qui, par la transmutation de la matière, doit assurer la transmutation de l'esprit humain, lui-même appelé à provoquer en retour un bouleversement de l'ordre du monde. D'où ses précautions aussi, concernant l'astrologie et autres sciences occultes, qu'il s'agit d'abord dans l'éclairage d'un certain *« calcul de probabilités »*.

Il n'en reste pas moins que plusieurs affirmations de principe s'accommodent difficilement, même dialectiquement, avec l'adhésion au matérialisme historique. Et c'est le cas lorsque le texte n'assigne plus à l'esprit surréaliste la valeur de négation la plus sauvage (cette fameuse *« crise de conscience »*) mais qu'il semble lui conférer une valeur de projet à atteindre, de but ultime qui arrête le processus dialectique en contrevenant à sa localisation sociale (au sens marxiste de matérielle, historique). Ainsi par exemple du vœu romantique de rendre la pensée *« à sa pureté originelle »* ou, à peine plus loin, de cet appel pour un *« envol plus ou moins sûr de l'esprit vers un monde enfin habitable »* qui semble maladroitement faire bon marché du corps. Ainsi également du rappel de la tradition occultiste (Hermès Trismégiste, Fabre d'Olivet), faisant du langage *« ce à l'image de quoi l'âme humaine est créée ; on sait qu'on l'a fait remonter jusqu'à être le premier exemplaire de la cause des causes »*. L'« âme humaine » ? Expression sans doute inintelligible pour Bataille, et Breton ne peut alors masquer combien sa profession de foi matérialiste, parce qu'elle est impulsée par un violent désir de participer à la révolution sociale, arrange comme elle peut sur le plan philosophique des théories farouchement réfractaires les unes aux autres.

On ne s'étonne pas alors que ce manifeste, où cherche à se définir une sorte de « matérialisme surréaliste », se voit nécessairement contraint de clarifier son rapport avec le matérialisme « officiel » du parti communiste. Cette confrontation participe indirectement de la polémique en cours avec Bataille : alors que celui-ci, jetant un discrédit total sur le prétendu matérialisme de Breton, contribue assurément à le brouiller avec les communistes, Breton retourne à Bataille son *« vieux matérialisme antidialectique »* et se drape dans une prétendue fidélité à Marx et Engels qui, loin de donner les gages attendus, répond à Bataille en disputant à ces mêmes communistes leur propre fondement philosophique. Il ne fait ainsi pas de doute, on l'a dit, que la présence d'éléments manifestement idéalistes comme ceux des sciences occultes ait pu inquiéter leurs susceptibilités. Or il est une autre référence qui focalise la liberté conceptuelle du matérialisme surréaliste vis-à-vis de sa réalisation communiste, référence que Breton renvoie très explicitement à la figure du parti et qui, pour ce qui nous intéresse, ne manque pas de ricocher et d'alimenter théoriquement la polémique avec Bataille. Il s'agit de Freud, que les tenants du matérialisme regardent d'un mauvais œil[1]. Aucune théorie n'est plus révélatrice des graves insuffisances qui, aux yeux de Breton, et outre les démêlés qui ont émaillé ses rapports avec le parti ou avec tel ou tel de ses membres, discréditent le matérialisme communiste. Freud, inscrit dans une logique dialectique qui l'apparente, quoique sur un autre plan, à la logique marxiste, est présenté comme un auxiliaire de révolution, dont la théorie, parce qu'elle travaille un autre pan de la réalité, mais un pan tout aussi matériel en ce que ses lois énergétiques obéissent tout autant à des principes économiques, ne peut être taxée de conservatisme que par ignorance. C'est par son entremise que se trouve réaffirmée la validité révolutionnaire de l'investigation surréaliste, dans un étrange jeu de légitimation réciproque qui assigne à Freud la dimension révolutionnaire que par retour, celui-ci confère au surréalisme. Ainsi l'automatisme, désormais présenté dans une dimension insurrectionnelle. Bousculer sauvagement le langage, piétiner sa cohérence prudemment rationnelle, c'est assurément aller dans le sens de la révolution. La poésie automatique est le véritable « document » sur lequel il importe de se pencher de toute urgence. Breton, pour souligner l'importance de la psychanalyse, insiste sur la nécessité d'interpréter le matériau brut obtenu. Mettant en parallèle, et pour s'en tenir à égale distance, les débats théoriques entre les praticiens de diverses tendances psychanalytiques et les différentes obédiences marxistes qui se disputent l'héritage léniniste, il indique fermement une double voie complémentaire : d'une part, aux artistes, il réclame une *« conscience nouvelle »* qui, par l'auto-observation, facilite l'analyse que seraient susceptibles de mener *« des hommes qui ne sont pas artistes mais pour la plupart médecins »* ; d'autre part, à ceux-ci, il

---

[1] Lénine le déclare haut et fort : *« Je n'ai nulle confiance en ces théories sexuelles exposées dans des articles, comptes-rendus, brochures, etc., bref dans cette littérature scientifique qui fleurit avec exubérance sur le terreau de la société bourgeoise. Je me méfie de ceux qui sont constamment et obstinément absorbés par les questions de sexe, comme le fakir hindou dans la contemplation de son propre nombril »*, Clara Ztekin, « Notes dans mon carnet », *Lénine tel qu'il fut* cité d'après Xavière Gauthier, *Surréalisme et sexualité*, préface de J.-B. Pontalis, Gallimard, 1971, p. 48.

préconise d'approfondir l'étude du phénomène de l'inspiration artistique. Ces deux efforts doivent converger pour dire enfin la « vérité » de l'homme, soudain apte à objectiver dans un monde « nouveau » la résolution dialectique du réel et de l'imaginaire.

Et Breton saisit dans l'arsenal freudien l'outil qui, entre tous, est appelé à travailler à une telle réalisation. C'est le *« phénomène de sublimation »*. On a déjà eu l'occasion de souligner l'importance de ce concept chez Breton : on se souvient que certains psychanalystes avaient suggéré que son refus d'en passer par une analyse véritable exprimait la volonté de ne pas assécher la source traumatique de l'impulsion créatrice, et donc de maintenir délibérément un degré de sublimation qui garantisse la créativité artistique tout en érigeant le surréalisme comme une véritable « para-psychanalyse ». Cette attitude, avions-nous dit, parce qu'elle consentait à la part de désexualisation des pulsions originelles inhérente au processus de sublimation selon Freud, s'opposait à celle de Bataille, qui prétendait au contraire violemment accuser leur nature sexuelle, dans une exhibition jamais suffisamment dramatisée. Or il est tout à fait significatif que cette notion prenne une place centrale au moment de l'adhésion de Breton au matérialisme révolutionnaire. Breton s'appuie en note sur une longue citation des *Cinq leçons de psychanalyse* supposée expliciter théoriquement le concept, qui distingue une sublimation qui échoue, et une sublimation qui réussit : dans le premier cas, l'individu *« se détourne du réel : il se retire dans l'univers plus heureux de son rêve : en cas de maladie il en transforme le contenu en symptômes »* ; dans le second cas, *« il peut, au lieu de symptômes, transformer ses rêves en créations artistiques. Ainsi échappe-t-il au destin de la névrose et trouve-t-il par ce détour un rapport avec la réalité*[1] *»*. On voit comment dans l'argumentation de Breton, la référence à Freud s'inscrit dans un double échange avec les matérialistes communistes d'une part, et avec Bataille d'autre part. Parce que Breton réclame un élargissement de la conscience du processus, il situe clairement l'activité surréaliste sur le plan du réel, mais d'une réalité élargie à ses composantes imaginaires (psychiques). De la sorte, le poète participe bien à sa manière à la transformation du réel, en mettant son travail « au service de la communauté », contrairement au névrotique qui, incapable de s'en libérer, ne sait que ressasser les symptômes de sa frustration originelle, jusqu'à s'y enfermer obsessionnellement. En un sens, ne faut-il pas entendre là une nouvelle accusation à l'encontre de l'entreprise de « flicage du réel » que représentait à ses yeux *Documents*, cette fois étayée sur une logique freudienne ? Bataille n'est pas seulement le conservateur d'un matérialisme non-révolutionnaire, c'est un névrotique cloîtré dans une lecture du réel qui n'est jamais que pathologique. De la sorte, le Freud que Bataille revendique est celui qui, après Nietzsche, indique la nécessité d'une libération des pulsions, mais plus nietzschéen que freudien, Bataille ne croit à aucune possibilité de « composition » de telles décharges pulsionnelles, qui n'ont de valeur que par le dégagement énergétique jouissif qu'elles procurent.

---

[1] Sigmund Freud, cité d'après André Breton, *Second manifeste du surréalisme* (1930), *OC I*, Gallimard, Bibliothèque de la Pléiade, 1988, p. 808.

Chez Breton, Freud fait davantage, puisqu'il indique la voie de cette même libération : la sublimation – le terme, trop chargé d'un relent d'esthétique romantique, devait en outre fortement déplaire à Bataille – qui, loin d'affaiblir les élans pulsionnels, en permet la « composition » socialement révolutionnaire. Question qui trouvera un écho particulièrement incisif dans ce que Bataille appelle la « transposition » poétique, et dans la lecture édulcorée de Sade dont il accuse Breton.

Une riposte ciblée

L'élaboration conceptuelle du matérialisme « surréaliste » dont Breton se réclame participe assurément de la riposte théorique que Breton retourne à Bataille, tout en marquant une distance pas moins critique à l'égard des communistes. Mais contrairement aux attaques « cryptées » dont il a fait l'objet dans *Documents*, le *Second manifeste du surréalisme* est pour lui l'occasion d'une riposte nominative dont il ne se prive pas. Tirer au hasard, tant qu'on peut, dans la foule, pourquoi pas. Viser n'est pas mal non plus. Dans le collimateur de Breton, plusieurs collaborateurs de la revue en dissidence de surréalisme (à l'exception notable de Leiris), mais surtout, parmi eux, morceau final de choix, Bataille lui-même.

Cas épineux que le sien, qui mérite un sort tout particulier : son règlement fera l'objet de quatre longues pages, en guise d'apothéose polémique finale. Le passage qui lui est consacré intervient juste après un long développement où Breton, qui vient de demander, avec majuscules, *« L'OCCULTATION PROFONDE, VÉRITABLE DU SURRÉALISME »*, cite *La Philosophie occulte* de Corneille Agrippa, l'un des fondateurs de l'occultisme. Magie blanche : les citations que Breton extrait exaltent l'idée de pureté, de parcours initiatique à effectuer, avec ses règles, ses rites et ses commandements, plaçant de la sorte le surréalisme dans une dynamique initiatique. Le mouvement surréaliste, « alchimie mentale », dans lequel Breton entraîne pareillement, et presque indistinctement, la tradition ésotérique, la dialectique hégélienne et le matérialisme marxiste (tout comme il est d'ailleurs lui-même entraîné par eux), est une machine de purification magique que Freud rend lisible, purification à la fois du corps individuel (par le biais de l'opération poétique de l'automatisme) et du corps social (par le biais de la Révolution). D'où l'ironie qui consiste à qualifier de *« plaisante campagne »* le travail de sape de Bataille. La blancheur qui éclate tout à coup sur la page n'a d'autre fonction contextuelle que rhétorique : elle prépare dans l'argumentation le violent effet de contraste que l'évocation de Bataille qui suit doit provoquer.

L'astuce rhétorique de Breton est là : reprendre à Bataille son manichéisme systématique, l'exacerber à son instar, et réinscrire finalement cette opposition catégorique dans une logique dialectique qui, donnant raison à Hegel, lui donne par ricochet également raison. Pour parvenir à cet effet de miroir, de diptyque blanc/noir, la stratégie réclame de reconnaître à l'autre les mêmes exigences qui garantissaient de son côté l'éclat le plus immaculé. Ce sont donc un certain nombre de « qualités » qu'il faut bien accorder à Bataille : elles diront, par une dureté pas moins éclatante, toute la noirceur du personnage. Ainsi, Bataille a beau fustiger chez Breton sa prétendue *« discipline de l'esprit »*, la sienne, celle du *« non-esprit »*, *« ne parvient pas même à paraître plus lâche¹. »* Rigueur donc, mais aussi raison, mécanisme *« pas encore tout à fait détraqué en lui »* qui rappelle, s'en défendrait-il, l'esprit qui le travaille. Mais toutes ces qualités tournent au noir, un noir absolu, corrompu. Breton profite de l'invective ciblée pour avoir raison de Bataille, tout en jouant de la dialectique hégélienne, *avec* Hegel. Et c'est avec Hegel qu'il prend Bataille aux filets de son propre matérialisme, puisque *« sa phobie de "l'idée", à partir du moment où il entreprend de la communiquer, ne peut prendre qu'un tour idéologique »* : qu'il le veuille ou non, il est toujours repris par la dynamique dialectique.

De même, Breton rend explicite l'anti-marxisme d'un tel matérialisme, impropre à être qualifié d'« historique ». Citant l'article « Matérialisme » de Bataille, il taxe d'insuffisance la définition donnée parce qu'elle refuse à se revendiquer de Marx. Attaque diamétralement inverse de ce qu'il a déploré chez *« les Morhange, les Politzer et les Lefebvre »* (animateurs du groupe procommuniste *Philosophies*), accusés quelques pages plus haut d'abuser du nom de Marx. En contexte, il s'agit bien de discréditer Bataille aux yeux des matérialistes « officiels », et de gagner ceux-ci à sa propre cause en leur désignant du doigt un ennemi commun.

Après Hegel et Marx, c'est à Freud que Breton en appelle pour répondre à Bataille. Bataille, on l'a vu, et Breton le rappelle, a cherché à annexer Freud au matérialisme qu'il prône. Breton va alors réendosser face à lui la blouse du thérapeute et, par petites piques, renvoyer Bataille à sa cure psychanalytique en prétendant émettre à son égard rien moins qu'un diagnostic. Ainsi, de cet *« état de déficit conscient à forme généralisante, diraient les médecins »*, ou plus loin, *« un signe classique de psychasthénie »*. La « psychasthénie », *« mode de défense contre la castration par fixation à un scénario œdipien² »*, renvoie en un sens au qualificatif d'« obsédé » que Breton aurait prononcé dès 1925, et qui alors pourrait avoir été en un sens moins une « insulte »… qu'une sorte de « pré-diagnostic ». On retrouve quoi qu'il en soit une conformation ancienne entre eux deux, qui redonne à Breton l'autorité du thérapeute et replace Bataille dans la subordination du patient. Or, parce qu'elle singe la configuration père/fils, parce qu'elle l'usurpe illégitimement et que, ce faisant, elle fait entrer dans le traumatisme qu'elle dénonce, celui-là même qui le dénonce et qui prend par transfert la place du père, il ne fait aucun doute que cette stratégie dut particulièrement irriter Bataille et exacerber en lui, fût-ce plus ou moins consciemment, le désir (œdipien) d'une vengeance.

---

1 Si Breton reprend explicitement le terme de l'article « Figure humaine » de Bataille, l'édition Pléiade nous semble cependant faire un contresens en affirmant que l'adjectif « lâche » *« oppose la rigueur de la discipline de l'esprit à laquelle consent le surréalisme et une discipline d'esprit relâchée qui, aux yeux de Breton, semble avoir les faveurs de Bataille »*, Voir *Ibid.*, note 8, p. 1621. De même, si elle assigne correctement le terme de « lâcheté » à la philosophie hégélienne, encore qu'on a vu que Bataille a pu le prendre chez Nietzsche, elle ne juge hélas pas utile de l'opposer justement à la « virilité » nietzschéenne, et à cette « volonté de puissance » pourtant fondamentale à plus d'un titre chez Bataille.

2 Roland Chemama et Bernard Vandermersch, *Dictionnaire de la Psychanalyse*, Larousse, 2005.

Pour ce qui est du fond de la querelle, Breton entreprend de redresser plusieurs erreurs de Bataille, par le biais d'un commentaire critique de ses articles. Concernant la question de savoir si, oui ou non, le monde objectif et le monde subjectif sont radicalement coupés, il argumente par l'absurde. Il reprend ainsi à Bataille le motif de la « mouche sur le nez de l'orateur », emblématique selon celui-ci des « escamotages » de la dialectique hégélienne : *« il est impossible de réduire l'apparition de la mouche sur le nez de l'orateur à la prétendue contradiction logique du moi et du tout métaphysique[1] »*, affirmait-il. D'une mouche l'autre, deux autres. La réplique de Breton juxtapose deux autres « mouches » à celle de Bataille : celle de Pascal[2], tout juste mentionnée, et surtout celle de Lautréamont. Bataille, donc, *« raisonne comme quelqu'un qui a "une mouche sur le nez", ce qui le rapproche plutôt du mort que du vivant »*. L'accusation de « psychasthénie » fait ainsi de Bataille, après « l'homme aux rats » et « l'homme aux loups », cas sur lesquels Freud avait étayé sa description clinique de la névrose obsessionnelle, « l'homme aux mouches » de Breton.

Breton réfute catégoriquement l'idée qu'une grande œuvre ne saurait naître que du « fumier » de son auteur. Contradiction insoutenable pour l'éthique surréaliste qu'il défend avec vigueur, et qui refuse toute scission entre l'œuvre et la vie. Il oppose d'abord à cette assertion une série d'exemples (Lulle, et Berkeley, et Hegel, et Rabbe, et Baudelaire, et Rimbaud, et Marx et Lénine) qui, habilement, semble retracer son propre parcours de l'idéalisme ésotérique (Lulle) ou immatérialiste (Berkeley) jusqu'au matérialisme révolutionnaire (Marx et Lénine), où Hegel a l'air de jouer le rôle de pivot. Plus perfidement, il signale ensuite, comme en passant, que Bataille lui-même, *« durant les heures du jour, promène sur de vieux et parfois charmants manuscrits des doigts prudents de bibliothécaire (on sait qu'il exerce cette profession à la Bibliothèque nationale) »* : nouvelle façon de le voir se prendre les pieds dans son propre tapis logique, puisque, à le suivre, sa vie bien sage de fonctionnaire ne saurait alors engendrer qu'une œuvre calamiteuse qui se discrédite toute seule. Tout donc, qui concourt chez lui, au *« faux témoignage »* de son travail.

Enfin, il revient sur un dernier article (« Langage des fleurs »), où il conteste absolument le mouvement général, qu'on a vu si caractéristique de la pensée de

---

[1] Georges Bataille, « Figure humaine » (*Documents* n°4, septembre 1929), *OC I*, Gallimard, 1970, p. 184.

[2] Il affirmait, avant Bataille en somme, la dépendance de l'esprit vis-à-vis du monde extérieur, esprit qui *« ne raisonne pas bien, à présent, une mouche bourdonne à ses oreilles, c'en est assez pour le rendre incapable de bon conseil »*, Pascal, Fragment 44, *Pensées I*, Édition de Michel Le Guern, Folio, Gallimard, 1977, p. 82. La « mouche » apparaît également au fragment 20, p. 72, où Pascal affirme : *« La puissance des mouches, elles gagnent des batailles, empêchent notre âme d'agir, mangent notre corps »*. Motif qui vient chez Pascal des *Essais* de Montaigne, lequel affirmait avoir *« l'esprit tendre et facile à prendre l'essor ; quand il est empêché à part soi, le moindre bourdonnement de mouche l'assassine »*. On n'oubliera pas non plus les « mouches de la place publique » de *Zarathoustra*, cette nuée de lâches qui assaillent de leurs flatteries l'homme comme une vermine. *« Toujours seront tes prochains des mouches venimeuses ; en toi ce qui est grand – cela même nécessairement les fera plus venimeux et plus semblables à des mouches. Fuis, mon ami, dans la solitude, et là où souffle un air rude et puissant ! Ce n'est ton lot d'être chasse-mouches »*, Friedrich Nietzsche, *Ainsi parlait Zarathoustra*, Folio essais, Gallimard, 1971, p. 73. On voit combien ce motif, banal en apparence, est lourd d'une longue inscription philosophique que Bataille et Breton se jettent implicitement à la figure.

Bataille, de la « forme » vers l'« informe ». On se souvient que ce problème, fondateur de son matérialisme antidialectique, supposait une démolition complète de tout idéalité de la forme (humaine, animal, architecturale, naturelle...), toujours érigée au mépris de sa réalité bassement matérielle la gangrénant vers l'informe. Ainsi de la beauté idéale de la rose, ramenée par arrachage patient de ses pétales à *« une touffe d'aspect sordide »*, que Breton cite pour mieux lui opposer la vérité allégorique d'un conte d'Alphonse Allais où une jeune fille, s'effeuillant lentement au cours d'une danse des voiles pour distraire son sultan, se voit, parvenue au dernier voile, être écorchée vive : *« la rose, privée de ses pétales, reste la rose et [...] la bayadère continue de danser »*. Il y a donc, essentialiste, une « idée » irréductible à la matière qui la constitue, ce qui casse la logique binaire d'une « forme » idéale/idéaliste et d'un « informe » matériel/matérialiste. « Forme » et « informe » sont deux « matières » pareillement susceptibles d'engendrer l'« idée ». Le « morceau » n'est ainsi pas la décomposition matérialiste d'une totalité, ainsi que Bataille l'affirmait, par exemple dans sa lecture de la peinture moderne, il est la « matière » d'où l'« idée » est dialectiquement appelée à surgir. Le commentaire critique apporté à cet article est également l'occasion d'une mise au point finale à propos de Sade. Breton conteste à Bataille le récit d'une anecdote donnée comme biographique (Sade, enfermé, aurait effeuillé des roses sur du purin). La question, plus qu'à sa véracité anecdotique que Breton met par ailleurs en doute, doit surtout son intérêt à l'intégrité morale de Sade, que Bataille cherche à salir. Breton oppose ainsi la vérité révolutionnaire d'un homme enfermé appelant *« l'esprit humain à secouer ses chaînes »* et à *« créer un ordre de choses qui ne dépendît pas pour ainsi dire de tout ce qui avait eu lieu avant lui »* avec celle, autrement plus minable, *« d'un "assis" de bibliothèque »* se gargarisant en somme à peu de frais de l'« éternel retour » d'une matière qui conforte son conservatisme. C'est ainsi que Sade se retrouve en plein cœur de la polémique. Partant de cette simple anecdote, c'est désormais sa lecture, sa compréhension, sa présence, qu'on va chercher à s'approprier au détriment de l'autre, et par tous les moyens.

L'abattoir : praxis et théorie du *Cadavre*

Dans la perspective de leur démolition totale, la réfection partielle des immenses abattoirs de La Villette est enfin entreprise dans les années 1930, après plus de vingt ans de tergiversations pour une meilleure hygiène alimentaire. Est-ce elle qui précipite l'ère des « mangeurs de fromage »[1] ? Non pas de ces fromages à croûte fleurie ni de ces bleus à pâte persillée, mais ces fromages industriels, pasteurisés, non fermentés, uniformément fabriqués à l'image d'un monde stérilisé, soigneusement purifié de tout risque de contamination de ses parties nobles par ses morceaux les plus ignobles. Un univers méticuleusement nettoyé de tout le sang du monde. Contrairement au fromage, la viande, elle, saigne quand on la coupe. André Breton aussi.

Découvrant la riposte dont il fait nommément l'objet dans le *Second manifeste*, Bataille ne met pas longtemps à affûter ses couteaux. La boucherie peut ouvrir. Travail sain et jovial d'honnête homme, certain *« de la valeur bienfaisante des faits sales ou sanglants »*, et qui se prépare à la tâche avec *« l'optimisme physique et l'ardeur au travail qui caractérise les tueurs à l'abattoir et, en général, tous les professionnels de la boucherie*[2] *»*. L'opération se déroule en deux espaces, que l'analyse doit distinguer en commençant par suggérer que cette répartition, en un sens, s'avère paradoxale : côté vitrine, les « bas morceaux » seront joyeusement découpés et jetés en pâture à la lecture publique – et ce sera la mise en pièces du *Cadavre* ; côté arrière-cour, on réservera les « parties nobles » à l'échange épistolaire, ou à tel développement finalement non publié – et ce seront alors plusieurs pièces inédites et indatables, dont surtout deux longs articles achevés, toutes recueillies dans le « Dossier de la polémique avec André Breton ». Ici, une violence qui, certes sauvagement insultante, n'en poursuit pas moins la querelle sur le mode d'un échange argumenté dont la critique, pour une exacte appréciation, ne prendra souvent connaissance que beaucoup plus tardivement ; là, une violence heureuse, toute pulsionnelle, qui saccage allègrement sans s'appesantir sur les

---

[1] *« [De] nos jours, l'abattoir est maudit et mis en quarantaine comme un bateau portant le choléra. […] la maladie (qui ne terrifie que ceux qui la profèrent) les amène à végéter aussi loin que possible des abattoirs, à s'exiler par correction dans un monde amorphe, où il n'y a plus rien d'horrible et où, subissant l'obsession indélébile de l'ignominie, ils sont réduits à manger du fromage »* Georges Bataille, « Abattoir » (*Documents* n°6, novembre 1929), *OC I*, Gallimard, 1970, p. 205.
[2] Georges Bataille, « L'Apocalypse de Saint-Sever » (*Documents* n°2, mai 1929), *Ibid.*, p. 167.

mobiles qu'elle se donne, et qui confère à son acte même la signification extrême que le langage ne dit pas.

Autopsie du *Cadavre*[1]

Desnos aurait voulu régler ses comptes avec Breton en reprenant l'idée du pamphlet que le groupe surréaliste avait lui-même rédigé en 1924 lors de la mort d'Anatole France. Mais s'avisant de ce que l'opération pourrait faire de Breton un « martyr » et finalement contribuer à le conforter plutôt qu'à le défaire, il se serait rétracté et Bataille aurait alors pris la relève. Quoi qu'il en soit, le 15 janvier 1930, un mois à peine après le dernier numéro de *La Révolution surréaliste* contenant la première version du *Second manifeste*, paraît le pamphlet *Un Cadavre*, rendant (relativement) publique la mise à mort de Breton dans les abattoirs de Bataille.

Sous le titre, en une, l'exergue emprunte à Breton une phrase de sa propre contribution au *Cadavre* de 1924 contre Anatole France : *« Il ne faut plus que mort cet homme fasse de la poussière. »* Difficile de dire s'il est plus odieux d'énoncer cette injonction négative à l'égard d'un mort comme l'avait fait Breton ou d'un vivant comme le fait Bataille. Il s'agit en effet là, à première vue, d'insulter en l'homme le « futur mort », le « mort en puissance » qu'il est. Cette stratégie fonctionne comme un piège que Breton aurait lui-même tendu et qui se serait finalement refermé sur sa propre personne. C'est ce que souligne par ailleurs le montage d'une autre citation toujours en une, extraite cette fois du premier *Manifeste* et surtitrée du mot « Auto-prophétie », où Breton feignait d'annoncer la fin de la voix surréaliste[2]. Par l'emploi de ces seules deux citations, le stratagème réfute toute rhétorique et bascule dans l'outrage. À la volonté de s'expliquer, de se défendre par la parole, de piéger l'autre dans les tours de son propre langage repris et commenté, soit réintroduit dans une nouvelle dynamique argumentative, comme on pouvait encore la lire chez Breton (dans le *Second manifeste* par exemple), succède ici le refus d'entrer dans le débat, et la volonté d'en finir avec l'autre, avec toute discussion possible, en découpant le corps de son texte comme un corps démembré. Ainsi, plus encore qu'un pastiche, le *Cadavre* est un palimpseste écrit sur le corps mort (l'œuvre achevée, elle-même morcelée, décomposée) de Breton. Observons alors combien cette épigraphe, qui prend plutôt valeur d'épitaphe sur le tombeau du pamphlet, contredit en un

---

[1] Pour une version développée de cette analyse, voir Frédéric Aribit, « Autopsie du *Cadavre* », *Les Cahiers Georges Bataille* n°1, 2011.
[2] *« Ce monde dans lequel je subis ce que je subis (n'y allez pas voir), ce monde moderne, enfin, diable ! que voulez-vous que j'y fasse ? La voix surréaliste se taira peut-être, je n'en suis plus à compter mes disparitions. »* Dans le *Manifeste du surréalisme*, cette citation intervient à la fin du texte, lorsque Breton entend observer *« les applications du surréalisme à l'action »*, André Breton, *Manifeste du surréalisme* (1924), *OC I*, Gallimard, Bibliothèque de la Pléiade, 1988, p. 345. Bataille se garde bien de relever quelques lignes à peine plus haut : *« je ne crois pas à la vertu prophétique de la parole surréaliste »*, affirmation que Breton lui-même a pu contredire parfois.

sens l'orientation générale donnée par le matérialisme nietzschéen de Bataille à la matière même du monde, matière forcément décadente, où *« la poussière [...] commencera probablement à gagner sur les servantes, envahissant d'immenses décombres des bâtisses abandonnées, des docks déserts*[1] ». Contre un envahissement général du monde par la « poussière », décomposition ultime de l'objet et du sujet vivants dont Bataille puise finalement la vérité dans la Bible aussi bien que chez Nietzsche, l'épitaphe prétend dénier à Breton, en un paroxysme de dégoût, la faculté du vivant d'entrer dans le mouvement de putréfaction. Ce qui revient à dire ceci : même vivant, Breton (et son œuvre avec lui) est déjà mort. Matière inerte, il n'entre donc pas (plus) dans la vérité putride qui régit la matière vivante. Il ne faut plus, parce que déjà mort, que cet homme fasse de la poussière.

Indéniablement, l'empreinte de Bataille se ressent encore ailleurs dans cette une. Dans la colonne centrale, en effet, un photomontage de Boiffard montre un Breton « enchristé », le front ceint d'une couronne d'épines : l'image détourne, par découpage puis montage, une composition de Magritte publiée dans le dernier numéro de la revue surréaliste, où les photos d'identité des membres du groupe, les yeux clos, entourent un tableau représentant une femme nue. On peut suggérer que le montage de Boiffard vient prendre place chez Bataille dans la série des substitutions traumatiques depuis l'image infantile et originelle du père supplicié sur son fauteuil, jusqu'à celle, biblique, du Christ crucifié, puis celle enfin, horrible, du supplicié chinois : on peut même légitimement supposer qu'elle est la troisième iconographie qui actualise la projection traumatique œdipienne de Bataille. On sait déjà, en effet, comment l'image du supplicié chinois, qui accompagne la révélation de Nietzsche, signifiait pour Bataille le retournement de celle du Christ en croix : déjà, en un sens, de la peinture ou de la statuaire à la photographie, l'iconographie religieuse laissait place au « document » du réel, qui mettait brutalement fin au mensonge de l'idéalisme chrétien en objectivant l'angoisse existentielle. « Christianisant » Breton (par la couronne d'épines certes, mais aussi par le biais d'une allusion simple : Breton, pour quelques petites semaines encore... a trente-trois ans), Boiffard vise à parodier l'imagerie biblique de la passion de Jésus, et à faire ironiquement du premier un avatar moderne du second. Cette stratégie réactive ainsi les accusations récentes de Bataille à l'encontre de l'« idéalisme » surréaliste, toujours empreint selon lui de quelque remugle chrétien[2]. Il semble cependant beaucoup plus intéressant de remarquer que le montage de Boiffard, plutôt que de jouer sur une ressemblance Breton/Jésus qui ne tient finalement à rien d'autre qu'à la couronne, présente le degré le plus accompli de *ce que n'est pas* la photographie du supplicié chinois. Plaçons-les toutes deux face à face : ici, un sacrifice en acte, le moment d'un geste atroce ; là, un état immobile, une permanence pesante. Ici, un corps nu et déchiré ; là, la

---

[1] Georges Bataille, « Poussière » (*Documents* n°5, octobre 1929), *OC I*, Gallimard, 1970, p. 197.
[2] Celles, aussi, plus anciennes, de « pape du surréalisme », accusations périodiquement relancées contre lui pour épingler son prétendu jésuitisme et son prosélytisme sévère.

mise soignée d'une civilisation qui endimanche la mort (le mort : Breton porte costume et cravate). Ici, la mort partagée, communautaire, « festive » ; là, la mort solitaire, honteuse, refusée. Ici, un visage hurlé, tordu de douleur ; là, une face impassible et froide, indifférente au sort de son propre corps. Ici, des yeux révulsés, ouverts sur la mort ; là, des yeux clos, toujours clos, qui ne savent pas, qui ne peuvent plus regarder. Bref, la photo du supplicié chinois chez Bataille était bouleversante en ce qu'elle « immortalisait » non la mort, mais l'expérience, l'instant même du mourir. Celle, au contraire, de Breton est navrante en ce qu'elle ne fait qu'en exhiber l'achèvement : le photographe est « arrivé trop tard ». Là encore, Breton est déjà mort. Il n'y a plus rien (plus personne) à voir, et c'est ce qui fait tout le scandale de ce que montre l'image, car enfin, photographie-t-on un mort ? en donne-t-on une photo d'identité ? Ainsi, plus encore qu'une simple parodie christique, le montage de Boiffard est-il plutôt l'exact négatif du supplicié chinois : la couronne sur la tête de Breton, qui attire l'œil par contiguïté sur son « esprit », est le symbole exactement inverse du poteau fiché en terre où était attaché le chinois livré à ses bourreaux. À l'instar de sa composante textuelle, l'image du *Cadavre*, comme on voit, est aussi un odieux palimpseste assurément moins lisible qu'il n'y paraît.

Bataille joue pleinement de l'isotopie biblique. Ainsi porte-t-il la manœuvre à son comble en s'adjoignant pour les contributions écrites les services de onze affidés. Avec lui, douze. Treize avec Breton. La Cène affiche complet. Sans entrer ici dans le détail des onze contributions accompagnant celle de Bataille, il faut cependant en souligner certains aspects pour bien comprendre la terrible violence du pamphlet. Plusieurs attaques font état de griefs très personnels. Pour certains, c'est l'amitié trahie qui déverse tout son fiel (Vitrac, et surtout Desnos). Pour d'autres, le pamphlet donne l'occasion d'exprimer une certaine loyauté envers Simone, dont Breton vient de se séparer, plaçant plusieurs membres du groupe surréaliste dans l'onde de choc de ce divorce et comme les sommant de choisir leur camp (Morise, Boiffard, Queneau). D'autres encore ont fait les frais de la voie étroite que Breton entendait suivre entre le Charybde de l'adhésion politique et le Scylla du relâchement artiste (Ribemont-Dessaignes, Limbour). Leurs attaques visent alors l'intransigeance et la sévérité de Breton, ainsi que son révolutionnarisme de façade masquant un grand conservatisme idéologique. Il est ainsi, à plusieurs reprises, taxé simultanément de « flic » et de « curé » (Ribemont-Dessaignes, Vitrac, Limbour, Desnos). On épingle également son prétendu confusionnisme intellectuel qui, mélangeant à l'emporte-pièce théories et doctrines pour bricoler « à la va-comme-je-te-pousse » son échafaudage surréaliste, confine à la malhonnêteté (Prévert, Limbour, Morise, Baron). Plusieurs contributeurs en font un homme cupide, intéressé de près dans le commerce des tableaux (Vitrac, Desnos, Baron) et qui plus est hypocrite et incapable de mettre sa vie personnelle en conformité avec la grandiloquence de déclarations souvent fluctuantes (Limbour, Boiffard, Morise, Carpentier). Enfin, deux attaques très similaires, émanant de Leiris et Desnos, durent particulièrement blesser Breton : dans des termes très semblables, Breton est présenté comme *« le cadavre de quelqu'un qui a toujours vécu lui-même sur des cadavres »* (Desnos dit : il s'est *« repu de la viande des cadavres »*). Et ces cadavres sont nommés : ce sont ceux de Vaché, de Rigaut (il s'est tiré une balle en plein cœur le 5 novembre 1929) et de Nadja (cadavre symbolique d'une femme qu'on laisse croupir dans un asile).

Reste la contribution de Bataille, intitulée « Le Lion châtré ». Le titre de cet article sonne comme un oxymore. Le « lion », roi de la jungle (littéraire), se distingue notamment par une tête très large couronnée d'une crinière foncée : la métaphore cible dans la physionomie de Breton *« cet aspect léonin qui contribua à sa légende[1]. »* Pour Bataille, il est le *« représentant d'une espèce innommable, animal à grande tignasse et à tête à crachats »*. L'idée de « lion » exprime bien sûr au plan moral une puissance sauvage incomparable. Mais ce n'est pas tout. D'abord, parce que le lion est aussi animal biblique. Dans la prophétie à ses fils, c'est lui selon Jacob qui symbolise le Christ, alors que pour sa part, le prophète Osée l'assimile directement à Dieu lui-même, faisant du lion l'emblème de la parole divine. En contexte, peut-être le symbolisme réactive-t-il ainsi implicitement la « christianisation » coupable de Breton. Ensuite, parce que le lion est aussi animal nietzschéen. Il est, dans Zarathoustra, la seconde métamorphose de l'homme en être supérieur, après celle en chameau et avant celle en enfant, où le « surhomme » s'accomplit enfin[2]. Or ce lion, ici, est « châtré » : il a perdu sa puissance (sa virilité). Bataille se rend-il bien compte que, faisant de Breton un substitut du Christ, il en fait également un substitut du père tout en rejouant l'assassinat perpétré par Nietzsche, traumatisme personnel qui lui a garanti sa propre virilité ? Si le reste de son article peut contribuer à valider cette hypothèse de lecture, il faut alors admettre l'existence enfin textuellement explicite de cette longue chaîne associative (substitutive) inconsciente qui inscrit Breton en plein cœur des complexes traumatiques de Bataille.

La contribution de Bataille s'articule ensuite en deux moments distincts : d'abord, une série d'insultes directes à l'égard de Breton ; ensuite, l'observation plus générale de *« la fameuse question du surréalisme »*. S'agissant de Breton, Bataille télescope en quelques lignes à peine pas moins de sept insultes, métaphores ou périphrases anatomiques ou animales. Par leurs connotations, ces désignations répètent un nombre finalement assez restreint de « qualités » : vieillesse, lourdeur, impuissance… Ce sont ces « qualités » qui font de Breton un triple réactionnaire, artistique, social et moral (dans l'ordre, un *« vieil esthète, faux révolutionnaire à tête de Christ »*). Toujours le corps vicié, et viciant les prétentions lustrales de l'esprit. Un « Lion châtré », donc, en vertu du titre, mais aussi un bœuf, *« le bœuf Breton. »* D'abord bien sûr, le bœuf est, par opposition au taureau,

---

[1] Simone Collinet [ex-Breton], « Origines et tendances de la peinture surréaliste », dans Alain et Odette Virmaux, *André Breton, qui êtes-vous ?*, La Manufacture, 1987, pp. 105-106.
[2] Voir Friedrich Nietzsche, « Des trois métamorphoses », *Ainsi parlait Zarathoustra*, Folio essais, Gallimard, 1971, p. 35-sq. Zarathoustra enseigne *« comment l'esprit devient chameau, et lion le chameau et, pour finir, enfant le lion »*.

cet animal lourdaud et châtré qui commence par accepter le joug et qui finit débité à l'abattoir. Sur un plan mythologique, le bœuf est aussi l'animal du premier sacrifice originel, celui de Prométhée, qui entérine la coupure radicale entre les dieux et les hommes. Par le sacrifice initial du bœuf, Prométhée sort l'humanité de la bestialité originelle pour la faire entrer dans le premier âge civilisé de la « viande cuite » : souvent associé à un mythe prométhéen (il reprend aux dieux leur puissance créatrice et la restitue aux hommes), le surréalisme « civilisé » de Breton, par le motif du bœuf, est « sauvagement » refusé par Bataille, qui préfère, à l'instar des cyniques, l'ère primitive de la « viande crue » et saignante. Une autre motivation, d'ordre littéraire cette fois, intervient assurément dans l'insulte : c'est, en contexte, par la présence réitérée du motif de la grosseur, le « bœuf » de la fable, celle qui raconte qu'une grenouille, gonflée de prétention, voulait se faire aussi grosse que lui. Bataille se souvient-il que Breton a déjà lui-même emprunté ce motif dans son « Introduction au discours sur le peu de réalité » en 1924, texte où, au mépris de la morale illustrée par La Fontaine, il a au contraire loué la ténacité du bœuf à atteindre les proportions qui sont les siennes[1] ? Comment en outre oublier que lorsque Bataille tentera de faire le point sur ses rapports avec le surréalisme dans *Le surréalisme au jour le jour* plus de vingt ans plus tard, la fable réapparaîtra en intertexte ? D'emblée, Bataille a vécu son rapport à Breton comme emblématisé par l'histoire (castratrice) de la grenouille face au bœuf[2]. Reste peut-être un autre bœuf, une autre série de bœufs, encore : c'est ce *Bœuf écorché* que Rembrandt peignit en 1655 avec un réalisme expressionniste saisissant, carcasse suspendue toute sanguinolente ou cet autre aussi, cette série de *Bœufs écorchés* que Soutine peint de son côté depuis 1925 à Paris. Bataille était-il tombé devant l'un ou l'autre de ces *Bœufs* ? L'hypothèse d'une incitation picturale, née par association, ou plutôt superposition, écrasement d'idées, intégrant le spectacle particulièrement impressionnant de l'une de ces toiles, sans pouvoir être affirmée catégoriquement, valait cependant d'être suggérée[3]. Plus simplement, il semble incontestable que la même initiale ait pu également motiver sur un strict plan phonétique le rapprochement bœuf/Breton, surtout si on y entend la « déformation » (cette gangrène de la « forme » dont Bataille a parlé) du mot « beau » (le « beau Breton »), appuyée par la présence immédiate du terme « esthète » en apposition. Enfin, autre incitation disons « gastronomique », pourquoi pas, celle qui, à prendre le nom propre comme un adjectif, ferait du « bœuf Breton » l'altération, d'un comique assez particulier, du

---

[1] Je remercie Étienne-Alain Hubert, qui m'a rappelé la référence de cet emprunt chez Breton.
[2] Sur cet intertexte, et l'hypothèse que je propose, analysée au moment de leur rencontre par l'entremise de Michel Leiris, voir Frédéric Aribit, « Georges Bataille, André Breton : de la "grenouille" et du "bœuf" surréaliste en 1925 », *Otherness and identity. Journeys back to the self*, Interstudia, Colloque *Des autres à soi-même – les voies du retour (Ecriture et pratiques discursives)*, 23-24 mai 2008, Université de Bacau, Roumanie, 2008.
[3] Au moins un « bœuf écorché » dans l'œuvre de Breton, d'ailleurs, lorsque, dans *Martinique charmeuse de serpents*, il évoque son exil douloureux en bateau, André Breton, *Martinique charmeuse de serpents* (1946), *OC III*, Gallimard, Bibliothèque de la Pléiade, 1999, p. 385.

« bœuf bourguignon »… Lion châtré ou bœuf écorché, Breton a quoi qu'il en soit perdu dans l'insulte sa place dans le règne humain. Avec Bataille, serré dans son costume mortuaire, il est sommé de laisser sa veste au bestiaire.

La deuxième phase du « Lion châtré » élargit la question de Breton au surréalisme tout entier, que Bataille feint de présenter « techniquement » comme *« une religion nouvelle vouée, en dépit des apparences, à un vague succès »*. La phénoménologie composite sur laquelle est fondée sa pratique analytique des « documents » resurgit ici : après la violence la plus subjective de l'insulte, l'observation prétend se déplacer vers une zone d'objectivité « scientifique ». Or, minimisant la part infaillible d'exécration de l'« analyste » envers l'objet de son analyse (Bataille, façon proctologue), elle minimise d'autant ce qui fait immanquablement retour de sa propre histoire subjective dans l'analyse élaborée, laquelle s'apparente alors à une sorte de paravent devant le refoulé. Pour le dire autrement, Bataille va déplacer son stratagème de dénigrement du surréalisme vers un terrain pseudo-scientifique sans parvenir à dissimuler complètement combien ce qu'il reproche à Breton est grandement déterminé par le refoulé qui continue de travailler en lui. On peut ainsi supposer qu'attaquer Breton devient alors un mécanisme d'autodéfense qui affirmit sa propre résistance psychique à l'égard de ce même refoulé douloureux. Ainsi va-t-il élaborer une sorte de scénario anthropologique pour expliquer le dévoiement des hommes – le vœu d'objectivité passe par une généralisation du mouvement – vers la religion. Ce mouvement est censé donner les clefs de compréhension du dévoiement surréaliste en général, et nommément, de celui de Breton en particulier. Or il est tout à fait saisissant de voir combien ce scénario est précisément celui qui raconte la vie même de Bataille, et les termes qui signalent, comme des bleus sur la peau du discours, une sensibilité autobiographique sont nombreux (« castration », « êtres virils », « aveugle »…). Bataille jette à la figure du surréalisme l'histoire de son propre dévoiement traumatique dans le christianisme. Il fait ainsi de Breton son « double » implicite, dont l'évolution serait en quelque sorte bloquée à un stade de développement immature. Breton est ainsi à la fois le père et le fils (Sainte Trinité : Dieu, le Christ et bien sûr, cet Esprit forcément « sain(t) » dont il faut se débarrasser). Ayant tué le père en Breton, il doit aussi tuer le fils stupide qu'il a lui-même été pour trancher définitivement le cordon qui risque de le tirer vers la régression. En ce sens, on ferait aisément du *Cadavre* de Breton l'équivalent sacrificiel moderne de l'automutilation de Van Gogh telle que Bataille l'explique sensiblement au même moment, à savoir motivée par le contraste insupportable incarné par la présence de Gauguin à ses côtés[1]. L'analogie Van Gogh-

---

[1] *« Cette différence est d'autant plus chargée d'éléments troubles qu'elle correspond à l'époque où les sentiments de haine de Van Gogh pour son ami s'exaspérèrent au point de provoquer une rupture définitive : mais la colère contre Gauguin n'est qu'une des formes les plus aiguës de la déchirure intérieure dont le thème se retrouve généralement dans l'activité mentale de Van Gogh. Gauguin a joué devant son ami le rôle d'un idéal assumant les aspirations les plus exaltées du moi jusque dans ses conséquences les plus démentes »*, George Bataille, « La

Bataille/Gauguin-Breton, compliquée d'un même rapport à la question de la puissance virile, est tellement étonnante qu'il semble impossible qu'écrivant ces mots à peu de temps du pamphlet, Bataille n'y ait pas pensé. Le geste de punition, tournée vers soi chez Van Gogh, vers l'autre chez Bataille, parce qu'il est grevé de toute l'ambivalence qu'on a vue, ne nous semble pas moins susceptible d'en être rapproché. Le *Cadavre* du bœuf Breton, ce lion châtré, serait alors « l'oreille coupée » de Georges Bataille.

Mais il fallut aussi que le « hasard » s'en mêlât, et qu'il ourdisse une conjonction inouïe qui, loin de favoriser aucun « soulagement » par l'achèvement symbolique de Breton, allait au contraire chez Bataille alourdir son sacrifice d'une gravité définitive. Un *« animal à grande tignasse et à tête à crachats »*, donc. Quelques semaines (quelques jours ?) auparavant, dans le numéro de décembre de *Documents*, Michel Leiris et Marcel Griaule ont proposé pour la série du « Dictionnaire » deux nouvelles définitions du mot « Crachat », et fait de celui-ci un geste de transgression de la distance, proprement équivalent au toucher[1]. Le « crachat » serait cette projection contagieuse de soi, qui altère violemment l'autre, le déforme, et, simultanément, établit un contact avec lui. Physiquement comme sentimentalement, le crachat touche : ainsi fallait-il peut-être qu'il en soit avec Breton.

Car une coïncidence inouïe va achever de faire de ce « meurtre » symbolique et de toutes les implications tacites qu'on lui a vues, le scénario affligeant d'une véritable tragédie. Le 15 janvier 1930, jour même de la « sortie » du *Cadavre* de Breton, meurt la mère de Georges Bataille. D'un cadavre, l'autre. Comme si l'assassinat du premier s'était traduit par le décès de la seconde, comme par un phénomène « magique » de cause à effet – et comment se dire que, pour stupide que cela soit, Bataille put ne pas y songer ? Assassiné par Bataille le 15 janvier 1930, André Breton renaît donc « de ses cendres » (mercredi des Cendres, jour chrétien de sa naissance) et c'est Marie-Antoinette Bataille qui meurt pour de bon. Et pour parfaire l'amalgame entre épisode symbolique et épisode réel, pour achever de faire de cet emboîtement insensé, le bloc traumatique de cadavres gigognes auquel il se met à ressembler, il y a ce dernier geste devant la mère, ce dernier « crachat », « toucher » atroce de Bataille sur son corps mort : cette masturbation par quatre fois avérée par Bataille (fantasmée ? réelle ? de quelque façon qu'elle eut lieu ou pas, il est impossible qu'elle ne soit pas

---

mutilation sacrificielle et l'oreille coupée de Vincent Van Gogh », *Documents* n°8, deuxième année, 1930), *OC I*, Gallimard, 1970, p. 262.

[1] Pour Marcel Griaule, qui voit dans le crachat l'insulte la plus déshonorante, *« la salive est de l'âme déposée ; le crachat est de l'âme en mouvement »*. Pour Michel Leiris, *« [le] crachat touche de très près aux manifestations érotiques »*. Voir Marcel Griaule et Michel Leiris, « Crachat » (*Documents* n°7, décembre 1929), dans *Documents*, volume 1 (année 1929), Éditions Jean-Michel Place, 1991, pp. 381-382. Motif également récurrent chez Bataille.

attachée à la date fatidique de ce 15 janvier 1930 où la mère décède)[1], masturbation qui ne peut que s'apparenter odieusement à ce crachat dont, probablement le même jour, il cherchait à atteindre Breton. Deux « expulsions » outrageusement œdipiennes où, par l'intercession de son *Cadavre*, meurtre du père et consommation de l'inceste chez Bataille allaient désormais définitivement impliquer la personne même d'André Breton.

Pour une révolution « hétérologique » : (Marx – Breton) – Nietzsche = Sade + (Nietzsche + Marx)[2]

Si le sang allègrement versé du « bœuf Breton » éclabousse la vitrine, il s'en faut pourtant que la polémique s'achève d'un coup de couteau éloquent dans les abattoirs de Bataille. Breton n'est pas homme à laisser suspendre sa carcasse aussi vite, et Bataille, pour la complexité compulsive dont un tel geste procède, n'est pas davantage homme à s'en contenter. Ainsi ne peut-il éviter, avec ou malgré le *Cadavre*, d'en revenir à la rigueur d'une réflexion argumentée, qui emprunte là aussi ses données aussi bien à la philosophie et à l'anthropologie qu'à l'introspection psychanalytique. Tout en poursuivant l'élaboration pratique de son matérialisme agressif dans la seconde année de *Documents*, Bataille interroge donc sur un plan conceptuel ce qui le sépare radicalement du surréalisme d'André Breton. Cependant ce questionnement, inscrit dans l'élaboration théorique qu'il nomme l'« hétérologie »[3], restera amplement cantonné comme dans une arrière-cour, dans cette zone sombre de son œuvre fourmillant d'inédits, de fragments, de notes ou de projets, où elle prend une place prioritaire. Question épineuse : en travail depuis plusieurs années déjà, de façon tout opératoire, par exemple sur un plan mythologique avec les mythes pinéaux dont on a parlé (années 1927), ou sur un plan « scientifique » avec les articles donnés pour *Documents*, ou encore sur un plan polémique avec le *Cadavre*, l'hétérologie de Bataille répugne assurément à l'expression conceptuelle. Pour autant, elle ne s'y soustrait pas, fortement incitée en cela par la confrontation polémique avec le surréalisme. Elle consent à se risquer à la

---

[1] Rappelons juste leur emplacement : par deux fois dans le cadre romanesque du *Bleu du ciel*, puis dans « W.-C., préface à l'Histoire de l'œil », inséré dans *Le Petit* et enfin dans un fragment non publié et non daté intitulé « Le cadavre maternel ».

[2] La volonté « scientifique » de l'« hétérologie » dont on va parler est particulièrement éclatante avec ces « équations » pour le moins kabbalistique que Bataille s'ingénie à élaborer, dans le but de mettre en « tableaux » ou en « formules » plus stupéfiantes les unes que les autres, les résultats de ses recherches. Citons à titre d'exemple la « formule » de la Révolution française : « $(Bs>B)\ S1 + [(Bs>B)>O]$ », où Bs est l'instance basse, B l'élément bas, S est l'instance supérieure et O, l'homogène. Voir Georges Bataille, « Dossier "Hétérologie" », *OC II*, Gallimard, 1970, p. 165-sq.

[3] Ou pas. Francis Marmande a relevé la « constellation » terminologique qui décline dans l'œuvre de Bataille cette même recherche, comme c'est d'ailleurs le cas pour chacune des notions fondamentales à l'œuvre chez lui. Ainsi, pour le mot « hétérologie » : « agiologie », « scatologie », « hétérodoxie », « athéologie »… Voir Francis Marmande, *Georges Bataille politique*, Presses Universitaires de Lyon, 1985, pp. 114-115.

discursivité théorique, mais cherche simultanément la pénombre d'arrière-boutique pour éviter d'être prise elle-même dans les filets de sa propre rhétorique. Et c'est là, dans quelque recoin obscur, qu'elle prend principalement la forme de deux textes, publiés à titre posthume mais considérés comme achevés, à savoir *La valeur d'usage de D.A.F. de Sade* et *La « vieille taupe » et le préfixe* sur *dans les mots* surhomme *et* surréalisme[1]. Une « hétérologie » élaborée en opposition radicale avec les « transpositions » du surréalisme de Breton, et qui fait assurément de lui le destinataire premier de ces principes théoriques, si l'on consent à prendre au sérieux ce que Bataille y écrit : « *Je doute de la possibilité d'atteindre les rares personnes auxquelles cette lettre est destinée, par-dessus les têtes de mes camarades actuels. Car – ma résolution est d'autant plus intransigeante qu'elle est absurde à défendre – il aurait fallu avoir affaire non à des individus analogues à ceux que je connais déjà, mais seulement à des hommes (et surtout des masses) comparativement décomposés, devenus amorphes et même expulsés avec violence hors de toute forme.* » Nouvel exemple de cette communication paradoxale : Breton, implicitement attaqué dans le même article, et par ailleurs ramené à l'état de « cadavre », n'est-il pas le premier destinataire « décomposé » désiré par Bataille ? Cette élaboration théorique quoi qu'il en soit dévoile enfin un marxisme virulent que les articles de *Documents* ne laissaient pas soupçonner, et met en lumière une incompatibilité dans la lecture de Nietzsche et surtout, de Sade.

C'est justement le nom de Sade et la façon dont, pour lui, Breton l'a dévoyé, qui provoque en Bataille le désir d'un long développement où s'élabore théoriquement la notion d'« hétérologie ». Dix-neuf axiomes numérotés, organisés en quatre sections différentes : l'exposé, dans *La valeur d'usage de D.A.F. de Sade*, ne cache pas son didactisme appuyé. Supplantant le partage des faits sociaux en faits religieux et faits profanes, l'hétérologie propose dans l'expérience humaine la plus large un nouveau partage entre d'une part phénomènes d'excrétion, où l'énergie est libérée, dépensée, et d'autre part phénomènes d'appropriation, où elle est accumulée, thésaurisée. Relevant de la première impulsion : le sexe, les excréments, la mort, la putréfaction, le sacrifice, le rire, les larmes, le sacré « gauche » (mystique, démoniaque, infernal...), la terreur, le jeu, la prodigalité, la révolution, la nature humaine, la puissance... Relevant de la seconde, au contraire : la nourriture, le travail et l'usage de ses différents produits (vêtements, meubles, habitations, etc.), la loi, la constipation, le sacré « droit » (divin, céleste, clérical, dogmatique, « religieux »[2]...), l'avarice, la raison (scientifique, philosophique), la culture, l'esclavage... Ce partage nous ramène au dualisme matérialiste de Bataille et à

---

[1] Ces deux textes figurent dans le « Dossier de la polémique avec André Breton », *OC II*, Gallimard, 1970, pp. 54-sq et 93-sq.

[2] « *Pratiquement, il faut entendre par religion, non réellement ce qui répond au besoin de projection (expulsion ou excrétion) illimitée de la nature humaine, mais l'ensemble de prohibitions, d'obligations et de licences partielles qui canalisent et régularisent socialement cette projection* », Georges Bataille, *La valeur d'usage de D.A.F. de Sade*, « Dossier de la polémique avec André Breton », *OC II*, Gallimard, 1970, p. 61.

l'écrasement bipolaire qu'on lui connaît, mais il s'est déplacé conceptuellement. S'est élargi plutôt : s'il suppose une même relation à la fois de conflit et de nécessité réciproque entre chaque impulsion, plaçant l'ensemble du mouvement dans une dynamique alternative, comme une immense respiration atomique et énergétique du cosmos, il s'avère incomparablement explicite quant à son orientation marxiste, ce qui n'était pas le cas dans *Documents*.

Tout se passe en effet comme si, à l'encontre de cette vérité matérielle du monde, l'homme (l'homme occidental, l'homme dit « civilisé », « cultivé ») s'était empressé de discréditer les phénomènes « hétérologiques » ressortissant de la première impulsion, et avait cherché à assurer l'hégémonie des seconds, jusqu'à vouloir établir une « homogénéité » générale de l'expérience vitale que rien ne vient plus perturber. Dramatique erreur, puisque ces mêmes impulsions homogènes sont inévitablement elles-mêmes productrices de déchets, déchets relevant pour leur part de la première dynamique. L'« hétérologie » sera alors cette science impossible, paradoxale, du *déchet*, science de ce qui ne peut être atteint par la science (la philosophie), sinon en le faisant basculer dans l'homogène[1]. Elle est l'« impensable » du système, ce qui le dépasse par définition. Science excrémentielle de ce *« qui, jusqu'ici, était regardé comme l'avortement et la honte de la pensée humaine*[2].*»* Elle s'appuiera volontiers sur l'observation pratique de « cas inassimilables » dans les domaines ethnologique[3] ou psychologique[4]. Mais ce qu'elle dira sera une vérité révolutionnaire : outre toute une phraséologie caractéristiquement marxiste qu'on ne lui connaissait par ailleurs pas de façon si explicite, Bataille assigne à la conceptualisation de l'« hétérologie » une orientation clairement révolutionnaire. L'observation des processus excrétoires met en effet l'accent sur les dynamiques ouvrières comprimées par la logique accumulative des bourgeoisies et appelle à les libérer. Car rien ne distingue, dans l'immense analogie dualiste que l'hétérologie élabore, leurs impulsions de toutes les autres impulsions basses. Et ainsi se met en marche le mouvement de l'histoire, qui en appelle à la libération révolutionnaire. On mesure l'élargissement conceptuel : alors que la « volonté de puissance » nietzschéenne faisait de cette libération une simple loi énergétique, Bataille désormais est prêt avec Marx à admettre la nécessité historique de cette libération, à condition de prendre les précautions d'usage avec tout idéalisme historique (dialectique) qui finalement diluerait dans une synthèse idéaliste (chrétienne, hégélienne, surréaliste...) la nécessité fondamentale de la destruction et de toutes les dynamiques mises à jour par l'hétérologie. Il est donc *« nécessaire d'envisager deux phases distinctes dans*

---

[1] D'où la réticence sévère de Bataille à l'exposé, mais simultanément, la façon scolaire dont il y consent.
[2] Mircea Eliade fera de ce « ganz andere », le « tout autre », l'espace même du sacré
[3] Rituels funéraires d'exhumation de cadavre et de partage de son squelette, avec obligation pour le fils du défunt de sucer la chair en décomposition pour nettoyer les os, dont Bataille emprunte l'exemple à l'ethnologue Bronislaw Malinowski.
[4] Assassinat suivi de dévoration partielle de la victime par son meurtrier, tel ce fait divers horrible survenu dans la région de Düsseldorf et dont Bataille conserva plusieurs coupures de presse.

l'émancipation humaine » : d'abord une phase révolutionnaire à proprement parler, *« qui ne se terminera que par le triomphe mondial du socialisme »*, offrant une sorte de « voie d'écoulement » aux puissances d'excrétion de la « masse » ; ensuite une phase post-révolutionnaire, qui *« implique la nécessité d'une scission entre l'organisation politique et économique de la société d'une part et d'autre part une organisation antireligieuse et asociale ayant pour but la participation orgiaque aux différentes formes de la destruction*[1] *»*. Bref, la révolution marxiste est un moment où les puissances excrétoires du prolétariat se mettent au service de la libération sociale, pour conduire vers un état politique capable de garantir en toute lucidité à ces mêmes puissances, parce qu'elles n'auront absolument pas disparu du fait de leur vérité matérielle, des phases d'épanchement.

De tels propos quasi-prophétiques, presque utopiques, peuvent étonner chez Bataille, qu'on a vu moins soucieux de quelque organisation politique que ce soit. Ils marquent assurément un important pas en avant chez lui, qui ne peut s'entendre qu'à la condition de rappeler combien cette « hétérologie », base idéologique nouvelle, exprime ce que le surréalisme et ses « transpositions » ne sont pas. Cette notion de « transposition » apparaît clairement dans un article de *Documents* – le dernier que Bataille publie dans la revue. Elle est ce mouvement de substitution de toute *« possibilité de l'homme entièrement suffoqué d'horreur, [par]* n'importe quelle *dérivation, pourvu que cela entre, au besoin à rebours, dans des cadres déjà établis*[2] *»*. Il ne fait pas de doute qu'il entre dans cette « transposition » quelque chose de la « sublimation » freudienne qu'on a vu Bataille refuser catégoriquement. Elle est donc, dans le vocabulaire hétérologique, ce basculement vers l'homogénéité du cadre, de la règle. Elle est la dilution de la négativité brute, par métamorphose, vers l'acceptabilité d'un néo-conformisme. L'« esprit moderne » ? il ne fait pas de doute que c'est le surréalisme et Breton avant tout (on sait que les peintres surréalistes sont passibles d'un tout autre regard) qui sont concernés, ce que montre explicitement les deux articles conservés dans l'ombre de leur non-publication. Dans la perspective théorique de son « hétérologie », Bataille y épingle très précisément ce qui chez Breton relève de cette « alchimie » transformant le noir en blanc, le plomb en or, l'horreur en beauté. En somme tout ce qui, chez lui, relève de ce pseudo-matérialisme post-hégélien dont on a déjà explicité le subtil alliage, et qui fait de celui-ci *« une maladie infantile de ce bas matérialisme*[3] *»* que l'hétérologie révèle. La stratégie de Bataille consiste alors à renvoyer ce même matérialisme à l'accusation d'archaïsme que Breton avait proférée à son encontre. Il y a une

---

[1] Ce partage ne fait en un sens que donner une large dimension politique à la manière schizophrène dont Bataille mène au même moment sa propre vie, entre une face diurne de fonctionnaire courtois et discret et une face nocturne de débauché frénétique.
[2] Georges Bataille, « L'esprit moderne et le jeu des transpositions » (*Documents* n°8, deuxième année, 1930), *OC I*, Gallimard, 1970, p. 274.
[3] L'expression filtre probablement depuis Lénine, et son ouvrage *La Maladie infantile du communisme* (1920), que Bataille a emprunté à la Bibliothèque Nationale le 16 octobre 1926 et conservé jusqu'au 13 juillet 1927.

modernité révolutionnaire, et elle n'est pas là où elle le prétend : Bataille, avec l'hétérologie, se pose comme son véritable théoricien. Il concède au mouvement de Breton un départ subversif vis-à-vis de la classe bourgeoise dont il émerge, qu'il estime né d'un sentiment de culpabilité originel, mais il accuse ensuite l'opération jugée idéaliste de « changement de signe », cette « transformation » qui fait de l'antimorale surréaliste la proclamation de nouvelles valeurs morales : promesse béate d'un avenir définitivement expurgé, ce sont ces valeurs qui prennent alors un caractère de fin et offrent de l'acte révolutionnaire une vision éblouie[1]. Ainsi intervient dans son argumentation la symbolique à laquelle l'article doit son titre, et qui oppose dynamique ascendante (l'aigle impérial, emblème même de l'avortement révolutionnaire à l'instar de l'épopée napoléonienne) et dynamique descendante (la taupe marxiste, creusant ses galeries dans le sous-sol prolétarien). Ce qui était complexe de culpabilité originelle s'achève dans un complexe de castration appelant sur soi le « châtiment » solaire (et Bataille en veut pour preuve le fameux « acte surréaliste le plus simple » revendiqué dans le *Second manifeste* par Breton). Pour lui, Breton n'est que trop heureux de jouer les victimes, en se posant en fier et unique représentant des valeurs qu'il défend, dans un monde intégralement voué à la compromission. Observons que, outre que c'est exactement ce qu'on aura vu Bataille faire de son côté[2], on peut légitimement avancer qu'il l'aura lui-même, par son *Cadavre*, singulièrement « aidé » à passer pour une victime. Mais Bataille va plus loin, et précise le moyen de cette opération surréaliste de travestissement des valeurs : c'est leur poétisation. Poétisation de lecteur, qui cantonne prudemment l'« insalubrité » de telle ou telle œuvre (Baudelaire, Rimbaud, Huysmans, Lautréamont) à l'espace purement littéraire. Poétisation d'auteur, qui détourne sa vie *« de ce qui constitue une décomposition réelle d'un monde immense »* et se réfugie dans une navrante *« agitation poétique »*.

Mais ce processus hétérologique qui réclame une liquidation du surréalisme n'en réclame pas moins à première vue ce qu'il faut au moins appeler un « sévère aménagement » de Nietzsche. On a vu comment les articles de *Documents* proposaient un matérialisme assurément plus nietzschéen que

---

[1] « *[Cette pitoyable psychologie des révolutionnaires bourgeois] aboutit à représenter la révolution comme une lumière rédemptrice au-dessus du monde, au-dessus des classes, le comble de l'élévation d'esprit et de la béatitude lamartinienne »*, *Ibid.*, p. 93. On observera la rhétorique qui consiste toujours chez Bataille à utiliser une symbolique religieuse (la lumière) pour assurer de l'idéalisme surréaliste, dans une stratégie générale typiquement marxiste, qui oppose classe (bourgeoise : le vocable est récurrent dans l'article de Bataille) contre classe (prolétaire). On sait que, par ailleurs, cette symbolique religieuse peut se doubler d'une connotation sexuelle où s'opposent l'émasculation et la virilité.
[2] Ne va-t-il pas ailleurs jusqu'à revendiquer son propre isolement comme pour chercher des oreilles compatissantes ? Par exemple, lorsqu'il écrit qu'« *on ne s'adresse pas à un chœur pour le convaincre ou pour le rallier, tout au plus pour ne pas subir l'arrêt du sort sans révolte au moment où il condamne le déclarant au plus triste isolement »*, Voir Georges Bataille, *La valeur d'usage de D.A.F. de Sade*, « Dossier de la polémique avec André Breton », *OC II*, Gallimard, 1970, p. 54.

marxiste. Il est tout à fait étonnant – notamment si l'on pense à leur concomitance, ou peu s'en faut – de lire, dans la réfutation polémique de Breton, cette élaboration hétérologique comme davantage redevable de Marx que de Nietzsche. Encore que. L'enseignement de Zarathoustra n'est en effet pas de ceux qu'on suit à la lettre, Zarathoustra lui-même appelant ses disciples à s'émanciper de sa propre parole. *« On rémunère mal un maître si l'on reste toujours l'élève. »* L'heure semble venue pour Bataille de cette même émancipation, avec Marx, contre Breton. Mais s'émancipant de la sorte, Bataille ne fait que continuer Nietzsche, quitte à le faire *contre* Nietzsche même. Ainsi joue-t-il aussi symboliquement la « taupe » contre « l'aigle » : s'il ne fait aucun doute que le second emblème, certes napoléonien, est aussi clairement nietzschéen – Zarathoustra est accompagné d'un aigle et d'un serpent –, la « taupe » elle-même, animal certes « marxiste », n'en est pas moins présente chez Nietzsche – dans la préface d'*Aurore*[1]. Telle est pourtant la lutte qui fait l'objet de *La « vieille taupe » et le préfixe* sur *dans les mots* surhomme *et* surréalisme, où une étonnante analogie est établie entre le surréalisme « transpositeur » et Nietzsche, tous deux emblématisés par le même « aigle » icarien. Cette analogie ne va pas de soi, et mérite qu'on s'y arrête. En surface, un même recours au préfixe « sur ». Plus profondément, elle tient à ce même élan icarien qui propulse Nietzsche vers la proclamation de « survaleurs » *« qui permettent aux individus de s'élever au-dessus des conditions humaines de classe. »* Comme chez les surréalistes, cet élan n'exprime à ses yeux rien que *« le désir inconscient et pathologique d'être violemment abattu »* : partant d'un complexe de culpabilité, il s'abîme ici aussi en complexe de castration. Car tout ce qui ressort de la philosophie exaltée de Nietzsche, c'est la revendication de (sur)valeurs (notamment présocratiques) absolument obsolètes dans une société bourgeoise. Et c'est précisément ainsi, par un habile de tour de passe-passe rhétorique, que Bataille, feignant de rapprocher dans un même discrédit Nietzsche de Breton, finit par sauver finalement celui-là au détriment de celui-ci. On pourrait d'abord remarquer que Bataille se montre autrement moins sévère à son égard qu'à l'égard de Breton (et comment pourrait-il en être autrement ?) : il dénie à Nietzsche d'avoir bricolé son matérialisme avec aucun idéalisme, et cet élan chez lui est ramené à une simple fatalité psychologique (Bataille dit que Nietzsche y était *« condamné »*), laquelle fait du « bourgeois » Nietzsche, la victime obligée de sa propre classe. Mais il y a assurément davantage : car toute l'opération consiste bien à mettre en valeur chez Nietzsche ce qui fait de sa philosophie une élaboration complètement impraticable dans la société bourgeoise moderne. Il n'y a pas de lecture pratique de Nietzsche, ce qui revient à dire qu'au contraire des prétentions surréalistes, Nietzsche sait qu'il a tort. Plus exactement, il sait que la modernité capitaliste donne tort aux valeurs qu'il défend. C'est ce que souligne Bataille et c'est ainsi,

---

[1] On rappellera également deux autres « taupes » assurément incitatives pour Bataille. D'abord dans *Hamlet*, de Shakespeare, le personnage éponyme lançant à propos de l'esprit de son propre père : *« Bien travaillé, vieille taupe ! »*. Ensuite chez Hegel lui-même, à la fin de son cours sur l'*Histoire de la Philosophie*.

en tant que pôle hétérologique radical, qu'il peut conserver finalement la référence nietzschéenne dont il avait feint de se séparer, et jouer d'elle contre le surréalisme.

Il est aussi une œuvre qu'il faut absolument reprendre à Breton : c'est Sade. De même que Bataille avait cherché à récupérer un certain nombre de peintres qu'il estimait abusivement annexés par le surréalisme, de même il va dans une perspective hétérologique réfuter la lecture surréaliste de Sade, et l'annexion, la neutralisation, dont celui-ci serait pareillement victime par Breton. On se souvient que, dans ce contexte de profonde divergence, le nom de Sade est déjà apparu à la fois à titre anecdotique et à titre symbolique. Dans son article « Langage des fleurs », Bataille avait en effet rapporté l'anecdote d'un Sade effeuillant des roses sur du purin, anecdote qu'il inscrivait comme emblématique de la dynamique de décomposition de la matière idéale (la fleur) dont Sade serait lui aussi l'un des hérauts. Breton, dans le *Second manifeste*, avait alors riposté en mettant en doute la véracité de l'anecdote, et en réfutant catégoriquement l'interprétation de Bataille, laquelle portait atteinte selon lui à l'intégrité morale d'un révolutionnaire enfermé par toutes les geôles (réelles et idéologiques). Dans l'élaboration hétérologique, Sade devient un enjeu majeur, parfaitement symbolique selon Bataille des « transpositions » homogénéisantes dont Breton serait coupable en lui attribuant une positivité, fût-elle révolutionnaire. Bataille commence par vérifier la véracité de l'anecdote en s'en remettant à Maurice Heine, à qui il écrit aussitôt et qui lui répond par la négative[1]. Forcé de se rétracter, il tente alors de maintenir la signification symbolique qu'un tel geste, même légendaire, n'en conserve pas moins. C'est-à-dire qu'il s'agit coûte que coûte de faire de Sade, de sa vie comme de son œuvre, l'écœurant représentant de ces pulsions « hétérologiques », absolument impossibles à assimiler dans l'ordre de la morale, de la philosophie ou de la culture, travail dont se rendent coupables moins les *« diverses personnes que le nom de Sade scandalisent, mais seulement [ses] apologistes les plus ouverts »*. Tout comme parler de la « beauté » des toiles de Picasso, de Miró, de Dalí, était un mensonge, aimer Sade, lui rendre hommage, c'est obligatoirement le trahir, *a fortiori* lorsqu'« *il n'est pas question de [lui] faire la moindre place, aussi bien dans la vie privée que dans la vie sociale, aussi bien dans la théorie que dans la pratique.* » Breton est donc accusé d'avoir de Sade une lecture antiseptique, c'est-à-dire une lecture « littéraire », « poétique », soit une lecture caractéristique de la « transposition » surréaliste. Et par opposition, Bataille entend pour sa part résolument maintenir Sade dans l'hétérologie, c'est-à-dire lui conserver cette dimension d'excrétion

---

[1] *« Je vous écris pour vous communiquer le résultat de mes recherches sur la légende des roses dans le purin. Eh bien, elle a pour père… Victorien Sardou, qui n'en est pas à une erreur historique près »*, Maurice Heine, lettre à Georges Bataille du 29 décembre 1929, intégralement reproduite dans le « Dossier de la polémique avec André Breton ». On se souvient en outre que Sade, dans « Idée sur les romans », écrit que *« le sot cueille une rose et l'effeuille, l'homme de génie la respire et la peint »*, Sade, « Idée sur les romans », *Les crimes de l'amour*, édition de Michel Delon, Folio classique, Gallimard, 1987, p. 44.

violente qui est la sienne. Son œuvre doit bel et bien servir de base morale pour la future société post-révolutionnaire. Ce n'est donc pas Sade qui conduit à Marx, c'est Marx qui conduit à Sade. Marx correspond à la première phase de libération des pulsions hétérologiques, la révolution ; Sade offre l'exemple même des excrétions de la seconde phase, la phase post-révolutionnaire, celle dont historiquement ont déjà pu donner idée les civilisations précolombiennes, et notamment Aztèques[1].

Reprenons les griefs de Bataille. La vie privée ? Il ne fait aucun doute que Breton ne partageait absolument pas le sens de la débauche de Bataille. Les biographes ainsi que de nombreux commentateurs en attestent, comme en attestent ces « Recherches sur la sexualité » menées en janvier 1928, où Breton fait preuve d'une grande sévérité à l'égard de nombreuses pratiques sexuelles (homosexualité masculine, zoophilie, exhibitionnisme, amour collectif, etc.). Observons cependant combien ce reproche est contradictoire avec ce dont on a par ailleurs accusé Breton, à savoir précisément cette indifférence à l'égard de la souffrance d'autrui (celle de Nadja, par exemple, ou plus tard, de Valentine Hugo), qui ferait de lui un sadien… relativement sadique[2]. C'est que chez Breton, il n'y a rien dont la vérité du désir ne puisse s'accommoder. Le désir est la morale absolue, il est la *folie de la morale*, et là où pousse le désir, le jugement ne peut intervenir. D'où sa sévérité envers toute débauche qui ne serait qu'une quête effrénée de plaisir. Le désir est la liberté en acte, qu'aucune règle morale, sociale ou religieuse ne peut aliéner, ce qui fonde la dimension subversive (et paradoxalement, sadienne) de sa conception de l'amour fou[3]. En outre, quelle est cette lecture qui réclame l'imitation ? Et de quelle imitation Bataille lui-même pouvait-il se prévaloir s'il acceptait de composer avec elle et, malgré tout, de ne pas se livrer au meurtre, de garder comme on doit supposer qu'il le fit un certain *sens de la limite* vis-à-vis des différents « modèles » offerts par les turpitudes sadiennes ?… Lire Sade, ce n'est pas faire littéralement comme lui, c'est répondre à la même désaliénation que Sade dramatise avec scandale : c'est là, et nulle part ailleurs, que se trouve l'« application pratique » de son œuvre pour Breton[4]. L'œuvre, justement ? Certes, l'érotisme du plaisir, qui scindait en

---

[1] Dans son article « L'Amérique disparue », Bataille a lui-même explicitement rapproché « *[la] vie des peuples civilisés de l'Amérique avant Christophe Colomb* » et « *les aveuglantes débauches décrites par l'illustre marquis de Sade* », Voir Georges Bataille, « L'Amérique disparue » (1928), OC I, Gallimard, 1970, p. 152.
[2] Souffrance aussi, morale, de ses compagnes successives qu'il rendait, assez naïvement, complices et témoins de ses tocades (voir les lettres de Simone Breton par exemple). Il y a là peut-être le pendant moral de cette « complicité » orgiaque que Bataille réclamait de son côté à ses propres compagnes.
[3] Radovan Ivsic voit dans cette question de l'amour celle à laquelle se réduisent finalement toutes les divergences avec Bataille : « *Il ne peut pas passer outre. Il n'y a pas à chercher ailleurs que cela* », affirme-t-il. Entretien personnel, 23 février 2005.
[4] Outre que nombre des débauches sadiennes de Clairwill ou de Juliette sont physiquement impossibles à « pratiquer », Sade lui-même n'avoue-t-il pas dans ce qu'il appelle sa « grande lettre » du 20 février 1781 : « *Oui je suis libertin, je l'avoue ; j'ai conçu tout ce qu'on peut concevoir dans ce*

diptyque acte et réflexion, dans *Histoire de l'œil* n'est pas l'érotisme du désir de *Nadja*. Or le scandale de Sade, à en croire Annie Le Brun, n'est-il pas, au contraire de cette scission, d'affirmer pratiquement qu'*« il n'y a pas de corps sans idée, ni d'idée sans corps[1] »* ? Que l'acte ouvre la pensée, ou que la pensée précipite l'acte, n'est-ce pas dire quel nœud obscur de désir Sade a désigné en l'homme, quelle pulsion première il a su indiquer comme moteur principal du mouvement humain ? Car chez Sade, le déchaînement n'est jamais « bestial », il procède toujours d'un épouvantable raffinement intellectuel, d'une sorte de « préciosité érotique » qui en accroît le caractère odieux et ouvre lucidement à sa connaissance. Cela, jusqu'à suggérer la possibilité d'un clivage entre personnages qui ont une tête et personnages qui n'en ont pas, et à choisir clairement ceux-là au détriment de ceux-ci[2]. D'où son positionnement difficilement tenable dans le système hétérologique de Bataille. Que la volupté sadienne puisse s'y apparenter à la ruine définitive de la mort, voilà en effet qui contredit fondamentalement *« la pensée de Sade qui fut le premier à dire que l'essentiel est la volupté et que l'érotisme n'ouvre pas à la mort mais est l'expression de la vie, même si le crime peut être envisagé comme une modalité de la volupté[3] »*.

On pourrait aussi remarquer que Bataille reproche à Breton exactement ce qu'on l'a vu par ailleurs louer chez Nietzsche : c'est parce que Nietzsche est absolument impraticable qu'il conserve finalement son caractère hétérologique ; c'est parce que Breton ne veut pas pratiquer Sade qu'il lui récuserait par là-même sa violence hétérologique et le « poétiserait ». L'argumentation, à chercher vaille que vaille la polémique, tourne au sophisme. En réalité, on voit bien que ce qui sépare pour l'instant les deux lectures de Sade[4], c'est la place que chacun lui assigne dans sa prospective révolutionnaire. Partant du contexte bourgeois et catholique qui est celui des années 30, Sade incarne pour Breton le signifiant ostensible, scandaleux, de la subversion radicale, dont le signifié est le désir. Pour Bataille, il est un signifié pratique que la société socialiste devra incorporer. Cette configuration demande ainsi d'en revenir aux préceptes marxistes[5], afin de souligner combien ces deux lectures s'abusent pareillement. Faire d'une part comme Breton, de Sade l'allié objectif de Marx, c'est oublier combien la revendication égalitaire du marxisme ne vise pas tant la question du désir et de la liberté sexuelle que celle de l'égalité devant le travail. Certes, le

---

genre-là, mais je n'ai sûrement pas fait tout ce que j'ai conçu et ne le ferai sûrement jamais. Je suis un libertin, mais je ne suis pas un criminel ni un meurtrier. »
[1] Annie Le Brun, « Un libertin unique », *De l'éperdu*, Stock, 2000.
[2] Ce que remarque Annie Le Brun notamment dans *Aline et Valcour*, Voir Annie Le Brun, *Soudain un bloc d'abîme, Sade*, Jean-Jacques Pauvert, Folio essais, Gallimard, 1986, p. 185.
[3] *Ibid.*, p. 151. Distinguant catégoriquement le texte sadien de sa lecture par Bataille, Annie Le Brun affirme que Bataille s'attache chez Sade à ce qui correspond à sa propre érotique, en mettant notamment en valeur le personnage d'Amélie dans *Histoire de Juliette*, seul personnage (en outre très épisodique) de son univers à vouloir effectivement mourir.
[4] Pour l'instant : elles se déplaceront par la suite.
[5] C'est surtout Engels, dans son essai *L'Origine de la famille, de la propriété privée et de l'État* (1884), qui développe ces aspects de la pensée marxiste.

marxisme promeut l'union libre, mais sans jamais se départir d'une conception monogame et hétérosexuelle : en pratique, pareille conception ne dérange pas la morale sexuelle de Breton ; en théorie, elle risque d'achopper sur la volonté de libération du désir sous toutes ses formes par le surréalisme et sur le « modèle » sadien qu'elle s'est donnée. C'est en outre oublier combien le « crime » sadien ne compose pas, combien il se refuse à endosser aucune panoplie idéologique qui déguise la noirceur particulière de son origine (le mal, comme constitutif de la nature humaine) sous un uniforme collectif qui déresponsabilise l'individu. Faire d'autre part comme Bataille de Sade l'un des socles politiques (au sens large, soit inversé, paradoxal : « hétérologique ») de la (future) société socialiste, c'est projeter hâtivement sur le marxisme ses propres élaborations, et les bricoler jusqu'à vider Marx (ou Engels) de son marxisme[1]. C'est faire de Marx un simple « décapsuleur » de la boîte de Pandore où Sade attend. C'est en quelque sorte promouvoir simultanément *et* le nouvel ordre du régime soviétique *et* le désordre voluptueux de cette « République des forts », ce « *despotisme de la luxure*[2] » dont Sade lui-même rêva de façon bien peu pragmatique. Bataille peut vouloir lui-même se placer, face au nouvel « ordre » du désir prôné par Breton, comme son pendant excrémentiel. Il peut même (déjà) choisir l'utopie hétérologique du non-choix, utopie même délibérément, même magistralement bancale : il est moins avisé de faire en même temps à Breton des leçons d'efficacité révolutionnaire ainsi que de lucidité et d'honnêteté intellectuelles.

---

[1] Qui plus est dans sa version léniniste, encore plus rigoriste que celle de Engels. Dans *De l'émancipation de la femme*, Lénine écrit ainsi que « *La révolution exige la concentration, la tension des forces [...]. Elle ne tolère pas les états orgiastiques.* »
[2] Sarane Alexandrian, « Le marquis de Sade et la tragédie du plaisir », *Les Libérateurs de l'amour*, Points, Seuil, 1977.

QUATRIÈME PARTIE

LE DOGME ET L'ÉCART

En ces années 30, les crises, économiques, politiques, se multiplient. Entre dissensions internes et exclusions, le groupe surréaliste ne va pas mieux. Breton, qui ne se remet pas de la tempête interne qui a secoué le mouvement, ni de la haine qui s'est déchaînée contre lui, songe à jeter l'éponge. La crise qui l'affecte est également provoquée par les aléas de ses relations avec le parti communiste, et sa difficulté à inscrire le surréalisme sinon au cœur du paysage révolutionnaire, du moins dans une de ses marges les plus actives, comme il le voudrait. Même chose du côté de Bataille, dont la schizophrénie semble systématiquement affecter chaque domaine de sa vie et le scinder en deux parts intenables comme, d'un coup de couteau, on ferait d'une pomme. C'est elle qui déchire son quotidien entre face diurne de bibliothécaire scrupuleux, élégant et courtois, et face nocturne de débauché impénitent, on l'a dit. Mais elle encore, qui divise ses activités diurnes entre part d'« honnête homme » (le fonctionnaire) et part maudite (celle qui révèlera l'écrivain, l'intellectuel, le penseur... : quel terme convient le moins mal aux activités qui l'occupent ?). Elle qui y partage une œuvre revendiquée, signée, publiée et une œuvre clandestine, pseudonyme, différée, inachevée. Elle qui tiraille l'homme entre douleur de la mort (mort de la mère) et joies de la paternité (naissance de sa fille cinq mois plus tard). Joies familiales impossibles quoi qu'il en soit, joies incomplètes à moins de vivre simultanément leur envers, en l'espèce une passion violente à l'égard d'une prostituée pour laquelle il dilapide son héritage. Son éviction de *Documents* met fin aux rudiments d'une expérience collective, elle-même schizophrénique (les « scientifiques »/les « artistes »), et le renvoie à cette solitude qui est à la fois sa fierté – on a vu qu'en un sens, de cette schizophrénie, il a tiré son impossible système de « l'hétérologie » – et sa croix. Et l'affaire du *Cadavre*, telle qu'on a cru pouvoir la lire, n'est-elle pas elle-même symptomatique de cette schizophrénie qui fait de cet accès de violence inouïe, la face ostensible d'un acte qui dit autre chose, où sentiments indicibles se mêlent de transferts plus ou moins conscients ?

Alors même que se consomme donc, et avec quelle sauvagerie, le meurtre symbolique qu'on vient de lire, émerge un dénominateur commun auquel les circonstances historiques vont bientôt conférer un caractère de nécessité et d'urgence. C'est Marx. On a vu comment chez Breton la référence à Marx intervenait à partir de 1925 comme volonté d'une intervention dans le monde de plus en plus pragmatique. On a dit combien le retournement idéologique difficile imposé au surréalisme par la pensée marxiste avait placé Breton dans une position intenable vis-à-vis du PC. Chez Bataille, la référence à Marx semble n'intervenir que tardivement, soit en filigrane dans les articles de la revue *Documents*, assurément plus redevables de Nietzsche, soit explicitement au moment de la polémique avec Breton, mais alors dans une marge hors-publication. On a aussi souligné combien les attaques de Bataille concernant la question du matérialisme de Breton mettaient celui-ci dans une situation délicate vis-à-vis des « révolutionnaires officiels », et combien, sommé par Bataille de préciser la nature théorique de son matérialisme, sa réponse semblait davantage orientée vers eux que vers lui. C'est dans le jeu des regroupements révolutionnaires successifs que va désormais se déplacer la confrontation qui nous occupe. Là, par la plateforme inattendue qu'offre Marx et la certitude partagée d'une obligation révolutionnaire historique, les tensions vont paraître s'estomper, d'autant que face à l'indolence des démocraties occidentales, s'affirme la menace d'un ennemi commun qui va concentrer sur lui tous les feux : le fascisme.

Dans la mouvance révolutionnaire

De 1930 à 1935, un pas est franchi vers l'engagement révolutionnaire. Breton et Bataille convergent vers la gauche de la gauche marxiste. Ce positionnement, voisinage difficile, passe par un jeu d'alliances, renouvelées ou inédites, désirées ou impossibles, rompues ou exclusives, avec tel ou tel membre et tel ou tel groupuscule en rapport souvent conflictuel avec le parti communiste. Il se réalise également sur un plan idéologique : plusieurs textes témoignent de nouveau des divergences philosophiques profondes quant à la question du marxisme et du matérialisme, divergences désormais ouvertement exprimées chez l'un comme chez l'autre dans un rapport polémique avec un parti farouchement accroché à son dogme. L'intérêt est donc de repérer en une lecture diagonale les éléments saillants qui font avancer ce débat qui n'a pas lieu directement entre eux, soit de différencier un marxisme de « ce qui se mange » (Feuerbach) pour Breton et de « ce qui se défèque » pour Bataille, lequel expose enfin à la publication, mais de façon inassimilable par aucune obédience révolutionnaire que ce soit, la pensée hétérologique qui avait, dans le secret du non-publié, fait de lui la part « excrémentielle » du surréalisme de Breton.

Le Komintern et les jeux d'alliances autour du parti communiste français

Cinq ans déjà, depuis la lecture enthousiaste du *Lénine* de Trotski et la guerre du Maroc, que le mouvement de Breton évolue dans une marge difficile, à la fois à la gauche du parti communiste et en marge de celui-ci, dans cet ailleurs qui lui est propre et qu'il défend ardemment (le rêve, la poésie, l'automatisme…). Là, il côtoie plusieurs figures importantes du marxisme en France, et notamment deux hommes qui, à partir de 1930, vont jouer un rôle considérable auprès de Bataille, Jean Bernier et Boris Souvarine.

La guerre coloniale qui se poursuit dresse une gauche contre une autre : le Cartel des gauches au pouvoir depuis mai 1924 n'a pas remis en question l'intervention française sur le sol marocain, ce que dénonce vertement le PC. Le groupe surréaliste signe alors l'« Appel aux Travailleurs intellectuels » lancé par Barbusse dans *L'Humanité* (juillet 1925), aux côtés notamment du groupe *Clarté* que Bernier dirige. Déjà, en 1924, *Clarté* s'était distingué du concert d'éloges entourant à gauche comme à droite la mort d'Anatole France, et avait « accompagné » le pamphlet surréaliste de sa propre diatribe, aux reproches plus directement politiques. Le groupe, fondé en mai 1919 et d'abord dirigé par Barbusse lui-même, s'est toujours assigné *« pour but d'organiser la lutte contre l'ignorance et ceux qui la dirigent comme une industrie. Il n'est né d'aucune influence politique ni nationale. Il est indépendant et international [...]. La doctrine qui lui paraît approcher le plus de l'idéal social est celle de la IIIe Internationale[1] »*. On y croise déjà un certain Souvarine. Fin 1921, le journal *Clarté* est devenu une revue, et s'est progressivement affranchi de la tutelle de Barbusse pour choisir délibérément la voie de l'action révolutionnaire. Preuve de son indépendance : en 1924, un soutien est accordé à Trotski lors de son éviction à Moscou, soutien qui place Bernier, nouveau directeur du titre, en indélicatesse vis-à-vis du parti. C'est cette même année 1924, au moment du front commun anti-France, que la contribution virulente d'Aragon et sa malheureuse expression *« Moscou la gâteuse[2] »* sont désavouées par Breton[3]. Or la même invective a également été aussitôt tancée par Bernier dans son propre pamphlet, où il a qualifié par ailleurs Breton d'*« esprit peut-être le plus fanatiquement honnête de sa génération[4] »*. On attend encore beaucoup de Moscou et du parti : pas question de les froisser gratuitement. Entre temps cependant, à sa marge immédiate, une véritable proximité de vues se dessine. La guerre du Rif offre quelques mois plus tard l'occasion d'un nouveau rapprochement surréalisme/*Clarté*, et ce, dans un véritable accord avec Barbusse (plusieurs surréalistes et clartéistes collaborent à *L'Humanité*) et le parti communiste, envers lesquels Bernier, quoique non-affilié, semble jouer le rôle de médiateur. Cette coalition à l'extrême gauche prend la forme de plusieurs déclarations cosignées, aux accents anticolonialistes, certes, mais aussi antipatriotiques et internationalistes, dans le droit fil des directives du Komintern[5]. Fin 1925, l'entente avec Bernier et le groupe *Clarté*, ainsi que, provisoirement, avec le groupe *Philosophies* (Morhange, Politzer, Lefebvre…) est totale, et en total accord de principe avec les doctrines à la fois de

---

[1] Henri Barbusse (décembre 1919), cité d'après Dominique Rabourdin, « Notes sur Jean Bernier », Jean Bernier, *L'amour de Laure*, Flammarion, 1978, p. 14.
[2] Louis Aragon, « Avez-vous déjà giflé un mort ? », *Un Cadavre* (1924), *Tracts surréalistes et déclarations collectives*, Tome I (1922-1939), présentation et commentaires de José Pierre, Éric Losfeld éditeur, 1980, p. 25.
[3] *« Bien qu'elle fasse grand effet sur la galerie, je veux dire qu'elle agite au possible la mare et provoque des indignations réjouissantes, [la manière d'Aragon] n'est pas appréciée sans réserve parmi nous. [...] Quel que soit à ce moment l'ascendant qu'il exerce, ses amis ne sont pas sans déceler, chez lui, la surenchère* verbale », André Breton, *Entretiens* (1952), OC III, Gallimard, Bibliothèque de la Pléiade, 1999, p. 488.
[4] Jean Bernier, « Un Cadavre », cité d'après Dominique Rabourdin « Notes sur Jean Bernier », Jean Bernier, *L'amour de Laure*, Flammarion, 1978, p. 22.
[5] Voir par exemple l'« Appel aux Travailleurs intellectuels » (publié dans *L'Humanité* du 2 juillet 1925, puis dans la revue *Clarté* du 15 juillet), mais aussi « La Révolution d'abord et toujours ! » (*L'Humanité*, 21 septembre 1925) ou la déclaration commune « "Clarté", "Philosophies", "La Révolution surréaliste" solidaires du Comité Central d'Action » (*L'Humanité*, 16 octobre 1925), ainsi que divers appels de soutien vers des activistes polonais (« Manifeste des Intellectuels », *L'Humanité*, 8 août 1925), roumains (« Lettre ouverte aux Autorités roumaines », *L'Humanité*, 28 août 1925) ou hongrois (« Télégramme au Président du Conseil de Hongrie », *L'Humanité*, 17 octobre 1925). Toutes ces déclarations figurent dans *Tracts surréalistes et déclarations collectives*, Tome I (1922-1939), présentation et commentaires de José Pierre, Éric Losfeld éditeur, 1980.

l'Internationale communiste et du parti. Et alors que la question d'une adhésion collective au PC est repoussée, au nom de l'hétérogénéité de ses membres et d'une volonté d'efficacité maximale[1], une fusion de cet intergroupe à l'organisation de plus en plus bolchevique[2], sur le modèle même de celle du parti, est envisagée. Mais Breton ne peut se résoudre à sacrifier l'autonomie du surréalisme, ni vis-à-vis du PC, qui redouble de méfiance envers cette incontrôlable aile gauche, ni même vis-à-vis d'aucun autre regroupement susceptible de mettre en péril sa liberté d'action et son identité. Cet entêtement à sauvegarder la spécificité surréaliste dans la mouvance d'extrême gauche le place en porte-à-faux et avec le PC et avec Bernier, pour lesquels les récits de rêve, la poésie automatique, ou telle ou telle exposition de peintures n'offrent de la révolution qu'une version bien sage. À distance élastique de l'un comme de l'autre, il ne démordra plus de cette ligne de conduite. Elle lui vaudra très vite de vives échauffourées avec Barbusse. Mais les liens entre surréalistes et clartéistes se poursuivent néanmoins par le biais de participations croisées aux revues des uns et des autres, favorisés notamment par Naville, qui passe d'un groupe à l'autre tout en écartant Bernier, de plus en plus isolé. Il faudra attendre la fin 1926, lorsqu'à nouveau, se posera la question de l'adhésion au PC, pour que les relations entre Breton et Bernier connaissent une éclipse durable. Le 24 décembre 1926, en effet, au terme d'une série de réunions, Bernier et Breton se retrouvent encore en assemblée pour en discuter. Bernier réfute la qualification marxiste de la majorité de l'assemblée, et annonce une brochure en préparation qui clarifiera ses propres positions idéologiques. Son attitude, jugée confuse et équivoque, amène Breton à soulever le problème de ses « fâcheuses » chroniques sportives publiées dans *L'Humanité* sous pseudonyme. Un vote final soumet alors la participation de Bernier à l'activité collective à l'examen de sa prochaine brochure, ce qui semble mettre un terme à sa relation avec Breton, qui choisit pour sa part d'adhérer. Disparition (provisoire) de Bernier du paysage. C'est aux côtés de Bataille qu'on le retrouvera bientôt.

Dans cette frange en marge du parti communiste, un autre homme occupe une place importante pour Breton dans ces années 1925 à 1930. C'est Boris Souvarine. De son vrai nom Boris Lifschitz, Boris Souvarine, né à Kiev en 1885, est arrivé en France dès 1898. D'abord militant à la SFIO, il est séduit par la révolution bolchevique et a créé un Comité français pour la IIIe Internationale dont il fonde l'organe, *Le Bulletin communiste*. Une grève des cheminots lui vaut un bref passage en prison, d'où il contribue à la fondation du PCF après la scission de Tours. Élu au comité directeur du parti ainsi qu'au

---

[1] Voir le compte-rendu de l'« Assemblée générale constitutive tenue à "Clarté" le 5 octobre 1925 », publié dans *Archives du surréalisme*, 2. Vers l'action politique, présenté et annoté par Marguerite Bonnet, archives publiées sous l'égide d'Actual, Gallimard, 1988, pp. 31-37.
[2] C'est ce qui ressort de la lecture des séances successives du Comité, entre octobre et novembre 1925, où priment discipline, rigueur, surveillance paranoïaque des écrits de chacun et... cryptage des échanges. On va en effet jusqu'à adopter un vocabulaire secret pour coder les débats : par exemple le mot Russie est remplacé par le mot Amérique, Révolution par Idéal, Prolétaire par Artiste, etc.

conseil d'administration de L'*Humanité*, il part pour Moscou, en juin 1921, participer au troisième congrès du Komintern, et entre alors au comité exécutif, au secrétariat et au présidium de la IIIe Internationale. Mais sa proximité à l'égard des thèses de Trotski le place en minorité à la mort de Lénine en janvier 1924. Il est successivement exclu du Komintern (été 1924) et du PCF (été 1925). Dès son retour en France, il publie un nouveau *Bulletin communiste*, qu'il présente alors d'emblée comme un organe oppositionnel dans un éditorial au titre révélateur : « Exclus, mais communistes ». Son soutien à Trotski, dans la période de prise de contrôle totalitaire par Staline, ne se dément pas (pas avant 1929). Or on se souvient que c'est précisément par le biais de Trotski, et de son essai sur *Lénine*, que Breton a entamé sa conversion au marxisme. Et de fait, lorsqu'il est sommé en 1926 par Naville de préciser sa position révolutionnaire, alors même que toute la gauche lui est hostile (et notamment Barbusse et *L'Humanité*, et le parti lui-même), le nom de Souvarine apparaît en note, comme contrepoids important face à ses détracteurs : *« je crois à la nécessité de passer à certains hommes de premier plan, comme Boris Souvarine, leurs erreurs de caractère[1] »*. Convocation rhétorique ambiguë, certes, mais aussi insoutenable aux yeux des communistes orthodoxes, qui consiste assez naïvement de la part de Breton à jouer un trotskiste dissident contre les staliniens, et à se réclamer paradoxalement de son nom pour en remontrer au parti en matière de marxisme. C'est même vers Souvarine qu'il s'est tourné pour lui demander son avis sur une éventuelle adhésion au parti[2]. Breton, semble-t-il, n'a pas encore pris la mesure des dissensions internes aux factions communistes. Il n'a pas davantage conscience de ce qui se trame à l'encontre de Trotski (en est-il seulement informé ?). L'adhésion de Breton, quoi qu'il en soit, entérinée début 1927, est déjà caduque dès 1928 : bref passage décevant, interrogatoires incessants, à la belle façon stalinienne[3], insupportables humiliations... Passons. Le surréalisme, dans l'influence d'une marge trotskiste oppositionnelle elle-même à couteaux tirés et où il ne se reconnaît pas, peine également à trouver la distance idéale avec un parti communiste en plein durcissement stalinien.

---

[1] André Breton, « Légitime défense » (1926), *OC II*, Gallimard, Bibliothèque de la Pléiade, 1992, p. 284.
[2] *« En fait, je n'ai pas tenté de dissuader Breton et ses amis d'adhérer au Parti, sans dissimuler mon sentiment particulier. Ils sont venus chez moi comme une sorte de délégation* in partibus *pour me consulter et confabuler cordialement à ce propos (je ne saurais préciser la date). Ils étaient sept : Breton, Paul Éluard, Pierre Naville, Louis Aragon, Raymond Queneau, Benjamin Péret et Robert Desnos. Je leur dis en substance qu'étant moi-même exclu du Parti, je me trouvais mal qualifié pour donner un avis qui me parût objectif et que chacun devait se comporter selon son intuition propre, quitte à tenter une expérience personnelle. C'est ce qui eut lieu »*, Boris Souvarine, Introduction à *La Critique sociale*, La Différence, 1983, p. 9. À s'en remettre aux souvenirs de Souvarine, la présence de Naville laisse supposer que cette entrevue eut lieu au plus tard en 1926, année où, le premier, Naville rejoint le parti communiste sans couper les ponts ni avec Breton, ni avec *Clarté*.
[3] Breton les évoque notamment dans le *Second manifeste* (1930), *OC I*, Gallimard, Bibliothèque de la Pléiade, 1988, p. 795 et dans ses *Entretiens* (1952), *OC III*, Gallimard, Bibliothèque de la Pléiade, 1999, pp. 508-509.

Sans renier Trotski, bien au contraire, et tout en restant désormais à l'extérieur du communisme officiel, Breton, de 1929 à 1935, place effectivement le surréalisme dans une situation pour le moins ambiguë. Se démarquant de plus en plus de l'opposition trotskiste, il semble chercher à installer désormais son mouvement à l'immédiate frontière externe du parti. Non plus contre lui : *tout contre*. Intenable progression de funambule, dont attestent contradictoirement deux évolutions notables dans la perspective qui nous intéresse : d'un côté la rupture avec Bernier, entérinée à l'occasion de la fameuse réunion générale de la rue du Château de mars 1929 à laquelle, convié, Bernier refuse de se joindre ; d'autre la prise de distance avec Souvarine, pas même convié à ce même regroupement général, mais que Breton, dès le premier numéro de la nouvelle revue, *Le Surréalisme au service de la Révolution*, en juillet 1930, égratigne pour excès de sévérité à l'égard du même journal *L'Humanité* ! Là trop « dans la ligne », ici pas assez ? Griefs personnels intervenant dans des questions idéologiques ? Cet embrouillamini règle quoi qu'il en soit le pas de ces années, lui donne sa cadence cahotante, où la prise de distance à l'égard de l'opposition trotskiste (Naville) ne se traduit pas pour autant, pas simplement, par *« le choix du communisme officiel*[1] *»*. Certes, la nouvelle revue, lancée à partir de juillet 1930, se veut sans ambages : *Le Surréalisme au service de la Révolution*. Comme se veut sans ambages la déclaration liminaire qui figure en première page du premier numéro. Interrogé par le Bureau international de la littérature révolutionnaire à Moscou, le groupe surréaliste répond en effet : *« CAMARADES SI IMPÉRIALISME DÉCLARE GUERRE AUX SOVIETS NOTRE POSITION SERA CONFORMÉMENT AUX DIRECTIVES TROISIÈME INTERNATIONALE POSITION DES MEMBRES PARTI COMMUNISTE FRANÇAIS*[2] *»*. Engagement de taille, assurément, mais, à la stricte condition d'une liberté de manœuvre. En effet, si le jeu est équivoque, assurément motivé par la volonté d'une efficacité révolutionnaire dont étaient plus que quiconque garants le PC et son mentor soviétique, il n'est plus question d'aucune adhésion. Si bien que désormais, et jusqu'en 1935, seul un oscillographe pourrait permettre de retracer la ligne constamment brisée des rapports entre un surréalisme farouchement attaché à son indépendance et un parti communiste peu enclin à lui ouvrir ses portes et lui-même soumis à une stratégie fluctuante de Moscou. Qu'il nous suffise ici d'en rappeler parmi les moments les plus saillants. Vers le parti : le télégramme et la revue dont on a parlé ; la participation d'Aragon et Sadoul au Congrès de Kharkov (novembre 1930), au nom des surréalistes, congrès où Bataille est nommément mis à l'index, avec de nombreux autres (Vitrac, Desnos, Artaud…), comme écrivain « bourgeois »[3] ; la volonté d'inclusion au sein de

---

[1] Comme l'affirme pourtant Carole Reynaud-Paligot, « Le Choix du communisme officiel », *Parcours politiques des surréalistes 1919-1969*, CNRS Littérature, CNRS Éditions, 1995.
[2] « Télégramme envoyé à Moscou » (juillet 1930), *Tracts surréalistes et déclarations collectives*, Tome I (1922-1939), présentation et commentaires de José Pierre, Éric Losfeld éditeur, 1980, pp. 152-153.
[3] Mise à l'index également lors de ce même Congrès, la psychanalyse.

l'Association des Écrivains et Artistes Révolutionnaires, fondée par la parti en 1932 sur la base d'un projet de Breton lui-même, association qui commence par leur refuser toute entrée avant de les inclure non sans difficultés et polémiques ; la participation à tel « concours de littérature prolétarienne » (février 1933) ou l'épisode houleux du Congrès des écrivains pour la défense de la culture (juin 1935), gifle à Ehrenbourg et suicide de Crevel compris... Mais à l'écart du parti : le refus de jamais trancher définitivement contre Trotski ; la ratification par Aragon et Sadoul, au même Congrès de Kharkov, d'une déclaration inacceptable pour le surréalisme, déclaration qui prône une désolidarisation du *Second manifeste*, une dénonciation de Freud et de Trotski et soumet toute activité au contrôle du parti, ce que condamne immédiatement Breton[1] ; le soutien inconditionnel à Dalí, accusé d'avoir publié dans la revue surréaliste une « Rêverie » pornographique (n°4, décembre 1931), ainsi qu'à Alquié, accusé d'y avoir publié un article critique à l'égard de l'URSS (n°5, mai 1933), ce qui provoque l'exclusion de Breton de l'AEAR (juillet 1933)... À l'écart, bien sûr, toute une activité poétique qui continue de se déployer à la barbe du parti... Publié en 1932, le livre *Les Vases communicants* est un exemple parfait de ce déséquilibre permanent à l'égard d'un dogme simultanément *désiré* (au nom de l'action) et *intenable* (au nom de la morale). En août 1935, trois mois après la signature du pacte franco-soviétique jugé inacceptable, et à peine plus d'un mois après le fiasco du Congrès des écrivains pour la défense de la culture, le texte « Du temps que les surréalistes avaient raison » met un sévère point final à ces tergiversations à l'égard du parti et de Moscou. C'en est définitivement fini d'une certaine complaisance qui n'a que trop duré envers le stalinisme, son exaltation de la patrie, de la famille prolétaire, et son culte idolâtre de la personnalité (on saura bientôt toute l'horreur du régime).

Et Bataille ? Comment se situe-t-il dans ces mouvements à l'extrême gauche ? Où en est-il de son positionnement sur l'échiquier politique ? Jusqu'en 1931, les comptes sont vite faits : nulle part. On ne trouve en effet nulle part le nom de Bataille comme signataire de telle ou telle déclaration qui pourrait nommément l'impliquer dans une quelconque mouvance. Certes, la pensée de Bataille n'est pas, loin s'en faut, étrangère « au » politique. L'histoire, depuis la guerre de 14, ne lui en a pas laissé le choix, de sorte que c'est son développement même qui en est comme originellement marqué, symptomatiquement imprégné, de Nietzsche à Sade, ou de son matérialisme agressif (*Documents*) à l'hétérologie. Mais, entre 1924 et 1931, bornes visibles de sa rencontre avec les surréalistes d'un côté et de la création de la revue *La Critique sociale* d'un autre, son nom n'apparaît nulle part dans aucune prise de position collective, alors même que ces années sont, on l'a vu en suivant Breton des yeux, empreintes d'une agitation idéologique intense, et d'une dynamique de

---

[1] Cette affaire, on s'en souvient, précipite la rupture avec Aragon, consommée en 1932 après l'épisode du poème « Front rouge ».

scissions et de regroupements successifs particulièrement active dans l'onde de propagation du Komintern. S'il ne paraphe ainsi aucune des déclarations qui n'engagent que le groupe surréaliste, ce que l'on comprend facilement, son nom ne figure pas davantage dans aucune déclaration ou pétition qui regroupe largement les forces d'extrême gauche, parti communiste y compris ou pas. Jamais, et notamment au tout début de leur fréquentation, il n'est entraîné, ni par Leiris, ni par Masson (ni Limbour ou, plus tard, Desnos), à quelque implication que ce soit. En 1931 pourtant, la rencontre de Souvarine et de Bernier change tout. Face à la revue de Breton, ils créent ensemble une autre revue marxiste, mais qui ne sera ni stalinienne (affiliée au parti) ni trotskiste, pôles entre lesquels les surréalistes pour leur part tergiversent : ce sera *La Critique sociale*. Elle offrira une tribune aux réflexions menées au sein du Cercle communiste démocratique, fondé dès juin 1930 par refonte de l'ancien Cercle Marx-Lénine.

Bernier a définitivement rompu avec le parti en 1929. De son côté, c'est avec Trotski que Souvarine entérine sa rupture la même année. Depuis plusieurs mois déjà, s'il a affiché un soutien indéfectible à Trotski, victime de brimades successives de la part du pouvoir stalinien, Souvarine ne se fait pas davantage d'illusions sur cette faction oppositionnelle, capable des mêmes méthodes que celles dont elle est victime, tout aussi instigatrice et manipulatrice que la ligne officielle. Inacceptables par exemple, la « momification » de Lénine, et le culte idolâtre dont sa personne comme son œuvre font l'objet, la cupidité qui anime la plupart des apparatchiks, trotskistes compris, ou encore l'usurpation par le parti d'une révolution qui devait appartenir aux soviets et aux prolétaires eux-mêmes. Lorsque Trotski est expulsé d'URSS vers une petite île turque, au large d'Istanbul (février 1929), personne ne doute que se trame déjà son assassinat pur et simple. Et Souvarine a beau réclamer la vérité pour Trotski contre les calomnies de Staline, le désaccord idéologique est réel entre les deux hommes. Leur analyse des composantes du paysage politique et des possibilités d'alliances dans l'opposition diverge, comme diverge leur conception de l'exercice même du pouvoir. La rupture est prononcée par Trotski dans une lettre du 3 juillet 1929[1]. Elle se traduit en France par une mise à l'écart de Souvarine et de quelques-uns de ses proches par les trotskistes indéfectibles (Naville…). Bernier en rupture de ban avec le parti, Souvarine affranchi de Trotski, les deux hommes se retrouvent en 1929 libérés des attaches qui empêchaient leur propre collaboration. Celle-ci se concrétise début 1931 par la naissance de *La Critique sociale* où Bataille est invité, avec d'autres surréalistes (Queneau, Leiris…) fraîchement séparés d'un Breton dont personne, pour des

---

[1] « *Je ne vois pas qu'il reste encore quelque chose des liens qui nous unissaient il y a quelques années. […] Je ne trouve dans votre lettre aucune idée qui soit juste et basée sur la doctrine marxiste et les grands faits historiques* », Léon Trotski, lettre à Boris Souvarine, 3 juillet 1929, cité d'après Jean-Louis Panné, *Boris Souvarine. Le premier désenchanté du communisme*, Robert Laffont, 1993, p. 187.

motifs divers, ne veut entendre parler[1]. En somme, alors que Breton oscille entre deux impossibles allégeances, se crée autour de Souvarine une troisième voie qui rassemble un groupe de marxistes à la fois antistaliniens et antitrotskistes : telle sera la composition hétéroclite du Cercle communiste démocratique, ainsi que du comité de rédaction de la revue que finance principalement une certaine Colette Peignot, alors la compagne de Souvarine[2].

Elle sera l'amplificateur de ces échanges et débats critiques au sein d'une opposition de gauche inaliénable à aucune de ses tendances, et ce, par le biais de comptes-rendus de publications diverses émanant de ces instances révolutionnaires. Immense entreprise de reconsidération générale du sens même de la révolution, elle élaborera une véritable restauration théorique des préceptes originels du marxisme eux-mêmes passés au crible de la critique. Motivée par des impératifs éthiques face au délitement de la réalité révolutionnaire à partir de Lénine, cette « mise à jour » de Marx passe, non sans désaccords internes, principalement par la volonté d'intégrer les bénéfices de la psychanalyse à une lecture révolutionnaire des domaines aussi divers que la religion, la poésie, l'amour... : travail auquel, on s'en doute, Breton aurait pu souscrire. Qu'il mène même pour part, et à sa manière, on y reviendra, alors que Freud est encore fustigé par tout l'appareil communiste. La revue entend s'inscrire en outre dans l'actualité politique la plus immédiate (notamment situation politique en URSS, en Allemagne ou en France), dont elle se fera l'écho attentif et critique. Quant à la place que Bataille occupa dans son comité de rédaction... Il ne fait aucun doute qu'avec Leiris, Queneau ou Baron, Bataille détone au milieu d'idéologues et d'économistes assez peu intéressés par des problèmes de philosophie « générale » (et non uniquement, directement militante) ou d'art, fût-il révolutionnaire. Après le clivage « scientifiques »/« artistes » de *Documents*, prévaut désormais un clivage « politiques »/« artistes », si l'on veut, qui place Bataille dans une minorité délicate, *a fortiori* à partir de l'arrivée de Simone Weil, résolument hostile à sa conception sadienne (« hétérologique »). S'étant opposé à Breton quant à la question du marxisme, Bataille rallie ceux qui ont rompu avec lui (Bernier, Souvarine), mais pour leur opposer exactement la même discordance « hétérologique » qui l'a maintenu à l'écart du surréalisme. Tous ne sont réunis que par un même refus d'aucune assimilation stalinienne ni trotskiste, mais à

---

[1] On a déjà, à propos du *Cadavre* de Bataille, souligné combien le ralliement de certains avait pu pour part être motivé par un soutien à Simone au moment de sa séparation avec Breton. Signalons que, s'il faut en croire son biographe, Simone Breton est à ce moment-là l'« *amie de Souvarine, avec lequel nous dirons à la manière russe qu'elle a un "roman"* », ce qui n'était probablement pas pour arranger les choses à l'égard de Breton, Voir Mark Polizzotti, *André Breton*, Biographies, Gallimard, 1999, p. 175.
[2] On voit combien l'éclectisme idéologique de la revue se complique de questions personnelles toujours susceptibles de dégénérer en conflits. Colette est donc la compagne de Souvarine après avoir été celle de Bernier et avant d'être celle de Bataille. Quant à Souvarine, il est le compagnon (durable) de la future compagne de Bataille, après avoir été celui (éphémère) de l'ex-femme de Breton... Il y a plus simple pour collaborer à une revue.

nouveau, au sein même de ce fragile agrégat, Bataille rallie délibérément une position « excrémentielle » : elle lui interdit de pouvoir influer véritablement sur la ligne éditoriale de la revue, toute entière tracée par le seul Souvarine, à qui il arrivera sinon de censurer Bataille, du moins d'accueillir ses contradicteurs (Jean Bernier, à propos de la réédition de la *Psychopathia sexualis* de Krafft-Ebing) ou de dégager la responsabilité de la rédaction vis-à-vis de tel ou tel article (« La notion de dépense », par exemple).

Telle est la configuration des ralliements et des différentes mouvances où évoluent Breton et Bataille. D'une instabilité importante, obscurcie par des questions personnelles où l'amitié et l'amour ont leur part, et en rendent la lecture encore plus difficile, elle valait d'être clarifiée sur ce strict plan relationnel avant d'en envisager maintenant les composantes théoriques, qui dessinent deux conceptions d'un marxisme dissident.

« L'homme est ce qu'il mange » : de quelques ingestions théoriques du surréalisme dans le marxisme orthodoxe

Difficile de dire si *« une révolution future aurait plus de chances de succès si le peuple recevait une meilleure nourriture, en l'espèce des pois au lieu de pommes de terre*[1]*. »* À l'heure des « organismes génétiquement modifiés », pas mal d'illusions n'ont plus cours, sur les régimes alimentaires, pas plus que politiques. En 1930, Breton peut encore reprendre l'idée de Feuerbach pour assurer de sa bonne foi matérialiste : « l'homme est ce qu'il mange ». Le marxisme dont il se prévaut jusqu'en 1935, date de sa rupture totale avec le parti et, pour ce qui nous occupe, d'une nouvelle phase de son rapport à Bataille (*Contre-Attaque*), intègre aux textes canoniques de Marx, Engels ou Lénine, « saintes écritures » du Parti pour lesquelles Feuerbach est une référence fondatrice[2], d'autres références inadmissibles pour le dogme. Ce travail d'ingestion théorique, où semble momentanément s'atténuer l'emprunt à Trotski, continue le questionnement des sources mêmes du marxisme qu'on a déjà vu à l'œuvre chez lui (par exemple dans le *Second manifeste*), questionnement qui s'apparente en un sens au projet souvarinien auquel Bataille participe à la même époque (quoique, on le verra…). Mais soucieux de ses relations avec le parti, Breton évolue sur une corde raide et tente une impossible opération théorique : celle de concilier l'inconciliable en arguant de sa propre autonomie. Ainsi le voit-on, en particulier dans *Les Vases communicants* (1932), à la fois travailler Freud pour l'incorporer dans le marxisme dont il se réclame, et y préserver une légitimité hégélienne qui confine à l'ésotérisme, toujours animé d'une dynamique

---

[1] André Breton, *Second manifeste du surréalisme* (1930), *OC I*, Gallimard, Bibliothèque de la Pléiade, 1988, p. 795.
[2] Tous trois ont discuté ses idées : Marx dans *Thèses sur Feuerbach*, Engels dans *Ludwig Feuerbach et la fin de la philosophie classique allemande* et Lénine dans *Matérialisme et empiriocriticisme*.

révolutionnaire sincère et déterminée comme jamais à intervenir sur le plan du réel.

Intégrer aux préceptes marxistes les apports indiscutables de la psychanalyse est chez Breton un souci qui ne se dément pas à partir de 1930. On l'a déjà vu à l'œuvre dans le *Second manifeste*, lors même qu'il s'agissait d'entériner la conversion au matérialisme historique et de faire clairement un pas en direction du parti communiste. On se souvient qu'on avait alors pu observer comment Breton excipait principalement du mécanisme de sublimation pour exhorter à la fois les artistes et les praticiens à une plus large conscience de la réalité du psychisme humain, intégrant les bénéfices de l'imaginaire et de la création artistique. En 1932, *Les Vases communicants* vont plus loin et, dans une ignorance relative des travaux de Wilhelm Reich entrepris en Allemagne au même moment, inaugurent une sorte de « freudo-marxisme » surréaliste. Appellation en l'occurrence relativement trompeuse : un tel freudo-marxisme, à proprement parler, doit en effet assurément moins à Freud qu'aux théoriciens du marxisme, comme on va le voir. Le recours à Freud intervient pourtant précisément au moment où le groupe surréaliste convient d'ancrer l'action commune dans l'anticléricalisme, dans une convergence parfaite avec le parti communiste[1]. Pour Breton, Freud indéniablement participe de cette campagne anti-religieuse : il délivre scientifiquement de toutes les affabulations divines ou spirites qui sont séculairement attachées à l'examen du rêve. La défense de Freud passe alors par l'illustration de sa valeur révolutionnaire, c'est-à-dire par sa « mise en conformité » avec l'orientation marxiste, laquelle réclame pour le moins un arrangement sévère de sa théorie.

La question concerne d'abord le problème du rêve. Or de Freud lui-même, Breton retient en fait assez peu de choses. S'il prétend asseoir toute sa démonstration sur la *Science des rêves*, ouvrage qui assurément fait date pour lui dans la considération scientifique de l'activité onirique, Freud lui fournit surtout un certain nombre de concepts analytiques opératoires, qu'il se propose d'expérimenter sur ses propres rêves. Car la vérité de Freud est avant tout une vérité pratique : elle est, par son injonction interprétative, une voie d'accès au réel le plus objectif. Breton applique là à la lettre sa leçon de gnoséologie marxiste, qui considère la pratique *« comme la base et l'objet du processus de connaissance et aussi comme le critère du savoir »* et voit en elle cet *« acte par lequel l'homme, être matériel, agit sur la réalité matérielle qui l'entoure (et avant toute l'activité économique et sociale) [soit], le critère de la vérité*[2] *»*. Il se propose ainsi d'examiner longuement l'un de ses propres rêves (26 août 1931) à la lumière de la méthodologie et des outils freudiens (y compris dans leur formulation

---

[1] Voir par exemple « Au feu ! » (mai 1931), *Tracts surréalistes et déclarations collectives*, Tome I (1922-1939), présentation et commentaires de José Pierre, Éric Losfeld éditeur, 1980, pp. 196-197. Cette activité anti-religieuse intervient quelques mois à peine après la mise à sac, par la Ligue des Patriotes et des représentants de la Ligue Anti-Juive, du Studio 28 où était projeté le film *L'Âge d'or*, aux cris de *« On va voir s'il y a encore des chrétiens en France ! »*
[2] Jean Roux, *Précis historique et théorique de marxisme-léninisme*, Robert Laffont, 1969, pp. 277-279.

terminologique) pour valider ou infirmer la possibilité d'une compatibilité théorique entre Freud et le marxisme : le rêve passé au crible freudien est-il oui ou non susceptible de vérifier le dogme ? Telle est la question qui se pose. Telle est aussi le sens dans lequel elle se pose, une fois Breton acquis aux principes du matérialisme historique : c'est bien le marxisme qui reste en permanence l'étalon de vérité. Son analyse opère fragment après fragment, exactement selon la méthode des associations préconisée par Freud. Partant de tel morceau du contenu manifeste du rêve, Breton cherche à identifier sa source latente dans un certain nombre d'éléments empruntés à la vie éveillée des jours précédents, et à mettre en évidence le « travail » onirique à partir d'un tel matériau : condensation, symbolisme, déplacement... Tout son travail est donc une opération de reconnaissance qui tend à prouver que le rêve permet la réalisation d'un désir du rêveur, par réarrangement dramatisé des éléments de la veille. Ainsi se vérifierait le matérialisme onirique, *a fortiori* les mêmes outils analytiques seraient-ils capables de rendre compte des perturbations manifestes des catégories minimales de la réalité matérialiste que sont le temps (et son principe inhérent de causalité) et l'espace. Une fois démontrée cette corrélation directe entre rêve et veille, Breton renverse la vapeur et s'intéresse à la vie éveillée : si le rêve n'est rien qu'une manipulation psychique inconsciente de la veille, y a-t-il dans la veille des moments susceptibles de s'apparenter au rêve, et donc passibles d'une même analyse que celui-ci ? C'est le récit d'une rencontre avortée avec une femme (5 avril 1931), qui certes maintient cette belle inconnue à l'extérieur de la « réalité » mais surtout lui fait fugacement jouer un rôle qui de toute évidence n'est pas le sien et louvoie ainsi avec son référent réel (déplacement, qui s'apparente à un *quiproquo*). C'est cette autre rencontre (12 avril) tout aussi avortée, celle de la fille « aux cornichons », engendrant une sorte de « lapsus visuel » (l'hôpital Lariboisière et sa maternité), rencontre par ailleurs pleine de méprises en tous genres (sur son identité réelle, son âge...). Ainsi enfin de toute une série de « coïncidences » qui se résorbent tout à coup, Breton veut le croire, en autant de suggestions d'origine essentiellement linguistique, élargissant notamment le principe de causalité à des faits en apparence séparés (la rencontre de la jeune Dalila/l'article de J.-P. Samson...), « hasard objectif » avant la lettre, ou avalisant une certaine relativité dans la perception du temps... Autant d'éléments qui vérifient l'analogie veille/rêve, si l'on s'assure que même dans la veille, c'est le désir qui sélectionne dans l'objectivité du monde, si l'on s'assure aussi de la validité pratique des outils de lecture (« *condensation, déplacement, substitutions* », tout l'arsenal freudien est présent). Il est ainsi urgent de ne plus opposer rêve et veille, puisque Freud a repéré les ponts multiples entre les deux, ni même activité objective et activité subjective puisque, ayant situé dans le désir la force motrice de l'être, il rend ainsi impératif de concilier désir collectif et désir individuel, soit libération sociale et émancipation sexuelle, au risque sinon d'une éventuelle opposition des deux susceptible d'entraîner les pires défections. Freud assurément dote le marxisme d'une acuité d'interprétation de l'homme dont la révolution a tout intérêt à tirer profit.

Mais il ne fait pas de doute que l'image de Freud que Breton prétend défendre est elle-même assez peu « freudienne ». La critique, on l'a dit, a assez souvent insisté sur les « approximations » par Breton dans sa lecture de Freud. Il suffirait ici d'observer la pseudo-analyse de rêve à laquelle Breton se prête pour montrer assez facilement l'écart avec les analyses pratiquées par Freud lui-même (minimisation du rôle de la censure, des éléments infantiles, etc.). Or en 1932, l'intérêt, pour ce qui nous occupe, n'est pas là : il est plutôt dans la stratégie argumentative qui voit Breton donner de Freud une version constamment inféodée aux références et aux principes théoriques du parti. Tant et si bien qu'on doit retourner le projet qu'il prétend réaliser : non pas *« faire, au moyen du rêve, le procès de la connaissance matérialiste »* mais plutôt « faire, au moyen du matérialisme, le procès de la connaissance du rêve ». Partant d'une psychologie active (une thérapeutique individuelle) émondée en simple psychologie descriptive, Breton lit Freud comme une philosophie « scientifique » qui détermine le social, et exige une politique (une... thérapeutique révolutionnaire). Aussi est-ce moins Freud et sa théorie en tant que telle qui l'intéresse, que plutôt le champ qu'elle ouvre à la connaissance comme aucune autre théorie psychique (Breton multiplie de fait les confrontations théoriques). Il s'agit bien de ne se revendiquer de lui qu'à condition de l'inscrire comme représentant exemplaire d'un long questionnement dont il n'a pas l'apanage, et dont il ne représente que le théoricien *le moins mal avisé*[1]. Breton entend faire preuve d'esprit critique à l'égard de toutes les théories, psychanalyse y compris, à condition de pouvoir parvenir aux attendus ultimes de sa démonstration, et ainsi va-t-il jusqu'à reprocher à Freud ce que précisément les marxistes lui reprochent : sa théorie fraye avec un idéalisme douteux, se risque même au pire « fidéisme ». Concession de taille : se rangeant aux côtés des lecteurs (marxistes) les plus critiques, il les prépare ainsi à accepter les aménagements qu'il s'apprête à faire. Dès lors, le choix même du rêve retenu est loin d'être innocent : s'il ne s'agissait que de vérifier la validité méthodologique de Freud, n'importe quel rêve aurait pu faire l'affaire. Or Breton rapporte précisément un rêve dont le contenu manifeste voit notamment intervenir *« un membre du PC, du genre physique de Cachin »* ainsi que *« Vaillant-Couturier qui se comporte d'abord comme s'il ne me voyait pas, puis me serre la main »*, celui-ci lui confirmant un projet de conférence en Allemagne sur le surréalisme au sujet duquel le premier communiste s'était pour sa part montré réticent. Une telle limpidité étonne : on croirait un rêve d'enfant. Ces éléments, passés au crible de l'« analyse » de Breton, constituent bien entendu une sorte de mise en abyme du livre lui-même : Breton rêve à la conciliation qu'il espère entre le surréalisme et le PC, et cette conciliation prend

---

[1] On suivrait aisément dans le texte toute une stratégie de minimisation des mérites de Freud : c'est un plagiaire (Volkelt), un *« esprit philosophiquement assez inculte »*, il *« n'échappe pas à la crainte d'aller trop loin dans ses confidences »*, etc.

la forme onirique d'une invitation à écrire... le livre qu'il est précisément en train d'écrire. Le procédé laisse songeur. Il n'en faut pourtant pas davantage pour assigner au rêve, et en totale contradiction sur ce point avec Freud, le rôle de déclencheur de mouvement, de véritable moteur pour accomplir le « saut vital », exactement à l'instar des produits de l'automatisme tels qu'on a pu les envisager. Le rêve de la nuit est un instigateur à l'action du lendemain : parce que cette action suppose une mise en conformité avec le désir dont le rêve procède, désir lui-même né d'une frustration première à l'égard du réel, elle s'accomplit forcément dans le sens révolutionnaire de l'émancipation humaine. De même, parce que toute considération subjective, toute saisie du monde objectif lors de l'état de veille procède immanquablement d'un tri opéré à la faveur du désir taillant dans « l'étoffe » du réel, l'étude du désir précipite le bouleversement de ce même réel. CQFD : un certain « freudisme » accompagne bel et bien la lutte marxiste. Ainsi, constamment, le développement de Breton est rapporté aux textes canoniques du marxisme, qui le surdéterminent. Les références, explicites (par l'usage de la citation, qui atteste, par juxtaposition, de la conformité de tel ou tel point au dogme) ou implicites (instillant alors un discret élément de connivence doctrinale), à Marx, Engels et Lénine (les deux premiers, souvent *via* le troisième) y sont innombrables. Ce sont elles qui corsètent en permanence la relecture freudienne. On sait en effet qu'au moment de la rédaction des *Vases communicants*, Breton est tout entier absorbé par la lecture de *Matérialisme et empiriocriticisme* de Lénine (1909), que Georges Sadoul lui a fait découvrir. L'ouvrage, un des socles théoriques du communisme, est un approfondissement de la pensée matérialiste contre certaines remises en question idéalistes du marxisme. Or sa présence mine véritablement le texte de Breton. Sur le plan théorique, par exemple, les piliers conceptuels sur lesquels il interroge l'analyse freudienne du rêve sont exactement ceux que le matérialisme léniniste lui a fournis : temps, espace et principe de causalité. De même, s'il reprend l'historique des travaux consacrés à la question du rêve, historique dressé par Freud lui-même, c'est en évinçant la terminologie freudienne pour y plaquer des catégories directement puisées chez Lénine (matérialistes primaires/positivistes/idéalistes). Il n'est pas même jusqu'à une certaine ironie que Breton ne lui emprunte pour égratigner indifféremment plusieurs théoriciens, Freud y compris. On mesure ainsi les efforts réels auxquels il consent pour faire admettre la voix surréaliste au nombre des voix révolutionnaires.

Mais ce « freudo-marxisme » surréaliste est lui-même travaillé par une autre référence dont Breton est loin de vouloir se défaire, à savoir Hegel. Si le temps où Breton proclamait son « idéalisme absolu » est révolu, on l'a cependant déjà vu maintenir ouvertement la référence à Hegel contre les matérialistes marxistes, en insistant notamment sur le « devenir dialectique » de l'histoire qui plaçait celle-ci dans une eschatologie en totale contradiction avec le matérialisme dont se réclamait Bataille. Le « point de non-contradiction » avancé par Breton, notion ouverte aux interprétations les moins conformes au matérialisme philosophique comme au marxisme politique, portait « dialectiquement » les facultés d'un esprit négateur de matière à leur comble, afin d'étirer les tensions jusqu'à leur point de rupture et d'en espérer une synthèse. Dans *Les Vases communicants*, la présence hégélienne se fait toute discrète : elle est pourtant cette image dans le tapis du texte, où les marxistes ne se reconnaissent pas.

Tant qu'il s'agit de se réclamer de la dialectique, tout va bien : Breton sait que c'est fondamentalement ce que le marxisme a sauvé de Hegel. Parce qu'elle commande à toute dynamique, la dialectique est ainsi le mouvement même que, de façon plus ou moins appuyée, il revendique pour l'activité intellectuelle : sa démonstration s'articulera par exemple en trois parties afin de mimer cet effet, que l'on retrouverait par ailleurs dans de nombreuses articulations du discours ou de la phrase chez lui (le tour récurrent de l'affirmation *négative*). C'est également une dynamique dialectique qui anime le projet même du livre : réconcilier le rêve et la veille, par un mouvement révolutionnaire menant à une nouvelle réalité (une *sur*réalité). Rien qui ne soit là tout à fait digeste pour aucun marxiste, fût-ce, à la rigueur, lorsqu'il s'agit de présenter le surréalisme comme uniquement animé de l'ambition *« de jeter un fil conducteur entre les mondes par trop dissociés de la veille et du sommeil, de la réalité extérieure et intérieure, de la raison et de la folie, du calme de la connaissance et de l'amour, de la vie pour la vie et de la révolution, etc. »*, encore que les binômes ne soient pas tous aussi innocents les uns que les autres au regard du dogme (raison/folie par exemple)[1]. De fait, Breton semble vouloir faire amende honorable de son propre passé d'idéaliste hégélien, en analysant les éventuelles « rechutes » passagères de quelqu'un (lui-même) qui, privé de *l'objet* de son amour, *« cherche par tous les moyens à faire dépendre ce qui lui est extérieur de lui-même »*. En 1931, lorsqu'il se lance dans *Les Vases communicants*, Breton en effet est en proie à une solitude douloureuse (son divorce est prononcé, mais Suzanne l'a quitté). C'est à cette situation qu'il doit de vivre un certain nombre d'égarements plus ou moins « merveilleux » qui font la trame de la seconde partie du livre (celle sur la veille). Ainsi, seule une profonde dépression a « rompu l'équilibre » de la « balance dialectique » et a pu occasionner une rupture avec le monde objectif et un repli défensif vers soi. Phase donc critique de négation du réel, et de retrait du sujet vis-à-vis d'aucune volonté d'action pratique. Comme le rêve avec Freud, l'amour est, avec Hegel, puissance de transformation du monde. Il ne fait d'ailleurs pas de doute que son échec est tout entier imputable aux conditions économiques et sociales qui déterminent la viabilité du couple.

---

[1] On entend là un écho très net du projet fondateur du surréalisme tel qu'il s'exprime dès le *Manifeste* et qu'il se répète dans le *Second manifeste*. Or, on observe ici une formulation autrement plus concrète (le « fil conducteur »/ *« la résolution future… »* ou le fameux *« point de l'esprit »*), comme se sont assurément « déplacés » les couples antinomiques indéfendables aux yeux du marxisme (la vie/la mort, le passé/le futur…), et ont été incorporés des éléments (le calme de la connaissance/l'amour dont la formulation emprunte directement à Marx.

Mais c'est précisément à partir de la question de l'amour que se dégage un point de friction entre le marxisme dont Breton se réclame et l'hégélianisme dont il ne veut pas se défaire autant qu'il le prétend. Lorsqu'il évoque le sujet pour la première fois, Breton prend la précaution oratoire de placer ses considérations sur l'amour sous l'égide de Marx et Engels : il cite successivement *La Sainte Famille* et *L'Origine de la famille*, pour arguer d'une conception marxiste de l'amour, et de la nécessité de la révolution pour la voir triompher. Pourtant, c'est davantage Hegel qui sous-tend assurément ce développement, dont le vocabulaire est tout entier imprégné sans que son nom n'apparaisse. Forcé en effet de se résoudre au départ de la femme aimée, Breton, sans jamais remettre en question le caractère forcément électif et réciproque qu'il attribue à l'amour, en vient à postuler une dialectique *« qui consiste à aller de l'être à l'essence »* (négation initiale de l'amour perdu, de *cette* femme vers *la* femme), avant de faire retour (par négation de la négation) vers un être nouveau, déterminé, à nouveau tangible. Ce mécanisme, Breton peut à la rigueur tenter (et il ne manque pas de le faire en un premier temps) de l'asseoir sur telle ou telle conception doctrinale, en dissimulant par exemple l'usage des vocables fortement hégéliens de l'« immédiateté » et de la « médiation » sous des atours révolutionnaires. Une telle opération s'avère autrement plus délicate lorsqu'il s'agit d'en envisager la validité sur un plan transhistorique (troisième partie, la partie « synthétique »). Opposer comme il le fait d'emblée « *[les] hommes actuellement en vie* » et « *tous les hommes* », au sens d'une communauté humaine qui transcende la vie particulière de chacun de ses membres, soit d'une sorte d'homme « éternel » s'avère passablement équivoque. Breton réinscrit le désir humain dans un immense mouvement cosmique dont celui-ci participe à titre de moment, au milieu *« des mille éléments de vie composite qui sans cesse, comme des pierres un ruisseau, le détournent et le fortifient »* et qui fondent les *« désirs humains éternels »*. Il élargit ainsi à des dimensions doublement incommensurables (espace et surtout temps) un processus qui, de fait, dépasse de beaucoup les strictes revendications d'un marxisme militant, étranger, si ce n'est hostile, à de telles mesures de grandeur. C'est par là que, poète et philosophe avant d'être marxiste, il ouvre à nouveau avec Hegel sa pensée bien au-delà du dogme, prêtant à nouveau le flanc aux accusations d'« idéalisme ». Avec Hegel, mais sans le nommer. Le monde est ainsi un grand réseau d'interdépendances, d'où l'urgence « révolutionnaire » d'en considérer l'ensemble des données (rêve compris) : Breton fait tout son possible pour convaincre qu'il s'agit bien là du monde le plus matériel qui soit (rêve compris). Et autant son argumentation avait pu paraître injustement doctrinaire à l'encontre de Freud, dont le statut d'indésirable avait paru nécessiter un étroit ajustement au dogme, autant avec Hegel, mais un Hegel *qui ne s'affiche pas*, il ne craint pas dans le même texte de tenir hautement la barre surréaliste bien au-delà de ce que la prudence dogmatique commanderait, en incorporant par exemple *« le fait historique acquis ou prochainement à acquérir, par exemple la Révolution sociale, au devenir le plus général de l'être humain – après cette Révolution comme avant, ne l'oublions pas, éternellement se faisant et éternellement inachevé* ». Exigence qu'il sait totalement irrecevable de la part d'un parti crispé sur ses positions. La révolution n'est pas la fin de l'histoire, elle est un de ses avatars inéluctables, qui entraîne l'homme vers la connaissance de sa « *destination éternelle* », c'est-à-dire à jamais *infinie*.

Freud et Hegel constituent en somme des marqueurs intéressants pour repérer sur un plan théorique le mouvement simultané d'approche et de retrait qu'on a vu caractériser Breton vis-à-vis du parti. Assurément, l'un comme l'autre constituent à la fois des enjeux théoriques mais aussi stratégiques. On peut en effet regretter l'artifice pas toujours discret avec lequel, soucieux de s'ériger en intellectuel marxiste, Breton s'avance dans tel ou tel débat en arborant ostensiblement ses sauf-conduits révolutionnaires. De même, ne rechigne-t-il pas toujours à baliser grossièrement son développement d'éléments qui font tous, de loin en loin, comme autant de saluts à la cause, fussent-ils de simples concessions stylistiques... Souvent navrante à distance, leur mesure dit pourtant la détermination proportionnelle qui anime alors Breton dans son désir de participer à la rénovation de l'identité marxiste, au moment même où le dogme se sclérose en mots d'ordre autour de Marx, Engels et Lénine. Or, ignorant d'éventuels interlocuteurs contemporains, Breton opère par un retour à ces mêmes fondateurs, selon lui méconnus ou dévoyés, et par une confrontation directe avec les apports dont il entend les créditer. Stratégie insupportable pour ceux qui, précisément, seraient susceptibles de le lire. Ceux qui seraient susceptibles d'entendre quels bénéfices théoriques le marxisme aurait à trouver si, pour résumer, il intégrait lucidement le désir, désir observé, analysé, étudié, de l'homme particulier avec Freud, désir reconnu, accepté, revitalisé de l'humanité en général avec Hegel, mais désir travaillant toujours au cœur de l'homme à la révolution du donné du monde.

S'il incombe à l'intellectuel révolutionnaire d'être ouvert aux évolutions scientifiques et de maintenir un certain souffle à la fois permanent et universel sur une agitation menacée de sclérose dogmatique, il doit corrélativement faire preuve d'une lucidité analytique sans exemple quant à l'évolution de la situation politique. Ainsi, face à la réalité géopolitique de son temps, Breton constate-t-il « *le fossé qui sépare ce pays libre [l'URSS] de l'ensemble des autres pays* ». Cette double situation exige à la fois une perspective commune et une stratégie distincte. Prétendre en effet que l'activité révolutionnaire se résume à voir simplement les seconds rattraper leur retard sur le premier est une grave erreur bassement pragmatique. Là comme ici, c'est une émancipation totale de l'homme (Hegel) qui reste l'horizon à atteindre, ce qui réclame à l'intellectuel le courage de montrer « *quelques autres zones* » (Freud) où porter tous les efforts. Il est alors de bonne guerre d'insister précisément sur le manque de clairvoyance de Breton (l'Armée Rouge, vue comme « *le meilleur garant de la ruine prochaine de l'idée même d'armée* »), notamment si on lui oppose le projet fondateur de la revue de Souvarine, déjà désillusionné depuis Lénine : encore que la connaissance qu'on pouvait alors avoir (en 1932) en France de la réalité stalinienne n'est pas si claire, il ne faudrait pas oublier le paradoxe qui voit parfois Breton encore aujourd'hui raillé pour « complicité stalinienne » alors qu'il est à l'époque mis à l'écart par toute l'intelligentsia communiste. Pas oublier non plus qu'il ne faudra pas si longtemps pour que de telles illusions sur la réalité soviétique s'écroulent, chez lui, sinon le premier, au moins parmi *les tout premiers*.

Un tel faisceau d'observations éclaire enfin le positionnement du surréalisme sur le plan culturel au sens large. Ayant défendu d'un point de vue marxiste l'activité onirique et son étude freudienne, Breton en vient naturellement à défendre les produits de l'imagination, plastiques ou poétiques, qui sont à ses yeux susceptibles d'un traitement analytique et d'un intérêt révolutionnaire en tous points analogues à ceux du rêve. Cette défense consiste à parachever la présentation d'un surréalisme multi-facettes travaillant tous les pans de la réalité humaine dans une orientation révolutionnaire. L'art est une dimension privilégiée où s'exercent la liberté humaine et le désir en acte, et l'on attribue à tort la créativité qui s'y exprime à une quelconque métaphysique. À tort, soit souvent par ignorance des véritables mécanismes en travail dans le processus créatif, sur lesquels la psychanalyse encore aurait à dire. Dans *Les Vases communicants*, il prend ainsi le soin de dégager la peinture surréaliste de telles attaques infondées (Dalí, Picasso, Chirico, etc.), comme il prend soin d'inscrire toute production surréaliste (rêve donc, mais aussi poème[1]…) dans un élan passible à la fois d'interprétation, mais aussi de matérialisation concrète. C'est par cette double insistance en effet que, sous l'impulsion du marxisme, la volonté d'objectivation de l'imaginaire semble s'affirmer. Ainsi, si le surréalisme, par l'autonomie même qu'il revendique, constitue l'art révolutionnaire par excellence (Breton du moins veut-il en convaincre), il n'a pas changé d'avis sur ce qui se produit par ailleurs, et principalement sous l'étiquette de « culture prolétarienne » dont se prévalent quantité d'écrivains marxistes (Barbusse notamment). Un tel concept, qui n'a souvent pour effet selon lui que de réunir de vulgaires élucubrations romanesques platement néo-naturalistes, est une aberration, car l'écrivain ou l'artiste d'un pays en instance de révolution appartient inévitablement à la bourgeoisie. Quoi que celui-ci en dise, il ne peut donc avoir cours qu'une fois la révolution accomplie, et une nouvelle situation générale installée. Si le Congrès de Kharkov a cru bon de légitimer pareille appellation, Breton ne l'avalise pas pour autant, même s'il consent à participer au jury du « Concours de littérature prolétarienne » organisé par *L'Humanité* (novembre 1932-janvier 1933). Cette question amène par ailleurs au constat d'un navrant hiatus entre ceux qui d'une part se réclament d'une sensibilité révolutionnaire et qui n'offrent que des œuvres d'un conservatisme intellectuel étonnant (elles conservent la raison la plus prudente,

---

[1] Il faudrait lire la véritable « réécriture matérialiste » à laquelle il soumet dans *Les Vases communicants* la définition de l'image poétique surréaliste telle qu'il avait déjà pu la formuler, sur la base de la théorie reverdienne, dans le *Manifeste*. On le verrait par exemple insister cette fois sur « *l'unité concrète des deux termes mis en rapport.* »

la logique la plus périmée, le réalisme le plus dépassé, quand elles ne se veulent pas révolutionnaires que par le seul sujet qu'elles ambitionnent de traiter) et ceux qui d'autre part s'avèrent prêts à s'abandonner aux puissances de l'imagination et aux pouvoirs subversifs de la poésie (les surréalistes, et ceux dont ils se réclament, Rimbaud, Lautréamont, etc.). Eux seuls rejoignent le mouvement cosmique deviné par Hegel, eux seuls arriment leur subjectivité personnelle au *« fond émotionnel dans lequel l'artiste est appelé à puiser »*.

On voit comment le jeu d'adhésion et de distance qu'on a suivi par ailleurs s'exprime dans ses traits principaux dans le débat théorique. Tant que l'illusion soviétique fonctionne, Breton travaille moins à reconsidérer les socles théoriques du marxisme qu'à rendre compatibles les fondements mêmes du surréalisme avec eux. Car c'est moins Freud ou Hegel à proprement parler que les marxistes doivent accepter sinon lui-même, dans toute la singularité qui caractérise son propre mouvement dans le paysage idéologique de l'extrême gauche. Or toute son entreprise, palinodies, paradoxes et artifices théoriques compris, ne se comprend que tant que joue en lui, et souvent contre les tenants français du parti, le moteur fantasmatique de la révolution soviétique au détriment de sa réalité effective. Lorsque ce mythe, lézarde après lézarde, s'écroulera en 1935 devant Staline, la menace fasciste battra son plein. Et c'est aussi à la puissance du mythe, mais alors en toute lucidité, qu'avec Georges Bataille, Breton s'en remettra pour la conjurer.

L'homme, ce qu'il défèque : Georges Bataille ou l'« excrément » du marxisme

On a vu que *La Critique sociale* (que Bataille a rejoint début 1931) se donnait pour objectif de discuter et de restaurer les fondements mêmes du marxisme, à l'heure d'un véritable dévoiement révolutionnaire instigué à partir de Lénine, et pareillement continué par Staline et Trotski. On a vu aussi combien le comité de rédaction réuni autour de Souvarine était idéologiquement hétéroclite (Bernier, Weil…) et sentimentalement explosif (Colette), Bataille y retrouvant, mais pour de nouvelles raisons, la place marginale qui a toujours été la sienne vis-à-vis de quelque regroupement que ce soit. Du numéro 3 de la revue (octobre 1931) au numéro 11 (mars 1934), ce sont pas moins de vingt contributions qui scandent pourtant son implication[1], contributions qu'on peut regrouper en deux genres de travaux : des critiques de livres (nombreuses) et quatre réflexions de fond (cinq, si l'on compte une réponse polémique à Bernier à propos de Krafft-Ebing). Les livres commentés concernent une large actualité intellectuelle et éditoriale comprenant des domaines comme la psychiatrie sexuelle (Krafft-Ebing), l'exégèse religieuse (Pinard de la Boullaye, Mater…), la philosophie hégélienne (Wahl, Basch, Koyré…), la littérature (Céline, Breton, Tzara, Éluard, Crevel, Malraux…) ou l'art (*Minotaure*). Dans ces comptes-rendus critiques, la politique n'intervien

---

[1] Elles figurent toutes dans Georges Bataille, *OC I*, Gallimard, 1970, pp. 275-378.

directement qu'à titre exceptionnel, lorsqu'il s'agit de discuter d'une *Philosophie politique* (Roujou) ou de *La Révolution prochaine* (Claraz), mais il va sans dire que la question affecte avec plus ou moins d'importance nombre des ouvrages commentés, par le fait de leur thématique explicite (les romans de Céline ou Malraux…) ou des liens implicites de celle-ci avec la pensée révolutionnaire (c'est le cas de plusieurs ouvrages d'exégèse religieuse où Jésus est présenté comme une réalité historique et scandaleuse, comme des recueils de poésie de Breton, Tzara ou Éluard). Dans la perspective qui est la nôtre, deux questions affleurent devant la masse de ces articles, à savoir la place que Bataille attribue à la dimension psychanalytique en général face au discrédit dont elle fait l'objet de la part des marxistes orthodoxes, puis le traitement appliqué à Hegel, tout aussi insoutenable au regard des gardiens de la doxa. Cet examen, complété par un certain nombre d'observations sur les plans politique au sens large et culturel, mettra ainsi en lumière les principaux éléments de comparaison des réaménagements respectifs du marxisme chez Breton et Bataille.

Alors que c'est à Freud, on l'a vu, que Breton, après un vrai travail de confrontation théorique, choisit d'emprunter ses principaux outils d'analyse afin de légitimer la valeur révolutionnaire du désir, Bataille maintient ouverts différents apports théoriques qui, avec Freud, questionnent tous la vérité révolutionnaire de l'éros. On se souvient que de la psychanalyse, Bataille a une approche thérapeutique qui n'est pas celle de Breton, et qu'à sa différence encore, il privilégie volontiers dans la théorie générale le questionnement anthropologique (*Totem et tabou*), où se trouve inscrite sa propre angoisse existentielle à l'échelle phylogénétique. S'agissant de *La Critique sociale*, la psychanalyse est une des sources majeures dont on espère le renouvellement de la pensée marxiste, et sa présence est donc récurrente dans la revue, principalement sous la plume de Bataille, justement. Or, à lire ces occurrences de façon diagonale, les enseignements sont nombreux.

L'attention prêtée à Krafft-Ebing, en particulier, place l'accent sur la dimension subversive de la sexualité. Partant des cas de perversion sexuelle recensés par le psychiatre allemand, Bataille s'attache à réfuter l'idée selon laquelle de tels comportements ne relèveraient que d'une psychologie pathologique. Pour lui, ils ne sont que symptomatiques d'une pulsion fondamentalement humaine *« visant […] à une satisfaction qui s'oppose autant que la chose est possible, à tout ce que l'humanité possède de lois, de conventions et de tranquillité. »* Cette pulsion a subi un tel verrouillage dans l'ordre social que son expression y est systématiquement condamnée. Le recensement de Krafft-Ebing prouve par autant d'exemples accumulés que la sexualité est la marque d'*« une grave discorde opposant l'individu à la société. »* Réfutant les objections immédiates de Bernier[1], c'est en fait rien moins

---

[1] Bataille est, en substance, qualifié par Bernier d'idéaliste anarchiste, fermé, par son opposition irréductible de l'individu et de la société, au mouvement dialectique de la connaissance et du matérialisme historique. En somme, Bernier accuse Bataille de développer rien moins que des théories contraires au marxisme et dans la forme et dans le fond. Dans le numéro 1 de la revue,

que l'eschatologie marxiste que Bataille réfute sur la base de la psychanalyse. Quel que soit le modèle adopté par la société post-révolutionnaire, l'opposition irréductible constituée par les pulsions sexuelles *« renaîtra – différente – entre un individu et une société différents »*. Il importe alors de prendre en compte cette irréductibilité scientifiquement révélée par la psychanalyse (observons comment, après, ou en marge de l'élaboration « clandestine » de l'hétérologie, le nom de Sade *ici* s'est effacé) afin d'en faire un des socles politiques de la future société, et ce, au nom d'un marxisme rénové, et non arc-bouté à des théories obsolètes, incapables de s'ouvrir aux nouveaux éléments de la connaissance humaine, à commencer par la psychanalyse. Il n'est de fait selon Bataille aucune société, fût-elle post-révolutionnaire, qui soit capable de réconcilier la sexualité et l'ordre, assurément régis par un principe antagoniste (on dirait « hétérologique ») : le plaisir et la réalité, y compris une réalité post-révolutionnaire, sont toujours régis par une articulation conflictuelle.

Bref Freud impose à l'héritage marxiste un complet revirement. Si le marxisme se réclame du fait historique, il ne peut précisément pas faire l'impasse sur l'évolution historique qui *a succédé* à ses propres théories matérialistes de l'histoire. Argument d'une logique imparable. Si, donc, le marxisme veut rester marxiste, c'est-à-dire continuer de tenir compte de toute l'histoire humaine, il doit à tout prix travailler à intégrer l'enseignement freudien qui lui est postérieur… fût-ce *contre lui-même*. C'est au prix de son propre sacrifice théorique sur l'autel de la psychanalyse que le marxisme peut prétendre rester marxiste. Le dilemme est posé : ou conserver malgré Freud le matérialisme dialectique, ce qui revient à tuer la vitalité effective de la pensée de Marx, ou tuer cette théorie fondatrice du marxisme au nom de Freud, ce qui revient à pérenniser le marxisme révolutionnaire. En somme, pour rester marxiste, le marxisme… doit (presque) abandonner Marx. Telle est la sommation lancée par la psychanalyse selon Bataille.

Hegel n'offre de son côté aucun terrain de réconciliation entre Bataille et les marxistes, bien au contraire. Dès sa seconde contribution à la revue (n°5, mars 1932), celui-ci donne en effet, en collaboration avec Queneau, une longue « Critique des fondements de la dialectique hégélienne » qui, après la psychanalyse, montre à quel point il se trouve aux antipodes d'aucun marxisme théorique, orthodoxe ou même oppositionnel. On a déjà eu l'occasion d'observer combien le matérialisme « agressif » de Bataille, foncièrement dualiste, se refusait à tout mouvement dialectique qui supposerait une réconciliation entre principes de la matière et principes de l'esprit. On a vu, dans le jeu de sa polémique avec Breton, comment ce dualisme antidialectique se traduisait par l'élaboration théorique de « l'hétérologie », science de ce qui est « tout autre » appelant l'avènement d'une révolution (marxiste) puis d'une nouvelle société (sadienne).

---

en mars 1931, c'est le *Second manifeste* de Breton que Bernier égratignait, notamment au nom de son « freudo-marxisme » prétendument bricolé sur une base idéaliste.

La Critique sociale offre à Bataille l'occasion de revenir sur la question de Hegel et plus précisément de la dialectique, question cruciale dans son opposition à Breton et qui se trouve au cœur des théories marxistes.

S'appuyant sur les travaux de Nicolaï Hartmann, sur Engels (*l'Anti-Dühring*) ou sur Lénine (*Matérialisme et empiriocriticisme*), Bataille déplore son maintien théorique dans le marxisme, puisqu'il est admis (et par Hegel lui-même) que l'existence d'une dialectique de la nature est infondée. Certes c'est une logique qui fonctionne sur le plan de la lutte des classes (résorption de l'antinomie capitaliste entre bourgeoisie et prolétariat par le biais de la révolution), mais en aucun cas elle n'est scientifiquement applicable aux lois de la nature. Bataille épingle alors plusieurs erreurs de Engels : ses exemples « naturels » de « négation de la négation » ; sa conception dialectique des mathématiques, où Queneau lui prête main forte... Loin d'en faire un principe général de connaissance, comme exigé par le dogme marxiste, il s'agit donc de déterminer les domaines et les limites de l'application de la dialectique dans le champ du savoir, et ce, en intégrant les développements les plus récents de la recherche scientifique. Sans prétendre mener à terme un programme aussi ambitieux, Bataille suggère, à titre indicatif, un exemple révélateur, où la psychanalyse fait astucieusement retour : il oppose ainsi le caractère antidialectique du développement biologique de l'homme (de l'enfant au vieillard) au caractère dialectique de son développement psychologique (sur la base du dépassement des interdits œdipiens, négation de la négation paternelle). De cette observation, découle une « dialectique du réel » qui, élargissant le champ d'observation de la « nature » à la « réalité », baserait celle-ci sur l'appréhension expérimentale qu'on pourrait faire de celle-là (une sorte de phénoménologie à orientation marxiste). Rien de mieux pour légitimer au passage la valeur révolutionnaire d'une psychanalyse capable d'assigner au corps l'origine même des pulsions affectant la psychologie. Et Bataille insiste alors sur l'irréductibilité du moment de négativité, s'avérant le moyen exigé par le développement même de l'histoire : le marxisme se distingue (doit se distinguer) de toute autre politique réformiste par sa conception radicale de la négativité comme puissance d'expression du prolétariat (la révolution) en proie à la domination bourgeoise. Voilà ce qu'il estime devoir être retenu de Hegel : une méthode, certes, mais qui réclame une application d'une autre envergure et d'une autre rigueur que celles dont se prévaut le marxisme ; une méthode qui ne fasse pas bon marché de sa phase de négativité, au profit d'une synthèse équivoque car historiquement indécidable par le fait même qu'elle échappe à toute phénoménologie pour, en l'état, verser dans l'élaboration fumeuse d'une politique-fiction.

Pour le moins paradoxale, comme on voit, la participation de Bataille à l'entreprise de renouvellement du marxisme orchestrée par Souvarine est, en plus de ce travail de déliquescence de son fondement théorique entrepris en ajoutant Freud et en ôtant Hegel au nom de l'évolution même de la connaissance humaine, l'occasion d'un certain nombre de considérations complémentaires.

Car outre cette injonction lancée au marxisme critique, c'est surtout par une certaine acception considérablement élargie de « l'économie » que sa voix se distingue dans la revue. Publié dans le numéro 7 (janvier 1933) de *La Critique sociale*, l'article « La notion de dépense » inaugure le premier de ces hallucinants assemblages théoriques qui marqueront désormais, de loin en loin, l'ensemble de son entreprise intellectuelle, Bataille cherchant à y rassembler les données les plus éparses de l'expérience humaine (objective comme subjective), qui ont pu par ailleurs retenir son attention à des titres divers et selon des modalités différentes. Difforme, le résultat d'un tel effort, effort inouï, insensé, d'autant plus insensé qu'il se présente au contraire avec tous les atours de l'exposé le plus didactique qui soit, d'emblée déconcerta, y compris les corédacteurs de la revue. L'ensemble de sa réflexion s'articule autour de l'antagonisme « utilité »/« inutilité », appliqué à l'observation la plus large de la société humaine, où s'entremêlent des considérations qui doivent indifféremment à Freud, à l'ethnologie (Durkheim, Mauss), à Marx… On y retrouve en travail l'opposition hétérologique déjà observée entre principes « utiles » d'accumulation et principes « inutiles » de dépense. Constat que Bataille entreprend de démolir, en suggérant qu'*« une société puisse avoir [...]* intérêt *à des pertes considérables, à des catastrophes qui provoquent,* conformément à des besoins définis, *des dépressions tumultueuses, des crises d'angoisse et, en dernière analyse, un certain état orgiaque.* » Mieux encore : en observant que quoi qu'elle dise, elle s'y livre effectivement. Pour démontrer la nécessité de l'inutile (sa « fonction » sociale), Bataille s'appuie sur une observation phénoménologique qui inscrit dans un jeu d'analogie différents domaines de l'expérience humaine, pareillement régis par la même vérité de la dépense, dépense inutile, « dépense improductive », qu'entrave systématiquement une instance de régulation, de contrôle ou d'interdiction (des bijoux, à la poésie, cette *« création au moyen de la perte »*). Donne, à toutes ces formes de dépense, leur sens profond l'économie du *potlatch*, cette forme archaïque de l'échange identifiée par Mauss qui consiste en un *« don considérable de richesses offertes ostensiblement dans le but d'humilier, de défier et d'obliger* un rival. » Le pouvoir n'est plus attaché à l'acquisition et à la conservation, mais à la propension à la perte, socialement fonctionnelle. Que ce modèle économique primitif s'oppose en tous points à l'économie marchande fondée sur l'accumulation, et ne consentant à attribuer à la dépense qu'une part congrue jamais susceptible d'en menacer la stabilité, voilà qui n'est que trop évident, et qui s'accorde aisément avec les revendications marxistes. L'observation « de classe » (bourgeoisie « accumulatrice »/prolétariat) à laquelle Bataille est conduit en donne explicitement la tonalité. Mais il est assurément moins défendable de présenter la révolution comme une expression de cette même dépense improductive (dépense sanglante d'une classe sociale par une autre), lors même qu'on en attend un bouleversement définitif de l'homme dans son intégralité. Moins défendable de faire de la révolution le terme de la lutte des classes, lors qu'elle n'est que le moyen de la libération et de l'avènement de ce « grand soir » qui lui est postérieur. Faire finalement de ce principe de perte, de déchéance, de ruine, le socle fondateur d'une morale de la gloire en rapport forcément transgressif à la loi, quelle que soit cette loi, c'est encore faire preuve de cet individualisme libertaire fondamentalement incompatible avec le marxisme. On mesure ainsi avec cet article ce qui sépare Bataille d'une idéologie dont certes il peut provisoirement s'accommoder, la nécessité d'une révolution lui offrant un vrai point de tangence. Encore que l'inverse soit moins vrai, particulièrement au moment où d'une part les planifications staliniennes prétendent rationaliser tous les secteurs de l'activité économique, et où d'autre part les oppositionnels entendent dénoncer le dévoiement du marxisme post-léniniste précisément sur la base morale dont la révolution était censée marquer l'avènement. Cette situation intenable de Bataille vis-à-vis de quelque positionnement marxiste apparaît lorsqu'il s'agit d'évoquer ce qui le sépare du communisme officiel. Loin de rejoindre ainsi les griefs qui sont ceux de Souvarine et des collaborateurs de la revue, Bataille accuse plutôt ce communisme de se rendre coupable d'un optimisme naïf qui fait bon marché de l'angoisse inhérente à la condition humaine, et de la nature ontologiquement déchirée de celle-ci. Il est selon lui du devoir (révolutionnaire) des intellectuels d'y opposer la lucidité désenchantée enfin permise par les acquis scientifiques.

Reste à considérer quelques aspects culturels. On a dit que la théorie de la « dépense improductive » plaçait les productions artistiques dans la série d'éléments particulièrement représentatifs de la valeur de cette même dépense, en rupture totale avec l'idéologie (bourgeoise) de l'acquisition et du travail. Et parmi les différentes expressions artistiques, la poésie se distingue, comme modalité maximale de la perte. Partant de ces principes, Bataille va se livrer à quelques observations critiques dont il faut parler. D'abord, pour remarquer qu'elles sont tenues en toute indifférence aux questions d'« art et de littérature prolétariens » qui, de Moscou à Paris, agitent nombre d'intellectuels marxistes, dont Breton. De tels termes n'apparaissent pas sous sa plume, comme ne sont pas davantage évoquées les directives du Congrès de Kharkov. À une occasion, et une seule (la parution du numéro 1 de *Minotaure*), Bataille signale la cohérence idéologique profonde d'artistes esthétiquement subversifs se réclamant d'une conscience politique révolutionnaire, et regrette alors la totale incompréhension dont les communistes officiels font preuve à leur égard, comme, inversement, il regrette la médiocrité intellectuelle de ces mêmes artistes quant à l'analyse de la situation politique. Et dans les comptes-rendus critiques consacrés à la littérature (Céline, Tzara, Malraux....), il importe pour l'instant de souligner combien loin de manifester un regard « de classe », ses observations se focalisent toujours sur la vie individuelle, qui voit un homme confronté à la misère de sa propre mort. Et c'est cette focalisation qui ouvre par analogie le regard à la dimension du corps social : c'est parce qu'elle détermine la condition humaine par définition que cette misère du corps mourant, misère existentielle dérapant dans l'analyse même en une misère matérielle (qui en est le symptôme), concerne la société tout entière. De ce mouvement, Céline comme Malraux sont bel et bien révélateurs.

Ainsi confondrait-on difficilement Bataille avec aucune des voix émanant des cercles marxistes, qu'elles proviennent du parti (stalinien), de son opposition (trotskiste), comme de l'opposition à l'opposition (souvarinienne), vis-à-vis de laquelle il se trouve souvent… en opposition. En revendiquant un marxisme décomplexé et totalement affranchi de ses textes doctrinaires, Bataille va en effet plus loin dans le projet fondateur de la revue qu'aucun autre de ses collaborateurs. Par-delà le figement dogmatique, il revendique la nécessité d'en revenir aux origines philosophiques de Marx et Engels, et le courage de corriger leurs erreurs conceptuelles (la dialectique) sur la base des découvertes scientifiques ultérieures (psychanalyse, potlatch). Autant vider le marxisme de Marx et ruiner totalement son édifice idéologique, dont il ne reste chez lui que l'urgence d'une révolution, au détriment du projet politique qui la légitime pour tous les autres.

En définitive, tout se passe comme si Breton et Bataille, qui prétendent tous deux questionner de façon moderne le marxisme, étaient animés de mouvements exactement inverses. Breton, en effet, farouchement décidé à exister politiquement, s'exprime depuis l'extérieur de toutes les obédiences marxistes mais cherche à s'approcher successivement du parti et de son opposition trotskiste, soit des deux groupes qui garantissent un lien actif avec le mythe soviétique dont Trotski fait encore, même nébuleusement, partie à ses yeux, sans pour autant trouver nulle part l'accueil et l'écho qu'il espère. Bataille, à l'inverse, s'exprime de l'intérieur d'une faction oppositionnelle de l'opposition révolutionnaire, mais ne craint pas de s'en dégager en développant une conception qui détruit plutôt qu'elle les renouvelle les fondements théoriques du marxisme. Le premier, forcé de montrer la conformité relative de ses vues, s'en remet aux textes fondateurs pour mesurer la compatibilité révolutionnaire de son mouvement sur les plans philosophique et artistique. Le second reprend ces mêmes textes et les pulvérise dans la centrifugeuse de la modernité scientifique où s'entrechoquent pareillement psychanalyse, philosophie ou ethnologie. Point commun de ces deux entreprises, la même nécessité révolutionnaire, mais comprise par l'un comme point de bascule dans un immense mouvement cosmique (Marx engavé, excédé… par un Hegel dissimulé), par l'autre comme moment même de la libération humaine (Marx évacué, ruiné… par un Sade dissimulé) : une révolution certes pareillement appelée par le désir, mais un désir vu comme imparable puissance d'harmonie universelle dans un monde présentement chaotique chez Breton, alors qu'il est inaliénable force de sédition dans un monde éternellement homogène chez Bataille.

Face à la contagion fasciste

ITALIE, Espagne, Allemagne, Autriche, Angleterre... La crise exporte tranquillement son « Internationale fasciste[1] », qui gagne aussi la France. Dans un contexte politique général de plus en plus tendu, l'histoire somme Breton et Bataille, précipités vers le bord inverse, de tenter une parade. C'est cette sommation qui les conduira bientôt à lancer ensemble une éphémère *Contre-Attaque*. Or, avant ce front commun où l'urgence les oblige, chacun va, depuis la mouvance marxiste qui est la sienne, s'affairer à dresser les premières barricades pour faire obstacle à la contagion fasciste. Alors que chez l'un (Breton), semble primer la volonté de passer le plus tôt possible à l'action, l'autre (Bataille) privilégie pour l'instant un travail rigoureux d'analyse idéologique, selon lui phase décisive qui doit primer sur l'action afin d'en garantir l'efficacité.

André Breton face aux « frissons mortels de l'atmosphère »

C'est dès l'année 1933 que se fait publiquement entendre, parmi les tout premiers, la voix de Breton. La question fasciste, sans faire chez lui l'objet d'une analyse spécifique, parasite cependant plusieurs de ses écrits : c'est là, au milieu de telle ou telle proclamation qui positionne le mouvement, ou de telle ou telle exhortation qui secoue les consciences, que sont disséminées quelques considérations analytiques sur l'idéologie à combattre.

Brièvement toléré dans l'AEAR communiste (de fin 1932 à son exclusion du 1er juillet 1933), c'est donc en un premier temps par le biais du haut-parleur stalinien que Breton est lui-même alerté de l'arrivée au pouvoir de Hitler. Il est ainsi amené à cosigner, sans en être forcément l'auteur, un certain nombre de déclarations collectives[2]. L'analyse qui prévaut alors dans les rangs de l'AEAR, analyse à laquelle semble momentanément se rallier Breton, est celle édictée par le dogme de l'Internationale prolétarienne. Elle voit dans le fascisme *« le dernier*

---

[1] L'expression vient de Pierre Milza, « Vers une Internationale fasciste ? », *Les fascismes* (Imprimerie Nationale, 1985), Points Histoire, Seuil, 1991. Elle trouve son origine dans un article de Asvero Gravelli, directeur de la revue fasciste italienne *Antieuropa*, article publié fin 1930 et intitulé « Verso l'Internazionala fascista ».
[2] Par exemple, « Protestez ! » (mars 1933), *Tracts surréalistes et déclarations collectives*, Tome I (1922-1939), présentation et commentaires de José Pierre, Éric Losfeld éditeur, 1980, p. 238.

sursaut de la civilisation bourgeoise qui tente par la violence et le verbalisme révolutionnaire de revivifier les idéologies les plus caduques. » C'est très clairement la lecture stalinienne de « classe contre classe » qui oriente la critique antifasciste. Il faudra attendre juin 1934 pour que le mot d'ordre change et que Staline accepte de faire alliance avec les autres forces de gauche contre le péril fasciste. Mais pour l'instant, le fascisme est donc, conformément à ce qu'en dit Moscou, la forme achevée, la forme pleinement réalisée de la société capitaliste, saisie à son expiration même, soit au moment même de son vacillement révolutionnaire. L'appel souligne le caractère antisémite d'un régime qui ramène l'humanité aux pires persécutions médiévales, et affirme son soutien à plusieurs personnalités éminentes déjà victimes du régime hitlérien. Mais en les désignant du terme de *« camarades »*, il ne craint pas de faire d'elles davantage des victimes de classe (elles sont écrivains, avocats, médecins… : le « prolétariat » stalinien ratisse large) que les victimes d'un génocide idéologiquement programmé. Ainsi la cible prioritaire de la lutte est-elle moins Hitler, présenté comme *« fils du traité de Versailles »*, c'est-à-dire pur produit de la scandaleuse humiliation du peuple allemand infligée par un traité inique[1], que tous les « impérialismes bourgeois ». *« Il n'y a pas de lutte des démocraties contre les fascismes… […] L'ennemi, c'est l'impérialisme. Et, pour nous, en France, c'est l'impérialisme français »*, clame-t-on alors, englobant dans un manichéisme idéologique tous les partis non-communistes sous une même bannière « para-fasciste », et faisant d'eux, *a fortiori* se réclameraient-ils de la gauche, l'ennemi prioritaire. Tels sont les choix tactiques en vigueur depuis le VIe Congrès du Komintern (1928), congrès qui a désigné, par l'adoption de la tactique « classe contre classe », la gauche non-communiste (ce « social-fascisme ») comme cible première. Ainsi, non seulement c'est la spécificité de l'idéologie fasciste qui est récusée, mais pire : parce qu'il représente la forme ultime de la décadence bourgeoise aux yeux des révolutionnaires staliniens, *« le fascisme est, dans une certaine mesure, un phénomène positif en ce sens qu'il rapproche le prolétariat de la révolution, qu'il accélère le pourrissement du capitalisme*[2] *»*. Comme on voit, tant qu'il ne s'est pas dégagé de l'emprise critique de l'AEAR, elle-même soumise à « l'œil de Moscou », cet argumentaire reçoit l'assentiment tacite de Breton.

Le 30 janvier 1934, soit un an jour pour jour après l'arrivée de Hitler au pouvoir, et six mois après l'exclusion de Breton de l'AEAR, le groupe surréaliste procède à une « Enquête intérieure sur les positions politiques[3] ». Il n'est pas impossible, outre les provocations du nouveau régime, que l'attitude équivoque de Dalí au sein du mouvement ait joué dans l'inquiétude croissante

---

[1] Dès 1919, l'extrême droite s'était désolidarisée de toute la classe politique allemande, accusée d'accepter un traité odieux. La destruction du « diktat » de Versailles est, dès 1930, un des points du programme hitlérien. En France, les surréalistes eux aussi avaient fustigé ce même traité.
[2] Pierre Milza, *Les fascismes* (Imprimerie Nationale, 1985), Points Histoire, Seuil, 1991, p. 136.
[3] André Breton, « Enquête intérieure sur les positions politiques », (30 janvier 1934), *OC II*, Gallimard, Bibliothèque de la Pléiade, 1992, pp. 579-sq.

qui gagne les rangs surréalistes[1]. C'est dans un tel contexte immédiat qu'intervient l'enquête interne à laquelle Breton répond.

Il commence par y affirmer très clairement sa prise de distance avec le Komintern, accusé d'avoir participé au triomphe du fascisme en Allemagne, la stratégie « classe contre classe » ayant effectivement contribué à minimiser le danger hitlérien et à détourner le parti communiste allemand de sa cible la plus urgente. S'agissant de l'analyse du nazisme, Breton énonce quelques pistes de réflexion : pour lui, se superpose dans le fascisme hitlérien, sous couvert d'irrationalité, une double soumission d'abord de l'individu au groupe, puis de l'« infrastructure » sociale à la « superstructure » étatique. Le régime profite au départ de la vulnérabilité des individus confrontés à une crise historique, et spécule sur l'effondrement collectif de la rationalité : l'hitlérisme subjugue donc moins par une mystique irrationnelle en tant que telle (qui intéresse, on le verra, davantage Bataille), que par une mystique *anti-rationnelle* que l'analyse doit s'efforcer de déconstruire *rationnellement* (soit en s'appuyant sur les conditions socio-historiques, psychosociales, etc., de cette même crise). Et Breton n'hésite pas à affirmer que c'est cette même stratégie de dépersonnalisation qui en fait une idéologie proche du communisme stalinien et de son relais français, le PCF. Pour lui, il n'y a, dès 1934, *« aucune organisation politique définie »* qui soit susceptible de recevoir le concours des surréalistes, plus que jamais attachés à protester contre *« toutes les duperies organisées »*. Seule *« la fondation d'un club d'écrivains et artistes révolutionnaires qualifiés »* pourrait constituer une parade significative (origine du projet de *Contre-Attaque* ?). Critique tout à fait conforme aux principes marxistes, et notamment à la déconstruction marxiste de la religion, jusque dans la terminologie qu'elle adopte. Le fascisme semble d'ailleurs avoir tout d'une idéologie religieuse : il construit comme elle une immense entreprise de domination sociale en récupérant le désespoir humain à son avantage. L'analyse des conditions objectives de son émergence doit donc permettre d'en saper les fondements mêmes.

Une semaine après cette « Enquête intérieure », et au terme d'une série de remous et de heurts violents (manifestation du 6 février 1934), Breton prend l'initiative d'un « Appel à la lutte », réunissant plus de 90 signatures, dont

---

[1] Le 23 janvier 1934, Breton rédige un acte d'accusation afin d'exclure Dalí notamment en raison de sa fascination à l'égard d'Hitler. Dalí, qui se défend en arguant d'une interprétation « paranoïaque-critique » que l'Allemagne nazie trouverait inadmissible elle-même, est sommé de s'expliquer devant tout le groupe. Le 5 février, on se retrouve chez Breton pour l'entendre. Il arrive avec un thermomètre dans la bouche et se lance dans une de ces divagations délirantes dont il a le secret sur *« le spectacle unique et grandiose des camps de concentration nazis »*. Son mépris évident de toute considération politique et son sens de l'humour lui valent, contre l'avis de Breton, un sursis. Voir Mark Polizzotti, *André Breton*, Biographies, Gallimard, 1999, pp. 449-452. Cet épisode aide à apprécier l'intransigeance autocratique qu'il est souvent d'usage de moquer chez Breton (les raisons de cette intransigeance, comme son *modus operandi*).

certaines très éloignées du surréalisme¹. L'ennemi fasciste est désormais clairement identifié, comme l'est l'erreur stratégique du Komintern qui a présidé à l'action communiste jusqu'alors. L'appel s'est choisi une arme : la grève générale. Le 12 février, une foule immense se presse dans la rue derrière les chefs socialistes et communistes. Bataille en est aussi. L'unité pourtant fait défaut. Breton signe successivement un appel « Aux travailleurs » et une « Enquête sur l'Unité d'Action »². Il rencontre même Blum, qu'il tente en vain de l'intéresser à ces diverses entreprises³. Mais impossible de réaliser un rassemblement à gauche qui fasse fi des clivages idéologiques ou corporatistes, même si les tentatives pour y parvenir, où l'on trouve systématiquement associé le nom de Breton, se multiplient. Ces opérations, toujours menées dans une volonté d'assimilation de l'intelligentsia au monde ouvrier (un certain « complexe de classe » a assurément disparu moins vite que la tactique du même nom), mettent en avant l'urgence de passer à l'action contre la contagion fasciste en France.

Deux mois plus tard, la voix de Breton se distingue à nouveau dans le concert des mobilisations et des appels antifascistes. En juin 1934, invité par le groupe surréaliste belge à s'exprimer à Bruxelles à l'occasion de l'exposition *Minotaure* (12 mai-1ᵉʳ juin), il reprend l'historique général de son mouvement et le place en perspective avec la situation politique. Un parallèle est établi d'emblée entre la situation *« à la veille de la déclaration de la guerre de 1870⁴ »* et celle, strictement contemporaine, de 1934 : de même que seules les œuvres de Lautréamont et de Rimbaud ont su donner le pendant poétique aux troubles politiques et sociaux de leur temps, de même le surréalisme s'érige, seul, à l'écart de toute réaction patriotique et nationaliste. Car il s'agit, selon l'injonction ducassienne, d'avoir *« le courage de regarder en face les nouveaux frissons de l'atmosphère⁵ »* : ceux de la « maladie » fasciste¹. Pour Breton, ce qui caractérise le

---

¹ Voir « Appel à la lutte » (10 février 1934), *Tracts surréalistes et déclarations collectives*, Tome I (1922-1939), présentation et commentaires de José Pierre, Éric Losfeld éditeur, 1980, pp. 262-264. Signalons que si parmi les signataires, figure notamment Michel Leiris, alors collaborateur de *La Critique sociale*, et que si l'appel a bien été envoyé au Cercle communiste démocratique animé par Souvarine, le nom de Bataille n'y apparaît nulle part. Surya affirme que de son côté, le cercle souvarinien lançait lui aussi un tract invitant *« les organisations ouvrières à la formation d'un Front unique »*, et précise que tous approuvèrent et signèrent ce tract, Bataille y compris, Voir Michel Surya, *Georges Bataille, la mort à l'œuvre*, Gallimard, 1992, p. 224. On voit comment pour l'instant, les exhortations à un large rassemblement s'apparentent davantage à des déclarations de principe qui ne parviennent pas vraiment à générer l'unité de la gauche.
² Voir « Aux Travailleurs » (5 mars 1934) et « Enquête sur l'Unité d'Action » (18 avril 1934), *Ibid.*, pp. 264-267.
³ *« Toute une matinée, dans son cabinet de travail de l'île Saint-Louis, je m'efforçai en vain de détourner la conversation du plan littéraire où il se mouvait d'ailleurs avec une aisance et une finesse extrêmes ; malheureusement, ce n'était pas pour cela que j'étais venu »*, André Breton, *Entretiens* (1952), OC III, Gallimard, Bibliothèque de la Pléiade, 1999, p. 541.
⁴ André Breton, *Qu'est-ce que le surréalisme ?* (1ᵉʳ juin 1934), OC II, Gallimard, Bibliothèque de la Pléiade, 1992, p. 225.
⁵ Breton s'appuie sur le Chant V des *Chants de Maldoror*.

fascisme, c'est le projet économiquement réactionnaire dont il est animé, qui porte à son paroxysme l'oppression capitaliste bourgeoise. C'est donc en vertu de sa conviction révolutionnaire que Breton voit dans l'antifascisme le combat le plus urgent à mener : le fascisme est l'obstacle dont la révolution doit triompher pour permettre l'avènement d'un homme libre. Il y a donc une alliance objective contre lui entre les forces prolétaires et une avant-garde telle que le surréalisme.

Un dernier texte évoque enfin furtivement la question du fascisme : c'est, au moment de la rupture violente avec le PC et avec toute collusion stalinienne, la déclaration intitulée « Du temps que les surréalistes avaient raison ». Mais Breton est trop occupé alors à vitupérer contre Staline et le dévoiement révolutionnaire dont il s'est rendu coupable pour pouvoir observer en toute lucidité ce qui fait l'horreur de l'idéologie fasciste. Ainsi, arguant du pacte franco-soviétique signé entre Laval et Staline, il fustige l'isolement et l'encerclement de l'Allemagne. Son ancienne inclination pour la pensée allemande l'abuse-t-elle ? Alors qu'on l'a vu auparavant pressé d'en appeler à l'action, lorsque celle-ci était synonyme d'une insurrection prolétarienne, il croit encore en la possibilité de *« négociations politiques »* avec Hitler, dont il faudrait sérieusement examiner *« les offres concrètes de limitation et de réduction des armements »* et auquel il faudrait soumettre une révision du traité de Versailles. On l'a heureusement vu plus lucide.

Ainsi, l'observation de la question du fascisme chez Breton, inséparable chez lui des aléas de l'actualité politique, travaille simultanément trois espaces : questionnement interne au mouvement, déclaration publique engageant le mouvement, participation du mouvement à de plus larges rassemblements. Or si la question ne fait jamais à proprement parler l'objet d'une analyse de fond, on constate que c'est lorsqu'elle suscite un examen interne que l'analyse de Breton va le plus loin. C'est là en effet qu'il expose quelques pistes analytiques intéressantes, assurément empruntées à Marx. De fait, sa détermination révolutionnaire, si elle dynamise sans conteste son engagement et le place souvent au tout premier rang de la riposte antifasciste, lui offre aussi des outils théoriques qui sont supposés pouvoir expliquer le fascisme. Conditions économiques déterminant des conditions psychologiques, déterminant à leur tour une condition sociale et l'idéologie de subjugation qu'elle génère : le fascisme relèverait d'un processus que le matérialisme historique a déjà mis en lumière pour défaire les religions. Mais Breton semble trop accaparé par la stricte actualité insurrectionnelle pour pouvoir à proprement parler donner à

---

[1] Croce, derrière la métaphore ? Dans son analyse « des fascismes », Pierre Milza signale que la thèse faisant du fascisme la « maladie morale » de l'Europe a été notamment développée par Benedetto Croce, dans la continuité de sa théorie irrationaliste. Selon Croce *« [le fascisme] n'est pas la résultante d'une situation politique donnée mais, au contraire, un accroc dans l'évolution de la société occidentale, une maladie inoculée à un organisme sain ou, si l'on préfère, une "parenthèse" correspondant à une période d'effacement de la "conscience de la liberté" »*, Pierre Milza, Les fascismes (Imprimerie Nationale, 1985), Points Histoire, Seuil, 1991, p. 128. On voit combien, s'il faut lire une influence de Croce, la théorie marxiste à laquelle Breton s'en remet s'oppose à son analyse.

son analyse l'ampleur et la rigueur qu'elle nécessite, et il semble *a posteriori* assez décevant de le voir s'abuser et parier sur la bonne volonté de Hitler. Idée aberrante à laquelle l'histoire donnera son horrible mesure et qui prouve que quoi qu'il dise, il n'a pas pris pleinement conscience de la menace fasciste, par exemple sur le plan strictement moral de l'idéologie (c'est-à-dire en toute indépendance des questions touchant au seul prolétariat, dont le moins qu'on puisse dire est qu'elle restreigne considérablement le champ de vision en occultant notamment la dimension raciste du régime), ou sur le plan de la politique, nationale (son « nouvel ordre » antidémocratique) comme internationale (son ambition impérialiste, qui se moque des obligations imposées par Versailles). La seule force en fait à laquelle il consent jamais de s'en remettre est la force révolutionnaire du prolétariat, au mépris des (faibles) tentatives de quelques diplomaties auxquelles il ne croit pas et auxquelles il réfute par principe tout caractère véritablement démocratique. Ainsi Marx lui fournit simultanément l'impératif à agir, les outils pour analyser et l'écran de fumée qui obnubile le regard et empêche de voir vraiment ce qu'est la cruelle réalité du fascisme.

Georges Bataille et l'« étreinte fasciste »

La question du fascisme se pose durablement, profondément à Bataille. Il lui consacre une longue réflexion qui prend principalement la forme d'un article publié en deux livraisons dans les numéros 10 et 11 (novembre 1933 et mars 1934) de *La Critique sociale*[1]. Question théorique, certes, mais qui s'impose aussi comme une injonction à agir où l'action, loin de se mesurer à l'aune de son efficacité pratique, exprime sur un autre mode la vérité inéluctable de l'horreur fasciste.

« La structure psychologique du fascisme » que Bataille donne à *La Critique sociale*[2], part de l'articulation marxiste infrastructure/superstructure, la première déterminant comme on sait la seconde chez Marx. Or Bataille annonce, dès le préambule, qu'il en renverse le postulat. Il place cette inversion méthodologique sous la triple autorité de la sociologie française, la phénoménologie allemande et la psychanalyse, et la justifie en la présentant comme une continuation du travail analytique déjà entrepris par le marxisme sur les questions de l'infrastructure. Ainsi c'est essentiellement à sa théorie « hétérologique » (elle-même effectivement travaillée par Freud ou Mauss, on l'a vu notamment avec « La notion de dépense ») que Bataille ramène son approche du fascisme. On le voit alors projeter son articulation homogénéité/hétérogénéité sur l'organisation

---

[1] Un livre est même envisagé, tout entier dédié à la question, mais *Le fascisme en France* ne voit finalement pas le jour. On en trouve trace dans le chapitre publié à titre posthume dans la section des « Essais de sociologie », Voir Georges Bataille, « [Le fascisme en France] », *OC II*, Gallimard, 1970, pp. 205-sq.
[2] Voir Georges Bataille, « La structure psychologique du fascisme » (*La Critique sociale* n°10 et 11, novembre 1933, mars 1934), *OC I*, Gallimard, 1970, pp. 339-sq.

politique de la société : l'homogénéité politique se traduit par sa dynamique productive et la valeur qu'elle attribue à l'*utile*, ciment du corps social dont l'indice est la valeur pécuniaire. Parce que, contrairement à la bourgeoisie, cœur même de l'homogénéité sociale, il ne possède pas ce qui constitue ce liant (à savoir, les moyens de production), le prolétariat est exclu de (hétérogène à) la part homogène de la société. Démocratique ou despotique, l'État est alors l'instance de régulation qui empêche toute force hétérogène de perturber la mécanique homogène (par le jeu des élections qui « huilent » régulièrement le mouvement général, ou par l'autorité). Les forces hétérogènes, protéiformes, ne manquent pourtant pas : elles sont constituées par cette frange sociale qui se dissocie du processus, ou par l'ensemble des éléments que le processus ne sait pas assimiler à sa logique productiviste (éléments relevant du pulsionnel comme l'érotisme, du physiologique comme l'ordure, du social comme les fous, les poètes, les meneurs…). Elles échappent par nature à l'analyse, elles sont le « tout autre » de ce dont l'analyse peut rendre compte : en langage freudien, « l'inconscient » social, ce que la société refoule ; en langage sociologique : le « tabou » de la société, son espace « sacré ». Leur point commun est de s'opposer affectivement (par la violence, la démesure…) à l'utilité désintéressée des lois de l'homogénéité sociale. Ramenée à la question centrale, cette analyse aboutit à ceci : « *les meneurs fascistes appartiennent sans conteste à l'existence hétérogène. Opposés aux politiciens démocrates, qui représentent dans les différents pays la platitude inhérente à la société* homogène, *Mussolini ou Hitler apparaissent directement comme* tout autres » et « *il est impossible de ne pas avoir conscience de la* force *qui les situe au-dessus des hommes, des partis et même des lois* ». La particularité du fascisme tient au caractère hypnotique de cette force, qu'un chef, et un seul, concentre en lui, selon « *un principe transcendant qui ne peut être l'objet d'aucune explication exacte* ». Le chef est à ce titre le pendant symétrique des couches sociales les plus basses, tout aussi hétérogènes que lui : tous deux, maître comme esclaves, sont les « intouchables » de la société homogène. Ils révèlent les deux pôles (pôle pur, positif, élevé, et pôle impur, négatif, misérable) de la dualité fondamentale que l'anthropologie a observée dans l'étude du sacré[1]. Ainsi « *[l]'action fasciste, hétérogène, appartient à l'ensemble des formes supérieures. Elle fait appel aux sentiments traditionnellement définis comme élevés et nobles, et tend à constituer l'autorité comme un principe inconditionnel, situé au-dessus de tout jugement utilitaire* ». Partant de cette topique politique, Bataille concentre son attention sur ce qui définit par excellence le régime fasciste, à savoir la nature de la souveraineté de son chef. D'abord, cette souveraineté est « *sadique* » : elle profite cruellement des tendances masochistes d'une société homogène infantilisée et réduite à l'état de dépendance à son égard. Elle est « *idéale* » : elle soude la communauté homogène autour de son existence mythifiée. Elle est « *unique* » : elle tranche avec la « multitude » indifférenciée de l'hétérogénéité basse (prolétaire), comme elle tranche avec la « commune mesure » de la société homogène (bourgeoise).

---

[1] Ce qui fait en un sens l'affinité des deux révolutions, fasciste et communiste.

Cette souveraineté fasciste porte à son comble une souveraineté de type royal, capable de concentrer en elle souveraineté militaire (où l'unification affective doit être telle que *« chaque soldat considère la gloire [du chef] comme sa propre gloire »*, fût-ce au prix de sa propre mort) et souveraineté religieuse (celle-ci, bien plus encore que l'armée, source de la vraie autorité sociale du chef, se revendiquant de la suprême autorité de Dieu) : tel est le « faisceau » d'autorités que réunit le fascisme[1]. Pour qu'une telle conjonction soit possible, il faut que des conditions de crise menacent la société homogène, qui s'en remet alors à une composante hétérogène capable par la force de maintenir une stabilité conforme aux intérêts de la productivité (ceux, donc, de la classe moyenne, cœur de la société homogène). De la sorte, le fascisme n'est pas une forme achevée du capitalisme : il s'en différencie au contraire en ce que celui-ci travaille à une homogénéisation générale de la société productive, alors que celui-là garantit la productivité homogène par l'instauration d'une force radicale hétérogène et structurante. Ce sont donc moins des conditions économiques que des facteurs psychologiques qui fondent la spécificité du régime fasciste, affirme Bataille. En d'autres termes, Freud et Mauss en disent plus long que Marx. D'où l'appel par lequel il termine son analyse : *« il est nécessaire de développer un système de connaissances permettant de prévoir les relations affectives sociales qui parcourent la superstructure – peut-être même, jusqu'à un certain point, d'en disposer »*. Annonce pour le moins explicite d'une volonté de voir l'analyse déboucher sur l'action, où l'on reconnaît les entreprises qui l'occuperont bientôt, et jusqu'en 1939 au moins, que ce soit avec *Contre-Attaque*, avec *Acéphale* ou avec le *Collège de sociologie*. Et où l'on devine également, toujours en travail en lui, et loin des préoccupations de *La Critique sociale*, l'écho élargi aux dimensions politiques d'une angoisse existentielle susceptible de donner à la révolution (à elle aussi) à laquelle il souscrit, des faux airs de meurtre œdipien.

De l'action justement, Bataille paraît pour l'instant s'être tenu à une distance relative, si on le compare à la frénésie dont Breton fait preuve au même moment. Certes sa participation à la revue souvarinienne, le brassage phénoménal d'idées et de théories auquel il se livre plutôt isolément, donnent le pouls de sa propre agitation. Mais, trop méfiant sans doute à l'égard des diverses obédiences de gauche, il ne consent jamais, ou à peine à titre exceptionnel, on l'a dit, à apposer sa signature au bas de quelque déclaration unitaire que ce soit, encore moins à y faire entendre sa voix ou à prendre l'initiative d'un regroupement, d'une mobilisation. Pourtant, à sa façon, il participe. Un journal[2], tenu du 11 au 13 février 1934, permet en effet de le

---

[1] Ailleurs, on lit aussi : *« Le trait décisif qui donne [au fascisme] sa figure distincte est le principe de l'individu existant pour la société (et non plus la société pour l'individu comme dans les régimes démocratiques ou libéraux) […]. Dans la société de type fasciste, l'individu abdiquant toute souveraineté personnelle, n'est donc plus qu'une partie du corps dont la tête est le chef-dieu »*, Georges Bataille, « [Le fascisme en France] », *OC II*, Gallimard, 1970, p. 207.
[2] Georges Bataille, « En attendant la grève générale », *OC II*, Gallimard, 1970, p. 253.

suivre lors des journées d'émeutes à Paris, et notamment lors de la grande grève générale du 12, appelée conjointement par un front uni auquel le *Cercle communiste démocratique* de Souvarine s'est rallié. Journal dans lequel Bataille prend la température de la rue, et donne la sienne. Kaléidoscope à ras de terre, qui restitue aux grandes théories politiques, aux principes philosophiques qui les sous-tendent, aux nouveaux mobiles de l'imminente barbarie, leur exacte échelle humaine : celle d'un langage quotidien contaminé (*« dans la rue ou dans les moyens de transport, il suffit de prêter l'oreille pour entendre les mots* manifestants, flics, mitrailleuses... *»*), celle d'un ordinaire chamboulé (le 11, il n'y a plus que trois dames dans une maison close de Pigalle, *« là où il y en a d'habitude sept ou huit »*), fait de rumeurs qui se propagent et de gestes d'impuissance... Effervescence réelle et vaine, où l'on ne distingue pas même clairement la ligne de partage entre belligérants, avec une « droite gouvernementale », une « droite fasciste » et une « gauche unifiée » paradoxalement soutenue par ceux qui se réclament du parti radical, voire de l'extrême droite... Et puis la grève, la grande grève générale du 12 : on en redoute les débordements, observe avec ironie Bataille, *« réaction purement socialiste, purement conservatrice, [...] en même temps la seule qui corresponde à la volonté de voir le fascisme avorter »*. Il est, en effet, de l'intérêt des fascistes qu'elle soit peu mobilisatrice et qu'elle dégénère, alors que l'intérêt de la gauche est exactement inverse. Mais la grève, grève assurément inutile puisqu'*« en tout état de cause, le processus de développement du fascisme est déclenché et que ses conditions générales paraissent favorables »*, se signale surtout par un long crescendo d'angoisse, qui commence précisément parce que rien n'en signale l'imminence (*« la rue a sa physionomie habituelle »*). Le bref récit que Bataille donne alors de la manifestation à laquelle il participe avec Queneau ou Leiris le montre moins comme un militant fermement résolu à en découdre « pour la cause » que comme l'observateur d'une cause qu'il sait perdue d'avance. Non pas l'observateur à distance, mais cet observateur personnellement, douloureusement impliqué sous les traits duquel on l'a constamment reconnu tout au long de son œuvre : la manifestation du 12 février 1934, le récit que Bataille en donne, disent exactement, physiquement, l'intenable posture qui constamment est la sienne, entre volonté d'objectivité « scientifique » et participation subjective, traumatique, risquée jusqu'à la mort omniprésente, et déjà en travail. C'est là ce qui fait de ce récit (mieux encore que les conflits qu'il lui a été donné, qu'il lui sera encore donné, de connaître), « bataille » de rue, l'épisode emblématique de toute une vie[1]. Car non seulement on ne distingue pas clairement qui est supposé se battre contre qui, non seulement les

---

[1] Dans sa précieuse *Analyse du récit de mort chez Georges Bataille*, Gilles Ernst écrit : *« si Bataille n'a pas fait la guerre, la guerre a pour l'essentiel fait son œuvre »*. Je voudrais suggérer que plus encore que les guerres mondiales, somme toute comparativement lisibles, atrocement tangibles, et auxquelles il ne participa pas, c'est le récit de cette journée d'émeutes, idéologiquement confuse, pragmatiquement nulle, et où la mort, bien qu'omniprésente, se dérobe finalement *« en queue de poisson »*, qui symboliquement peut exprimer ce qui fait le mouvement de son œuvre. Voir Gilles Ernst, *Georges Bataille. Analyse du récit de mort*, P.U.F. Écrivains, 1993, p. 162.

motivations idéologiques de chaque groupe visible ne sont pas claires, mais précisément ce jour-là, il n'y eut pas (peu) de combats. La foule, où se mêlent dans une grande confusion socialistes, communistes, trotskistes, ou *« de sympathiques postiers en uniforme qui passent en riant »*, tous unis dans une même « *MAJESTÉ MISÉRABLE* », se disperse assez vite, *« comme si cette fin en queue de poisson était la fin attendue. »* Comme si, non pas combat mais parodie de combat, elle signait de façon paradoxale le triomphe inéluctable d'un fascisme aux mains propres. L'heure des *« premiers jugements sur la grève »* peut bien venir : *« Personnellement, je me représente la grève telle que, suivant leur humeur, les gens pourront la donner comme un fiasco ou comme un succès sans être facilement démentis ni les uns, ni les autres. »* La leçon sonne comme on ferait, entre soi, après un enterrement, la critique d'une oraison funèbre. La mort, elle, n'en a nul souci. Le lendemain, d'ailleurs, l'inexorable se précise : les journaux propagent l'annonce de la fascisation de l'Autriche[1], ce qui confirme les sombres perspectives de Bataille. *« De toutes parts, dans un monde qui cessera vite d'être respirable, se resserre l'étreinte fasciste. »* Mort érotique, érotisme morbide, que celle (celui) de cette ultime « étreinte », assurément. Bataille a beau signer alors la pétition pour un front commun avec *La Critique sociale*, les propositions qui sont les siennes y apparaissent de plus en plus incongrues. Le 14 février 1934, pressé par la revue qui cherche à établir de toute urgence un programme d'action, il écrit à Pierre Kaan : *« Je n'ai pas de doute quant au plan sur lequel nous devrions nous placer : cela ne peut être que celui du fascisme lui-même, c'est-à-dire le plan mythologique. Il s'agit donc de poser des valeurs participant d'un nihilisme vivant, à la mesure des impératifs fascistes*[2] ». *Contre-Attaque* n'est plus loin.

Ceci encore, dans le fragment du projet sur *Le fascisme en France*, et qui concerne l'affinité entre révolution fasciste (celle du pôle pur, élevé) et révolution communiste (celle du pôle infâme, bas), que Bataille envisage sur un plan historique. Un point de départ proche (les « Faisceaux ouvriers » de la Ire Internationale à Bologne, en mars 1872), un aboutissement comparable (le dévoiement stalinien). Partie d'une révolte analogue à celle qui mène à Hitler, mais fondée sur un projet radicalement antagoniste, la révolution russe est la victime plus ou moins inconsciente d'une fascisation progressive qui a pris corps à partir de la sacralisation de Lénine : telle est la leçon que s'attache à montrer Bataille. Leçon moins strictement historique qu'il n'y paraît : il n'est pas impossible en effet d'y voir la clef qui explique peut-être l'opposition qu'on l'a souvent vu exprimer sur un plan philosophique à toute idée (hégéliano-marxiste) d'un devenir post-révolutionnaire : *« Le terme des déchirements provoqués*

---

[1] *« C'est pour parer à cette double menace, la montée à gauche des forces socialistes et les assauts menés à l'extrême droite par les nazis – qui dès 1933 multiplient les attentats à la bombe et les assassinats –, que le nouveau chancelier Dollfuss décide en 1934 d'instaurer en Autriche un régime autoritaire [...]. Après avoir éliminé le Parlement [il écrase] à Vienne, le 12 février, la seule force qui était susceptible de s'opposer à la fascisation de l'État »*, Pierre Milza, *Les fascismes* (Imprimerie Nationale, 1985), Points Histoire, Seuil, 1991, p. 389. On notera la coïncidence de date (12 février 1934).
[2] Georges Bataille, lettre à Pierre Kaan, 14 février 1934, *Choix de lettres 1917-1962*, édition établie, présentée et annotée par Michel Surya, « Les Cahiers de la nrf », Gallimard, 1997, p. 79.

par le capitalisme et la lutte des classes, le terme du mouvement ouvrier, *ne serait-il pas, simplement, cette société fasciste – radicalement irrationnelle, religieuse – où l'homme ne vit que pour et ne pense que par le* Duce ? » Est-ce parce que Nietzsche a montré quelle décadence anime forcément le mouvement humain que le communisme doit nécessairement selon Bataille s'abîmer dans le fascisme ? Est-ce d'en observer chaque jour la confirmation (à Moscou, à Vienne, ou dans les manifestations qui agitent Paris) qui lui suffit à ravaler toute autre perspective (celles de Breton) au rang des illusions de l'idéalisme ? Mieux (pire) que tout cela, encore : la société est fasciste par définition, sa stabilité exige de l'individu une dépersonnalisation communautaire au profit d'un « chef-dieu » et toute lutte sociale n'est, sorte de darwinisme politique, qu'une convulsion pathologique par laquelle elle se débarrasse de ses éléments les plus débiles.

Une telle lecture du fascisme a tout pour choquer. Et pour choquer tout le monde, militants de tel ou tel bord, partisans de telle ou telle philosophie, théoriciens et praticiens de telle ou telle science… Personne n'y trouve son compte, et certainement pas quiconque se réclamerait d'une approche marxiste, que Bataille récuse et sur le plan historique (pour son accointance originelle avec lui), et sur le plan méthodologique (c'est la superstructure du « chef-dieu » qui détermine la spécificité du fascisme, et non l'infrastructure ; seule une lecture hétérologique peut donc en rendre compte), et sur la plan philosophique (le devenir révolutionnaire n'a d'autre issue que de s'abîmer dans le fascisme). Le fascisme apparaît donc, à lire Bataille, comme une idéologie élaborée par la mort elle-même : elle est la forme politique que la mort prend au cours du temps, lorsque les illusions sont tombées et que l'individu, se plie-t-il au devoir imposé par l'État, ou s'y refuse-t-il, n'a d'autre choix que sa mort, par assimilation dans la masse homogène ou, hétérogène impur, par extermination pure et simple. On voit, dans la perspective qui nous occupe, comment, par le pessimisme fondamental qui l'anime, cette question ne manque pas de prêter le flanc à des accusations de complaisance au moment où les forces antifascistes se comptent pour faire barrage. Parce qu'effectivement on sait quel sort Bataille réserve aux éléments constitutifs de l'hétérogène, il semble à première vue qu'on puisse légitimement s'inquiéter, d'autant qu'il paraît lui-même entretenir l'équivoque, on a pu le voir avec tel emprunt au vocabulaire érotique (un fascisme *séduisant comme la mort*) ou tel ou tel aveu de sa « fascination »[1]. Mais c'est oublier que chez lui, la valorisation touche exclusivement les aspects bas de cet hétérogène, tout ce qui, impur, n'est jamais susceptible de récupération d'aucune sorte. C'est oublier aussi que si le fascisme est lui-même puissance d'excrétion (d'extermination), ce n'est jamais par une valorisation de l'élément

---

[1] En avril 1934, Bataille visite à Rome l'« Exposition de la révolution fasciste », inaugurée en octobre 1932, et qui commémore le dixième anniversaire de la prise du pouvoir par Mussolini. Le 14, il décrit dans une lettre à Queneau les pavillons à tête de mort qui « ornent » l'exposition, et se déclare frappé par leur spectacle. Voir Lettre de Georges Bataille à Raymond Queneau, 14 avril 1934, *Choix de lettres 1917-1962*, édition établie, présentée et annotée par Michel Surya, « Les Cahiers de la nrf », Gallimard, 1997, pp. 80-82.

exclu, mais bien au contraire, toujours pour parfaire la prétendue pureté dont il se prévaut. Ainsi Bataille reste-t-il résolument du côté (gauche) de ceux qui valorisent le prolétariat, même s'il le valorise pour sa part précisément parce que, misérable, il est fondamentalement inapte à exercer toute forme de pouvoir.

Le problème du fascisme s'impose à partir de 1930 comme une sommation toujours plus pressante de l'histoire. Breton se précipite vers l'action et, persuadé de son efficacité, veut être de toutes les barricades. Le combat doit être mené, parce que son issue doit être heureuse : une certaine forme de bonheur politique est encore possible à ses yeux. Bataille n'y croit pas. Son nihilisme désenchanté l'incite à penser toute forme de structuration sociale comme une violence exercée à l'encontre de l'individu. En somme, la politique est l'espace même du fascisme, indépendamment du régime dont elle se prétend. Pour Breton, l'irrationalité d'un tel régime est le produit d'un certain nombre de conditions socio-économiques qui affectent la base sociale ; pour Bataille, cette irrationalité est une composante psychologique de l'individu, elle relève d'un déséquilibre des pulsions sado-masochistes qui distinguent un chef de la « meute » : irrationalité circonstancielle là, constitutive ici. De part et d'autre, on repère cependant une même dilution de la spécificité politique du fascisme, qui révèle par comparaison l'inanité et l'horreur d'un modèle politique soviétique de plus en plus ressemblant. Il n'y a plus d'idéologie à laquelle se raccrocher : Breton et Bataille ont beau se retrouver du même côté de la barricade avec de nombreuses autres forces, leur isolement respectif s'affirme au moment du raidissement politique de l'Europe, et d'une riposte antifasciste seulement capable d'agglutiner des nationalismes étriqués et tout aussi injustifiables. Le recours au mythe qui, avec *Contre-Attaque*, les verra bientôt se rapprocher, sera l'immense manœuvre de dégagement qui permettra à chacun de placer le combat sur le terrain universaliste de la condition humaine où ils se rejoignent, encore qu'ils y arrivent par des voies différentes, et qu'ils y fondent des espoirs divergents.

« Des idées harassantes en échange d'idées harassées »

POLITIQUE, forcément politique, mais d'un politique dégagé des idéologies et des mots d'ordre qui cherchent souvent son accaparement ou son éviction, l'art est cette basse continue qui, chez Breton et Bataille, court en permanence sous les engagements et les argumentaires théoriques. Basse continue, et caisse de résonance à la fois, dans un jeu subtil de renvois sonores qui voient les enjeux politiques affecter sa tonalité sans jamais l'interrompre, comme il leur retourne, lui, en guise de fondement harmonique, sa note obstinée : l'art, nécessairement, ramène à l'humain, cette part sensible inaliénable au cœur de l'homme. Il est ce lieu exact, insituable sous tout le reste, où l'on va *« prendre des idées harassantes en échanges d'idées harassées[1] »*. De 1930 à 1935, si l'on pouvait couper, sur la table de mixage de l'époque, les pistes idéologiques souvent plus bruyantes qu'on vient de privilégier, peut-être en entendrait-on clairement courir le motif. Motif simultané, avec d'un côté (Breton) la publication de recueils poétiques importants (en 1930, *Ralentir travaux*, avec Éluard et Char, ou *L'Immaculée Conception*, avec le seul Éluard ; en 1932, *Le Revolver à cheveux blancs* ; en 1934, *L'Air de l'eau...*) ou la composition d'articles de tout premier ordre sur la peinture (sur Dalí, Picasso, Duchamp...) ; d'un autre (Bataille) le questionnement critique (de la littérature, de la peinture...) ou plus encore, la mise en forme rageuse d'un roman inclassable, resté longtemps dans le secret de la non-publication (*Le Bleu du ciel*, 1935). C'est aussi le moment où surgit le *Minotaure* (n°1, février 1933), cette bête improbable de lointaine ascendance, revue monstrueuse qui ne parvint pas, quoi qu'en dise son titre équivoque, à composer enfin l'hybride d'une collaboration entre André Breton et Georges Bataille.

Un surréalisme « à cheveux blancs » ? Critique de la critique critique

La littérature, l'art, espaces de dégagement idéologique, sont le malaise des idéologues. Dans la très « sérieuse » entreprise de *La Critique sociale*, ils occupent une part congrue, où ils sont moins souvent traités en tant qu'objets pleins que

---

[1] André Breton, « Il y aura une fois », *Le Revolver à cheveux blancs* (1932), *OC II*, Gallimard, Bibliothèque de la Pléiade, 1992, p. 51.

comme révélateurs de problèmes qui se posent ailleurs, et à un tout autre niveau. À ce titre, ils sont passibles d'une grille de lecture marxiste, qui s'exprime par un point de vue « de classe ». Pareillement visés, Gide et consorts de la prestigieuse NRF, ou à l'autre bout, la littérature « prolétarienne » de Poulaille. Inversement, on encense Drieu La Rochelle (son *Feu Follet*, radiographie sévère de la bourgeoisie décadente) ou Hemingway (*Le soleil se lève aussi*, lu comme un profond et douloureux témoignage de la réalité humaine). L'intérêt quoi qu'il en soit porte davantage sur le genre romanesque, genre même de ce « réel » qu'il s'agit de travailler, que sur la poésie, loin derrière lui dans la hiérarchie marxiste. Formulée dans le numéro 2 (juillet 1931) à propos d'un recueil de poésies de guerre, la condamnation sans appel vaut pour toute la poésie en général : « *depuis Rimbaud, la poésie écrite, à la remorque d'une philosophie anémique, a perdu toute raison d'exister comme telle.* » Dans un tel contexte général, la poésie surréaliste ne pouvait manquer de cumuler deux tares majeures : elle était surréaliste ; elle était poétique.

Or ce serait oublier combien Bataille se distingue à plus d'un titre, on l'a souligné, d'une éventuelle (et elle-même problématique) ligne éditoriale de la revue. On se souvient en effet que Bataille observait le fait culturel à travers le prisme de sa théorie de la « dépense improductive », qui assignait aux productions artistiques la valeur d'une « perte » en rupture avec l'idéologie accumulative de la bourgeoisie. Ainsi son regard sur Céline, sur Malraux, était-il aux antipodes de ce « point de vue de classe » en vigueur dans la revue : il s'attachait davantage à montrer, selon un angle philosophique, le lien entre misère individuelle (existentielle), misère matérielle et misère sociale. On se souvient également que le prisme hétérologique lui avait permis d'assigner à la poésie, contre le principe même qui sous-tendait la revue (et donc, contre une certaine esthétique marxiste), la valeur d'une perte maximale : « *Le terme de poésie, qui s'applique aux formes les moins dégradées, les moins intellectualisées, de l'expression de perte, peut-être considéré comme synonyme de dépense : il signifie, en effet, de la façon la plus précise, création au moyen de la perte. Son sens est donc voisin de celui de* sacrifice. *Il est vrai que le terme de poésie ne peut être appliqué d'une façon appropriée qu'à un résidu extrêmement rare de ce qu'il sert à désigner vulgairement et que, faute de réduction préalable, les pires confusions peuvent s'introduire[1].* » Pour lui, le critère d'appréciation de la valeur de la poésie est tout sauf formel (approche esthétique de la poésie) ou pragmatique (approche marxiste : que *fait* la poésie dans le réel ?) : il dépend plutôt d'un certain élan vital (critère, disons, existentiel) qui place le poète comme son poème dans un mouvement identique d'éléments « inassimilables », ils sont « irréductibles » par définition (aux règles, au sens commun, à la norme, à la mode, à l'argent, à la gloire…). La poésie est le lieu même d'une inaliénable ipséité : son « inutilité » radicale est la mesure de sa subversion et l'indice de sa

---

[1] Georges Bataille, « La notion de dépense » (*La Critique sociale* n°7, janvier 1933), *OC I*, Gallimard, 1970, p. 307. Il ajoute, fidèle à ses principes homologiques, que le poète est « *un réprouvé, aussi profondément séparé de la société que les déjections le sont de la vie apparente.* »

vérité. Reste à savoir comment cette perspective peut selon Bataille rendre compte ou pas de la poésie surréaliste, et particulièrement, de celle de Breton.

L'année 1932 est marquée par la publication simultanée des trois recueils surréalistes sous un même et unique bandeau : « *Le sujet de ce livre est un être mobile* ». Celui de Tzara (*Où boivent les loups*), d'Éluard (*La Vie immédiate*) et *Le Revolver à cheveux blancs*, de Breton, dédié à Éluard. C'est le premier grand recueil poétique de Breton depuis *Clair de terre* en 1923. Son titre condense un faisceau de significations possibles parmi lesquelles il n'est pas facile de choisir. On y entend assurément la mécanique soudain comme enrayée de ces fameux « *revolvers aux poings* » qui, deux ans plus tôt, tiraient encore « *au hasard dans la foule* ». Premiers effets de l'âge, aux abords de la quarantaine ? Signaux manifestes de la phase d'accablement que Breton traverse ? Simple (et faible) analogie avec la fumée de la détonation ? Voire. L'organisation générale du recueil quoi qu'il en soit le distingue à la fois d'une anthologie pure et simple, qui se contenterait de collecter des poèmes déjà publiés par ailleurs, et de la nouveauté totale qui ferait table rase d'un passé poétique implicitement obsolète : Breton semble privilégier l'idée d'une poésie qui, sur le plan vital, et fût-elle elle-même travaillée par des phases successives et des moments de rupture, serait fondamentalement solution de continuité. Ainsi *Le Revolver à cheveux blancs* articule-t-il poèmes plus ou moins anciens et créations inédites selon une répartition relativement chronologique. Après un long et important texte de 1930, « Il y aura une fois », faisant office de préface théorique (une sorte de poétique *elle-même poétique*), Breton ménage trois sections explicitement datées, qui paraissent jalonner son propre cheminement : six poèmes pour 1915-1919 (période de maturation poétique, sous l'égide des grands aînés, Mallarmé, Valéry, Rimbaud, Apollinaire…) ; vingt-et-un pour 1919-1924 (période de l'automatisme « intuitif ») ; vingt-sept pour 1924-1932 (période de l'automatisme « raisonné »), dont dix-sept entièrement inédits, soit près du tiers de l'ensemble du recueil (cinquante-cinq pièces au total, en comptant la préface). C'est donc un itinéraire qui se déploie ici, itinéraire qui semble recomposer l'évolution personnelle de Breton en une sorte d'autobiographie poétique[1].

Quelle lecture Bataille fait-il donc de cette poésie au tout début de 1933 ? Le bref article qu'il consacre aux trois recueils surréalistes[2] montre que son hostilité n'a pas faibli depuis le *Cadavre*. D'emblée, il pose son observation « existentielle » (hétérologique) de la poésie comme conforme à ce que le surréalisme lui-même prétend réclamer en son nom, à savoir « *non exactement*

---

[1] La répartition ternaire, les volumes respectifs de chaque partie (les deux premières comptant précisément autant de pièces – vingt-sept – que la dernière), invitent à lire dans la structure même du recueil un nouvel effet dialectique appliqué à la biographie poétique et conférant à la poésie la valeur de cette « solution de continuité. »
[2] Georges Bataille, « André Breton, Tristan Tzara, Paul Éluard » (*La Critique sociale* n°7, janvier 1933), *OC I*, Gallimard, 1970, p. 323.

dans l'existence littéraire, mais dans l'existence tout court, un mode d'activité excédant les limites – celles que fixent non seulement les lois mais les coutumes – qui atrophient aussi bien que la pensée et son expression, les actes et les attitudes. » Le critère qui prévaut est ainsi le rapport entre la production poétique et une certaine éthique de refus signalant un véritable engagement du poète dans sa poésie, et Bataille commence par concéder au surréalisme de louables prétentions en ce sens. Mais cette concession ne vaut que pour mieux souligner *« la disproportion entre un effort et ses résultats »* : s'agit-il d'Éluard, de Tzara ou de Breton, on ne peut selon lui que déplorer *« leurs cuisines, leurs préciosités pauvres, leurs provocations conventionnelles qui ont répondu, sans compensation appréciable, à cette résolution. »* À ses yeux, le surréalisme prétend dire ce qu'il fait, mais ne fait certainement pas ce qu'il dit.

L'éreintage de Paul Éluard est vite expédié : sa poésie *« est vivement goûtée par une classe d'amateurs éclairés de la littérature moderne mais elle n'a rien à voir avec la poésie. »* Mise en pièce lapidaire, qui ne s'embarrasse pas d'arguments supplémentaires. On lirait sans doute mieux la phrase en entendant, à la place de la relation d'opposition entre les deux propositions, un lien de conséquence susceptible de traduire le principe hétérologique auquel elle contrevient : la poésie de Paul Éluard est vivement goûtée par une classe d'amateurs éclairés de la littérature moderne *de sorte qu*'elle n'a rien à voir avec la poésie. On n'entrera pas ici dans le débat. On se contentera de signaler qu'en un sens, Breton lui-même ne dira pas grand-chose d'autre pour évoquer l'un des motifs de sa rupture avec Éluard, en 1938, sur fond d'adoubement stalinien[1]. Quoi qu'il en soit, aux yeux de Bataille, ce n'est certainement pas Éluard qui pose le problème de la validité (hétérologique) de la poésie surréaliste.

La question du recueil de Breton est moins simple. Bataille met l'accent sur l'évolution technique qui s'y laisse lire, faisant de Breton le continuateur de Mallarmé ou de Valéry. Ce qu'il retient du trajet poétique que Breton découvre dans son recueil et dont il perçoit bien la nature évolutive, ce sont ainsi les détours esthétiques, les hésitations formelles, au terme desquels le poète trouve enfin sa voix. Ainsi, les prétentions du surréalisme sont-elles rabattues sur le seul plan littéraire : *« la recherche des méthodes s'est substituée à la vulgaire inspiration poétique. »* Loin de s'avérer langage de la pulsion libérée, le surréalisme n'est qu'un « laboratoire » qui prend le langage pour objet. Toute l'accusation de Bataille est imprégnée de ce même vocabulaire para-scientifique. Qu'elle soit ainsi *« recherche systématique »* ou *« démonstration »*, la poésie surréaliste révèle selon lui deux aspects inadmissibles au regard de l'hétérologie : d'abord elle est, fût-il

---

[1] *« Éluard était le seul d'entre nous pour qui la critique n'eût guère depuis longtemps que des louanges. Les quelques mouvements de violence qu'on lui avait connus ne lui étaient pas personnellement imputés, ils étaient attribués à la contagion, mis au compte de ses amis. On ne voulait retenir de lui que ses poèmes, lesquels étaient totalement dénués d'agressivité et, contrairement à la plupart des poèmes surréalistes, relevaient du seul critère esthétique. Sur cette pente, le surréalisme le bridait, limitait son besoin d'expansion »*, André Breton, *Entretiens* (1952), *OC III*, Gallimard, Bibliothèque de la Pléiade, 1999, pp. 552-553.

plus ou moins puéril[1], un travail, elle s'échine à exister par opposition formelle à ce qui lui précède et non par nécessité interne, elle n'est pas, brute, donnée dans l'immédiat mais elle apparaît comme le résultat d'un procès qui la réinscrit dans l'histoire : elle a donc beau claironner qu'elle réfute l'esthétique, il n'est que trop évident qu'elle ne fait que chercher la sienne ; ensuite elle aboutit à l'inverse de ce qu'elle prétend, car elle n'affranchit pas de la société, du monde, bref des contraintes externes qui étouffent la personnalité, elle affranchit de l'humain, de ce qui, interne, est inhérent à sa vérité physiologique (vie et mort pareillement). Fauve et cage à la fois, elle est langage de fureur, mais qui tourne sur lui-même. Bataille : « *[La] recherche systématique des modes d'expression a eu pour résultat de rapprocher une image de plus en plus* étrangère *de la poésie, mais cette image se vidait d'une partie de sa signification humaine à mesure qu'elle se débarrassait de certains éléments en liaison immédiate avec les éléments essentiels de la vie.* » C'est cet autotélisme poétique que révèle plus encore que la poésie de Breton, celle de Tzara. Certes ses poèmes sont « *empreints d'une grandeur incontestable* », « *ils apparaissent* étrangers *et situés en dehors de la vie* » et « *ce caractère d'isolement [...] est sans doute tout ce qui existe au monde de plus aveuglant.* » Et d'ailleurs chez lui, « *[l]'expression, dans les limites de la poésie, atteint ainsi un point extrême*[2]. » Pour autant, sa poésie, la poésie surréaliste toute entière est, à ce terme achevé, un vide, certes bruyant, mais sans prise aucune avec le monde. Elle ne réalise pas cette fuite hors la vie, elle se joue ailleurs, dans un espace délié et inoffensif où l'homme n'est pas même mort (la mort, elle, relevant bien de l'hétérologie), mais dont il s'est absenté. On voit comment l'hétérologie de Bataille fait de la rupture au monde, un lien paradoxal nécessaire avec ce même monde : l'élan de refus, le mouvement de sortie compte davantage que le lieu intenable auquel il destine et où percent assurément pour lui, encore qu'il ne dise plus son nom – l'accusation d'« idéalisme », vieille antienne polémique, a disparu –, les relents d'un passé non clarifié.

Il faudrait confronter cette critique avec l'analyse d'un ou de plusieurs poèmes de Breton, prélevés dans le recueil à titre d'exemple. Y chercher par exemple les effets d'indétermination spatiale ou d'atemporalité qui ouvriraient sur une nouvelle structuration d'ordre mythique, ordre dont, par bribes, certains fragments (emprunts bibliques, parodies mythologiques, etc.) semblent effectivement tombés dans le texte comme en pluie fine. Se demander si le travail métaphorique y déjoue en permanence la représentation symbolique, ou comment sont déçus un certain nombre d'élans narratifs ou d'effets

---

[1] L'accusation de puérilité concerne principalement la préface théorique, où le projet poétique de Breton est exprimé dans les termes d'un avènement imminent dans l'ordre du réel (« Il y aura une fois... »), et où est reprise l'allégorie du château-relais où séjourneraient plusieurs hôtes pareillement soumis à divers impératifs poétiques. « *[À] cette limite de la fadeur, il est difficile de faire la différence avec les jardinages écœurants de Jean Cocteau* », observe Bataille. Le jardinage : image même du hobby du petit propriétaire bourgeois. Cocteau : emblème même du bel artiste mondain, que tout le groupe surréaliste détestait.
[2] Il faudrait souligner, pour tout ce qui insidieusement y fait retour, l'adjectif « aveuglant » et l'idée du « point extrême ».

d'interlocution qui semblent alors parler comme à vide. On se contentera ici de dire avec Yves Bonnefoy[1] que rien n'est plus permanent dans la poésie de Breton que le souci d'exprimer l'exister le plus intime, le plus ténu. Rien n'est plus ancré en lui que la certitude d'un langage poétique seul capable, par un miniaturisme sensible qui s'appuie sur le plus infime du monde comme sur autant de leviers minuscules, d'y affirmer sa présence. Présence plus vive du réel, de ce réel fugace pris dans le désir qui commande au regard. Présence toujours plus vivace d'une poésie indissociable de l'injonction à « être là ». Parce que la parole poétique refuse le concept (de la philosophie) ou la transposition (du récit), elle seule peut selon Breton dire la qualité bouleversante de la vie instantanée. Le réel n'est donc pas congédié, il est redistribué en permanence, labile, il est en permanence *étranger à lui-même et lui-même à la fois*, comme si le désir lui avait tendu un miroir flatteur et qu'il ne reconnaissait plus sa propre misère, dont celui-ci avait fait son levain.

Minotaure : la revue à tête deux bêtes

De tous les monstres qui surgissent en 1933, *Minotaure* n'est pas celui qui (re)vient de moins loin. On connaît l'histoire. Le taureau, Pasiphaé, le labyrinthe de Dédale, le fil. La mort du Minotaure marque dans la civilisation grecque l'avènement des puissances de la raison grâce à Thésée, glorieux vainqueur des forces démentes de la nature. On conçoit aisément combien l'idée de fonder en 1933, dans le contexte politique qu'on sait, une revue portant le nom de *Minotaure*, cette revue se prétendît-elle étrangère à toute question d'ordre idéologique, est tout sauf anodine : on peut difficilement s'empêcher d'y lire, en jeu déjà contre une certaine forme de barbarie (la sauvagerie fasciste, sauvagerie de l'ordre, de la loi), un recours (un retour) au mythe d'une sauvagerie inverse. On conçoit également combien un tel projet, s'agissant plus étroitement de la confrontation qui nous occupe, a apparemment tout d'un symbole si l'on songe que Breton et Bataille étaient initialement supposés y collaborer, après le long désaccord qu'on leur connaît (*a fortiori* selon les termes matière/idée ; bestialité/humanité, etc.) et qui semble soudain faire retour, horriblement simplifié, sous les traits de ce monstre composite. Horriblement simplifié, en effet : on a vu que Breton revendique un matérialisme qui n'exclut pas, bien au contraire, ni la matière (forcément), ni même une certaine forme de « sauvagerie » (celle du combat), alors que de son côté, Bataille refuse catégoriquement toute espèce d'esprit quand bien même celui-ci ferait

---

[1] Voir Yves Bonnefoy, *Breton à l'avant de soi*, farrago, Éditions Léo Scheer, 2001. Sans forcément le suivre dans tous les aspects de son développement, on sera sensible à l'idée-force de Bonnefoy, qui consiste à affirmer que pour Breton, l'aventure du langage explorant l'univers de l'imaginaire, par le biais du conte ou de la poésie, tous deux s'abreuvant à la même source d'enfance, peut non seulement ramener à une saisie plus juste, plus fine, plus « présente » de la réalité, mais davantage encore, constituer une instance morale voire politique d'où penser la subversion de ce même « inacceptable » réel.

inévitablement retour par le fait même d'écrire, de se prêter à une quelconque forme d'activité intellectuelle, fût-ce celle qui, par l'hétérologie, en appelle théoriquement, analytiquement à une sorte de décapitation. Pour le dire autrement, le monstre hybride qu'est Minotaure ressemble en définitive peut-être autant à Bataille (on a pu déjà souligner la bestialité diversement à l'œuvre chez lui, qui se veut tout entier taureau sans pouvoir échapper à la « prison » de l'esprit) qu'à Breton, qui maintient « dialectiquement » la nécessité des deux tendances (mais alors, ne faudrait-il pas les inverser plutôt, et voir en lui plutôt un avatar du Centaure, à la tête humaine et au corps animal mieux que l'inverse ?). Faire du Minotaure un équivalent symbolique de ce qui se joue entre Breton et Bataille est tentant, mais risque finalement de nous ramener à cette bipolarité manichéenne dans laquelle on a vu Bataille tenter d'enferrer le débat. Or assurément, il y a du « corps » chez Breton, et, ne lui en déplaise, beaucoup de « tête » chez Bataille. Que Thésée soit de plus victorieux du monstre, et *avec quelle sauvagerie*, qu'il parvienne à en débarrasser le labyrinthe, et il n'en faudrait pas davantage pour évoquer la façon dont Breton aurait évacué Bataille de l'entreprise, la façon dont il l'aurait renvoyé là encore à ce statut de rejeté qui est le sien depuis Documents ou La Critique sociale, à moins que Bataille lui-même ne s'y complaise, comme on a pu le suggérer, et que, « hétérologiquement », il ne désire rien d'autre que cette évacuation systématique. Il est donc de toute première importance de se garder des analogies faciles et de reprendre l'épisode de la revue *Minotaure*, pièces en main.

À l'origine du projet, deux grands noms de l'édition d'art : le grec Efstratios Eleftheriades, dit Tériade et le suisse Albert Skira. Constituer une équipe de collaborateurs et donner une ligne éditoriale au projet ne sera pas une mince affaire. Il semble quoi qu'il en soit qu'on se soit d'abord tourné vers les dissidents du surréalisme (Vitrac, Masson, Desnos...), et vers Georges Bataille (sans doute dès janvier), et que Breton n'ait été contacté que secondairement (quelques jours à peine plus tard, sans doute avant la mi-février). Sans doute Tériade fit-il plutôt le lien avec Georges Bataille, et Skira négocia-t-il avec les surréalistes. De janvier à juin 1933, les tractations vont bon train pour parvenir à un accord entre les deux parties. Pari délicat, alors même que Bataille vient d'attaquer la poésie surréaliste, et nommément celle de Breton, dans les termes qu'on vient de voir, conduisant celui-ci, qui plus est occupé par l'AEAR et par la préparation difficile du numéro 5-6 de sa revue *Le Surréalisme au Service de la Révolution* (15 mai 1933, ce numéro sera le dernier), à réserver sa réponse. En avril, tout s'accélère. Dans trois courriers successifs, Éluard rapporte ainsi coup sur coup : d'abord, que *« Schira [sic], ça n'a pas l'air de marcher. Nous y avons mis de la bonne volonté (vu Bataille, etc...) mais il ne tient qu'à la collaboration de Breton, en l'espèce son article sur Picasso »* (lettre 172) ; ensuite, que *« le Minotaure, ça marche. Nous avons vu plusieurs fois Bataille qui publiera dans le 1ᵉʳ numéro où il parle en très bonne part du surréalisme »* (lettre 173) ; enfin, qu'il y a une *« grande nouvelle : M. Bataille est vidé de la revue de Skira. Ce qui renforce notre collaboration à la revue de ce dernier : Breton, Dalí, Tzara, Crevel et moi. Notre politique a été bonne »* (lettre 174)[1]. Ce qui renseigne au moins sur trois choses. Premièrement, c'est apparemment moins le groupe surréaliste en tant que tel que Breton personnellement qui intéresse Skira, de sorte que si Breton devra bientôt s'accommoder de personnalités et de collaborations étrangères au surréalisme, Skira, lui, devra probablement aussi se faire à d'éventuelles interventions moins désirées (Tzara ? Crevel ? Éluard lui-même ?) : *Minotaure* en tout cas est loin d'exister par consensus éditorial. Deuxièmement, Éluard laisse entendre qu'un article favorable de Bataille sur le surréalisme est sinon prêt, du moins suffisamment entamé en avril (moins de trois mois donc après l'éreintage auquel il s'est livré) pour qu'il donne ainsi l'impression d'en connaître et d'en approuver le contenu, or il n'y a aucune trace de cet article dans la bibliographie de Bataille (inédits et fragments inachevés y compris)[2]. À quelle étonnante palinodie de Bataille Éluard fait-il donc allusion ? Se fie-t-il plutôt à de simples garanties orales données par lui ? Quel crédit peut-on leur accorder, quel crédit peut-on également accorder à cette (maigre) déclaration faite dans une lettre à Gala ? Troisièmement, quelles que soient les négociations et l'espoir de les voir aboutir, les surréalistes restent profondément réticents à collaborer avec Bataille (familiarité joyeuse, virile, soulagée du terme, lorsque Bataille est « vidé »[3]) et Éluard suggère même que cette éviction a pu être sinon provoquée, du moins facilitée par une sorte de complot du groupe surréaliste dans le dos de Bataille[4]. Le 1er juin 1933, lorsque paraîtra le premier numéro de la revue, son nom n'y figurera pas. La seule participation que *Minotaure* lui devra est bien plus tardive (numéro 8, 15 juin 1936, soit après *Contre-Attaque*). C'en est tout pour l'instant, à première vue, de l'implication de Bataille dans *Minotaure*.

À première vue seulement. Il apparaît bien, en effet, que le projet que Skira et Tériade ont en tête s'inspire au moins autant de *Documents* que de ce que les surréalistes avaient pu jusqu'alors publier de leur côté en revue. Qu'il se situe même au confluent exact de ces deux sources. Il faut, pour s'en convaincre, en revenir à l'espèce de programme éditorial qui figure en tête de la première livraison. Les traits caractéristiques du projet sont clairs : publication d'œuvres artistiques *« d'intérêt universel »* ; volonté d'associer, dans une perspective moderniste, création picturale et création poétique, ainsi que musique, architecture, arts du spectacle… ; présentation d'études sur les tendances artistiques modernes réalisées par des *« écrivains spécialisés »*, des *« savants »* et des

---

[1] Paul Éluard, *Lettres à Gala 1924-1948*, édition établie et annotée par Pierre Dreyfus, préface de Jean-Claude Carrière, Gallimard, 1984, pp. 211-214.
[2] Mais il est vrai qu'à la fin de sa vie, *« Bataille brûlait par liasses entières »*, Francis Marmande, *Le Pur bonheur*, Editions Lignes, 2011, p. 173.
[3] Bataille, le « vidé » : défec(a)tion qui le ramène à nouveau à une posture hétérologique.
[4] Observons que les noms cités par Éluard dans sa lettre à Gala sont précisément ceux que Bataille a éreintés dans *La Critique sociale* : Crevel, Tzara, Breton, et lui-même. Quant à Dalí, on sait à la fois le contentieux ancien qui le sépare de Bataille, et la place de trublion plus ou moins supportable que celui-ci occupe auprès de Breton.

« *poètes les plus représentatifs de la génération actuelle* » dans une approche à la fois ethnographique, archéologique, mythologique et psychanalytique. De politique, il n'est pas question. Quoique : le caractère universaliste de la revue, en pleine crispation nationaliste, suffit largement à la rendre subversive au regard de l'époque et des lecteurs aisés qui pouvaient être les siens. La question ferait-elle parfois débat parmi les surréalistes ou parmi leurs contempteurs, ce n'est donc pas parce qu'elle entend se présenter sous des atours luxueux (couverture couleur, papier glacé, mise en page soignée, illustrations nombreuses) que pareille revue dément la volonté révolutionnaire qui s'exprime par ailleurs ouvertement comme jamais[1]. Ce n'est donc pas véritablement sur ce plan que se joue la tonalité moins « bretonienne » que « bataillienne » de la revue, d'autant que Breton ne se privera pas en 1939, alors que Tériade aura quitté le comité de direction depuis décembre 1937 et que la revue sera alors devenue « pleinement surréaliste », d'y rendre compte de sa visite à Trotski au Mexique, et surtout d'y publier une vigoureuse protestation collective contre « Le Nationalisme dans l'Art ». Non, ce qui rend indiscutablement sensible l'influence de *Documents*, c'est bien plutôt non seulement une certaine *« distribution irrationnelle des illustrations à l'intérieur des numéros*[2] », mais aussi l'ouverture de compas des domaines artistiques concernés (la musique, l'architecture…), et surtout les méthodes d'approche de ces mêmes domaines, et notamment l'accent placé sur une approche ethnographique dont témoigne particulièrement le numéro 2, exclusivement consacré à la mission Dakar-Djibouti où Leiris s'est embarqué. De là à placer la revue sous l'influence du seul Bataille… Qu'une telle approche « scientifique » évacue toute esthétique purement formaliste, qu'elle s'évertue à proposer un mode de compréhension de toutes les dimensions de ces productions artistiques dans la réalité moderne occidentale, soit. Mais c'est occulter la place faite à l'imaginaire, imaginaire dont Breton a toujours exalté les vertus, fût-il « monstrueux » au regard des canons esthétiques de son époque. On l'a dit s'agissant de *Documents*, il est temps d'y insister à propos de *Minotaure* : la clef du « merveilleux » que Breton recherche ouvre sur un domaine où les fantômes sont légion, où l'angoisse prend à la gorge, où le « monstrueux » pullule jusqu'à en effrayer d'abord son époque, et ce « merveilleux » n'est que l'autre nom, un nom d'étendard, à tout ce dont

---

[1] Ce que souligne pour sa part, avec à peine d'exagération provocatrice, Sarane Alexandrian lorsqu'il écrit que *« tenir* Minotaure *pour moins révolutionnaire que* Le Surréalisme A.S.D.L.R. *parce que la polémique en est exclue, et que l'édition en est luxueuse, serait un point de vue rétrograde et borné. [...] La renonciation au luxe est une attitude réactionnaire, car il s'agit d'établir le luxe pour tous. En concevant une revue qui, par sa mise en page, son illustration, son format, fait éclater une idée de luxe et de beauté, le surréalisme est fidèle à sa lutte contre le misérabilisme, cet avilissement masochiste de l'idéal humain »*, Sarane Alexandrian, *Le surréalisme et le rêve*, coll. Connaissance de l'inconscient, nrf, Gallimard, 1974, p. 203.
[2] José Pierre, « André Breton et/ou *Minotaure* », *Minotaure, la revue à tête de bête*, Musée d'Art et d'Histoire, Genève, 1987, p. 99. José Pierre rappelle dans son article la « sage » composition des revues surréalistes, et notamment des derniers numéros du *Surréalisme au service de la Révolution*, où l'on observe *« un clivage délibéré entre les textes et les illustrations, rejetées dans un cahier à la fin de la livraison. »*

s'épouvantent alors les tenants de l'ordre (social, moral, esthétique, religieux…). De sorte que surgissant en horde dans le labyrinthe de *Minotaure*, les « monstres » doivent moins strictement à Bataille en tant que tel qu'à une certaine modernité artistique dont il participe peut-être de façon paroxystique, mais qui n'a ni commencé ni fini avec lui. Et en un sens, peut-être toute cette réflexion n'est-elle qu'une tentative de rendre compte de la manière dont chacun aura consenti à se perdre dans son propre labyrinthe, où il lui arrive alors de croiser l'autre.

Reste donc ce titre, qui confère au projet sa cohérence globale par le biais d'une signification mythologique auquel il emprunte son motif : *Minotaure*. On l'attribue parfois à Vitrac (Starobinski, Jouffroy). Parfois à Bataille ou, plus sûrement encore, à Masson (Tériade lui-même, Surya). Il semble quoi qu'il en soit qu'on puisse effectivement tenir ce dernier comme l'un des moins étrangers à ce choix, lui qui dès 1922, multiplie les allusions au mythe et à ses protagonistes (*Le Grand déflorateur fêté par ses victimes*). On se gardera pour autant de simplifier. Certes le retour d'un tel mythe de la Grèce archaïque renvoie à Nietzsche, à son dionysisme pré-socratique qu'évoquent à leur manière les ripailles barbares du Minotaure contre le fil (rationnel) de Thésée. Et certes, Masson comme Bataille sont assurément bien plus nietzschéens que ne l'est Breton. On peut ainsi supposer que la résurgence du mythe est de leur côté grandement à entendre dans l'élan sauvagement antichrétien qui les anime. Il n'est pas impossible de penser en outre que si la figure du Minotaure enfermé dans le labyrinthe s'imposa à eux, c'est notamment fonction de l'imaginaire bestial et tellurique, on dirait même fangeux, qui est le leur depuis le traumatisme de la première guerre mondiale. L'analogie tranchées/labyrinthe s'impose en effet, où se mêlent les diverses « monstruosités » qui ont révélé l'être humain et que Bataille ne cesse d'interroger. On n'oubliera pas que Masson fut un des rares, sinon le seul, parmi les surréalistes à avoir vécu les combats des tranchées, où il fut grièvement blessé[1]. On sait par ailleurs l'importance traumatique de ces mêmes tranchées chez Bataille, l'irrémédiable folie à laquelle elles exposent (Masson est enfermé quelques mois dans un hôpital psychiatrique) et sur laquelle Breton de son côté, assez étranger à cet univers, est amené à jeter un regard d'apprenti-thérapeute (le labyrinthe est avant tout psychique alors pour lui). N'est-ce pas pour autant oublier la place qui fut *aussi* celle de Masson dans le premier groupe surréaliste, où il peut contribuer à distiller le mythe ? N'est-ce pas oublier comment le « labyrinthe », motif baroque par excellence, surgit *aussi* chez un Max Ernst par exemple (*Le Labyrinthe*, 1925) ? Et comment chez Breton lui-même, « monstres » et « labyrinthes » ne manquent pas (l'automatisme, cette percée dans les cavernes de l'être ; la poésie, infestée de tout un bestiaire maldororien, « défigurée » au regard des canons esthétiques ; le goût des romans noirs ; la ville, dédale

---

[1] « *À la guerre, j'ai su ce que c'était que d'étreindre la terre* », avoue-t-il à Jean-Paul Clébert, Article « Masson André », *Dictionnaire du surréalisme*, Seuil, 1996, p. 363.

moderne…). Si bien qu'en 1924, au moment d'initier la phase raisonnée du surréalisme et voulant en emblématiser la recherche, c'est précisément à ce même motif mythologique que Breton en appelle : *« je dois être Thésée, mais Thésée enfermé pour toujours dans son labyrinthe de cristal*[1]*. »* Car que reste-t-il en effet du glorieux Thésée si, privé de son fil et enfermé pour toujours, il n'est plus possible de le définir par sa raison, par l'immense entreprise d'organisation politique qui fut la sienne une fois sorti du labyrinthe, mais peut-être par sa seule détermination meurtrière à l'égard (à l'égal ?) du monstre ? Bien sûr chez Breton, le labyrinthe est « de cristal », bien sûr c'est la figure de Thésée, fût-ce un Thésée *monstrueux*, et non celle du Minotaure qu'il privilégie (assurément Bataille n'aurait pas fait le même choix). Mais peut-être faut-il voir dans ce Thésée « sans fil » une autre manifestation de cette attitude ambivalente qu'on lui a vue face aux traumatisés qu'il a écoutés, pendant la guerre, qui l'ont fasciné et effrayé à la fois, et ont pu par la suite l'inciter à interrompre l'abandon automatique juste avant le point de non-retour : la figure d'un abandon consenti (Thésée aurait lâché le fil), non celle d'une perte définitive (il tuerait quand même le monstre). Le mythe chez lui est moins l'expression d'un retour antichrétien à l'âge dionysiaque que la volonté d'une rupture avec ces « lumières » dont Thésée a peut-être hérité de Prométhée, une fois que celui-ci a courageusement volé le feu des dieux (par son geste, Prométhée rend la force aux hommes et les distingue de l'animal, mais ceux-ci s'en servent pour allumer les navrantes « lumières » de la Raison hégémonique qui guide les pas de Thésée). C'est, pour diverses raisons, toute une modernité qui en appelle à un retour au mythe crétois et à un renversement nécessaire de sa signification. Ainsi Bataille s'assure que le Minotaure ne meurt pas, qu'il ne peut mourir qu'avec l'homme, parce qu'il *est* lui-même l'homme avant la camisole chrétienne ; Breton, lui, tue le monstre, mais assuré qu'il y a décidément trop à voir dans ce labyrinthe, à commencer par le monstre lui-même, prive Thésée du fil qui lui permet de rebrousser chemin. Seules la révolution et la poésie peuvent alors le « mener quelque part », serait-ce dans un nouveau labyrinthe : c'est, non derrière mais devant soi, au-delà du monstre, « l'issue », hégélienne, marxiste, fouriériste bientôt, issue quoi qu'il en soit *toujours poétique*[2]. Chez Bataille, il n'y a pas d'issue : si l'homme est ce Minotaure dont l'animalité, perpétuellement, fait un retour violent en lui, sa seule façon d'échapper au labyrinthe n'est alors que de s'extraire de son enfermement par l'expérience d'une extase fugace ou d'une mort définitive. Le *Minotaure* apparaît donc moins en 1933 comme la stricte prérogative de Bataille (et de Masson) que comme le topos diffus de cette modernité-là, auquel il a (avec Masson) pu donner pour de multiples raisons sa formulation la plus saisissante et la plus radicale. Mais on voit comment il

---

[1] André Breton, « Introduction au discours sur le peu de réalité » (1924), *OC II*, Gallimard, Bibliothèque de la Pléiade, 1992, p. 265.
[2] Breton, dès 1920, découvrant Lautréamont : *« On sait maintenant que la poésie doit mener quelque part »*, André Breton, « Les Chants de Maldoror » (juin 1920), *OC I*, Gallimard, Bibliothèque de la Pléiade, 1988, p. 233.

appartient aussi au surréalisme de Breton, encore que dans une perspective assez différente : symbole nietzschéen d'une condition humaine chez Bataille (mythe naturel), il est une condition historique de l'humanité chez Breton (mythe historique)[1].

Est-il maintenant possible de finir en évoquant les articles publiés dans *Minotaure* par Bataille et par Breton, et d'y retrouver éventuellement cette articulation que le motif mythologique nous suggère ? À peine, à vrai dire. Car il fallut qu'un tel *corpus* fût (parfois) fait de la recomposition de fragments disséminés ailleurs, et (souvent, voire toujours) lui-même ultérieurement démembré, décomposé, recomposé, pour donner naissance, encore ailleurs, à d'autres textes hybrides. Effet, par ricochet sans doute sur son mode même de production, de cette littérature considérée comme une « minotauromachie » (Thésée, premier matador)[2]. Ces « migrations », ces « défigurations textuelles » auxquelles l'œuvre de Bataille nous expose comme peu d'autres, compliquent singulièrement le travail de confrontation[3], *a fortiori* Breton de son côté fournirait-il un autre exemple de ce mode de composition par évolutions/involutions. En effet, face à l'unique contribution de Bataille, le volume des articles que Breton donne à la revue, considérable, confère *a posteriori* à *Minotaure* le rôle de matrice de nombreuses œuvres ultérieures de tout premier plan. Il ne s'agit pas seulement de recueils qui se contenteraient de collecter en les juxtaposant simplement des écrits publiés de façon éparse, témoignant alors, par leur variété même, de la diversité de la démarche surréaliste, à la manière par exemple de *Point de jour* (juillet 1934). Il s'agit aussi d'œuvres importantes, réalisant une nouvelle unité à partir de ces articles disséminés : ce sera le cas avec l'imminente *Anthologie de l'humour noir*, ou beaucoup plus tard la somme critique que représente *Le Surréalisme et la peinture*. Ce sera davantage encore le cas, si l'on songe que certaines de ces contributions formeront les chapitres successifs d'un ouvrage aussi incontournable que *L'Amour fou*, œuvre qui nous retiendra assez ultérieurement.

S'agissant de Bataille, il n'est peut-être pas utile de s'étendre outre mesure sur des aspects déjà évoqués ici, à savoir son matérialisme dualiste foncièrement anti-hégélien et son système hétérologique, qui ramènent immanquablement à la figure intenable, tiraillée, du Minotaure. « Le bleu du ciel » donne l'occasion de voir un nouvel avatar du monstre chez lui. Souvenons-nous de ce que nous disions pour évoquer l'« anthropologie mythologique de l'extase » : les mythes pinéaux que Bataille, tout à sa lecture de Nietzsche, élaborait en

---

[1] Voir pour cette articulation Philippe Lavergne, *André Breton et le mythe*, José Corti, 1985.
[2] Voir par exemple Georges Bataille, « Le bleu du ciel » (*Minotaure* n°8, juin 1936), *L'expérience intérieure*, OC V, Gallimard, 1973, pp. 94-97. Ce texte, seule et unique contribution de Bataille, reprend pour la remanier des fragments (de *L'Anus solaire*, *L'œil pinéal*), qu'il remanie encore par la suite et intègre dans d'autres ensembles textuels (*Le Bleu du ciel*, *L'expérience intérieure*…).
[3] Autre aspect de cette difficulté : les écrits initialement destinés à la revue, mais qui n'y figureront pourtant pas, comme l'article intitulé « Le masque ».

réaction violente à l'assujettissement du christianisme étaient d'une part exprimés sur le mode même d'une mythologie parodiée (*L'anus solaire*) et d'autre part sur le mode pseudo-objectif d'une observation scientifique (*L'œil pinéal*). Dans les deux cas, le mouvement cosmique de la matière révélé par le mythe pinéal embrassait la totalité du réel, où s'opposaient les processus horizontaux d'accumulation et verticaux de dilapidation (processus réexploités par l'hétérologie). Autrement dit, les premiers maintenaient dans le labyrinthe, les seconds y ouvraient non une issue (au sens horizontal) mais une sortie par l'effraction verticale de l'extase (la métaphore volcanique du Jésuve). Or avec « Le bleu du ciel », Bataille va accentuer encore la tension qui déchire l'homme selon les deux impulsions contradictoires, et ce, en ramenant explicitement cette vérité intenable de la condition humaine à une expérience existentielle personnellement vécue. Il est en effet tout à fait significatif de lire le déplacement depuis les deux textes-sources du mythe pinéal, jusqu'à cet article du numéro 8 de juin 1936. Ce qui, par une écriture qui rejetait son ancrage subjectif sous la surface du discours, pouvait là *a priori* apparaître comme simple élucubration, poétique ou pseudo-scientifique, mais quoi qu'il en soit anonyme (l'analyse contredisant immédiatement cet *a priori* par un dévoilement des biographèmes sous-jacents) révèle ici clairement sa vérité vécue. Ce qui se dévoile alors, c'est la nature expérimentale (expérimentée) de la vérité du monstre humain. Double tension, insupportable, que le texte lui-même dramatise : Bataille rabat le mythe sur le plan de l'histoire, de son histoire, et déchire l'histoire par le biais du mythe. En effet, si le mythe est bien cette parole sans émetteur identifiable, on remarque que les deux textes-sources vidaient la personnalité de toute épaisseur existentielle, par creusement ou évitement du « je ». Or il est remarquable que « Le bleu du ciel » fasse en quelque sorte coexister les deux « je », le « je » du mythe, anonyme, collectif, et le « je » de l'histoire, personnel, identifiable. Plus encore, qu'il revendique cette distinction en en avertissant clairement le lecteur. Ainsi, sans doute, doit-on voir le texte basculer de l'énonciation mythologique à l'énonciation historique[1]. Bataille se montre personnellement sous les traits du Monstre, par l'exemple d'expériences qui ont vérifié la vérité mythique. À l'inverse, ces expériences sont précisément le récit d'une rencontre avec le mythe, c'est-à-dire le récit de ces quelques moments inouïs où l'histoire s'est déchirée et a atteint les proportions du mythe.

Comparativement au « bleu du ciel » de Bataille, l'article « Picasso dans son élément » que Breton donne pour sa part dans le numéro 1 de la revue nous intéresse à plus d'un titre. D'abord, parce qu'il concerne la figure de Picasso, et qu'il semble bien que se soit joué entre lui et André Masson un conflit

---

[1] Par exemple : « *La tête épuisée où "je" suis est devenue si peureuse, si avide que la mort seule pourrait la satisfaire.*
Il y a quelques jours, je suis arrivé – réellement, non dans un rêve – dans une ville évoquant le décor d'une tragédie », Georges Bataille, « Le bleu du ciel » (*Minotaure* n°8, juin 1936), *L'expérience intérieure*, *OC V*, Gallimard, 1973, p. 95.

comparable voire consécutif à celui qui divisait Breton et Bataille, chacun faisant jouer ses appuis. Cet article, quoi qu'il en soit, est tout entier à entendre en lien avec la polémique qui nous occupe, et précisément avec ce qui sépare sa conception du mythe crétois de celle de Bataille, à savoir Hegel. Breton a toujours considéré Picasso comme un des grands phares du surréalisme, sans jamais cependant l'y inclure tout à fait (*Le Surréalisme et la peinture*). Il fait partie de ces peintres que Bataille, dans *Documents*, a insidieusement cherché, article après article, à libérer de l'emprise critique de Breton, en les lisant comme les représentants picturaux d'un matérialisme qui déforme la figure et notamment décompose la forme humaine pour y révéler par l'informe la monstruosité animale. Cet aspect de la dispute trouve dans l'article donné à *Minotaure* un nouvel épisode particulièrement intéressant, s'agissant de la signification historique à attribuer au mythe chez Breton. Car en pleine période hégélienne et marxiste, toute sa lecture consiste à faire de Picasso, fût-ce assez lourdement, un peintre « dialectique ». Breton s'appuie d'abord sur une toile, *Composition au papillon* (1932), faite, sur un fond clair peint à l'huile, d'un assemblage de tissu, bois, végétaux, ficelle, punaise, agrémenté d'un véritable papillon collé : *« c'est [...] la première fois qu'un papillon naturel a pu s'inscrire dans le champ d'un tableau, et qu'aussi il a pu le faire sans qu'aussitôt tout ce qui l'environne tombât en poussière »*, écrit Breton à son sujet[1]. Autant refuser déjà l'idée d'une décomposition générale dont Bataille s'était ailleurs fait le défenseur acharné. Mais c'est bien de Hegel, et particulièrement de sa *Philosophie de la nature* que, sans jamais le nommer, l'article s'inspire. Deuxième moment de l'immense système du philosophe allemand, après la « Logique » (l'étude du fonctionnement pur de l'Idée : théories de l'Être, de l'Essence, et du Concept) et avant la « Philosophie de l'esprit » (moment de résolution de la dialectique, par récupération et réintériorisation du monde extérieur naturel aboutissant à l'Esprit absolu), la *Philosophie de la nature* occupe cette place centrale de moment de la négativité, où l'Idée, se faisant Nature (matière), devient en quelque sorte étrangère à elle-même, subit une espèce d'aliénation nécessaire. Or on se souvient que c'est précisément à cause de cette « philosophie de la nature » que Bataille a refusé la dialectique hégélienne, arguant du fait que cette aliénation de l'Idée dans la Matière conduisait celle-ci à échapper au mouvement dialectique qui régissait celle-là, forçant la philosophie à n'en pouvoir proposer qu'une approche spéculative. Et si la nature échappe donc à la dialectique, le marxisme selon Bataille se trompe à se réclamer d'un matérialisme dialectique. Picasso va donc servir d'exemple à Breton pour justifier au contraire l'idée d'une dialectique naturelle qui, portée à son aboutissement, permettrait historiquement d'indiquer la sortie du labyrinthe. Ainsi, avec ce papillon collé dans la toile, Picasso conduit à un *« point jusqu'alors jamais atteint »* : point qui renvoie au fameux point de résolution des antinomies, point de l'esprit dont la plénitude s'oppose presque

---

[1] André Breton, « Picasso dans son élément » (*Minotaure* n°1, juin 1933), *OC II*, Gallimard, Bibliothèque de la Pléiade, 1992, p. 362.

terme à terme au « vide extatique » de Bataille. L'affrontement des monstres est chez lui toujours vectorisé dans le sens d'un accès à cet espace plein, et c'est lui que Breton appelle la « beauté nouvelle ». Les vocables renvoyant à l'idée d'un « dépassement » sont innombrables, comme l'est presque le recours à l'adjectif « dialectique », spécialement propice à irriter Bataille, ce qui ne manqua pas[1]. De même Breton pose une « dialectique » de la « forme » et de la « couleur » qui emprunte ses définitions à Hegel[2] et surtout réaffirme la « dialectique » du monde objectif, monde de la matière, et du monde subjectif, monde du désir, faisant de l'œuvre d'art (celle de Picasso), *« seule vraiment suggestive du pouvoir accordé à l'homme d'agir sur le monde (et par là pleinement révolutionnaire) [...], la tentation ininterrompue de confronter tout ce qui existe à tout ce qui peut exister, de faire surgir du jamais vu tout ce qui peut exhorter le déjà vu à se faire moins étourdiment voir »*. C'est en cela que l'œuvre est toujours « monstrueuse », et c'est en cela qu'elle indique toujours une direction à suivre, comme un « signal », fût-ce, hors du mythe et dans l'histoire, au prix de son propre délabrement. Le démembrement de l'œuvre est donc avec Breton repris dans un nouveau mouvement historique qui porte plus loin, là où Bataille voyait naturellement la fin ultime du mouvement cosmique. On retrouverait cette même dynamique dans la lecture que Breton propose, après la *Composition au papillon*, d'autres œuvres de Picasso, et notamment de sculptures (l'une, en fer, est placée en regard d'un figuier ; une autre, voyant Picasso disposer en vis-à-vis une ferronnerie couverte de rouille et une autre fraîchement peinte de blanc ; etc.), ou d'une série d'eaux-fortes (l'infinie variété des visages féminins y livrant *« le secret de leur unité »*).

Cet article prendrait ainsi tout son intérêt lorsqu'on aurait seulement mis en évidence la différence conceptuelle qui sépare Bataille et Breton et qu'emblématise la figure hybride et monstrueuse du Minotaure. Or il apparaît que c'est presque explicitement que Breton y répond à Bataille, quoique sans le nommer. D'abord, en usurpant le vocabulaire même dont Bataille s'est fait l'utilisateur polémique (l'œuvre d'art, *« produit d'une faculté d*'excrétion *particulière »*). Il est en effet probable que cet article ait, au-delà des divergences quant à la question du marxisme, retenu l'attention de Breton, notamment la notion de « potlatch » à laquelle Bataille assimilait la « perte » artistique, et

---

[1] Dans un compte-rendu du numéro 1 de la revue, publié dans le numéro 9 de *La Critique sociale* (septembre 1933), Bataille, peut-être encore sous le coup de son éviction, écrivait que *« [le] fait que le terme de* dialectique *traîne à peu près d'un bout à l'autre d'une telle revue ne témoigne que d'une bonne volonté confuse de profiter de certaines facilités déplorables du vocabulaire marxiste »*. Et d'ailleurs, *« [l']article d'André Breton sur Picasso n'ajoute rien aux essais du même auteur recueillis dans* Le Surréalisme et la peinture *»*, Georges Bataille, « Minotaure » (*La Critique sociale* n°9, septembre 1933), *OC I*, Gallimard, 1970, p. 337.
[2] *« La couleur, prise en général, c'est-à-dire abstraction faite de sa gamme de différenciation, par la limitation réciproque de la lumière et de l'obscurité qu'elle traduit, dispose avant tout du pouvoir de combler de réalité le vide laissé par la forme, de faire heurter visuellement l'objet physique, de garantir en tous points son existence. Et que cet objet soit d'abord, voilà qui est autrement important que de savoir s'il impressionnera à la façon du ciel ou à la façon du sang »*, André Breton, « Picasso dans son élément » (*Minotaure* n°1, juin 1933), *OC II*, Gallimard, Bibliothèque de la Pléiade, 1992, p. 363.

principalement la poésie. Bataille lui-même était forcé de convenir que cette perte suprême, dans les civilisations océaniennes, était créatrice de valeurs communautaires. Breton le prend au mot : « *Un esprit aussi constamment, aussi exclusivement inspiré [que Picasso] est capable de tout poétiser, de tout ennoblir* ». Une telle définition « bataillienne » de l'art posée, intervient alors en toute fin d'article une anecdote hautement significative en ce qu'elle fait rebondir un ancien contentieux. Breton rapporte en effet que Picasso lui aurait montré une petite toile inachevée. « *Tout en s'assurant de sa sécheresse, il m'expliqua que le sujet de ce tableau devait être un excrément, comme cela apparaîtrait du reste lorsqu'il aurait disposé les mouches. Il déplorait seulement d'avoir dû suppléer par la couleur au manque d'un véritable excrément séché.* » Avatar moderne et scabreux de l'antique grappe de raisin peinte par Zeuxis, et des oiseaux plongeant pour la picorer, où fait aussi retour *Le Jeu lugubre* de Dalí et cet hypothétique caleçon maculé d'excréments qui aurait tant choqué Breton. Or l'intérêt que souligne Breton dans le tableau de Picasso, et qui ne se manifestait pas dans celui de Dalí, consiste en « *ce rapport de l'inassimilé et de l'assimilé* » exprimé par la tache excrémentielle et quelques noyaux de cerise disséminés à sa surface, rapport « *dont la variation dans le sens du profit de l'homme peut passer pour le mobile essentiel de la création artistique.* » Assurément, il faut voir là chez Breton l'effet d'un déplacement de perspective (et de vocabulaire) auquel Bataille et sa « notion de dépense » ont pu contribuer. Mais en aucun cas, Breton ne se range aux conclusions de Bataille. Pour le dire autrement, entre le noyau et l'excrément, il y a l'homme, « ce qu'il a mangé » (Feuerbach) et qui lui a conféré l'énergie du pas en avant. Pour lui, la tache excrémentielle n'est absolument pas « point d'arrivée » (naturel) mais au contraire, « point de départ » (historique). Thésée « sans fil » peut repartir vers un autre labyrinthe, où d'autres monstres l'attendent.

De 1930 à 1935, les deux « êtres mobiles » que sont Breton et Bataille lancés dans les vicissitudes de l'histoire décrivent comparativement une trajectoire complexe des plus fascinantes. Le dénominateur commun d'un marxisme insatisfaisant dans sa version dogmatique et la nécessité de son réaménagement moderne dénudent clairement l'incompatibilité profonde attachée à deux conceptions antagonistes du devenir humain. En découlent deux postures distinctes quant à la valeur accordée à l'engagement et à la lutte, postures dont les reliefs de l'époque accusent le tracé. Le stalinisme de moins en moins capable d'entretenir le mythe révolutionnaire comme facteur de dissimulation des exactions prétendument commises en son nom, le fascisme s'érigeant comme une « bête immonde », c'est tout le champ idéologique qui se retrouve bientôt tétanisé en deux fronts de plus en plus impatients d'en découdre. Mais ni Breton ni Bataille n'entendent se ranger si vite du côté gauche de la barricade, et assurément pas au prix d'un renoncement à ce qui y fait leur singularité. Refusant de se laisser prendre dans le goulot d'étranglement de l'histoire, ils pressentent qu'une autre riposte est possible, qui prenne plus lucidement la mesure de l'agression fasciste et qui soit capable d'y répondre en lui renvoyant la démesure même dont ils créditent l'homme. Ainsi commencent-ils peut-être à deviner, mais sans le formuler déjà, ce que le mythe offre *ici* mais *autrement*. Carrefour même de leurs manœuvres respectives de dégagement, le mythe les trouve ainsi non dans l'indifférence à ce à quoi l'époque les contraint, mais au contraire dans la certitude partagée que s'y contracte une force prête à déferler, la seule qui ne leur réclame aucune abdication. Encore qu'un tel recours vers lequel ils convergent masque facilement la valeur, naturelle (Bataille) ou historique (Breton), que chacun semble lui conférer…

CINQUIÈME PARTIE

CONTRE-FEUX

BATAILLE isolé après la fin de publication de *La Critique sociale*, sur fond d'une hostilité déclarée à Souvarine à laquelle Colette Peignot n'est pas étrangère, Breton totalement désaveuglé de l'illusion stalinienne depuis le fiasco du « Congrès des écrivains pour la défense de la culture » : les deux hommes se retrouvent à l'été 1935 privés de tout organe de combat et plus isolés que jamais dans le champ idéologique agité de l'extrême gauche. Or, on a vu comment la contamination fasciste les avait conduits, chacun de son côté, à envisager depuis quelque temps déjà l'idée d'un regroupement commandé par la nécessité d'une riposte. Pour Breton, cette idée était exprimée dans l'enquête interne où, dès janvier 1934, étaient clairement signifiés de sérieux doutes quant à la politique stalinienne : elle se traduisait alors par le vague projet, *« non immédiat »* et délibérément en marge d'*« aucune organisation politique définie [...] d'un club d'écrivains et artistes révolutionnaires qualifiés »*, seuls susceptibles de fomenter une parade efficace[1]. À peine un mois plus tard, fort d'une analyse du fascisme qui ne convainquait pas encore grand monde, et pressé par Souvarine qui voulait établir au plus vite un programme d'action, Bataille écrivait de son côté à Pierre Kaan : *« toutes ces histoires exigent que l'on prenne parti immédiatement et l'isolement relatif où je suis ne facilite rien pour moi. Je ne suis pas pris au dépourvu mais j'espérais que les choses iraient moins vite*[2] *».* Deux volontés de temporiser qui n'ont plus lieu d'être à l'été 1935, alors que de part et d'autre, les projets en cours ont échoué, et que la conjoncture internationale s'est encore raidie. Après la tactique « classe contre classe » en effet, l'heure est à la politique de la « main tendue » de Maurice Thorez, dont la logique entraîne en mai 1935 la signature du pacte franco-soviétique entre Laval et Staline.

Breton est atterré de voir la rapidité avec laquelle, encouragés par Staline, les communistes français entonnent dans ce front commun les hymnes les plus patriotiques et les plus militaristes. Tout le sens de son propre engagement vole

---

[1] Voir André Breton, « Enquête intérieure sur les positions politiques », (30 janvier 1934), *OC II*, Gallimard, Bibliothèque de la Pléiade, 1992, p. 581.
[2] Lettre de Georges Bataille à Pierre Kaan, 14 février 1934, *Choix de lettres 1917-1962*, édition établie, présentée et annotée par Michel Surya, « Les Cahiers de la nrf », Gallimard, 1997, p. 78.

en éclats devant ces alliances qui lui semblent contre-nature. C'est que si lui comme Bataille ont pu s'accommoder de la tactique « classe contre classe » qui a prévalu en un premier temps, c'est qu'elle garantissait l'irréductibilité du projet révolutionnaire dont ils étaient, quoique différemment, partisans avec les marxistes. Elle maintenait leur militantisme révolutionnaire dans une frange idéologique inaliénable : aucune réconciliation n'était possible, et la révolution, une révolution moins internationale que simplement humaine, restait le seul horizon possible. Cela au moins, malgré toutes les divergences, pouvait cimenter leur positionnement à l'extrême gauche. Mais qu'on en vienne à abandonner cette tactique risquée mais moralement inattaquable d'un point de vue révolutionnaire, qu'on en vienne à lui préférer des alliances douteuses, au nom d'une plus grande efficacité immédiate et au mépris des compromissions morales inhérentes, et c'en est fini d'aucune forme d'accord pour eux. De 1935 à 1939, ils se retrouvent ainsi écartés de cette ligne de part et d'autre de laquelle se crispent les antagonismes. C'est dans ce décalage qu'il faudra maintenant les chercher.

Contre-Attaque, la réactivation politique du mythe

L<small>E</small> bref mouvement qui verra se rejoindre André Breton et Georges Bataille, depuis l'automne 1935 jusqu'à « La rupture avec *Contre-Attaque* » du groupe surréaliste (24 mai 1936)[1], n'est pas l'épisode le moins étonnant du feuilleton de leur confrontation. Le fait que la volonté de *« passer à des considérations réalistes*[2] *»* se soit traduite, et avec quelle violence, par *« la création organique d'une vaste composition de forces, disciplinée, fanatique, capable d'exercer le jour venu une autorité impitoyable »*, au besoin en se servant *« des armes créées par le fascisme »* et ce, afin de parvenir à cet immense plan d'*« exaltation affective »* désiré n'est en effet pas le moindre des paradoxes : ni le moins effrayant, ni même, à distance, le moins pathético-comique de l'histoire, considérée en outre la perspective du lourd passif qu'on sait. Mais qu'on ramène cette tentative aux enjeux troubles de ces années écorchées, à ce qu'on sait qui leur suivra, et il apparaît peut-être souhaitable de réprimer son rictus. *Contre-Attaque* ressemble alors moins à l'opération insensée qu'elle paraît parfois, à distance confortable, qu'à la détermination certes un peu naïve de fomenter une riposte à hauteur de l'agression subie d'un côté, et du dévoiement constaté de l'autre. C'est en effet en se réappropriant les puissances du mythe que de chaque côté, on cherche à rameuter les foules à sa cause ; c'est donc en se réappropriant ces mêmes puissances que Breton et Bataille vont, ensemble, espérer ouvrir une brèche, creuser une troisième voie et conjurer par là la menace qui se précise chaque jour.

---

[1] « La rupture avec *Contre-Attaque* », (24 mai 1936) *Tracts surréalistes et déclarations collectives*, Tome I (1922-1939), présentation et commentaires de José Pierre, Éric Losfeld éditeur, 1980, p. 301. Signalons que la date qui figure dans cette édition au bas du document (24 mars 1936) est fautive, comme en atteste la note contradictoire de la page 506. Cette erreur se retrouve également dans « Chronologie », André Breton, *OC II*, Gallimard, Bibliothèque de la Pléiade, 1992, p. XLVII.
[2] *«* Contre-Attaque, *Union de lutte des intellectuels révolutionnaires »*, dans Georges Bataille, *OC I*, Gallimard, 1970, p. 379 et dans André Breton, *OC II*, Gallimard, Bibliothèque de la Pléiade, 1992, p. 496. Pour trouver l'ensemble des pièces relatives au mouvement, certaines publiées en fac-similé, il faut se reporter soit au tome I des *OC* de Georges Bataille, soit au tome I des *Tracts surréalistes et déclarations collectives*, présentation et commentaires de José Pierre, Éric Losfeld éditeur, 1980.

Mythe et politique : *Contre-Attaque* ou la troisième force d'exaltation

Mythe contre mythe. On ne le sait que trop aujourd'hui, c'est par un habile recours à des forces irrationnelles, transcendant le simple jeu de la stratégie politique et subjuguant les masses par l'invocation symbolique, que chaque camp a grossi ses rangs. Intentionnellement, artificiellement même, la propagande idéologique devait atteindre des sommets émotionnels afin de couper court à toute forme d'échange rhétorique.

En la matière, le nazisme, bénéficiant de l'exemple italien, s'avère tragiquement exemplaire[1]. Sa contagion s'expliquerait notamment par le sentiment d'humiliation infligée par Versailles, à laquelle elle assimile un vieux fonds d'héroïsme germanique bafoué, une tradition philosophique volontariste et une décadence économique et culturelle dont elle accuse spécifiquement le régime démocratique[2]. La soumission au mythe fasciste interviendrait alors par la conjugaison d'un déchaînement de violence et d'une esthétisation générale de la politique. Trois leviers pour un tel mythe : l'éveil d'un esprit populaire germanique, l'incarnation théâtralisée du pouvoir en la puissance éblouissante du Führer et l'appel à une grandeur intemporelle et fantasmée du Reich. Le nazisme se présentait bien moins comme une idéologie politique que comme une religion nouvelle, dont la marche cadencée devait s'apparenter à une croisade sanctificatrice, et dont l'objectif avéré était de créer un nouveau type humain. À ce mythe nouveau, « génialement » bricolé à partir d'éléments immémoriaux et de techniques modernes, et faisant de l'impact hypnotique son argumentaire de substitution privilégié, il va sans dire que ce qui se passait au même moment à Moscou n'avait pas grand-chose à envier sur le plan de l'illusion et de la falsification persuasives. Autour de Souvarine, on avait très tôt émis de sérieuses réserves à l'égard de l'idolâtrie dont la figure de Lénine commençait à faire l'objet, jouant des pouvoirs rassembleurs d'un premier mythe bolchevique, tout en recourant à la force. Là encore, une réalité reconstruite, abondamment répandue par la propagande, faisait office de parole de vérité, à l'intention d'une communauté dont il s'agissait de resserrer les liens et le sentiment unitaire : non plus la bourgeoisie moyenne, comme à Berlin, mais le petit prolétariat international, dont l'organe vital devait être le Komintern. Il s'agissait bien d'élaborer et d'installer partout le mythe de l'ouvrier en lutte pour la reconnaissance, et de faire du sentiment de classe la première revendication identitaire. Mais personne sans doute mieux que Staline ne sut mieux rivaliser avec Hitler, alliant habilement violence d'État et mystification à grande échelle. En 1934, la politique de la « main tendue » et le « réalisme socialiste » (choix tactique

---

[1] Voir, parmi de nombreux autres (Wilhelm Reich, Herbert Marcuse, Walter Benjamin, Albert Camus ou encore Susan Sontag et son article « Fascinant fascisme » publié aux débuts des années 1970), Peter Reichel, *La Fascination du nazisme* (*Der Schöne Schein des Dritten Reiches*, Carl Hansel Verlag, 1991), Éditions Odile Jacob, 1993.

[2] Les années 20 de Weimar sont sur le plan culturel celles d'un « âge d'or » de la modernité artistique (Bauhaus, Dada…). *« Au regard du totalitarisme, toute avant-garde est désordre, non pas à cause de son contenu, mais à cause de l'insolence de son existence et de ses prétentions à la pensée individuelle »*, Philippe Sers, *Totalitarisme et Avant-gardes*, coll. L'Âne d'Or, Belles Lettres, 2001, p. 37.

symétriquement inverse à celui des nazis : contre l'« esthétisation générale de la politique » là, la « politisation générale de l'esthétique » ici) se combinent pour propager dans toute l'Europe un mythe prolétaire enfin assagi, mûri, moins destructeur que travaillant à construire, et qui a enfin reconnu en Hitler son ennemi véritable. Cette mythification de l'idéologie révolutionnaire de gauche infiltre à partir de 1935 la tactique du futur Front populaire auquel Breton et Bataille ne veulent pas se rallier[1]. Les motifs du mythe révolutionnaire soviétique resurgissent, et incorporent stratégiquement des éléments de l'histoire nationale (ses héros, son calendrier…). Rien ne manque à l'arsenal symbolique de conjuration du fascisme, ni les rites (contre le salut hitlérien, le poing dressé, le bonnet phrygien), ni les symboles stratégiquement détournés (Jeanne d'Arc), ni les moyens de propagande (*La Vie est à nous* ou *La Marseillaise*, de Jean Renoir). Le mythe d'une union nationale impérative, devant transcender tous les clivages idéologiques traditionnels au nom du péril hitlérien, atteignait son apogée avec la victoire du Front populaire, faisant du parti communiste le grand vainqueur du scrutin. Une nouvelle culture politique venait de voir le jour, qui tentait de concrétiser, par l'instauration d'un rapport inédit entre cette fois la masse sociale et la direction politique, un *autre* mythe du bonheur et de l'« homme nouveau ».

Cette juxtaposition des stratégies de mythification du nazisme et du Front populaire ne doit certainement pas les faire passer pour équivalentes, loin s'en faut. Il va sans dire en effet que tout oppose le mythe brut de la force nazie, sa violence antisémite, son totalitarisme nationaliste et, autrement plus diffus, le mythe « à la française » d'une révolution bien tempérée, républicaine et démocratique. Pour autant, une stratégie comparable semble bien à l'œuvre qui, pour tout miser là sur sa force hypnotique, ne rechigne pas ici non plus à jouer du symbole mobilisateur et de la communication de masse pour propager son idéal communautaire. Ce, *a fortiori* lorsque souffle depuis la coulisse un stalinisme dur qui n'a, pour sa part, pas grand-chose à envier à l'exemple nazi, et qui peut momentanément trouver un intérêt tactique à cet instillation homéopathique avant d'espérer imposer à terme la force indiscutable de ses propres mythes. Il s'agit donc bien de souligner de part et d'autre comment l'élaboration et la propagation de l'idéal d'un « homme nouveau » au mieux accompagne, au pire se substitue à l'argumentation politique. Comment toujours un ordre imaginaire idéal, parfait, absolu, bricolé sur des éléments ressortissant de l'ordre réel, double soudain celui-ci et le dote d'une intentionnalité transcendante. Comment sont mobilisés les ressorts de l'affect et de l'émotionnel pour créer un sentiment communautaire, plus encore que d'appartenance, d'identification idéologique.

C'est qu'il faut bien garder à l'esprit que le mythe, dans son origine la plus archaïque, n'est pas le domaine du faux, de l'illusion, du mensonge. Il est au contraire, pour qui y adhère, le domaine même de la vérité absolue : il est ce

---

[1] Au VIIe Congrès du Komintern, en août 1935, Dimitrov, tacticien stalinien principal, évoque au sujet du Front populaire français le « cheval de Troie » de l'Internationale soviétique.

récit sacré, trans-humain, anonyme, issu à l'aube du Grand Temps (« in illo tempore »), qui devient exemplaire et sert de modèle et de justification aux actes de toute la communauté ; par son imitation des héros mythiques, par la simple profération magique de leurs gestes, l'homme abolit le monde profane, son homogénéité, sa linéarité angoissante, brise sa solitude existentielle, et rejoint le lieu et le temps sacrés qui sont les leurs. Renversement total des valeurs : le mythe, en effet, est pour un tel homme « *la* seule révélation valable de la réalité[1] ». Il est la parole même de la puissance en acte, à laquelle la communauté accorde une connotation très fortement positive parce qu'elle s'y reconnaît. Ainsi, sa fonction, pour un homme désemparé jeté dans le chaos de l'univers, est bien de structuration. Le mythe structure une expérience angoissante de la vie, lui donne une origine et lui assigne un sens, à savoir une destination qui, sauf exception, n'est jamais une fin : la décadence du cosmos, inévitable, sa chute dans le Chaos, sont (presque) toujours suivis d'une renaissance du monde. Tous ces aspects du mythe ne manquent pas d'apparaître lorsque, dans le monde moderne apparemment démythifié, telle ou telle entreprise idéologique a pu trouver un intérêt à le réactiver plus ou moins spectaculairement à des fins politiques. Tout porte à croire que dans l'esprit d'André Breton et de Georges Bataille, *Contre-Attaque* fut, le temps de sa brève existence, l'espoir insensé d'une troisième voie, tout aussi exaltante, mais autrement émancipatrice, qu'il était urgent d'opposer à l'horreur « fascinante » du mythe fasciste d'un côté, et à la tiédeur mensongère et pour le moins équivoque avec laquelle le Front populaire, de l'autre côté, instrumentalisait un certain mythe de gauche en guise de riposte.

L'idée d'un tel recours en 1935 vient assurément de loin. L'histoire tout entière du surréalisme, on le sait, trouve dès l'origine son élan dans la volonté d'une résurgence mythologique qui fasse pièce au christianisme comme à l'hégémonie rationaliste, et qui permette à toutes les virtualités poétiques de l'imaginaire et de l'analogie d'irradier à nouveau. D'où la triple tâche qui lui est d'emblée assignée : rompre violemment avec les mythes qui lui sont contemporains (Dieu, la Raison, la Logique, la Patrie, etc.), retrouver la vérité des mythes anciens (mythes pré-chrétiens comme le Minotaure dont on a parlé, etc.) et élaborer des mythes nouveaux en phase directe avec le monde moderne (les Grands Transparents…). La séduction du mythe aux yeux de Breton tient assurément à sa valeur incitative, il est l'envers de la parole prosaïque (historique) qui assigne le sens à résidence, sclérose la signification et l'acte discursif. De plus, par sa puissance communautaire, il assure le liant du groupe, il est cette « valeur ajoutée » qui excède la somme des individualités en présence, il forge un certain sens du sacré à la fois subversif (sur le plan moral, religieux,

---

[1] Mircea Eliade, *Mythes, rêves et mystères*, Folio essais, Gallimard, 1957, p. 22. Voir également pour la différence radicale de conception du monde, le petit livre très didactique du même Mircea Eliade, *Le Sacré et le profane* (*Das Heilige und dans Profane*, Rowohlt Taschenbuchverlag GmbH, Hamburg, 1957, Gallimard, 1965 pour l'édition française), Folio essais, Gallimard, 1987.

esthétique, etc.) et partagé (on a pu suggérer déjà comment chez lui le mythe dépend d'abord d'une certaine contingence historique intolérable et projette ensuite vers une nature humaine désaliénée). Chez Bataille, l'omniprésence du mythe renvoie à sa lecture toujours recommencée de Nietzsche (Dionysos, Zarathoustra…) : sa vérité antichrétienne, la révélation extatique dont il est porteur (*L'anus solaire*, *L'œil pinéal*…), son ancrage au plus profond de la subjectivité personnelle (que révèle la psychanalyse) comme, inversement, sa dimension humaine la plus large (cette « objectivité » que révèlent la philosophie, la psychanalyse sociale, l'ethnologie, la « sociologie du sacré » bientôt), sont autant de facteurs qui suscitent son intérêt. Mais parce que la vérité du mythe est essentiellement naturelle, parce qu'elle ne fait jamais que désillusionner l'homme sur la réalité de la matière qui le constitue, jamais chez lui le mythe n'a offert de liant susceptible de forger une société en rupture avec la communauté humaine la plus large. Susceptible en outre d'échapper, dans cette large communauté, à une solitude qui puisse donner lieu à l'élaboration d'un discours. Le mythe dénude ce qu'est chacun, exactement, au sein de l'humanité. Il n'est alors pas anodin que ce soit avec Breton, dans *Contre-Attaque*, que Bataille réalise pour la première fois une expérience communautaire dont il n'est pas, plus ou moins intentionnellement, exclu, mais dont il est au contraire l'instigateur principal.

On a vu comment son approche « hétérologique » du fascisme l'incitait à mettre l'accent sur une superstructure qui profitait de sa force de subjugation. On a vu également comment, dès février 1934, pressé par Souvarine et les membres de *La Critique sociale* d'élaborer un programme d'action antifasciste, Bataille écrivait à Pierre Kaan : « *Je n'ai pas de doute quant au plan sur lequel nous devrions nous placer : cela ne peut être que celui du fascisme lui-même, c'est-à-dire le plan mythologique. Il s'agit donc de poser des valeurs participant d'un nihilisme vivant, à la mesure des impératifs fascistes*[1] ». Mais d'emblée, Bataille voit le dilemme : on ne peut être à la fois du côté du *muthos* et du côté du *logos*. Le premier obnubile le second, le second déconstruit le premier, Hitler, Staline l'ont bien compris. D'où la nécessité de choisir une stratégie. On laissera la seconde à Caillois. En avril 1935, avec le même Pierre Kaan et Jean Dautry, Bataille imprime un tract, embryon direct du futur mouvement, qui propose une réunion de toutes les forces antifascistes hostiles à la bourgeoisie et méfiantes vis-à-vis du communisme[2]. Breton, manifestement, n'est pas invité. Dès septembre pourtant, il se rend au Café de la Régence, s'assoit à la table de Bataille et entame les discussions pour la fondation du mouvement. *Contre-Attaque* sera la première tentative pour donner à un certain « fanatisme » un espace où s'exercer, dans une orientation ouvertement, totalement politique : il est dans le vocabulaire de Bataille, ce « *mythe collectif* » que Breton, à l'heure « *où l'angoisse de*

---

[1] Georges Bataille, lettre à Pierre Kaan, 14 février 1934, *Choix de lettres 1917-1962*, édition établie, présentée et annotée par Michel Surya, « Les Cahiers de la nrf », Gallimard, 1997, p. 79.
[2] Georges Bataille, lettre à Michel Leiris, avril 1935, *Choix de lettres 1917-1962*, édition établie, présentée et annotée par Michel Surya, « Les Cahiers de la nrf », Gallimard, 1997, p. 105.

vivre est portée à son comble », vient de promulguer contre le réalisme socialiste stalinien[1].

Aspects d'un mythe

Daté du 7 octobre 1935, le manifeste fondateur du mouvement, *« Contre-Attaque, Union de lutte des intellectuels révolutionnaires »*, ferme la brochure *Position politique du surréalisme* publiée en novembre 1935 par Breton, brochure qui reprend les dernières péripéties des relations du surréalisme avec le PC, jusqu'à la rupture définitive. Sa rédaction est principalement attribuée à Georges Bataille. Cette première publication est immédiatement suivie d'une seconde qui, de quinze, porte à trente-neuf le nombre de signataires. On y retrouve notamment, autour de Breton et Bataille, les noms de plusieurs surréalistes (Claude Cahun, Paul Éluard, Benjamin Péret, Henri Pastoureau…) ou dissidents (Jacques-André Boiffard…), des anciens du Cercle communiste démocratique (Jean Bernier, Georges Ambrosino, Jean Dautry, Henri Dubief…), des anciens du Grand Jeu (Maurice Henry, Arthur Harfaux…), ou encore quelques personnalités proches de l'un comme de l'autre pour diverses raisons (Dora Maar, Maurice Heine…). Ce ne fut cependant pas un ralliement massif ni de l'ensemble du groupe surréaliste, ni de tous ceux que Bataille aurait pu convaincre de le suivre. Tzara décline l'invitation, tout comme Leiris, qui écrit dans son *Journal* (26 décembre 1935) : *« Je reproche à Bataille de se mêler de politique, sous prétexte qu'il y perd son temps, que cela lui fait gâcher son don poétique[2] »*. Auprès de Breton, c'est Dalí qui s'esquive : *« je résume dans cette letre ma position vis a vis du nouveau parti politique que vous faites en ce moment. [...] Honetement ge ne peut pas i prendre part active et militante car ge n'i crois pas [...] ON ne peut pas decider a devenir fanatiques tout a coût il faut avant tout definir, trouver des RÉALITÉS capables d'éveiller le fanatisme humain / de ces realités il n'en et pas meme question[3] »*.

---

[1] Lors du premier Congrès des écrivains soviétiques à Moscou, en août 1934, congrès où sera entérinée la théorie du réalisme socialiste sans que Breton y voie immédiatement une menace, Malraux a avancé l'idée que *« le travail d'un artiste occidental consiste à créer un mythe personnel à travers une série de symboles »*. Breton, soulignant l'importance du symbole, reprend cette phrase du discours *« sensationnel et décisif »* de Malraux lorsque, un an plus tard, il s'agit de défendre l'idée que ce n'est plus *« déjà de la création d'un mythe personnel qu'il s'agit en art, mais, avec le surréalisme, de la création d'un mythe collectif »*, Voir André Breton, *Position politique du surréalisme* (1935), *OC II*, Gallimard, Bibliothèque de la Pléiade, 1992, pp. 437-439. C'est la première fois, semble-t-il, que Breton utilise l'expression de « mythe collectif » à laquelle il aura par la suite souvent recours.
[2] *Georges Bataille, Michel Leiris. Échanges et correspondances*, « Les inédits de Doucet », Gallimard, 2004, p. 209.
[3] Salvador Dalí, lettre à André Breton, cité d'après *Tracts surréalistes et déclarations collectives*, Tome I (1922-1939), présentation et commentaires de José Pierre, Éric Losfeld éditeur, 1980, p. 500, avec orthographe d'origine. Dans son intervention à *Contre-Attaque* du 11 novembre 1935, Breton semble répondre implicitement à cette objection de Dalí et à sa réticence à participer au mouvement : *« Pour [...] répondre [...] à l'objection qui nous a été faite, à savoir que pour inculquer aux hommes une foi fanatique en ce que nous voulons, il fallait être d'emblée en possession des moyens de les fanatiser, je dirai que la détermination de ces moyens est en notre pouvoir, à condition qu'aucune aide ne nous manque*

Le manifeste, d'une violence impressionnante, se dégage d'emblée de toute emprise politique de la « main tendue », qui associe désormais les communistes et leurs ennemis bourgeois. Une cible : le capitalisme. Une arme : la « *violence impérative* », « *intraitable dictature du peuple armé* », d'une « *vaste composition de forces, disciplinée, fanatique, capable d'exercer le jour venu une autorité impitoyable* » enfin libérée « *conformément à la violence immédiate de l'être humain.* » De fait, Contre-Attaque n'hésite pas à affirmer « *la nécessité de la peine de mort* » pour « *tous les esclaves du capitalisme !* » Un objectif : parvenir à « *l'exaltation affective* », une exaltation « *qui doit être infiniment plus grave et plus brisante, d'une grandeur tout autre que celles des nationalistes asservis à la conservation sociale et aux intérêts égoïstes des patries.* » Un modèle : les « *armes créées par le fascisme.* » Le mouvement se range très explicitement dans la mouvance marxiste, dont il reprend à son compte les principaux points doctrinaires (socialisation des moyens de production, lutte des classes, etc.). Mais à ce marxisme « orthodoxe », viennent s'ajouter des particularités inhérentes aux conditions historiques auxquelles le mouvement se trouve confronté (un marxisme en quelque sorte « circonstanciel »), et notamment la nécessité d'une « *étude des superstructures sociales* », où l'influence de Bataille est probable.

Ce manifeste appelle plusieurs remarques. D'abord, ce n'est pas le fascisme qui est visé, mais bien le capitalisme démocratique. La seule mention du terme « fascisme » apparaît lorsqu'il s'agit d'y puiser un « modèle », pas lorsqu'il s'agit d'en faire une cible. Tout se passe ainsi comme si l'organisation prônait rien moins qu'un retour à la tactique dure de « classe contre classe » que Staline et la gauche internationale ont abandonnée, et dissipait à nouveau la spécificité du fascisme dans la large idéologie ennemie du conservatisme bourgeois, dont il ne serait qu'un avatar. Le projet comporte alors deux volets, plaçant simultanément l'accent sur le *logos* et sur le *muthos*, respectivement temps faible et temps fort de la *Contre-Attaque* : côté *logos*, une démystification (des moyens employés par les deux nouvelles forces de subjugation), qui suppose un travail d'analyse rationnelle et de pédagogie, où Caillois fait défaut ; mais surtout côté *muthos*, une volonté d'exaltation, qui spécule entièrement sur une, et une seule force mobilisatrice : le mythe révolutionnaire. Car c'est bien sur un tel mythe – le terme « Révolution », toujours écrit avec une majuscule – que sont fondés tous les espoirs du mouvement. Ainsi, le manifeste rabat-il stratégiquement l'une sur l'autre acception historique et acception naturelle du terme. C'est la conjonction des deux qui définit le savoir expérimental sur lequel on entend se baser. Sur le plan historique, le texte, de façon à peine allusive joue indifféremment d'un mythe Montagnard de la Terreur, d'un mythe marxiste, d'un mythe de la Commune et d'un mythe bolchevique (la « *direction de droit*

---

précisément dans le cercle de ceux qui se sont montrés les plus aptes, sur le plan poétique ou artistique, à ce genre de détermination. […] parmi nous, spécialement dans la personne de certains de nos camarades, encore expectants, il existe en la matière quelques spécialistes. Je les conjure […] de se joindre à nous », André Breton, « Trois interventions à *Contre-Attaque* », OC II, Gallimard, Bibliothèque de la Pléiade, 1992, p. 593.

public[1] »). Tel est le « récit primordial », transhistorique, qu'il s'agit à nouveau de réactualiser. Mais cette « Révolution » ininterrompue (Trotski a écrit *permanente*), si elle est la résultante d'une série d'oppressions historiques, semble aussi née de l'expérience d'une violence inhérente à l'humanité. Là pourtant, le texte hésite, se contredit presque : la violence révolutionnaire est-elle une *« inéluctable nécessité »*, dont on pourra à terme se dispenser, ou est-elle conforme à une prétendue *« violence immédiate de l'être humain »*, pulsion intemporelle et universelle ? Est-elle donc commanditée par le social ou par l'individu ? Est-elle but ou moyen de l'« exaltation » ? On verrait facilement dans ces deux orientations l'effet du long désaccord philosophique qu'on a pu voir séparer Breton et Bataille, comme on verrait dans la dilution de leur caractère contradictoire, complètement occulté en contexte, l'effet de cette volonté de passer outre à certains désaccords. Reste que la congruence d'une expression historique et naturelle de cette pulsion révolutionnaire, travaillant à mythifier la Révolution comme moment de libération, se traduit par l'emprunt de la dialectique hégélienne du maître et de l'esclave. Or il faut souligner l'inversion axiologique : dans la *Phénoménologie de l'Esprit*, le maître est celui qui, oisif, perd sa suprématie en se rendant dépendant du travail de l'esclave, lequel atteint ainsi sa propre libération. Ici, ce sont les « maîtres capitalistes » qui sont les esclaves, et les « esclaves prolétaires » qui sont les maîtres révolutionnaires. Il faut sans doute entendre dans cette inversion l'effet d'une projection nietzschéenne qui, notamment dans *Par-delà le bien et le mal*, a retourné les valeurs de chaque pôle hégélien : la faiblesse chez Nietzsche est le fait des esclaves, de cette multitude décadente qui a pris le dessus ; la force, elle, est du côté des maîtres, dont la morale *« consiste dans la glorification de soi-même. Elle met au premier plan le sentiment de la plénitude, de la puissance qui veut déborder, le bien-être d'une haute tension interne, la conscience d'une richesse désireuse de donner et de se prodiguer »* (Nietzsche, *Par-delà le bien et le mal*). Ces mots sans aucun doute pourraient provenir de l'hétérologie de Bataille. Mais cette inversion, assurément, doit aussi à Kojève, dont les cours sur la *Phénoménologie de l'Esprit* ont commencé à l'École des Hautes Études depuis 1933, Kojève qui écrase cette même dialectique sur la lutte des classes enseignée par Marx[2]. Ce choix terminologique se réalise alors au carrefour de

---

[1] En 1793, lorsque se précise la menace d'une guerre générale, la Convention crée dans son sein un Comité de salut public de neuf membres dont, parmi les plus influents, Danton, puis Robespierre ou Saint-Just. Cette appellation connaîtra ensuite un grand succès révolutionnaire. En 1848, Marx participe à Cologne à un Comité de salut public qui met en pratique ses idées révolutionnaires de masse. C'est également le nom dont se dote une commission de l'éphémère Commune de Paris, ainsi que d'innombrables regroupements populaires qui se constituent au moment de la Révolution russe, en 1917.
[2] Bataille, fin octobre-début novembre, l'invitera à participer à *Contre-Attaque* : « *beaucoup d'entre nous sont en somme des marxistes aspirant à remonter aux "sources spirituelles de Marx". Il y a quelque chose qui nous situe comme ceux qui sont intéressés au premier chef par votre tentative d'interprétation de Hegel* », lui écrit-il, en établissant une analogie quelque peu alambiquée (la seconde phrase). Kojève déclinera l'invitation. Voir Georges Bataille, lettre à Alexandre Kojève, *Choix de lettres 1917-1962*, édition établie, présentée et annotée par Michel Surya, « Les Cahiers de la nrf », Gallimard, 1997, p. 120.

quatre influences tout à coup convergentes, Hegel, Nietzsche, Marx et Kojève. Ainsi, si la violence est très clairement présentée comme arme de prédilection pour renverser les « esclaves », ce qui n'a rien d'original d'un point de vue révolutionnaire, on observe cependant l'insuffisance du manifeste s'agissant des moyens préconisés pour basculer dans cette violence et atteindre l'exaltation collective recherchée, *a fortiori* lorsqu'on prétend s'inspirer d'un fascisme qui ne lésinait pas sur les méthodes spectaculaires de « fascination » collective. Le programme et les actions entreprises par le mouvement révèleront certains de ces moyens choisis. Mais il faut dire ici ceci : le manifeste a beau vouloir s'en inspirer, la « fascination » du fascisme, véritable « maîtrise par la puissance du regard », n'est pas l'« exaltation » prônée par *Contre-Attaque*, son « élévation », son « excitation ». La première soumet à une force extérieure, elle est littéralement aliénante ; la seconde terrasse de l'intérieur, ramène l'être à ce point de friction interne entre le vital et le mortel. Pour emprunter la taxinomie des psychotropes, la fascination fasciste a tout d'un hallucinogène (LSD, cannabis…), elle se veut susceptible de modifier l'activité mentale en altérant les perceptions visuelles, auditives, tactiles et proprioceptives, ainsi qu'en déformant la perception de l'espace et du temps. Au contraire *Contre-Attaque* appartient à la famille des stimulants, de ces substances (cocaïne, ecstasy…) qui augmentent le niveau d'éveil, l'attention et la vivacité d'esprit tout en diminuant la sensation de fatigue, qui lèvent toute inhibition et procurent une sensation d'euphorie, un sentiment d'invincibilité, de toute-puissance. Cette distinction « clinique » établie, on en serait peut-être quitte avec une assimilation simplificatrice de l'une et l'autre. On en comprendrait mieux aussi une différence majeure, puisqu'alors l'une soumet à un autocrate, un « chef » qui subjugue, alors que l'autre rappelle à chacun la souveraineté interne qui peut être la sienne, et de fait, n'érige au sein du groupe aucune figure suprême incarnant idéalement cette puissance. Enfin, une dernière remarque s'impose, concernant l'homologie, discrète mais lisible dans le manifeste, de la société capitaliste à une société « *sans cerveau et sans yeux* » : société démente et aveugle, donc, qui n'est pas sans rappeler les anciens traumatismes œdipiens de Bataille, et suggérer à nouveau, mais sur un plan politique cette fois, une analogie possible entre meurtre du père et révolution, qui réclame de « couper les têtes » gouvernantes. Indice à nouveau patent de la prééminence de Bataille dans les orientations du mouvement.

Entre la rédaction de ce manifeste et sa publication, en conclusion de *Position politique du surréalisme* de Breton, un nouveau document est prêt, qui sera inséré dans les exemplaires de la brochure lors de sa sortie des presses, en novembre 1935. Il s'agit d'un prospectus fixant le programme des seize publications à venir à partir de janvier suivant. L'intérêt de ce document, intitulé

« Les Cahiers de *Contre-Attaque* »[1], est double : d'une part, il permet de préciser les fameux moyens préconisés pour obtenir la violence et l'« exaltation générale » espérées ; d'autre part, il montre la répartition des tâches, et notamment les contributions attendues de la part de Breton et de Bataille, seuls, avec tel ou tel collaborateur, ou encore ensemble.

Si le manifeste du mouvement s'est évertué à faire de la violence son arme privilégiée sans précisions supplémentaires sur les moyens préconisés, les choses ont, avec ce programme, quelque peu avancé. Par des réunions, des conférences, des publications, il s'agit bien de répandre ces idées « exaltantes », susceptibles de provoquer leur effet dans les consciences et de conduire à la violence libératrice. De fait, *Contre-Attaque* se donne d'abord un programme politique : propager une nouvelle lecture du paysage idéologique, qui démonte les stratégies des deux camps, durcisse les antagonismes et précipite le conflit. On ne se contente ni de réitérer l'appel à la « MORT AUX ESCLAVES » du capitalisme, ni de lancer un appel à transformer le Front Populaire en Front Populaire de Combat (« FRONT POPULAIRE DANS LA RUE »). On propose une analyse « totale » de l'élan révolutionnaire, en montrant le caractère convergent des facteurs sociaux (démontage des mythes unitaires petit-bourgeois ou prolétaire), économiques (réformes soumises à l'action politique), historiques (nécessité d'une analyse des échecs des révolutions passées), philosophiques (articulation de Hegel et Marx pour mettre en avant la dimension universaliste de la révolution, à l'instar de Kojève, mais sans lui) et psychologiques (analogie fonctionnelle entre autorité parentale et autorité politique). Cet immense travail s'accompagne d'une restauration de trois œuvres « PRÉCURSEURS DE LA RÉVOLUTION MORALE », Sade, Fourier et Nietzsche. D'eux trois est attendue une même éradication définitive de la religion, de la frustration sexuelle et de toute forme de servitude.

Dans ce programme, tel qu'il est donné en novembre 1935, il est tout à fait intéressant de suivre la part que, parmi tous les contributeurs, se réservent André Breton et Georges Bataille. On commencerait par observer que Breton n'est supposé intervenir que précisément en collaboration avec Bataille. Aucun de ces « Cahiers » n'est effectivement annoncé comme devant être de lui seul. Bataille, de son côté, écrit davantage, soit seul (« FRONT POPULAIRE DANS LA RUE », le seul cahier à voir effectivement le jour en mai 1936), soit en collaboration (« LA VIE DE FAMILLE », avec Jean Bernier ; « LA PATRIE OU LA TERRE », avec Pierre Kaan). Son rôle dans le mouvement, ne serait-ce que quantitativement, semble prédominer. Avec Breton, deux publications sont donc projetées : « MORT AUX ESCLAVES » (cahier annoncé comme *« actuellement sous presse »*, mais qui ne paraîtra pas) et « L'AUTORITÉ, LES FOULES ET LES CHEFS ». Remarquer que ces deux cahiers concernent la question de l'autorité, mais que leurs tonalités diffèrent gravement : le premier

---

[1] Toutes nos citations, sauf indication, d'après Georges Bataille, *OC I*, Gallimard, 1970, pp. 384-392. En majuscule, les titres des différents Cahiers prévus.

(très injonctif) porte sur la forme politique de l'autorité, qu'il appelle à une destruction violente ; le second (interrogatif), partant de cette autorité politique, pose en guise de postulat une « *individualisation du pouvoir* » succédant systématiquement à toute révolution, et de là, en vient à se demander plus largement si « *[le] refus devant l'autorité et la contrainte peut [...], oui ou non, devenir beaucoup plus que le principe de l'isolement individuel, le fondement du lien social, le fondement de la communauté humaine.* » Il n'est pas anodin, on sait pourquoi, d'observer que sur les quelques lignes à peine qui forment la présentation de ces deux cahiers, le sème de la cécité apparaît à trois reprises. De même, il est peut-être moins anodin qu'il n'y paraît de constater que c'est précisément le cahier qui concerne l'autorité et la contrainte qui fait l'objet d'une collaboration entre eux. On forcerait à peine le trait en voyant en effet dans cette question, posée dans les termes les plus larges selon lesquels elle est alors posée, une mise en abyme de ce qui se joue précisément entre Breton et Bataille : pour chacun, ce refus exact de l'autorité de l'autre en guise de « *fondement du lien social* » qui, paradoxalement, rattache leur démarche. C'est précisément selon cette logique inconsciente que l'on expliquerait aussi *a contrario* comment l'un et l'autre ont pu déléguer la question de Sade, au sujet de laquelle ils s'étaient disputé l'autorité en 1930, à Maurice Heine, dont l'expertise reconnue rétablit un consensus.

Mais au-delà du manifeste et du programme du mouvement, en marge même de la chose écrite puisqu'une seule publication voit donc le jour, la question demeure des modalités effectives par lesquelles on entendait concrétiser des projets aussi ambitieux. C'est par le biais d'une série de réunions ou d'interventions publiques, accomplies parfois selon les termes d'un véritable rituel, et volontiers dotées d'une dimension symbolique censée frapper les esprits, que l'agit-prop se met en branle. *Contre-Attaque* aussi est, à sa manière, une de ces « sorties de la littérature » dont se gargarise l'époque. Et pas question de se cantonner au seul plan des idées : le groupe, sans rire, entend bel et bien réellement parvenir à ses fins[1].

Contre-Attaque était réparti en deux zones géographiques : la rive droite, avec le groupe Sade (dont faisaient partie Breton et Bataille) et la rive gauche, avec le groupe Marat. L'ascendant des premiers ne fait aucun doute. Un total de cinquante à soixante-dix membres, et parfois une audience de plus de deux cents personnes. La direction générale avait été confiée à un bureau exécutif comprenant notamment Bataille, Breton, Péret, Dautry et Pastoureau. À propos de ces réunions, il faut aussi insister sur un aspect de ce « proto-situationnisme »[2]

---

[1] Voir Robert Stuart Short, « Contre-Attaque », *Le surréalisme*, entretiens dirigés par Ferdinand Alquié, Mouton, 1968. « *J'ai demandé à quelques-uns de ceux qui en avaient été membres quelle confiance ils avaient, à l'époque, dans les objectifs qui pouvaient être atteints. Jean Dautry dit qu'il avait vu dans Contre-Attaque la possibilité de sortir d'un cul-de-sac et le moyen d'unir l'esprit anarchiste à un certain degré d'efficacité. Georges Hugnet, avouant tristement sa naïveté, dit qu'il avait espéré sincèrement en une sorte d'organisation de gauche extra-parlementaire* », p. 155.
[2] Le terme est de Vincent Kaufmann, « Communautés sans traces », *Georges Bataille après tout*, sous la direction de Denis Hollier, L'extrême contemporain, Belin, 1995.

en acte. C'est l'atmosphère qui régnait dans ces rassemblements : « *une excitation organisée de façon délibérée* », dit Robert Stuart Short, où par exemple, « *on faisait planer une impression de danger et de sédition en donnant au public des avertissements quant à leur sécurité personnelle : ne pas quitter seuls les réunions, mais se déplacer par couples jusqu'à ce qu'ils aient quitté les environs immédiats qui étaient infestés de bandes fascistes[1]*. » À ce jeu-là, semble-t-il, les interventions de Bataille n'avaient rien à envier à celles de Breton. On sait en effet l'orateur que pouvait être Breton : une élocution ferme et distinguée, réticente à l'improvisation, volontiers théâtrale, dont l'affectation trahit toute une époque, et surtout capable d'une force de conviction et d'un frémissement communicatif dont la jeunesse haïtienne aurait dix ans plus tard à se souvenir[2]. Or il est certain que Bataille, de son côté, n'était pas en reste pour galvaniser l'auditoire. D'une sensibilité précieuse, son élocution, toujours lente, sourcilleuse, est davantage de celles qui se cherchent à mesure même de leur profération : parole heurtée, imprévisible (et imprévue[3]) jusqu'au déraillement[4], jamais apprêtée et d'une onctuosité grave, « *cléricale* » même, dit Surya, assez lucide sur ses propres pouvoirs de séduction selon certains pour pouvoir en jouer, accélérer son débit ou ménager ses silences. Sujet d'étude passionnant : des manières respectives de poser la voix chez Breton et Bataille, où il faudrait faire entendre quelque chose de ces modes d'élocution si violemment contrastés chez eux. Chez eux : chez l'un, chez l'autre et chez l'un vis-à-vis de l'autre.

Des premières réunions qui furent tenues, il reste peu de choses : « Trois interventions d'André Breton à *Contre-Attaque* » (11 et 24 novembre, et 8 décembre 1935) d'une part, et le texte « Front populaire dans la rue », d'autre part, d'après la conférence donnée par Bataille le 24 novembre 1935. On sait également que le 8 décembre, Bataille s'exprima aussi sur le thème de « L'Exaltation affective et les Mouvements politiques » mais le texte, semble-t-il, est perdu. Il est pourtant possible, à partir de ces bribes, de mettre au jour quelques éléments de l'étonnante joute à mots couverts à laquelle se livrèrent

---

[1] Robert Stuart Short, « Contre-Attaque », *Le surréalisme*, entretiens dirigés par Ferdinand Alquié, Mouton, 1968, p. 157.
[2] Trois moments de choix pour entendre la voix de Breton : lorsqu'en 1942, en exil à New York, il deviendra speaker pour les émissions radios de *La Voix de l'Amérique* sous la responsabilité de Pierre Lazareff ; lorsque, fin 1945, de retour vers la France, une escale à Haïti l'amène à prononcer un discours qui enflamme la jeunesse et précipite une insurrection ; lorsqu'André Parinaud, en 1952, le sollicite pour une série d'entretiens radiodiffusés, entretiens dont il réclame à l'avance les questions et dont il rédige soigneusement les réponses avant de les lire au micro, entretiens désormais disponibles en CD. De cette voix, Thirion écrit par ailleurs : « *je n'ai retrouvé une diction aussi exaltante que dans les grands discours de Malraux* », André Thirion, *Révolutionnaires sans révolution* (Robert Laffont, 1972), Actes Sud, 1999, p. 330.
[3] « *Il était fréquent qu'il improvisât ses conférences* », Michel Surya, *Georges Bataille, la mort à l'œuvre*, Gallimard, 1992, p. 327. Précisons que Surya parle des conférences de l'imminent Collège de sociologie.
[4] Avec Madeleine Chapsal, bien plus tard (en 1961) et malade, il est vrai : « *Est-ce que ma phrase est finie ?*
- Je crois.
- Si elle n'est pas finie, cela n'exprimerait pas mal ce que j'ai voulu dire... », Madeleine Chapsal, *Envoyez la petite musique...*, coll. Figures, Éditions Grasset & Fasquelle, 1984, p. 238.

les « chefs » Bataille et Breton, sous la surface de leurs déclarations respectives. Ainsi le 11 novembre (date symbolique, même si l'allocution n'y fait jamais allusion), Breton s'exprima longuement sur la fondation même du mouvement. Il y reprend le fil des derniers événements politiques depuis les émeutes du 6 février 1934, et fait amende honorable de son retard relatif à réagir contre le dévoiement stalinien. Mais l'heure n'est ni aux accusations mutuelles, ni à l'auto-flagellation : il faut agir. Les attaques commencent par viser violemment la politique soviétique et son impact sur la gauche française : stratégies d'alliance (le pacte franco-soviétique), changements tactiques, et surtout toute une reviviscence morale que Breton fustige (le nationalisme, la famille...). Breton n'est pas dupe de l'instrumentalisation mythologique dont Moscou se rend délibérément coupable, par exemple avec *« la tapageuse publicité donnée dans les journaux russes aux effusions récentes, exemplaires, de Staline et de sa mère »*. De là l'appel à une première urgence primant sur toutes les autres : démonter *« le monstrueux système de duperie »*, pallier *« la carence des intellectuels de gauche »* et instaurer *« une plate-forme commune »* basée sur l'action, « plate-forme » susceptible de séduire une gauche insatisfaite et enfin désaveuglée. Ainsi, le problème qui se pose à *Contre-Attaque* selon lui est celui *« d'une communication à établir, d'un langage à inventer, et c'est tout »* : il y a un lien nouveau à inaugurer pour rassembler cette puissance éparse. La première mesure que Breton propose est d'abandonner le vocabulaire marxiste dévoyé. L'abandon d'un signifiant marxiste galvaudé est la garantie d'un retour à son signifié, toujours d'actualité. Breton se trouve là proche d'une idée précédemment émise par Bataille : Marx ne pouvait se fonder sur ce qui lui suivrait ; il y a, et sur le plan du langage, et sur le plan des événements, une postérité historique de Marx (on se souvient que dans *La Critique sociale*, Bataille avait avancé exactement cette même argumentation pour légitimer Freud) qu'il faut à tout prix considérer dans l'actualité révolutionnaire et dans la terminologie auquel elle recourt. Mais Breton ne rend pas à Bataille ce qui lui revient (il ne le nomme pas une seule fois), pas même lorsqu'il reprend l'idée d'une analyse nécessaire de la superstructure du fascisme, qu'il préfère en contexte attribuer à Jules Monnerot.

Le 24 novembre, c'est la question du Front populaire qui fait l'objet d'un examen détaillé. La réunion a ceci d'intéressant qu'on en connaît exactement les interventions respectives de Breton et de Bataille. Breton, pour sa part, y attaque *« pour les uns le mythe national, pour les autres le mythe russe »* et l'entretien d'*« une foi messianique en l'URSS »*, qui travaillent pareillement à maintenir la masse dans l'illusion d'un complexe d'infériorité dont profite le pouvoir. Breton affirme ainsi que le Front populaire n'a aucun programme spécifique, il n'est qu'un amalgame impossible de théories incompatibles, s'élargissant sans cesse vers la droite (adhésion des Radicaux). Pour preuve, son incapacité à décider ni d'une politique extérieure ni d'une politique intérieure communes (désarmement général, révision des traités de paix...). Il s'avère dès lors inapte à tout exercice concerté du pouvoir, ce que révèle la simple juxtaposition de déclarations sommaires prélevées chez les ténors de ses principales composantes (Thorez, Blum…). Sa seule légitimité révolutionnaire, c'est l'ennemi fasciste et l'urgence d'une riposte qui la lui confèrent, mais hélas *« il reste une organisation purement défensive »*, bien timide en regard des impératifs violents de la révolution souhaitée : il n'est *« qu'une digue »*. Pour autant, Breton ne rechigne pas à proclamer sa sympathie idéologique avec lui : la déclaration a son importance, eu égard à la virulence des attaques dont le Front populaire faisait l'objet, dès le manifeste, et qui autorisaient presque à en douter. Ainsi propose-t-il de rejoindre, non pas collectivement mais à titre individuel, la composante qui lui paraît la plus susceptible de les accueillir, à savoir le Comité de vigilance des intellectuels antifascistes. De son côté, l'allocution de Bataille est d'une tout autre teneur. Il s'agit pour lui rien moins, rien d'autre que de précipiter le « Front populaire dans la rue ». Bataille refuse d'entrer dans le jeu de l'argumentation politique, et d'*« ajouter de nouvelles manœuvres aux manœuvres déjà complexes et souvent divergentes des politiciens. »* Les points d'accroche de son discours (cécité, impuissance, etc.), récurrents chez lui depuis longtemps, réapparaissent inévitablement, comme autant de lieux communs. De fait, ce que Bataille refuse catégoriquement dans la politique, c'est son langage, cette *« phraséologie »*, cette *« agitation verbale [qui] n'a jamais passé pour une marque de puissance »*. Pour lui, la révolution (la violence) commence où le langage s'arrête : le territoire du discours est toujours une sublimation conservatrice des forces, dont les politiques quelles qu'elles soient se sont fait une spécialité, au détriment de l'émotion mobilisatrice et *« contagieuse »*. Il n'y a donc pas de mot d'ordre qui tienne (pas *de mot du tout* qui tienne), pas d'alliance ni de stratégie. Et pas d'autre « Front populaire » que celui, informe, du 12 février 1934 qui a jeté dans la rue des milliers de manifestants excédés[1], et qui se présente comme l'inverse de ce parti hétéroclite *« conçu dans l'esprit de ses initiateurs comme une organisation défensive, réunissant l'ensemble des forces hostiles au fascisme. »* Les accusations pleuvent alors : complicité stalinienne, dévoiement nationaliste, repli frileux sur des *minima* démocratiques et capitalistes, défaillances graves, notamment en matière budgétaire, de son programme politique en cas d'exercice effectif du pouvoir… Sur ces quelques derniers points au moins, l'accord est total avec Breton. Mais faut-il pourtant voir, après l'allocution de Breton et l'appel qui la termine pour un « nouveau langage »[2], une manière fallacieuse de lui savonner la planche ? *« J'ai personnellement, dans l'opposition communiste, connu un grand nombre de gens pour*

---

[1] On se souvient que lors des journées d'émeutes de février 1934 à Paris, Bataille a rédigé une sorte de journal des événements. Le récit de ces journées d'émeutes, idéologiquement confuses, pragmatiquement nulles, et où la mort, omniprésente, se dérobe finalement, pouvait symboliquement exprimer ce qui fait le mouvement même de son œuvre. Or, on n'a pas remarqué jusqu'à présent comment cette intervention de Georges Bataille à *Contre-Attaque*, plus d'un an après, reprend en partie, parfois mot pour mot, cette première ébauche inédite, et la détourne contre l'organisation politique du Front populaire. Voir Georges Bataille, « En attendant la grève générale », *OC II*, Gallimard, 1970, notamment pp. 258-261.
[2] Après : c'est une façon de parler, puisqu'on ne sait pas dans quel ordre les interventions ont eu lieu ce 24 novembre 1935. Il faut cependant souligner comment le terme « plate-forme » rebondit depuis au moins la précédente intervention de Breton, celle du 11 novembre.

lesquels les définitions de plates-formes avaient une valeur essentielle. Il résultait de leur activité un ennui accablant où, précisément, ils voyaient la marque du sérieux révolutionnaire », affirme-t-il avec à peine d'équivoque.

Quinze jours plus tard, Breton reprend la parole. Est-ce l'effet de cet « ennui » que Bataille a souligné de son côté ? La tonalité de son discours a changé du tout au tout, et n'a désormais plus rien à envier à la violence de Bataille. Cette fois, aucune composition (aucune *« plate-forme »*) n'est plus possible avec le Front populaire et sa ligne strictement, pauvrement défensive. Il faut en revenir, pour s'y tenir cette fois, à l'« exaltation morale » prônée dans le manifeste, et au modèle « technique » du fascisme. Mais là encore, Breton ne reprend pas explicitement ou nommément les propos de Bataille, il préfère s'en remettre à d'autres cautions intellectuelles, plus anciennes, plus fiables, qui ont l'avantage de supposer une continuité indéfectible du surréalisme théorique : Trotski d'abord, puis, par son intercession, Freud et son analyse de la psychologie collective. Breton articule sur cette analyse la suggestion de Dalí moins extravagante qu'il n'y paraissait à première vue : oui, *Contre-Attaque* pourrait bien *« poser les bases d'une religion nouvelle »*, à condition de l'entendre au sens structurel d'*« un ensemble d'hommes d'une homogénéité et d'une cohérence parfaite »*. En oublie-t-il pour autant que c'est exactement ce dont l'a accusé Bataille, près de six ans auparavant, dans le *Cadavre*[1] ?... Ce qui assurerait le ciment d'une telle société serait de l'ordre de l'affectif, chacun y aurait réalisé *« une identification commune »* non pas en direction d'un chef (communauté fasciste) mais, une fois celui-ci supprimé, sur un *« plan égalitaire »* (*« communauté fraternelle »*). Trotski menant à Freud (et Dalí), c'est ensuite Freud qui mène à son tour vers Hegel, vers sa conception de la « reconnaissance » dialectique de l'Autre[2]. Puis encore de Hegel à Engels, et à sa conception hégélienne de la négativité comme *« force motrice du développement historique »*, puis Sade, Lautréamont... Le discours de Breton progresse bien ainsi à la manière d'un collage. Il est constitué d'une longue chaîne para-logique d'« exaltation passionnelle », dont les effets sont doubles : parier sur la « vertu mythique » de tels noms propres (derrière lesquels à nouveau disparaît celui de Bataille) et poser finalement *Contre-Attaque* comme l'aboutissement inéluctable d'un long processus. Les seuls « noms propres » que Bataille alléguait étaient ceux des tenants de l'autorité à supprimer (Laval, La Rocque..., meurtre des pères/meurtre des pairs). Jamais il n'utilisait pour sa part de référence « exemplaire » autre que massive et anonyme. On voit bien comment les rhétoriques sont diamétralement opposées. Théoricien acharné, Breton se dégage de toute éventuelle conciliation politique, muscle sa

---

[1] *« Il reste donc la fameuse question du surréalisme, religion nouvelle vouée, en dépit des apparences, à un vague succès »*, écrivait Bataille.
[2] *« Reconnais celui qui te reconnaît (ne reconnais pas celui qui ne te reconnaît pas) et lutte pour te faire reconnaître ; ce n'est qu'en tant que tu luttes pour te faire reconnaître que tu te constitues. »* Breton fait là allusion au chapitre « Doctrine de l'être. Qualité », de la *Logique* de Hegel. Il n'est pas impossible que la référence hégélienne soit réactualisée par le cours de Kojève, qui a précisément commencé par cette question de la « reconnaissance » dès l'année 1933-1934.

rhétorique à l'instar de celle de Bataille, mais ne peut s'empêcher, contrairement à lui, de légitimer intellectuellement, par des moyens nominatifs presque additionnés, l'appel à la violence du mouvement : c'est là en effet à la fois l'arme de persuasion dont il le dote et le parapluie qu'il déploie pour se convaincre lui-même de la légitimité de cette violence. Faut-il alors se contenter de voir dans cette intervention, l'effet d'une surenchère avec Bataille ? S'il est indéniable que Breton se rallie aux réticences sévères de Bataille vis-à-vis du Front populaire ainsi qu'à sa violence extrême, on voit qu'il éprouve le besoin de légitimer cette violence par l'argumentation là où Bataille voyait précisément dans le discours une échappatoire à la solution violente. Et s'il a été possible de suggérer, par le biais du terme commun « plate-forme » par exemple, que courait peut-être sous la surface des précédentes interventions publiques, une adresse plus personnelle, à l'intention de l'autre, on ne s'interdit pas d'entendre aussi dans cette allocution de Breton une déclaration comme cryptée à l'intention spéciale de Bataille. On a en effet supposé que l'un comme l'autre évitaient l'apostrophe nominative, évitaient même, dans le blâme comme dans l'éloge, la simple reconnaissance de l'autre (de ses mérites, de ses insuffisances, de son nom propre). Il est tout à fait remarquable ainsi qu'à plusieurs reprises, Breton va ici jusqu'à s'approprier des expressions entières qui, sans qu'il en ait l'exclusivité, portent cependant l'empreinte profonde de Bataille (par exemple, *« nous avons bien en vue le déchaînement d'une force aveugle »*, effet rhétorique de l'antithèse compris). On verrait là comme autant de réflecteurs qui renvoient tacitement à Bataille, et où il est impossible que Bataille, sans jamais être nommé, ne se soit pas reconnu. Alors, après tous ces évitements de l'autre, jusque de son nom, la leçon hégélienne de la « reconnaissance » citée par Breton, et censée poser les termes de la « société nouvelle » prônée par *Contre-Attaque*, prendrait un sens beaucoup moins « anonyme » ou général qu'à première vue : *« reconnais celui qui te reconnaît (ne reconnais pas celui qui ne te reconnaît pas) et lutte pour te faire reconnaître ; ce n'est qu'en tant que tu luttes pour te faire reconnaître que tu te constitues »*. *Contre-Attaque* est aussi, pour Breton comme pour Bataille, un organe de cette lutte interne pour la reconnaissance de l'un… par l'autre.

Sur les réunions suivantes, et dans la méconnaissance de ce qui y fut dit précisément, on pourra passer plus rapidement. Le 5 janvier 1936, se tient une réunion contre « La Patrie et la Famille », socles de la morale bourgeoise et judéo-chrétienne que la gauche est accusée de récupérer à des fins démagogiques. *« Père, patrie, patron : telle est la trilogie qui sert de base à la vieille société patriarcale et aujourd'hui, à la chiennerie fasciste »*. L'assimilation des trois dans le carton d'invitation a ceci d'intéressant en contexte qu'elle intervient précisément, ironie du sort, au moment où la « famille Breton » vient, quinze jours plus tôt, d'avoir un enfant, ce qui n'est sans doute pas pour favoriser cette « violence aveugle » vers laquelle Bataille voudrait entraîner le groupe. Le 21 janvier, *Contre-Attaque* se retrouve pour célébrer l'« Anniversaire de l'exécution capitale de Louis XVI » et prendre à partie « Les 200 familles qui relèvent de la justice du peuple ». Ce thème des « 200 familles » qui se répartissent le pouvoir financier est récurrent dans la phraséologie du Front populaire. *Contre-Attaque* se l'approprie et en fait l'une de ses « célébrations » symboliques. L'histoire révolutionnaire nationale est instrumentalisée au profit des nouvelles luttes à mener, comme si la bourgeoisie moderne était l'héritière naturelle de la noblesse ancienne. Cet écrasement passe par une date (le 21 janvier[1]) et un acte sanglant (la décapitation). Toute sa force d'impact symbolique est exprimée par le carton d'invitation, qui présente un dessin provocateur réalisé par Marcel Jean, où l'on voit une tête de veau posée sur un plateau. Dessin qui suggère des paradigmes de lecture nombreux et complexes, à l'inscrire en effet dans la longue suite des « pertes de la tête » qu'on a vu émailler l'œuvre de Bataille, ravivant la plaie œdipienne dans laquelle, on le sait, le « cadavre » de Breton a en 1930 occupé une place substitutive décisive (le photomontage de Boiffard/le dessin de Marcel Jean ; le bœuf/le veau…)[2]. Si on peut supposer ce que *Contre-Attaque* pouvait receler de provocation pour la société tout entière, il semble bien qu'il faille aussi admettre la résonance intime toute particulière, incalculable, que ce type de « pratiques » pouvait trouver dans la confrontation entre Breton et Bataille. Reste enfin, avant que les choses ne se gâtent définitivement, le tract « Camarades, Les fascistes lynchent Léon Blum », diffusé lors du grand rassemblement de soutien à Blum organisé le 16 février 1936, trois jours après que celui-ci a été victime d'une agression par des militants de l'Action française. Il n'est pas certain que ce tract, et l'appel qu'il claironne (« *La défensive c'est la mort ! L'offensive révolutionnaire ou la mort !* »), soient la preuve moins d'une sorte d'opportunisme insurrectionnel de la part du groupe, que d'un véritable soutien au Front populaire en la personne du « *chef d'un grand parti ouvrier* », formule qui condense des termes (« chef » et « parti », au moins) bien trop équivoques au regard des idées défendues par *Contre-Attaque*.

L'inévitable échec

Il n'aura fallu que quelques mois à peine pour que *Contre-Attaque* implose, et disperse vers d'autres zones de combat les forces qu'il cherchait à rassembler, renvoyant dos à dos André Breton et Georges Bataille. Le groupe pouvait-il vraiment s'imposer comme cette troisième puissance susceptible de s'opposer à la fascination brutale du fascisme et de durcir la force de frappe révolutionnaire de gauche pour conduire vers une émancipation véritable de l'homme ? Incapable d'atteindre ses objectifs sur un plan externe, *Contre-Attaque* est aussi

---

[1] Le 21 janvier, date de l'exécution de Louis XVI (1793), est l'une des quatre grandes fêtes républicaines instituées par Robespierre. C'est aussi un 21 janvier (1924) que Lénine est mort.
[2] Il n'est pas jusqu'à un certain « croisement » des filiations qui ne puisse ici jouer inconsciemment pour eux dans l'impact symbolique que pouvait avoir une telle « cérémonie », si l'on se souvient que le père de Bataille a bien « perdu la tête » (Joseph-Louis XVI, avatar de Jean le Baptiste), que sa mère se prénomme Marie-Antoinette (guillotinée), et que Marie-Antoinette Bataille est morte six ans auparavant, justement *en janvier* (le 15), le jour même où Breton a été assassinée (le *Cadavre*), lui, jeune père dont le père… se prénomme Louis.

un échec interne : aucune *« communauté fraternelle »* n'a vu le jour, ce dont attestent très clairement les rapports jamais totalement pacifiés de Breton et de Bataille, et l'impossible « reconnaissance » réciproque qui n'a pas encore cessé de régler leur confrontation.

La liberté d'action n'a pas empêché que telle ou telle initiative, très tôt, ne vienne compromettre l'avenir du mouvement, *a fortiori* lorsqu'on sait de quel passif les rapports de Breton et Bataille étaient chargés, et quelle susceptibilité réciproque pouvait être la leur. Ainsi, coup sur coup, en novembre puis décembre 1935, ont paru dans *Candide* puis dans *Le Figaro* deux articles où Breton est notamment présenté comme le fondateur de *Contre-Attaque*. Il ne corrige pas, et Bataille sans aucun doute accuse le coup. Deux mois plus tard, Bataille riposte et, seul, prend l'initiative d'un tract, « *Contre-Attaque*, Appel à l'action[1] ». Si le texte n'a rien qui puisse véritablement irriter Breton, le procédé a de quoi lui inspirer aussi la plus grande méfiance.

Mais le premier texte qui fasse éclater ouvertement un différend est celui que Jean Dautry est amené à rédiger au nom du groupe, en mars 1936 : « Sous le feu des canons français... », dont il existe une seconde version, « Sous le feu des canons français... et alliés », après modifications, minimes mais révélatrices, exigées par Breton. Un an après le rétablissement du service militaire obligatoire, qui a exposé au grand jour le réarmement de l'Allemagne, Hitler viole à nouveau le traité de Versailles en réoccupant (le 7 mars 1936) la zone démilitarisée sur la rive gauche du Rhin. En France, le gouvernement réplique par une allocution radio diffusée le 8 au soir, où Albert Sarraut, le Président du Conseil assurant l'intérim avant les élections de mai, déclare : *« Nous ne sommes pas disposés à laisser placer Strasbourg sous le feu de l'Allemagne[2] »*. Pour *Contre-Attaque*, dont les premiers ennemis sont les « fascistes » français, et les « traîtres » révolutionnaires, cette déclaration est inacceptable. L'alliance anti-hitlérienne, présentée comme une *« coalition policière contre un ennemi public n°1 »*, est violemment accusée de discréditer la cause révolutionnaire internationaliste sur l'autel de valeurs bourgeoises et nationalistes auxquelles l'URSS et le parti communiste apportent honteusement une même bénédiction. Jusque là, rien de très nouveau, même si la situation s'envenime : la guerre, qu'on voulait civile, est violemment refusée dès lors qu'elle s'annonce comme nationaliste. Une phrase pourtant a provoqué le désaccord de Breton : *« Nous [...] préférons en toute état de cause la brutalité antidiplomatique de Hitler, plus pacifique, en fait, que l'excitation baveuse des diplomates et des politiciens. »* N'insistons pas sur l'aveuglement qui consiste à parier sur le prétendu « pacifisme » de Hitler, *Contre-Attaque* n'en est pas à une naïveté près. Mais Breton, gêné par cette phrase, réclame et obtient une infime réécriture : *« Nous [...] préférons, en tout état de cause, et sans être dupes, la*

---

[1] Georges Bataille, « *Contre-Attaque*, Appel à l'action » (février 1936), OC I, Gallimard, 1970, pp. 395-397.
[2] Cité d'après José Pierre, note à « Sous le feu des canons français... », *Tracts surréalistes et déclarations collectives*, Tome I (1922-1939), présentation et commentaires de José Pierre, Éric Losfeld éditeur, 1980, p. 505.

brutalité antidiplomatique de Hitler, moins sûrement mortelle pour la paix que l'excitation baveuse des diplomates et des politiciens ». La valeur de chaque mot a rarement été aussi décisive, leur choix d'horloger aussi vétilleux. Dautry a beau se récrier, estimer qu'il n'avait pas pensé que ce fût ambigu. De toute évidence, une dérive menace le mouvement de l'intérieur, qui met Breton, quoiqu'il se dise pas moins « dupe » que les autres sur ce qui se trame réellement, sur ses gardes.

Ce premier coup de semonce est immédiatement suivi d'un second qui provoque la rupture. Bataille en est cette fois le responsable direct. Seul, il prend en effet l'initiative d'une nouvelle déclaration, « À ceux qui n'ont pas oublié la guerre du droit et de la liberté[1] », qui dénie à la guerre imminente, guerre du capitalisme contre le fascisme, le droit de se présenter comme une guerre « juste », une *« croisade antifasciste »* menée au nom de valeurs humaines universelles. Il fustige en particulier le grave désistement du parti communiste, qui s'est rallié à la « logique de guerre » de façon inacceptable, et clarifie sa distance avec Hitler. Le manichéisme de pure propagande est violemment dénoncé, au nom d'une lutte à mener pour des valeurs qui transcendent ce clivage abject : *« La lutte qui nous oppose au tumulte général nous la mènerons jusqu'à la limite de nos forces. »* Rien, à première vue, qui ne puisse rencontrer l'approbation totale de Breton. Mais la stratégie de Bataille est curieuse, et pour le moins ambiguë. Car il prend le parti de présenter cette déclaration, où ne figure pas une seule fois le nom de *Contre-Attaque*, comme un *« premier texte »*, et glisse à l'intérieur le bulletin d'adhésion à un nouveau rassemblement, le « Comité contre l'Union sacrée ». Mieux : il signe lui-même le texte des noms de Breton et des surréalistes de *Contre-Attaque*, mais les évince du Bureau provisoire du nouveau Comité, manifestement déjà constitué. Tout se passe donc comme si Bataille avait décidé de se passer et de *Contre-Attaque* et des surréalistes, sans leur signifier ouvertement une rupture dont il ne leur reste plus qu'à prendre acte. Le 2 avril, il démissionne d'ailleurs du secrétariat général du mouvement. Même ce Comité contre l'Union sacrée ne le retient pas. Il rejoint (le 7) Masson en Espagne. Un autre projet est dans l'air : ce sera *Acéphale*. Lorsque, le 9 avril, *Contre-Attaque* se réunit une dernière fois, Bataille est loin. C'est dans ce contexte houleux qu'apparaît enfin le fameux néologisme « surfascisme », de la part de l'un des proches de Bataille (Dautry ? Dugan ? tous deux seront de l'aventure *Acéphale*). Il va de soi que dans le terme, le radical comme le préfixe ne convenaient ni l'un ni l'autre à Bataille. Mais qu'on ait voulu, dans son entourage, désigner *Contre-Attaque* de la sorte, après les récentes mises au point exigées, et prétexter de la dialectique hégélienne pour présenter la stratégie du mouvement comme un « fascisme surmonté », c'en est trop pour Breton. Le 24 mai, le communiqué qui annonce « La rupture avec *Contre-Attaque* » dénonce les *« tendances dites "surfascistes", dont le caractère purement fasciste s'est montré de plus en plus*

---

[1] Seul, ou selon Dubief, en collaboration avec Lucie Colliard et Jean Bernier. Quoi qu'il en soit, sans que Breton en soit averti.

flagrant ». En fait de rupture, il s'agit bien d'entériner une dissolution qui, dans les faits, a déjà eu lieu[1].

Si *Contre-Attaque* a été un échec au regard des objectifs qui étaient les siens, il semble qu'à aucun moment, le groupe n'ait réellement eu les moyens de ses ambitions, ni l'intention ferme de se les donner. Il est assez évident d'abord que ces objectifs étaient par eux-mêmes à la fois naïfs et démesurés. L'espoir d'une communication directe, audible, entre intellectuels subversifs et masse ouvrière et paysanne était sans doute une belle illusion, *a fortiori* lorsqu'on prétendait se couper des relais (syndicaux ou politiques) comme des canaux traditionnels (presse), et qu'on fondait ses projets d'« exaltation collective » sur des recours exemplaires (Sade, Fourier, Nietzsche…) qui, au mieux, ne pouvait qu'effrayer un tel public, au pire… ne lui disait absolument rien. En outre, s'il s'agissait bien de proposer une échappatoire à l'étau idéologique qui se resserrait tragiquement, la nature même de cette échappatoire restait floue, à commencer par le rôle (moyen historique ou fin naturelle) assigné à la violence.

S'agissant des moyens, justement, ils ne peuvent manquer d'apparaître bien dérisoires. Sur le plan financier, d'abord, car de fait, l'argent manque. Et les difficultés financières ne sont pour faciliter ni la diffusion des idées, ni le recrutement de nouveaux membres. Quant aux « moyens humains », ceux du groupe furent toujours relativement limités : les deux cents auditeurs au moins qu'on dénombre parfois s'avèrent bien insuffisants face à la marée de militants prêts, de part et d'autre, à en découdre. Et l'on voit mal quel rôle ils pourraient jouer dans l'éclatement d'une révolution soi-disant capable d'*« abattre l'autorité capitaliste et ses institutions politiciennes »*, comme le proclamait le manifeste. Enfin, un certain manque de rigueur est indéniable quant à la détermination des moyens « techniques » pour parvenir à la mise en œuvre de l'« exaltation affective » souhaitée. Sans doute plus alerté sur cet aspect, notamment par Dalí, Breton, d'une intervention à l'autre, ne se cache pas cette insuffisance. Sa conception de la poésie le conduit naturellement à insister sur la puissance du langage, sur la force fusionnelle et insurrectionnelle qu'il recèle (c'est là toute l'histoire du surréalisme). Bataille n'y voit qu'une « phraséologie » qui détourne de la violence impérative. Pour lui, c'est cette même violence immédiate qui doit primer, quelque signification qu'on accorde à la dimension parricide qu'elle renferme. C'est peu pour espérer contrer d'une part la puissance de subjugation fasciste dont on prétend s'inspirer, et d'autre part le mythe va-t'en-guerre d'une gauche unitaire. Si bien qu'il est sans doute difficile de parler d'un

---

[1] Ceci, encore, à propos de ce « surfascisme » : en 1951, dans *Le Surréalisme au jour le jour*, Bataille, évoquant une rencontre fortuite avec Antonin Artaud qui coïncide avec la période *Contre-Attaque*, rapporte que celui-ci lui aurait *« dit à brûle-pourpoint : 'J'ai su que vous aviez entrepris de belles choses. Croyez-moi : nous devons faire un fascisme mexicain !" Il s'en alla sans insister.
Cela me laissa un sentiment désagréable, mais à moitié seulement : il m'effraya, mais non sans m'avoir donné une bizarre impression d'accord »*, Georges Bataille, *Le Surréalisme au jour le jour* (1951), OC VIII, Gallimard, 1976, p. 180.

« déferlement » (quantitativement) « mythique » (qualitativement)[1] s'agissant de *Contre-Attaque*. Et en effet, on peut se demander comment un mythe bricolé consciemment, délibérément, pourrait atteindre une quelconque force de subjugation. Un « désir de mythe », plutôt, dont certains membres (tous ?) du mouvement furent à la fois les artisans et les dupes. Si cela a pu les empêcher parfois de dénoncer aussi clairement, aussi violemment et aussi tôt que d'autres, l'horreur nazie, voilà qui leur aura au moins permis de ne pas rabaisser leurs prétentions humaines sous les fourches caudines de l'histoire. On ne peut douter d'ailleurs qu'avec de telles prétentions, l'histoire saura très exactement de quel côté les trouver lorsqu'aura sonné l'heure de prendre les armes.

Il n'en reste pas moins vrai que les dissensions jamais vraiment interrompues entre Breton et Bataille témoignent de ce que, sur un plan interne, la *« communauté fraternelle »* à laquelle on aspirait n'a pas davantage vu le jour. Du côté de Breton, il n'en pouvait aller autrement dès lors même que tout le groupe surréaliste n'avait pas jugé bon de le suivre : rien ne pouvait faire qu'en un sens, son centre de gravité… ne soit ailleurs. Du côté de Bataille, c'était la première expérience communautaire à laquelle ses idées servaient de socle principal, et il était loin de se faire si facilement à l'idée que son centre de gravité à lui… précisément n'y soit pas, ailleurs. N'insistons pas davantage sur le lourd passif qui menaçait constamment de ressurgir, habilement et intentionnellement rappelé par l'un ou l'autre, ou au contraire refaisant surface par une simple interprétation « paranoïaque » de tel ou tel document. Les divergences philosophiques profondes et anciennes qui les séparent assignent assurément aux objectifs définis en commun des significations différentes (le problème crucial de la violence, par exemple, ou la question du langage) sur lesquelles, peut-être pour ménager la viabilité du groupe, on n'a pas jugé bon de s'arrêter. La notoriété écrasante de Breton, dont il n'est pas impensable que Bataille ait espéré tirer avantage, ou qu'il ait au contraire espéré définitivement ruiner, contribuait en outre sans aucun doute à déséquilibrer des relations particulièrement irritables. Lieu géographique, hautement conflictuel et plus ou moins conscient, d'application de la « reconnaissance » hégélienne de l'autre telle que Kojève, au même moment, en prodiguait l'enseignement, *Contre-Attaque* quoi qu'il en soit aura permis à Breton de redécouvrir la puissance du mythe comme instrument poétique d'émancipation collective, sans pour autant abandonner le terrain strictement politique où sa vérité devait éclater. Pour Bataille, *Contre-Attaque* marque un pas décisif, significativement accompli en compagnie de son ennemi de toujours, dans sa découverte de la force communautaire. Ce qu'*Acéphale*, érigé sur ses ruines, portera à son comble.

---

[1] Les exemples hitlériens et staliniens qu'on a évoqués incitent à suggérer qu'en un sens, le mythe moderne réclame peut-être, comme disait Roland Barthes, une quantité qui se métamorphose en qualité.

Vers d'autres contre-feux

L'ÉCHEC de *Contre-Attaque* – Breton n'évoque même pas le mouvement dans ses *Entretiens* de 1952 – ne signifie pas, ni pour lui ni pour Bataille, un abandon du combat antifasciste et des termes universalistes dans lesquels il aura alors été posé. D'autres contre-feux doivent être allumés au plus vite. Ce qui se traduit chez l'un et chez l'autre, après cette brève et décevante mise en commun des forces, par un déploiement d'activités étonnamment dissemblables, mais qui mettent pareillement en lumière une question décisive : celle de la « communauté ». Question ancienne pour Breton, fondatrice même de la « fratrie » surréaliste à laquelle il avait aspiré dès les années 20. Bien sûr, en une quinzaine d'années d'existence, cette « communauté » surréaliste a déjà toute une histoire. Mais en 1936, alors que les illusions communistes sont tombées, alors même que le monde s'est ramassé en deux factions prêtes à fondre sauvagement l'une sur l'autre, c'est une question qui prend à nouveau tout son sens, d'autant que *Contre-Attaque* n'aura pas su dessiner les contours de ce « mythe collectif » prôné en 1935. Tout reste donc à faire pour donner corps à cette émancipation poétique collective capable, sinon extérieurement de faire dérailler les deux locomotives idéologiques lancées à pleine puissance l'une contre l'autre, encore que tout doive être tenté pour y parvenir, pour le moins d'immuniser intérieurement contre les humiliations intellectuelles que la catastrophe imminente semble exiger. C'est donc, après les errements politiques et les tentatives avortées, à redéfinir les « limites non-frontières du surréalisme » que Breton va s'employer, ce qui se traduit par un regain d'activités artistiques et par une internationalisation du mouvement, mais aussi par le verrouillage de son positionnement politique sur les bases d'un rapprochement significatif avec Trotski. Bataille, lui, n'a encore de la « communauté » qu'une expérience limitée : son individualisme farouche, nietzschéen, hétérologique en un mot, l'a constamment mis à l'écart de tout regroupement frondeur. Pourtant, *Contre-Attaque* a donné forme à ses élans. Les a institués comme fondement paradoxal du lien communautaire. Il faut maintenant aller plus loin, donner à cette communauté des liens indénouables, serrer le groupe autour d'un même abîme lucidement affronté, inventer un « autre » sacré qui seul soit capable de conjurer la fascination fasciste des chefs, et l'apathie aveugle des masses.

Les « limites non-frontières » du surréalisme, ou « l'aile battante du château » : la communauté révolutionnaire, indépendante et ouverte

Le surréalisme, il n'est pas forcément inutile de le rappeler, n'a jamais été un mouvement franco-français. Si c'est à Paris que se sont retrouvées, dans l'après-guerre, les principales figures qui allaient lui donner vie, il a d'emblée assez clamé sa haine de toute identité nationale, cela lui a valu assez d'ennuis pour qu'on puisse lui coller une étiquette tricolore et oublier la constellation qu'il constitue dès l'origine, de par ses membres et de par ses références (Allemagne, Belgique, Espagne…). Façon d'inventer cette « autre » Internationale, qui se moque des clivages nationalistes et refuse la paranoïa idéologique en vigueur. Après qu'on l'a vu donc clamer la « mise en commun » de la pensée, il semble que les années 1935, celles de l'affranchissement définitif vis-à-vis du parti, correspondent en même temps à une réaffirmation de la spécificité « grégaire » du surréalisme et à une nouvelle intensification de sa diffusion au plan international. Une double respiration, qui articule simultanément une sorte de retour aux principes identitaires et une plus large ouverture au monde, au monde en général et à celui de l'art en particulier.

C'est effectivement à partir de 1935 que le succès du surréalisme a éclaté au plan international. La « Première Exposition Internationale du surréalisme » a été organisée à Copenhague, du 15 au 28 janvier. Elle a entériné un mouvement d'extension notamment déjà marqué par des expositions partielles importantes, par exemple aux USA (Hartford ou New York). En mars de la même année, Breton et Éluard se sont exprimés à Prague, et un *Bulletin international du surréalisme* a été fondé avec le groupe tchèque (l'ancienne Tchécoslovaquie, foyer important du surréalisme). Puis c'est Zurich, les Canaries. Toutes ces démarches, immédiatement antérieures à *Contre-Attaque*, expriment clairement la volonté première de Breton d'une implication de la « communauté » surréaliste au sein d'une plus large Internationale. Elle est suivie, après le désenchantement communiste, du désir d'instituer un autre regroupement, une autre « communauté » en marge des courants de la gauche officielle. Il est tout à fait significatif alors que sitôt après l'échec de *Contre-Attaque*, l'une de ses toutes premières interventions, à Londres, lors de la « Deuxième Exposition Internationale du surréalisme » (11 juin-4 juillet 1936), consiste à repréciser les « Limites non-frontières du surréalisme[1] », qu'un succès de plus en plus considérable comme un certain éparpillement strictement militant avaient pu brouiller. « Limites » : celles qui redéfinissent les contours de la communauté. Mais « non-frontières », car non seulement aucun nationalisme *stricto sensu* ne tient devant cet autre découpage, mais aussi parce que la communauté entend

---

[1] André Breton, « Limites non-frontières du surréalisme » (1937), *OC III*, Gallimard, Bibliothèque de la Pléiade, 1999, pp. 659-671. On rappelle, pour le plaisir, que c'est lors de l'inauguration de cette exposition que le public a pu voir une superbe femme blonde, Sheila Legge, se promener dans la salle, le visage couvert de roses, une jambe artificielle sous un bras et une côte de porc à la main.

rester ouverte à ce qui, tout en lui étant extérieur, l'a reconnue et qu'elle reconnaît en retour (Hegel).

Il s'agit donc d'en revenir aux *« principes invariables »* du mouvement, et de les confronter aux nouvelles déterminations historiques (gouvernement du Front populaire, guerre d'Espagne[1]...). Breton refuse de voir dans le succès populaire de l'exposition anglaise la preuve de la réussite du mouvement. Pour lui, cette réussite est ailleurs, soit dans l'unification *« des écrivains et des artistes novateurs de tous les pays [...], cette unification, loin d'être seulement une unification de style, répondant à une nouvelle prise de conscience* commune *de la vie »*. L'accent significativement placé sur la dimension communautaire du mouvement s'accompagne du rappel de l'*« ensemble fondamental et indivisible de propositions »* qui le définissent. Le surréalisme y est présenté comme le point de jonction fragile et inédit de deux courants, qu'Annie Le Brun a pertinemment appelés l'« actualité » et l'« inactualité » du surréalisme[2] : une « actualité » explicitement marxiste, qui reprend à son compte tous les postulats théoriques susceptibles d'agiter l'histoire (matérialisme dialectique et historique, révolution sociale comme terme inévitable de la lutte des classes) ; une « inactualité » qui déborde ce marxisme de tous côtés, faisant du mouvement à la fois un lieu de convergence et de nouvel étoilement transhistorique, et où s'enracine l'attention passionnée aux phénomènes du hasard, au merveilleux, à la sensibilité, à l'humour... dont l'automatisme s'avère le capteur idéal. C'est cette double dimension qui fait du surréalisme le seul mouvement susceptible de résoudre toutes les antinomies qui asservissent cruellement l'homme (et Breton d'en dresser à nouveau la liste : veille/sommeil ; raison/folie ; objectif/subjectif, etc.). La nécessité d'une nouvelle prise de distance avec le « réalisme socialiste » s'impose, qui se contente de n'exprimer *« que le* contenu manifeste *d'une époque »* et non *« son* contenu latent *[...], ce fond historique secret qui disparaît derrière la trame des événements »* (terminologie freudienne appliquée à une lecture de l'histoire). Navrant « réalisme socialiste » donc, auquel s'oppose en tous points le « fantastique » du roman noir *« où la raison perd son contrôle »* et où les symboles et les mythes éternels échangent leurs plus beaux coups d'épée (l'émergence du roman noir en plein XVIIIe siècle, symptôme fulgurant des troubles et des terreurs du siècle selon Breton). De même, il incombe au surréalisme d'élaborer, et Breton revient explicitement sur la formule, le *« mythe collectif propre à notre époque »*. Plus que jamais, il semble assuré d'ailleurs d'avoir identifié l'espace même de prédilection d'un tel mythe, en l'occurrence cette *« sorte de château ne battant plus que d'une aile »* où, après Sade ou Horace Walpole, il a

---

[1] Les premières actions militaires contre le « Frente popular » espagnol débutèrent vers le 17 juillet 1936 (soit *après* sa conférence). Le texte de Breton, publié en février 1937, est une reprise « réactualisée » de cette conférence prononcée le 16 juin précédent.
[2] Annie Le Brun, Les Châteaux de la subversion (Pauvert chez Garnier frères, 1982), Folio essais, Gallimard, 1986. Annie Le Brun, s'appuyant précisément sur ce texte de Breton, estime que *« [le] surréalisme est né de cette radicale inactualité et ses faiblesses viennent de s'en être parfois éloigné jusqu'à accommoder son regard à la très relative mesure de l'actualité »*, p. 50.

maintes fois convoqué la « communauté » surréaliste. Après les dangereuses compromissions avec la stricte « actualité » révolutionnaire, Breton retrouve dans ce château gothique le bain de jouvence de l'inactualité du surréalisme, sans perdre pour autant, d'une tourelle à l'autre, son rôle de vigie sur les chaos de l'histoire.

Il ne faut donc pas s'étonner de voir à ce moment-là le groupe surréaliste cosigner voire lancer, sur le plan de la stricte « actualité », plusieurs déclarations collectives de première importance. La voix surréaliste plus que jamais est décidée à faire entendre son inaliénable tonalité sur la scène internationale. C'est d'abord la plainte hurlée de la guerre d'Espagne, terre profondément, viscéralement surréaliste. Que l'Espagne ait pu en outre, dès février 1936, mettre sur pied un « Frente popular » et gagner les élections en rassemblant autour de mots d'ordre d'une autre vigueur que ceux qui prévalaient en France, voilà qui faisait d'elle le lieu d'une expérimentation politique du plus vif intérêt. Si bien que lorsque la guerre civile éclate, en juillet, les surréalistes prennent immédiatement l'initiative d'un tract qui appelle à l'arrestation de Gil Robles, dirigeant de la Confédération Espagnole des Droites Autonomes, un des dirigeants les plus marquants de la droite dure espagnole réfugié à Biarritz, en toute impunité. C'est cette même inertie française qu'un second tract, un mois plus tard, vient également dénoncer, lors même que Blum ne se décide toujours pas à aller prêter main forte aux républicains espagnols[1]. Le mythe soviétique effondré, c'est Barcelone et Madrid qui prennent le relais, et deviennent les nouveaux points cardinaux de la révolution en marche. Or, plus encore que la teneur même de ces tracts, somme toute dans le droit fil des revendications musclées que *Contre-Attaque* avait déjà pu émettre, ce sont les réticences de Breton qui retiennent, réticences concernant leur tonalité pauvrement prosaïque dont il fait part à Léo Malet. Elles disent assez sa volonté de redonner au groupe surréaliste la voix spécifique qui est la sienne[2].

De même, un autre front interpelle le groupe surréaliste : ce sont les scandaleux procès de Moscou qui, à partir du mois d'août 1936, travaillent à liquider toutes les voix discordantes autour de Staline[3]. Breton rejoint immédiatement la longue et hétéroclite liste des signataires de l'« Appel aux hommes » qui, au lendemain de l'exécution des seize prévenus, réclament la

---

[1] Voir « Arrêtez Gil Robles ! » et « Neutralité ? Non-sens, crime et trahison ! », *Tracts surréalistes et déclarations collectives*, Tome I (1922-1939), présentation et commentaires de José Pierre, Éric Losfeld éditeur, 1980.
[2] « *Je regrette vivement qu'il ne soit pas rédigé dans un langage qui nous soit plus propre (mettons plus lyrique). Dans la mesure même où tu crois bon de ne le faire signer que par des surréalistes, il devrait être conçu sous une forme moins conventionnelle politiquement* », André Breton, lettre à Léo Malet, 24 juillet 1936, cité d'après *Ibid.*, p. 508.
[3] Les premières grandes purges staliniennes ont lieu du 19 au 24 août, lorsque seize éminents révolutionnaires de la première heure, dont Kamenev et Zinoviev, les deux comparses avec lesquels Staline a formé sa « troïka » pour évincer Trotski en 1924, sont déclarés coupables d'avoir organisé divers actes terroristes contre les chefs du parti afin de s'emparer du pouvoir.

vérité sur leur procès[1]. Il prend ensuite successivement la parole lors du meeting organisé le 3 septembre 1936 salle Wagram pour réclamer « La Vérité sur le procès de Moscou », puis le 17 décembre à celui organisé par le POI (Parti Ouvrier Internationaliste, d'obédience trotskiste) et enfin le 26 janvier 1937 « à propos du second procès de Moscou[2] ». Ces déclarations dénoncent violemment les méthodes staliniennes d'extorsion des aveux, de manipulation des témoignages et des pièces à conviction, elles anticipent en outre sur la troisième grande vague de purge, au sujet de laquelle Breton ne se fait aucune illusion. Or, à aucun moment, qu'il ait rédigé seul une déclaration ensuite cosignée par le groupe, ou que sa signature seule apparaisse au bas du document, Breton ne se départit de la première personne du pluriel pour s'exprimer. C'est bien une voix collective qu'il entend faire résonner. Y fait en outre retour, au tout premier plan des valeurs de référence de la morale révolutionnaire, la figure de Trotski, dont les alliés sont successivement et méticuleusement éliminés par Staline, et que Breton célèbre de sa verve la plus lyrique. Mais ce retour ébloui à Trotski s'accompagne d'un déplacement notable des revendications révolutionnaires. Le terme « communiste », accaparé par trop d'entreprises innommables, disparaît au profit de « socialiste ». Mieux : Breton défend Trotski et les accusés des procès staliniens en appelant la Russie révolutionnaire à renoncer à la peine de mort politique. Le moins que l'on puisse dire, c'est que cette modération tranche avec, moins d'un an plus tôt, la violence de *Contre-Attaque* et ses appels répétés au meurtre. Elle ne doit pas cacher pour autant les multiples démarches auxquelles on voit alors Breton prendre une part des plus actives, notamment dans le tout nouveau « Comité français pour l'enquête sur les procès de Moscou et pour la défense de la liberté d'opinion dans la Révolution », comité mis sur pied par l'entourage proche de Trotski (son fils, Léon Sedov ; son secrétaire, Van Heijenoort). Anticipant sur trois événements politiques plus ou moins imminents (le troisième procès de

---

[1] Voir « Appel aux hommes » (fin août-début septembre 1936), *Ibid*. Parmi des signataires aussi divers que Alain, Jean Giono ou Jules Romains, il faut signaler qu'on trouve le nom de Georges Bataille, peut être entraîné par le « Comité contre l'Union sacrée », cette alliance en rupture avec *Contre-Attaque*. On n'y retrouve par contre aucun des principaux membres du groupe *Acéphale* pourtant déjà actif, ni Masson, ni Caillois, ni Monnerot, Klossowski... Le nom de Bataille disparaît d'ailleurs aussitôt : il ne figure ni au meeting du 3 septembre, salle Wagram, organisé pour exiger « La Vérité sur les procès de Moscou », ni à celui du 16 janvier suivant, contre le deuxième des procès de Moscou.

[2] Voir André Breton, « Déclaration du 3 septembre 1936 au meeting "La Vérité sur le procès de Moscou" », « Déclaration du 17 décembre 1936 au meeting du POI » et « Discours du 26 janvier 1937 au meeting du POI », *OC II*, Gallimard, Bibliothèque de la Pléiade, 1992, respectivement pp. 1200-1202, pp. 1202-1204 et pp. 1207-1212. Le premier et le troisième texte se trouvent également dans *Tracts surréalistes et déclarations collectives*, Tome I (1922-1939), présentation et commentaires de José Pierre, Éric Losfeld éditeur, 1980, respectivement pp. 306-307 et 308-311. Un problème de datation du troisième document apparaît en confrontant ces deux sources : l'édition Pléiade donne en « Chronologie » le 16 janvier mais date le document du 26 ; l'édition de José Pierre date le document du 16, puis donne en note la date du 26. Le deuxième procès de Moscou s'est déroulé du 23 au 30 janvier 1937 : par conséquent, la date du 26 est sans doute celle de la déclaration de Breton.

Moscou, la répression de la révolution espagnole par les staliniens puis, finalement, l'assassinat de Trotski), Breton fait preuve d'une stupéfiante lucidité qui, elle aussi, n'a plus rien à voir avec les débordements naïfs de *Contre-Attaque*. Ainsi, le surréalisme retrouve la juste accommodation de son regard à la stricte « actualité » politique, et le timbre propre qui est le sien.

Il est alors tout à fait significatif de voir à ce moment-là le mouvement se « refaire un visage » en se libérant notamment de deux figures importantes, devenues incompatibles avec ce retour aux principes : Paul Éluard et Salvador Dalí. Avec le premier, ami proche de Breton, fondateur du mouvement, la rupture ne va pas sans une immense amertume. Si, sur le plan poétique, on a déjà signalé à l'occasion de la publication de *La Vie immédiate* en 1932 comment les poèmes d'Éluard, autrement soucieux d'esthétisme, avaient peu à voir avec l'automatisme surréaliste à proprement parler, il faut dire que l'entente avec Breton était encore totale. C'est avec Éluard que Breton s'est rendu à Prague en 1935. Mais lorsque la dissolution de *Contre-Attaque* est prononcée, Breton n'a pas manqué de lui reprocher la tiédeur de son engagement, si bien qu'en avril, déjà, Éluard a annoncé à Gala qu'il avait définitivement rompu avec Breton. Pour son allocution de juin 1936, à Londres, il attend d'ailleurs son départ avant de s'exprimer. Éluard a beau être pour les deux ans à venir de toutes les aventures surréalistes (en janvier 1938, la troisième « Exposition Internationale du surréalisme » ; le *Dictionnaire abrégé du surréalisme*...), son attitude de plus en plus complaisante envers Moscou[1], à mesure que Breton au contraire redouble de virulence, devient insoutenable lorsqu'il publie en juin 1938 un poème dans la revue *Commune*, revue dirigée par Aragon, soit par celui-là même qui, au même moment, tente de saboter les démarches mexicaines de Breton. C'en est fini de l'amitié avec lui. Avec Salvador Dalí, les problèmes se présentent à l'autre extrémité de l'échiquier idéologique, pour un même résultat. Depuis fin 1933 en effet, Dalí a multiplié les provocations pro-hitlériennes, ce qui a pour effet d'irriter singulièrement Breton. Son besoin maladif de notoriété tapageuse le pousse en même temps dans toutes les directions, au mépris d'une ligne éthique à laquelle Breton tient par-dessus tout. Ainsi, fin 1936, il a collaboré à une exposition surréaliste à New York, mise sur pied dans un contexte déjà polémique avec Breton. De là, il lui écrit : « *L'influence surréaliste est énorme ; on fait les devantures des magasins les plus luxueux avec du surréalisme. Les auteurs de dessins animés se flattent d'être surréalistes. Je fais de mon mieux pour notre activité*[2] ». La distance entre les deux hommes a tout l'air d'un gouffre. Lorsque Dalí, au début de l'année 1939, en vient, aux dires de Breton, à prétendre que « *tout le malaise actuel du monde est racial et que la solution à faire prévaloir est, concertée par tous les peuples de*

---

[1] Fin 1936, Éluard n'a pas signé la protestation de Breton contre le premier procès de Moscou. Il a au contraire choisi d'associer son nom à un texte émanant d'Aragon et du parti communiste, où est exprimée sa gratitude à Moscou, « *qui a sauvegardé les principes indestructibles de la justice, de la dignité* ».

[2] Salvador Dalí, lettre à André Breton, 28 décembre 1936, cité d'après Mark Polizzotti, *André Breton*, Biographies, Gallimard, 1999, p. 500.

race blanche, la réduction de tous les peuples de couleur à l'esclavage[1] », l'« humour » a dépassé les bornes : c'en est fini aussi de son implication dans le mouvement. Le surréalisme s'est bien donné des « limites », auxquelles on pourra encore mesurer la prétendue intransigeance de Breton, ce clanisme soi-disant dictatorial dont on continue parfois de l'accuser.

Dans ce double contexte de la guerre d'Espagne et des procès de Moscou, c'est donc sans aucun doute la figure emblématique de Trotski qui incarne le recentrage des positions surréalistes en matière d'idéologie révolutionnaire. Avec lui, un nouveau tour de vis est donné à un ressort qui avait pu se distendre ailleurs, dans des rouages qui ont montré depuis de quelle abjecte machinerie ils participaient. On sait comment Trotski a, par son ouvrage sur *Lénine*, initié Breton au marxisme en 1925, au moment même où, à Moscou, il était écarté du pouvoir par Staline. Après le bref passage dans le PC, Breton a été conduit de 1929 à 1935 à louvoyer de façon parfois peu lisible à l'immédiate frontière extérieure du parti, entre communistes « orthodoxes » et trotskistes oppositionnels. Déjà, en avril 1934, et contre *L'Humanité*, un tract surréaliste s'est indigné de l'expulsion de Trotski du territoire français[2]. L'aventure de *Contre-Attaque* a également été marquée de son autorité, lorsque dans son allocution du 8 décembre 1935, Breton a explicitement placé sa démarche dans le droit fil de la « révolution permanente » de Trotski. C'est donc tout naturellement vers lui que Breton se tourne dans ces dernières années d'avant-guerre, alors que les autres organes révolutionnaires ne lui inspirent plus que de l'écœurement. En 1936, Trotski s'apprête de son côté à gagner le Mexique après son expulsion de France puis de Norvège, où sa présence suscite des troubles de plus en plus violents occasionnés d'une part par de puissants agitateurs nazis, et d'autre part par le gouvernement stalinien qui exerce sur Oslo une pression ininterrompue. C'est le Comité Américain pour la Défense de Léon Trotski qui a l'idée du Mexique de Cárdenas pour un nouvel exil plus sûr. Trotski et sa femme Natalia y sont, dans la « maison bleue » de Coyoacán, les hôtes de Frida Kahlo et Diego Rivera dès les premiers jours de l'année 1937, où Breton va les rencontrer, un peu plus d'un an plus tard. Du Mexique, il garde un souvenir émerveillé depuis certaine lecture d'enfance, ce Mexique des Tarahumaras dont Artaud lui a aussi tant parlé. Trotski sait l'intérêt que lui porte cet intellectuel français, il sait le soutien important qu'il peut trouver en sa personne au moment où la répression stalinienne est plus dure que jamais (son fils Léon Sedov vient d'être assassiné dans une clinique parisienne). Avant son arrivée, il lit ses livres, le *Manifeste*, *Nadja*, *Les Vases communicants* et sans doute *L'Amour*

---

[1] André Breton, « Des tendances les plus récentes de la peinture surréaliste » (1939), *Le Surréalisme et la peinture* (nouvelle édition revue et corrigée, 1928-1965), Folio essais, Gallimard, 2002, p.194.
[2] Voir « La Planète sans visa » (24 avril 1934), *Tracts surréalistes et déclarations collectives*, Tome I (1922-1939), présentation et commentaires de José Pierre, Éric Losfeld éditeur, 1980, pp. 268-269. Ce tract prend pour titre le dernier chapitre de l'autobiographie de Trotski, *Ma vie*, traduite en français en 1930.

fou, paru un an plus tôt, avec un intérêt qui fait encore débat. Quoi qu'il en soit, lorsque Breton arrive, Trotski est suffisamment alerté sur le surréalisme pour que les échanges, nombreux, soient pertinents et fructueux. D'avril à août, ils donneront lieu à deux réalisations de première importance qui, dans la configuration idéologique générale, posent de façon claire et nette la question des rapports entre art et révolution.

« Pour un art révolutionnaire indépendant » est un exemple rarissime de collaboration entre un poète et un homme politique. Paru pour des raisons tactiques le 25 juillet 1938 sous la signature de Breton et Rivera, et non celle de Trotski, le texte, fruit d'une élaboration commune délicate, commence par le constat d'une grave crise de civilisation, qui menace les hommes à l'échelle mondiale, et s'inquiète particulièrement de la situation de la science et de l'art, *« devenue absolument intolérable*[1] *»*. Il défend vigoureusement toute forme de découverte, *« philosophique, sociologique, scientifique ou artistique »*, qui suppose un mouvement, une mise en marche, une *« nécessité »* (terminologie implicitement engelsienne : la « nécessité extérieure ») vers le « devenir » du monde, et ce par l'interprétation toujours plus fine de son état momentané (la connaissance), puis par la transformation de cet état, qu'une telle connaissance permet (par la révolution, par l'art). Au banc des accusés, les régimes hitlérien et stalinien se côtoient, qui imposent à l'artiste des limites à l'exercice de sa liberté, et lui assignent de navrants objectifs de pure propagande qui concourent à la stricte conservation de ce qui est. De fait, l'artiste se trouve par définition dans l'opposition. Il doit participer à sa manière aux forces de révolution contre de tels régimes, *a fortiori* lorsqu'il a clairement pris conscience de ce qui a déterminé sa vocation, à savoir *« une collision entre l'homme et un certain nombre de formes sociales qui lui sont adverses »* (terminologie explicitement freudienne : le « mécanisme de *sublimation* »[2]). Mais aucun mot d'ordre ne doit pouvoir régenter sa démarche : *« toute licence en art »*, tel est le seul et unique principe inviolable auquel il doit s'en remettre. Ainsi, et la différence est de taille, *« [si], pour le développement des forces productives matérielles, la révolution est tenue d'ériger un régime* socialiste *de plan centralisé, pour la création intellectuelle elle doit dès le début même établir et assurer un régime* anarchiste *de liberté individuelle »* : d'un côté, une organisation politique, de l'autre une pulsion individuelle, éventuellement susceptible d'un regroupement *« sur la base d'une libre amitié créatrice »* (moyen terme important, puisqu'on entend par là précisément ce sur quoi le surréalisme se fonde), et qui travaillent toutes les deux à instaurer une même harmonie générale. Cette articulation n'est pas sans

---

[1] André Breton, Léon Trotski, « Pour un art révolutionnaire indépendant », *OC III*, Gallimard, Bibliothèque de la Pléiade, 1999, p. 684. Toutes nos citations, sauf indication, d'après ce document.

[2] Pierre Broué rapporte qu'installé à Vienne de 1907 à 1914, Trotski s'intéressa aux travaux de Freud et *« fut sans doute l'un des premiers marxistes à pressentir l'importance de la méthode de Freud et à entrevoir son contenu émancipateur »*, Pierre Broué, *Trotsky*, Fayard, 1988, p. 133. Dans son discours de Copenhague de 1932, que Breton a longuement cité par la suite dans une de ses allocutions pour *Contre-Attaque*, Trotski parlait de *« la main géniale de Sigmund Freud »*. Outre les premiers théoriciens marxistes, Freud est donc une importante référence commune pour Breton et Trotski.

rappeler le système hétérologique de Bataille. Mais là où Bataille voit un antagonisme radical entre l'organisation politique quelle qu'elle soit (y compris socialiste) et la liberté individuelle, Breton (et Trotski) parient, eux, sur une complémentarité harmonieuse. Il y a donc selon eux deux écueils qui menacent la démarche artistique : la propagande (celle du réalisme socialiste) et à l'inverse, l'illusion d'un *« soi-disant art "pur" »* qui se prétend déconnecté de l'espace politique et ne se rend alors pas compte que son illusion sert les intérêts conservateurs. C'est à clarifier ce lieu exact où le nombril et le monde se rencontrent et s'interpénètrent que l'artiste véritable doit travailler, certain que de son travail, dépend aussi l'avènement du monde nouveau. Le texte termine alors par un vibrant appel à une nouvelle organisation, la FIARI, à la mise en place de laquelle Breton va s'atteler dès son retour en France.

Fin septembre, il a déjà recueilli pas moins de soixante signataires, surréalistes (Péret, Pastoureau, Tanguy, Mabille…) ou pas (Giono). Au Mexique, ce sont Diego Rivera et surtout Trotski lui-même qui tentent d'organiser une semblable fédération. À Londres, à New York, on s'agite dans le même sens. Un bulletin mensuel de la fédération, *Clé*, est fondé, qui ne connaîtra que deux numéros, en janvier et février 1939. Brève existence de ce regroupement, auquel participe cependant André Masson, qui est donc, véritable passeur entre eux deux, en même temps engagé auprès de Breton et auprès de Bataille (dans *Acéphale*). Le combat de la FIARI se signale principalement sur deux fronts : dénonciation de la nouvelle vague de xénophobie qui se traduit par la fermeture des frontières aux réfugiés étrangers (espagnols, italiens, allemands…), et le placement de certains artistes en particulier dans des camps indignes (Hans Bellmer ou Max Ernst)[1] ; soutien aux artistes censurés (O'Gorman, au Mexique)[2]. Après deux difficiles numéros de *Clé*, puis une dernière déclaration collective signée au nom de la FIARI, en juin 1939, le mouvement doit admettre son échec.

Certes la FIARI n'aura pas été cette autre Internationale. Peut-être la double autorité de Breton et de Trotski, à l'initiative de son manifeste fondateur, allait-elle moins de soi qu'on l'aurait voulu de part et d'autre. Breton a beau, à son retour, donner de son voyage au Mexique un récit enthousiaste, il a beau faire de sa « Visite à Léon Trotski » un récit ému, éminemment personnel[3], il cache difficilement les quelques différends qui ont pu surgir ici ou là. Difficile coudoiement théorique, que celui de la révolution et de l'art : ainsi Trotski

---

[1] Voir « Pas de patrie ! », « Persécutions démocratiques » (*Clé* n°1, janvier 1939) et « À bas les lettres de cachet ! À bas la Terreur grise ! », *Tracts surréalistes et déclarations collectives*, Tome I (1922-1939), présentation et commentaires de José Pierre, Éric Losfeld éditeur, 1980, pp. 344-345 et 352-353.
[2] Voir « N'imitez pas Hitler ! » (*Clé* n°2, février 1939), *Ibid.*, pp. 347-348. Juan O'Gorman, muraliste mexicain de renommée moindre que Diego Rivera, s'est vu commander en 1936 trois panneaux pour l'aéroport de Mexico, dont deux sont détruits en 1938 pour leur virulence antifasciste.
[3] Voir André Breton, « Souvenir du Mexique » et « Visite à Léon Trotski », *OC III*, Gallimard, Bibliothèque de la Pléiade, respectivement pp. 677-683 et 692-704.

vante-t-il à Breton le « réalisme » d'un Zola, s'offusque des noms de Sade ou Lautréamont, et s'inquiète devant le « hasard objectif », vu comme une *« petite fenêtre ouverte sur l'au-delà »*, ce que Breton récuse fermement. Mais aussi, difficile coudoiement humain que celui du révolutionnaire et du poète : colère de Trotski contre le collectionneur sacrilège, lorsque Breton s'empare discrètement de petits ex-voto dans une église mexicaine ; indignation de Breton contre l'anthropomorphisme, lorsque Trotski s'abaisse à parler de son chien en termes humains… Plus pénible encore, ce que Breton nomme son « complexe de Cordelia », trait de caractère souvent passé sous silence chez lui, et qu'il n'avouera à Trotski que dans une lettre écrite sur le bateau du retour, cette inhibition paralysante provoquée par une admiration démesurée. Pénible revers, presque pathologique, d'une indicible ferveur, qui explique son retard à jeter sur le papier un premier brouillon de leur manifeste, ce qui a le don d'irriter sérieusement Trotski. Hegel, encore, et la reconnaissance de l'Autre[1]. Bicéphale, la FIARI pouvait certainement pâtir de ce déséquilibre. Mais elle souffrit davantage de la rupture brutale, aussi soudaine qu'inattendue, entre Trotski et Rivera, au Mexique, quelques mois à peine après le départ de Breton[2]. Le 2 juin 1939, Breton croit encore pouvoir surmonter les difficultés, qu'aggrave l'imminence de la guerre. Mais Trotski est alors affairé à une autre entreprise, qui le retient davantage : l'élaboration de la IVe Internationale, proclamée non sans heurts depuis septembre précédent, et qui sera la dernière grande affaire de sa vie, avant son assassinat en août 1940.

Il n'en reste pas moins que pour Breton, Trotski reste (et restera) le point névralgique de jonction entre « actualité » et « inactualité » du surréalisme. C'est lui qui aura permis de retrouver l'impulsion révolutionnaire initiale et de lui redonner toute sa vérité à l'échelle humaine, sans pour autant perdre de vue les chaos du quotidien. Personne mieux que lui n'incarne alors, pour la « communauté » surréaliste, cette « limite non-frontière » dont Breton s'acharne à retrouver le trait.

Quant à l'« inactualité », ce « point de fuite » qu'ouvre, au pire moment de l'histoire, la liberté artistique… Pour Breton, l'appel d'air prend la forme de deux élaborations majeures dans l'histoire du surréalisme. Celle du hasard objectif, qui trouve son éblouissante concrétisation avec *L'Amour fou*, publié en

---

[1] Le 31 août, Trotski répond à Breton : *« Vos éloges me semblent, en toute sincérité, si exagérés que je deviens un peu inquiet sur l'avenir de nos relations. »* Entre Breton et lui, il y a peut-être à ce moment-là, toutes proportions gardées s'agissant de « l'admiration » portée à l'autre, un peu de ce qui s'est joué en 1925 entre Bataille et Breton.
[2] Les motifs de cette rupture sont nombreux. Ils doivent moins à la brève liaison entre Trotski et Frida Kahlo, à la barbe de Rivera qui ne se douta probablement de rien, qu'à des nouveaux événements surgissant à partir de l'automne 1938 et de la création de la IVe Internationale : la mise à l'écart de Rivera, décidée stratégiquement par Trotski, gêné par la notoriété du peintre ; le soutien inattendu apporté par Trotski au gouvernement mexicain lors de l'affaire O'Gorman, contre l'avis de Rivera ; une lettre à Breton, enfin, écrite par Rivera et dont Natalia Sedova Trotski trouve une copie, lettre fustigeant Trotski et qui provoque l'emportement de celui-ci.

1937. Celle aussi de l'humour noir, auquel il travaille depuis 1935, et qu'il révèle lors d'une conférence prononcée le 9 octobre 1937, avant que son *Anthologie de l'humour noir* ne soit fin prête (mars 1938) sans qu'il puisse pour autant si facilement l'éditer. Chacune de ces deux directions ouvre une nouvelle perspective qui recule infiniment l'horizon étroitement militant, et ce jusqu'à des considérations de philosophie phylogénétique (pour le hasard objectif) et ontologique (pour l'humour noir). Sur un plan collectif enfin, on observe une intensification notable des expositions : une « Exposition surréaliste d'objets » (22 au 29 mai 1936), l'exposition « Mexique », au retour de Coyoacán (10-15 mars 1939), mais surtout, consécutivement, quatre expositions internationales du surréalisme en trois ans à peine, à Londres (11 juin-4 juillet 1936), à Tokyo (9-14 juin 1937), à Paris puis à Amsterdam (janvier-février 1938). Chacune témoigne de l'effervescence créatrice, en ces années où la sclérose idéologique étend gravement son emprise.

Ainsi, Breton tente-t-il de renouer avec l'esprit initial du mouvement et de l'enrichir des apports indéniables de l'histoire, en retrouvant l'aile battante de son « château étoilé », où la « communauté » telle qu'il l'a toujours entendue, sans rien perdre, au contraire, de sa détermination révolutionnaire, retrouve avec Trotski les valeurs fondamentales de son engagement, affirme son indépendance et sa liberté absolues au regard des sommations hurlées par l'époque, et ne craint pas de redéployer l'étendard artistique et poétique qui l'en distingue fièrement.

Georges Bataille et les communautés négatives : électives, existentielles et sacrées

Après tant d'entreprises collectives refusées (le surréalisme) ou délibérément perverties (*Documents*, *La Critique sociale*), *Contre-Attaque* a pour la première fois formulé l'idée d'une « communauté » susceptible de trouver dans les principes hétérologiques son propre ciment. On se souvient de la question que Bataille posait avec Breton : « *Le refus devant l'autorité et la contrainte peut-il, oui ou non, devenir beaucoup plus que le principe de l'isolement individuel, le fondement du lien social, le fondement de la communauté humaine ?* » Question à laquelle *Contre-Attaque* n'aura pas su répondre, et qui trouve dans les expériences communautaires inattendues auxquelles Georges Bataille se livre ensuite, un champ d'application pour le moins radical. De 1936 à 1939, ce sont en effet deux sociétés distinctes (deux au moins, trois plutôt, quatre peut-être) qui, simultanément, mais de façon dissemblable, voient le jour autour de Georges Bataille. Encore que « voir le jour » soit une façon de parler, s'agissant de ces sociétés plus véritablement nocturnes que diurnes, et qui entretiennent avec l'idée de secret ou de rite, un rapport déconcertant. Chacune représente en effet une modalité à la fois heuristique (versant théorique) et expérimentale (versant pratique) d'un sacré réinventé, menant à leur paroxysme certaines ambitions avortées de *Contre-Attaque*. Mais en en ayant au préalable défait les liens directement politiques au sens strict, et en ayant presque déserté le terrain historique sur lequel elles entendaient jusqu'alors s'exprimer.

Le 2 avril 1936, Bataille a démissionné du secrétariat général de *Contre-Attaque*, et indifférent au Comité contre l'Union sacrée dont il a pourtant annoncé la formation, a rejoint Masson en Espagne, après avoir rédigé un premier programme pour un nouveau projet d'une toute autre envergure. Ce sera *Acéphale*, dont Masson dessine, avatar du Minotaure, le célèbre et sinistre emblème[1]. Ce programme[2], daté du 4 avril 1936 et organisé en onze injonctions à l'infinitif, entend jeter les bases d'*« une communauté créatrice de valeurs, valeurs créatrices de cohésion. »* Valeurs individuelles, d'abord, où l'on reconnaît les thématiques antichrétiennes (la culpabilité, la question du travail) et antihégéliennes (le travail, encore, le sens de la négativité) fortement teintées d'emprunts nietzschéens (le « ressentiment » culpabilisant, la guerre, le jeu) et des échos des lectures hindouistes auxquelles s'adonne alors Bataille (l'idée d'une « ascèse » et d'une « discipline » positives), germe des prochaines « expériences intérieures ». Valeurs sociales, ensuite : réaffirmation de la nécessité d'une révolution qui soit à la fois antinationaliste, antisocialiste, anticommuniste et antireligieuse, afin de parvenir à une *« communauté universelle »* lucide et débarrassée de l'illusion *« d'un bonheur définitif qui n'est pas seulement inaccessible mais haïssable »*. Là comme ici, c'est en fait *« la valeur de la violence et de la volonté d'agression en tant qu'elles sont à la base de toute puissance »* qui est affirmée, violence de l'être à l'égard de l'ordre du monde, violence du groupe à l'égard des ordres idéologiques quels qu'ils soient, puisque tous, autant qu'ils sont, ne savent que mentir sur la *« réalité contenue dès maintenant »* en l'être humain, qui est la *réalité de sa violence*[3]. Point de jonction évident de ces deux violences : Nietzsche, on l'a dit, mais aussi Sade, celui auquel la « révolution hétérologique », on s'en souvient, était supposé conduire, par-delà Marx. L'idée d'une *« communauté universelle »* fit-elle long feu ? Toujours est-il qu'*Acéphale* fut davantage une société secrète, où les valeurs communautaires étaient moins tournées vers ce qui lui était extérieur (la politique, les idéologies, la violence révolutionnaire, mais plus simplement aussi, toute forme « militante » de prosélytisme) que vers ce gouffre inhérent à la psychologie humaine (la violence ontologique, l'érotisme, la mort, gouffres volcaniques de l'être) autour duquel on eut l'audace effroyable de se convoquer les uns les autres, en cercle restreint.

---

[1] Bataille en a donné une description : « *Au-delà de ce que je suis, je rencontre un être qui me fait rire parce qu'il est sans tête, qui m'emplit d'angoisse parce qu'il est fait d'innocence et de crime : il tient une arme de fer dans sa main gauche, des flammes semblables à un sacré-cœur dans sa main droite. Il réunit dans une même éruption la Naissance et la Mort. Il n'est pas un homme. Il n'est plus un dieu. Il n'est pas moi mais il est plus que moi : son ventre est le dédale dans lequel il s'est égaré lui-même, m'égare avec lui et dans lequel je me retrouve étant lui, c'est-à-dire monstre* », Georges Bataille, « La Conjuration sacrée » (*Acéphale* n°1, 24 juin 1936), *OC I*, Gallimard, 1970, p. 445.
[2] Voir Georges Bataille, « Programme » (4 avril 1936), *OC II*, Gallimard, 1970, p. 273.
[3] On voit clairement comment *Acéphale* explicite le rôle assigné à la violence depuis *Contre-Attaque* au moins, et dénude l'incompatibilité avec les conceptions surréalistes de Breton, qui y étaient latentes.

Acéphale émerge d'abord par sa part visible, non tête mais absence de tête qui dépasse. En l'occurrence une revue, où signeront des noms aussi divers que Pierre Klossowski, André Masson, Jean Wahl, Jules Monnerot... On en connaît quatre livraisons, qui courent de juin 1936 à juin 1939. Un numéro spécial, consacré à « L'érotisme », annoncé en juillet 1937, ne paraîtra pas. En 1938 par contre, c'est dans une « Collection *Acéphale* » que sort, à titre de seule et unique publication, *Miroir de la tauromachie* de Leiris. Ces quatre publications, qui donnent le pouls du groupe, permettent aussi d'y suivre en particulier Bataille, qui rédige d'emblée (numéro 1, 24 juin 1936) « La Conjuration sacrée », *« manifeste inaugural »* du mouvement selon Surya[1]. Placé sous le triple patronage de Sade, Kierkegaard et Nietzsche, ce texte présente *Acéphale* comme le lieu de combat entre forces « religieuses » (*« NOUS SOMMES FAROUCHEMENT RELIGIEUX [...]. Ce que nous entreprenons est une guerre »*) et forces « politiques ». Bataille, s'exprimant ainsi, ne fait que reformuler la théorie hétérologique qui est la sienne depuis plusieurs années déjà : effet de ces glissements conceptuels permanents chez lui, et qui, s'ils montrent effectivement une indéniable indifférence au signifiant, attestent aussi d'un choix terminologique imprégné par l'instant historique de sa formulation. En d'autres termes, sans doute faut-il admettre dans l'œuvre involutive de Bataille, œuvre qui se reprend, rumine, ressasse, l'idée aussi d'une certaine évolution, ne serait-ce que par le passage d'un point de sa propre courbe vers le suivant. Ce qui, en l'occurrence, signifie ceci : ce qui pouvait jusque-là à la rigueur être dit en termes politiques (la « révolution », avec Marx), ne le peut plus, une fois Staline, une fois Hitler advenus. De sorte que c'est désormais par une nouvelle articulation que Bataille exprime sa pensée, articulation qui oppose valeurs politiques d'une part, tout uniment considérées, et valeurs religieuses d'autre part. Politiques donc : le nécessité, le travail, *« le monde des civilisés et sa lumière »*, la raison, l'instruction (« *la vulgarité instruite* »), la guerre militaire... Religieuses donc, au sens dionysiaque du terme (avec Nietzsche, ou Sade, ou Don Juan), soit dans toute sa force antichrétienne : la mort, l'amour, l'extase, le *« tumulte sans cohésion apparente »*, le jeu, le rire... *Acéphale* se veut le lieu de convergence de tous ceux qui ont accepté ce combat pour les secondes, et contre les premières. Dans les trois numéros qui suivront, c'est de Nietzsche que Bataille, presque exclusivement, se réclamera. Là que, parmi les tout premiers, il entreprend de le libérer de l'enrôlement fasciste dont l'ont rendu victime en particulier sa propre sœur, Élisabeth Foertser-Nietzsche et son beau-frère, Bernard Foerster, antisémite notoire[2]. Au-delà, c'est à toute forme de récupération « servile » de la pensée de Nietzsche que Bataille s'en prend, qu'elle vienne de droite comme de gauche : *« LA DOCTRINE DE NIETZSCHE NE PEUT PAS ÊTRE ASSERVIE »*. En d'autres termes, Nietzsche est résolument hostile à toute forme « politique ». Sa pensée déchaîne des forces « religieuses » qui en aucun cas ne peuvent

---

[1] Michel Surya, *Georges Bataille, la mort à l'œuvre*, Gallimard, 1992, p. 286.
[2] Georges Bataille, « Nietzsche et les fascistes » (*Acéphale* n°2, 21 janvier 1937), *OC I*, Gallimard, 1970, pp. 447-465.

s'accommoder de quelque idéologie que ce soit, au risque sinon de la pire trahison. Seul *Acéphale* peut donc s'en revendiquer à bon droit. Contre l'« hallucinogène » fasciste, *Acéphale* représente, grâce à Nietzsche, une nouvelle dose, décuplée car concentrée, de ce « stimulant » que *Contre-Attaque* avait voulu, mais n'avait pas su, être. Au numéro suivant, numéro double de juillet 1937, Bataille s'en remet à une figure hautement nietzschéenne, à savoir Dionysos[1], pour articuler les grands mouvements de civilisations (Égypte, monde gréco-romain, Chine, Occident) sous une même et terrible loi : *« L'APOGÉE D'UNE CIVILISATION EST UNE CRISE QUI DÉSAGRÈGE L'EXISTENCE SOCIALE »*, de sorte que, vérité même de cet « éternel retour » de la décadence, *« civilisation peut être donné comme synonyme de maladie ou de crise. »* La civilisation s'érige au détriment des forces passionnelles, pulsionnelles, « religieuses », de l'individu, qu'elle polit (qu'elle police, qu'elle politise), et auquel une nostalgie profonde réclame de redonner à tout prix leur vigueur originale. Le retour à la vérité mythique de Dionysos est l'expression achevée de cette volonté de renouer avec les forces tragiques qui exacerbent le sens de la vie, et ce, au risque même de la mort acceptée, cet *« ÉLÉMENT ÉMOTIONNEL QUI DONNE UNE VALEUR À L'EXISTENCE COMMUNE »*. Un dernier numéro, entièrement rédigé par Bataille celui-là (juin 1939, soit presque deux ans plus tard), insiste à nouveau sur l'essentiel que Nietzsche a enseigné à *Acéphale*, à savoir cette « pratique de la joie devant la mort[2] », une mort seule capable de donner à la « communauté » des liens inextricables, mise à l'exercice d'une véritable *« mystique »* (le mot est de lui) dont Bataille ébauche les rudiments[3]. Lorsqu'il a l'audace folle de ces lignes, en 1939, la mort a déjà pris pour lui les horribles traits d'une autre vérité. Non pas que l'imminence de la guerre les lui dicte : la mort qui se prépare savamment dans les ministères est une mort « politique ». Non, une mort consciente, tragique, une mort vraie, « religieuse », dont il fallut qu'il fasse l'expérience, qu'il en ait sous les yeux, en plein cœur, la vérité horrible et nue, qu'il la vive en somme en assistant à l'agonie de Laure, qui meurt de tuberculose le 7 novembre 1938. C'est très exactement cette mort-là qui donne à *Acéphale* tout le poids de sa vérité pratique[4].

---

[1] Georges Bataille, « Chronique nietzschéenne » (*Acéphale* n°3-4, juillet 1937), *Ibid.*, pp. 477-490.
[2] Georges Bataille, « La pratique de la joie devant la mort » (*Acéphale* n°5, juin 1939), *Ibid.*, pp. 552-558. Le même numéro s'ouvre sur une commémoration : le cinquantenaire du jour (3 janvier 1889) où Nietzsche, se jetant à Turin au cou d'un cheval battu, sombrait définitivement dans la folie.
[3] Il faut observer que c'est par le recours manifeste à une écriture poétique, c'est-à-dire à un arrangement en poème de son texte, que Bataille célèbre cette « joie devant la mort ». Bataille tente d'y décrire un certain nombre d'états extatiques personnellement vécus, peut-être à l'occasion de ces exercices de méditation mystique qu'il commence à pratiquer après la mort de Laure, en 1938.
[4] Michel Surya, qui fait de la liaison de Bataille avec elle, une communauté amoureuse au sein même de la communauté religieuse d'*Acéphale*, a raconté les circonstances de ce décès, après trois années de débauche houleuse vécues avec Bataille : querelles violentes autour de son corps, avec une famille qui veut l'enterrer selon les rites chrétiens, tension autour des manuscrits qu'elle

Car jamais, en effet, *Acéphale* ne fut conçu comme un mouvement de « pensée » (littéraire, philosophique...) mais comme une expérience commune et sacrée de la vie (de la mort). De sorte que sous cette part visible, tête manquante qui émerge d'un numéro de la revue à l'autre, se cache tout le corps secret de la « communauté », où l'alliance est scellée à même la chair. De l'une à l'autre, la différence est si importante que Surya suggère que cette part « maudite » du mouvement, sur laquelle on sait si peu de choses, pas même le nom ni le nombre exact de ses membres qui ont toujours cultivé le silence, constitue à part entière une autre société. L'« exaltation générale » de la maladroite *Contre-Attaque* allait ici atteindre son paroxysme, mais sans plus aucune ambiguïté ni faux prétexte idéologique. Et rien ne manqua de tout le bric-à-brac ésotérique, pas même précisément tout ce que l'on en ignore encore, ni même tout ce que ses participants eux aussi ignoraient alors[1]. *Acéphale* fut le lieu de pratiques secrètes, rituelles, élaborées par une sorte de recomposition d'éléments hétéroclites occultes, religieux (chrétiens), historiques, etc., récurrents sur la route de Bataille, fût-ce de façon symbolique (à l'esprit, en surimpression, l'image du supplicié chinois, du père « cloué » sur son trône...). Un lieu et une heure de prédilection, d'abord : au pied d'un arbre foudroyé, dans la forêt de Marly-le-Roi, là *« où il semble que des troubles soient intervenus dans l'ordre habituel des choses »* dit Bataille[2], et bien sûr en pleine nuit. C'est là qu'on se retrouvait en secret. Là qu'on devait suivre scrupuleusement les « Instructions pour la "rencontre" en forêt » communiquées individuellement à chaque participant, sous enveloppe scellée portant la mention d'une interdiction formelle d'ouvrir avant l'arrivée en gare Saint-Lazare. Il faudrait reprendre ce document, donné comme *« à lire plusieurs fois, de la façon la plus précise et à retenir »*, avec ses injonctions paranoïaques plus cocasses les unes que les autres, depuis le billet aller-retour, à *« [prendre] à un guichet de petite banlieue »*, jusqu'au comportement préconisé pendant le voyage (*« Ne reconnaître personne, ne parler à personne et prendre une place à l'écart des autres »*), jusqu'au moyen de trouver son chemin, une fois rendu en gare de destination (*« Suivre sans rien demander celui d'entre nous qui attendra sur la route, en groupe de deux ou trois au plus et toujours sans parler »*), puis jusqu'au chemin du retour. Le pathético-comique de l'affaire ne réside pas moins dans l'immense ellipse de ce

---

laisse... Voir Michel Surya, *Georges Bataille, la mort à l'œuvre*, Gallimard, 1992, pp. 308-317. Dans son cercueil, Bataille déposa *Le mariage du ciel et de l'enfer*, de William Blake.

[1] *« Il n'est pas certain que tous surent vraiment quel était le projet d'*Acéphale, *pas certain qu'ils n'en aient pas approché une vérité réduite à ce que Bataille consentait à en dire [...] : le jeu était entre ses seules mains ; il le distribua à sa guise selon une hiérarchie des participants dont il fut seul maître »*, Ibid., p. 300.

[2] Voir Georges Bataille, « Instructions pour la "rencontre" en forêt », *OC II*, Gallimard, 1970, pp. 277-278. Choix motivé par une proximité géographique, c'est certain (Laure et Bataille habitent alors à quelques kilomètres à peine, à Saint-Germain-en-Laye) mais choix symbolique aussi : cet arbre était situé non loin des ruines du Château de Montjoie, château construit par Louis XIV et détruit sous la Révolution (Louis XIV/Louis XVI/« Louis Trente » : le Soleil et la Guillotine réunis dans cet arbre foudroyé). Surya signale en outre qu'après la mort de Laure, sa tombe sera un nouveau lieu de la topographie sacrée du groupe.

qui se passait vraiment dans l'intervalle, entre membres des trois degrés initiatiques, les « larves », les « muets », et les « prodigues » (la « prodigalité », vertu maximale, durkheimienne, de ce « potlatch » ravivé). Quelques rites, pratiqués ou simplement échafaudés : répandre une flaque de sang au pied de la Concorde ; envoyer un communiqué à la presse signé Sade, indiquant le lieu où est enterré le crâne de Louis XVI ; déjeuner de viande de cheval hachée uniquement, et uniquement accompagnée d'eau (le vin était proscrit)… Cette histoire du sacrifice humain aussi, qu'on envisage sérieusement, avec Caillois comme exécuteur, avant de se rétracter[1]. La mort de Laure fut indubitablement le « sacrifice » inattendu auquel il fallut consentir pour célébrer dans le plus grand déchirement cette « pratique de la joie devant la mort » qu'Acéphale expérimenta jusqu'à l'extrême, et au milieu de laquelle Bataille sembla faire office de premier célébrant.

Communauté fondamentalement, expérimentalement nietzschéenne (et sadienne), *Acéphale*, elle-même dédoublée entre part émergeante et part secrète, se double dès les premiers mois d'une autre communauté autrement plus visible, mais foncièrement hégélienne celle-là. Ce sera le *Collège de sociologie* qui, de novembre 1937 jusqu'à juin 1939, et à raison de deux réunions par mois environ, tentera d'élaborer « une sociologie du sacré[2] ». Partant en effet du constat que *« la science s'est trop limitée à l'analyse des structures des sociétés dites primitives, laissant de côté les sociétés modernes »*, Bataille en vient à l'idée de développer *« une communauté morale, en partie différente de celle qui unit d'ordinaire les savants et liée précisément au caractère virulent du domaine étudié et des déterminations qui s'y révèlent peu à peu »*. Un telle « virulence » indique la nature contagieuse des objets d'étude qu'on se donne, objets épistémologiquement dangereux car susceptibles de travailler les sujets mêmes qui se consacrent à leur analyse. Voilà d'emblée chaque acteur potentiel prévenu. Mais hormis cet avertissement méthodologique, aucune restriction : l'accès se veut ouvert à toute contribution. En somme, une étude, mais une étude totale, qui ne soit pas seulement étude objective mais qui soit capable d'intégrer l'observation du sujet même de la connaissance, en tant qu'il n'échappe pas à ce qu'il observe, était censée souder une communauté scientifique (communauté de « sages », au sens absolu,

---

[1] Voir Roger Caillois, *Approches de l'imaginaire*, Bibliothèque des Sciences humaines, nrf, Gallimard, 1974, p.93, où il a expliqué que le sacrifice fut annulé *« par lâcheté élémentaire et par l'effet de quelque doute qu'on n'avouait pas sur la fécondité d'une telle pluie de sang. La vaillance manqua, et aussi, je pense, la conviction. »*

[2] Georges Bataille, « Note sur la fondation d'un *Collège de sociologie* » (*Acéphale* n°3-4, juillet 1937), *OC I*, Gallimard, 1970, p. 492. Observons que la fondation du *Collège*, décidée dès le mois de mars, suite à une réunion au Grand Véfour où Bataille parle de « L'Apprenti sorcier », est donc annoncée dans le dernier numéro collectif paru sous le nom d'*Acéphale*, avant un numéro 5, deux ans plus tard, uniquement signé par Georges Bataille. Une communauté semble, sur le plan chronologique, prendre le relais de l'autre. Plus exactement, du versant émergeant, on dirait « théorique » de l'autre, qui n'en continue pas moins (voire qui les inaugure précisément à ce moment-là) ses pratiques occultes.

hégélien du terme, celui que Kojève propage par ailleurs), elle-même censée provoquer ensuite, du moins dans l'esprit de certains, une agitation irrémédiable dans la sphère sociale (fusion de l'homme du Savoir et de l'homme de l'Action kojéviens). Pour le dire schématiquement, le *Collège* se concentrerait sur ces phénomènes proprement « religieux » qu'*Acéphale* mettait en pratique : démarche cognitive, entreprise à la façon d'un ultime combat contre les ravages de l'idéologie politique et du conditionnement militaire généralisés. On y retrouve, autour de Bataille, Roger Caillois et Michel Leiris, avec lesquels il forme le « triumvirat » dirigeant. Kojève (exceptionnellement), Klossowski ou encore Denis de Rougemont y participent[1]. Certains qu'on retrouvait donc dans *Acéphale* (Caillois), d'autres pas (Leiris).

Le 20 novembre 1937, Bataille inaugure donc avec Roger Caillois la première réunion du *Collège*. Il y donne une analyse des « Rapports entre "société", "organisme" et "être"[2] », texte qui réaffirme les ambitions théoriques du *Collège*. Bataille y soutient l'idée que la société diffère *« de la somme des éléments qui la composent »* et réfute ainsi catégoriquement l'idée admise d'une communauté simplement contractuelle[3]. Son argumentation emprunte à des domaines scientifiques très larges (sociologie politique, biologie, physique, astronomie…, constamment, le vocabulaire glisse d'un domaine à l'autre) et à une actualité la plus immédiate. Elle tend à soutenir l'idée que toute forme d'unité (étatique, moléculaire, stellaire….) génère une sorte de « valeur ajoutée » qui donne sa cohésion existentielle à l'ensemble (Bataille dirait à l'« être composé »). Cette conception engage ainsi à observer par exemple la vérité du fait nationaliste, qui dément dans les faits toutes les chimères universalistes ou internationalistes (celles, trotskistes, de Breton ?). Elle pose plus largement le problème de la conscience : à quel degré de composition faut-il parvenir pour parler de « conscience » ? En d'autres termes, la société est-elle ou non un « être conscient » ? Existe-t-il une « conscience collective » au-delà de la « conscience individuelle », elle-même d'une consistance scientifique problématique ? Et quelle est la nature exacte de ce « mouvement communiel », capable en outre d'amalgamer une société en plusieurs agrégats internes conflictuels ? C'est à ces questions qu'il s'attachera de répondre au fil des exposés suivants, afin de clarifier cette *« communauté élective »* à laquelle il souhaite appartenir, par opposition aux *« communautés traditionnelles »* comme aux *« principes d'individualisme qui aboutissent à l'atomisation démocratique. »* Bataille en vient à souligner l'importance de l'articulation attraction/répulsion dans le mouvement de constitution sociale humaine. Il révèle ainsi un foyer du « sacré », constitué par

---

[1] Mais aussi Wahl, Paulhan, Monnerot…
[2] Tous les documents relatifs aux interventions de Bataille figurent à la fois dans ses œuvres complètes chez Gallimard et dans le précieux volume publié par Denis Hollier, exclusivement consacré au *Collège de sociologie 1937-1939* (1979), Folio Essais, Gallimard, 1995.
[3] Idée rousseauiste d'un « contrat social » à la base des structurations politiques de type constitutionnel.

tout ce qui est tabou, *« c'est-à-dire intouchable et innommable¹ »* (cadavres, sang menstruel…) : *« Tout porte à croire que les hommes des premiers temps ont été réunis par un dégoût et par une terreur commune, par une insurmontable horreur portant précisément sur ce qui avait primitivement été le centre attractif de leur union. »* Deux exemples, le sexe et le rire, vus comme des moments de communication infraverbale particulièrement intenses, contagieux, fortement chargés de valeurs socialisantes : tous deux interposent en effet une *« région de silence »* qui est le domaine même de la mort partagée. Cet espace noir et vide, inaccessible au discours, véritable *séparation qui relie*, apparaît encore mieux lorsqu'il s'agit d'observer, nouvel exemple analysé dans la conférence suivante, le rôle de l'église (avec ses cadavres sous les dalles, sa relique sacrée, son cimetière périphérique) au sein des villages français, et plus encore, la fonction rituelle de la messe, et du sacrifice symbolique qui s'y joue : espace même de cette répulsion-attraction et de ce silence chargé, indépendamment de toute forme de croyance spécifiquement chrétienne (Bataille assimile d'ailleurs à cette *« mise en jeu d'une force répulsive intense² »* l'expérience vécue par Leiris d'un sacrifice au cours de son voyage en Afrique, ou encore diverses formes ethnologiques du tabou). Ainsi, du sexe au rire, à la consécration chrétienne, au sacrifice africain, l'objet des opérations religieuses consiste à transformer la répulsion (sacré gauche : par excellence, le cadavre en cours de putréfaction) en attraction (sacré droit : par excellence, les os blanchis du squelette). C'est dans cette transmutation que la « communauté » trouve son socle fondateur. Se pose ensuite la question du pouvoir au sein de cette « communauté » : lui aussi, en effet, à l'instar du sacré, *« reste dans l'ensemble pour les hommes une réalité à la fois séduisante et redoutable³ »*. Telle est en tout cas la condition *sine qua none* de son efficacité. Bataille, s'appuyant sur les travaux de Frazer (le roi sacrifié comme bouc émissaire, afin de purger la communauté du mal) ou de Dumézil (les tares diverses qui affectent le roi, contreparties inhérentes à sa puissance même), oppose ainsi le ridicule du pouvoir faible et fantoche, qui s'obstine à ignorer la violence au profit du discours (le président Lebrun par exemple), avec d'une part le pouvoir très fortement incarné, pouvoir « sacré », « tragique », qui concentre en lui la plus forte charge ambivalente d'attraction et de répulsion, et d'autre part le pouvoir militaire, expédient né du délabrement de la puissance effective du premier, et qui vient à bon escient lui prêter main forte⁴ ou s'y substituer. Contre ce pouvoir militaire, qui rejette la violence à l'extérieur de lui,

---

[1] Georges Bataille, « 22 janvier 1938 », *OC II*, Gallimard, 1970, p. 310.
[2] Georges Bataille, « 5 février 1938 », *Ibid.*, p. 327.
[3] Georges Bataille, « 19 février 1938 », *Ibid.*, p. 337.
[4] Ces idées ont déjà été développées dans *La structure psychologique du fascisme* dont on a parlé. Bataille se méfie des malentendus : de même que son exemple emprunté aux églises chrétiennes ne suppose aucun éloge du christianisme en tant que tel, de même cette analyse de la puissance sacrée du chef, qui risque d'être lue comme une apologie du fascisme, est au contraire l'expression d'une *« aversion profonde contre tout ce qui capte cette puissance au bénéfice de la conservation »*, à savoir la personne même du chef. On a déjà eu l'occasion de souligner ce qui empêche de faire de Bataille un apologue du fascisme.

Bataille s'intéresse au fonctionnement du premier, qui définit celui des sociétés secrètes, dont le *Collège* ou *Acéphale*. Ces sociétés secrètes, « existentielles », constituent une négation absolue, dionysiaque, de l'hégémonie politique (militaire ou discursive) du corps social (dont, assurément, le surréalisme et la FIARI font partie à ses yeux).

La deuxième année d'existence du *Collège* voit clairement les contributions de Bataille, qui n'en abandonne pas moins son rôle d'animateur, se raréfier. Il cosigne, avec Caillois et Leiris, une « Déclaration du *Collège de sociologie* sur la crise internationale[1] » (en novembre 1938, soit un mois à peine après la signature des accords de Munich). En refusant de se placer sur le terrain politique (celui de la stratégie, de la diplomatie), cette déclaration voit le *Collège* maintenir son regard analytique braqué sur l'espace de prédilection qui est le sien, à savoir les *« réactions psychologiques collectives »*. Ainsi, la faiblesse de Daladier est-elle lue comme révélatrice de la faiblesse de tout un peuple que l'imminence de la guerre effarouche. Cette *« panique morale »* s'avère caractéristique de la déroute générale de la situation politique, quelque camp ou quelque idéologie qu'on observe. De fait, les démocraties occidentales sont présentées comme des régimes *« de* dévirilisation *de l'homme »* abandonné à un confortable individualisme bourgeois. C'est à cette même « crise de septembre 1938 » qu'est consacré l'exposé du 13 décembre suivant, exposé dont le texte n'a pas été retrouvé, comme plusieurs autres par la suite (sur Hitler, le mardi-gras…)[2]. Au moment même où, dans une ultime livraison d'*Acéphale*, Bataille célèbre seul « La pratique de la joie devant la mort », ses interventions au *Collège* s'achèvent significativement sur une présentation de « La joie devant la mort[3] » (6 juin 1939), pendant théorique de ces exercices de méditation mystique dont il rapporte par ailleurs les expérimentations. Éloquent de voir ainsi les « communautés » distinctes dans lesquelles Bataille est engagé aboutir très exactement au même point : celui de la mort, mais d'une mort assumée, affrontée, d'une mort *gaie*. Il y dégage l'importance d'une conception sacrificielle de la vie humaine enfin parvenue à la pleine conscience d'elle-même, conception selon laquelle la mort est une nécessité inéluctable, ontologique, un trou noir, centre de gravité au cœur de l'existence personnelle et collective. Encore faut-il préciser : *« Il ne s'agit nullement de mourir mais d'être porté "à hauteur de mort". Un vertige et un rire sans amertume, une sorte de puissance qui grandit, mais se perd douloureusement en elle-même arrive à une dureté suppliante, c'est là ce qui s'accomplit dans un grand silence[4] »*. Alors, la vie pleine se retrouve, atteint son

---

[1] Georges Bataille, « Déclaration du *Collège de sociologie* sur la crise internationale », *Ibid.*, pp. 538-540.
[2] Voir Denis Hollier, *Le Collège de Sociologie 1937-1939* (1979), Folio Essais, Gallimard, 1995, pp. 448-459.
[3] Denis Hollier réunit sous ce titre deux textes posthumes, parus le premier sous le titre « Le sacrifice », le second sous celui de « La joie devant la mort », qui figurent dans *OC II*, Gallimard, 1970, respectivement pp. 238-243 et 244-247. On se rappelle comment la mort de Laure est inséparable de ces considérations.
[4] Georges Bataille, « Le sacrifice », *Ibid.*, p. 243.

apogée, culmine en son point même de rupture, celui-là même sur lequel sont fondés tous les espoirs communautaires qu'il nourrit, et autour duquel il a l'audace de convoquer les uns et les autres, qui ne peuvent finir que par reculer d'un pas. Au moment même où la guerre éclate, c'en est fini de cette danse macabre et hilare autour du tombeau. Les sociétés secrètes « existentielles » se dissolvent et cèdent place à une communauté « tragique » d'une toute autre envergure. C'est donc seul que Bataille a publié le dernier numéro d'*Acéphale* en juin. C'est également seul que le 4 juillet 1939, il s'exprime une dernière fois au nom du *Collège de sociologie*. Caillois est en Argentine. Leiris a tourné les talons. Parvenir à l'« être composé » auquel on aurait souhaité parvenir, sur la base d'un affrontement lucide avec la mort, d'un partage même de cette mort, à l'instar de l'extase sexuelle qui est déchirure de soi vers l'autre, redonner à la « communauté » humaine son sens le plus profond, le plus nu, voilà qui exposait à des dangers incommensurables. Peut-être est-il alors possible de voir dans cette dernière intervention de Bataille esseulé, justement le point mort, ultime, extrême, d'une aspiration défaite, elle-même finalement pulvérisée par ce sur quoi elle avait compté. C'est que la mort ne réunit pas : elle tue.

Ainsi (trop) rapidement suivi dans les pas mêmes de Bataille, le parcours du *Collège de sociologie* signale l'importance décisive des cours sur *La Phénoménologie de l'Esprit* de Hegel prodigués au même moment (de 1933 à 1939) par Kojève. On l'a dit, il est temps d'y insister : le *Collège* fut une entreprise profondément hégélienne, au sens où Kojève, qui consent à y participer pour une seule et unique intervention[1], en proposait la lecture à l'École des Hautes Études[2]. Bataille en est, avec Queneau notamment, un auditeur assidu : « *(explication géniale, à la mesure du livre : combien de fois Queneau et moi sortîmes suffoqués de la petite salle – suffoqués, cloués). À la même époque, par d'innombrables lectures, j'étais au courant du mouvement des sciences. Mais le cours de Kojève m'a rompu, broyé, tué dix fois*[3] ». Encore la communication (la communion) par la mort. Kojève provoque donc un déplacement sensible de Bataille à l'égard de Hegel, dont on a vu à plusieurs reprises qu'il en rejetait jusqu'alors sévèrement la philosophie, point de désaccord majeur avec Breton. Interprétant la question de la dialectique du Maître et de l'Esclave comme une lutte existentielle pour la reconnaissance par l'autre, Kojève assurément réhabilite la pensée dialectique aux yeux de Bataille lorsqu'il fait de Hegel un penseur dualiste, acceptant la coupure radicale et

---

[1] Le 4 décembre 1937, Kojève parle précisément des « Conceptions hégéliennes », qui introduisent directement Hegel au sein du *Collège*. Mais le témoignage de Caillois précise les raisons de son refus de s'impliquer davantage auprès de ces « apprentis sorciers » : « *À ses yeux, nous nous mettions dans la position d'un prestidigitateur qui demanderait à ses tours de prestidigitation de lui faire croire à la magie* », Voir Denis Hollier, *Le Collège de Sociologie 1937-1939* (1979), Folio Essais, Gallimard, 1995, p. 67.
[2] Ces cours furent « *une interprétation et non un commentaire, la lecture actualisée et non l'exégèse scientifique* », dit Dominique Auffret, *Alexandre Kojève. La Philosophie, l'État, la fin de l'Histoire*, coll. Figures, Grasset, 1990, p. 17.
[3] Georges Bataille, *OC VI*, Gallimard, 1973, p. 416.

irrémédiable entre réalité humaine (historique) et réalité naturelle. La Négativité, qui distingue l'homme de l'animal, est cette *« possibilité de nier, et transcender, en la niant, sa réalité donnée, être plus et autre que l'être seulement vivant[1] »*. En acceptant sa mort, l'homme nie la mort naturelle, animale, à laquelle il est voué : risquant sa vie jusqu'à la mort (par le combat, par le jeu…), il prouve son humanité fondamentale et enclenche l'histoire. Rien là, que Bataille ne pouvait entendre mieux que quiconque, a fortiori au moment des tentatives communautaires qu'on a vues. Avec Kojève, la philosophie de Hegel s'incarne, devient anthropologie : elle dit le destin de l'homme dans (contre) la nature. Elle est aussi phénoménologie, elle embrasse dans une même totalité l'objet et le sujet de son propre discours. Et si, comme le prétend Kojève, la philosophie de Hegel est *« une philosophie de la mort[2] »*, de cette Négativité absolue, acceptée, qui seule donne à l'homme sa dimension véritable, alors Bataille et Hegel ne disent-ils finalement pas la même chose ? Mieux encore, lorsque Kojève proclame l'avènement du Savoir Absolu auquel la mort conduit à la Fin de l'Histoire, ce Savoir du Sage qui a enfin pris pleinement conscience de sa finitude, n'est-ce pas lui que Bataille peut probablement s'imaginer incarner personnellement et reconnaître sous les traits de ceux qu'il convoque dans sa communauté[3] ? Lorsque l'« idéalisme absolu » de Hegel, que Bataille avait tant reproché à Breton, s'est dissous avec Kojève[4], Hegel a perdu ce qui pouvait le rendre suspect aux yeux d'un antichristianisme farouche : il est devenu le penseur même de ce qui est, et que l'homme (Bataille lui-même) s'est longtemps refusé à voir. Kojève sait-il d'ailleurs que lorsqu'il lit Hegel en assignant à l'ère chrétienne la dimension d'une nécessité historique qui demande à être dépassée, après la révolution (celle, implicite, de Napoléon pour Hegel/explicite, de Staline pour Kojève[5]), par l'ère de la philosophie puis enfin celle de la Sagesse, ère de la Vérité enfin parvenue à son terme, il ne fait rien d'autre que suggérer à Bataille d'y projeter sa propre histoire personnelle ? L'analyse de détail reste à

---

[1] Alexandre Kojève, *Introduction à la lecture de Hegel*, Leçons sur la *Phénoménologie de l'Esprit* professées de 1933 à 1939 à l'École des Hautes Études, réunies et publiées par Raymond Queneau, coll. Tel, Gallimard, 1947, p. 52.

[2] *Ibid.*, p. 539.

[3] La question de la mort est au cœur de ce qui se joue chez Bataille entre Nietzsche et Hegel. On peut schématiser en disant qu'avec Nietzsche, l'acceptation de la mort est acceptation de la réalité matérielle qui fait et défait éternellement le mouvement de la vie (acceptation *positive*) alors qu'avec Hegel, l'acceptation de la mort est acceptation de son travail de *négation* qui fait l'homme par définition (par opposition à la nature).

[4] Dans sa toute dernière conférence, en 1939 : « *trompé par l'expression hégélienne : "idéalisme absolu", on a souvent affirmé que le système de Hegel est "idéaliste". Or en fait, l'Idéalisme absolu hégélien n'a rien à voir avec ce qu'on appelle ordinairement "Idéalisme". Et si l'on emploie les termes dans leur sens usuel, il faut dire que le Système de Hegel est "réaliste" »*, *Ibid.*, p. 427.

[5] Confidences que Kojève fait en 1968, et qui donnent la clef de lecture de son cours sur Hegel et de son engagement pro-stalinien : « *Hegel s'était trompé de cent cinquante ans. La fin de l'Histoire, ce n'était pas Napoléon, c'était Staline, et c'était moi qui serais chargé de l'annoncer avec la différence que je n'aurais pas la chance de voir passer Staline sous mes fenêtres* », Alexandre Kojève, cité d'après Dominique Auffret, *Alexandre Kojève. La Philosophie, l'État, la fin de l'Histoire*, coll. Figures, Grasset, 1990, p. 243.

faire, quant à la question des apports de Kojève chez Bataille, ce qui rejoint voire confirme sa pensée (la mort ; la phénoménologie…), ce qui la bouscule (la dialectique…), ce qui s'y oppose et que Bataille minimise (le rôle assigné au Discours, langage absolu du Sage, alors que Bataille fait du silence sa vertu première[1] ; la guerre « politique » et l'État, que Bataille récuse pour une mort sacrée et une communauté secrète…). Il ne fait aucun doute qu'à partir de ses cours, Hegel prend toute sa place au sein du *Collège*, cette expérimentation d'une « communauté de Sages ». Ce déplacement notable amène inévitablement un déplacement du positionnement à l'égard du surréalisme en général et de Breton en particulier, puisque nombre des griefs qui lui étaient jusqu'alors opposés viennent de trouver un nouvel éclairage. Déplacement, mais pas accord : si la présence de Breton aux cours de Kojève fait débat, il semble plus certain de dire que le Hegel (le Sage) que Kojève présente (celui du Discours) et qui séduit Bataille (son Silence) n'est pas celui qu'on a pu voir séduire Breton (sa Poésie). Plus certain d'insister sur le fait que la fin advenue de l'histoire (Kojève, Bataille) reste inscrite dans un horizon à provoquer (Breton), et que par conséquent la Négativité doit encore avoir politiquement cours (Breton), et qu'elle ne se ramène ni à une force devenue obsolète (Kojève), ni à une impulsion « sans emploi », qui démarque de l'histoire même (Bataille). Hegel constitue ainsi à partir de Kojève une sorte de plate-forme assez bancale, mais qui autorisera désormais une certaine forme d'échange, là où jusqu'à présent il était un obstacle incontournable.

En sortant de *Contre-Attaque*, Breton et Bataille sont bien pris d'une frénésie communautaire qui rompt avec l'époque même qui les y pousse sans ménagement. Si, en effet, les communautés (politiques, militaires) qui se dressent alors en deux factions antagonistes, pervertissent pareillement et durablement le sens même à accorder à cet élan communiel[2], il ne fait aucun doute que ce qui les anime l'un comme l'autre est violemment hostile à ce qui se joue là sous un vocable apparenté. C'est, chez eux, la conviction analogue d'une force fondamentalement humaine, et qui n'existe que d'être expérimentale et expérimentée en commun, en faisant sauter la ligne de démarcation prudente entre théorie et pratique, pensée et action. La convocation que chacun lance est une sommation adressée à la condition humaine : elle se fonde sur l'espoir d'un partage consenti, susceptible de défaire la séparation existentielle entre soi et l'autre. Ce qui ne ramène pas pour autant leurs efforts respectifs à une démarche identique. Pour Breton, en effet, la

---

[1] Selon la terminologie kojévienne, Bataille s'apparenterait en un sens aux « Sages Inconscients », encore que Kojève dénie à ceux-ci la possibilité d'accéder à la Connaissance, que seul ouvre le Discours selon lui.

[2] Voir ce qu'en dit Jean-Luc Nancy, qui rappelle comment le terme « communauté » est passé à la moulinette de la religion (chrétienne, juive…), du nazisme, du communisme, ou plus récemment, des divers « communautarismes », jusqu'à exiger désormais pour l'emploi du mot et du concept des précautions extrêmes, Jean-Luc Nancy, *La Communauté affrontée*, Galilée, 2001.

« communauté surréaliste » est portée par un souffle transhistorique : c'est sur l'espoir d'un « lendemain » (d'un devenir) qu'elle s'anime, se déploie, désire son étoilement infini. Son mouvement est centrifuge. Tout reste à faire pour que l'homme gagne « la fin de l'Histoire », vers laquelle oriente un art (un langage) « révolutionnaire et indépendant », engrenage de prédilection du mouvement. Cette « communauté » est donc une courroie d'entraînement faite de la présence sensible au monde (et du monde), à l'autre (et de l'autre). Chez Bataille, ce mouvement est centripète : il invite, spirale concentrique du rapace au-dessus de la charogne, à se pencher ensemble, et toujours plus près, sur son propre abîme, autour duquel tout est ramené, et au plus près duquel tout prend (la vie prend) son véritable prix. La « fin de l'Histoire » est déjà là (Kojève en assure, il n'y aura plus de lendemain), le Sage n'est donc plus en « devenir[1] », il est celui qui, dans « l'instant » (de la jouissance, du rire, de la mort), sait s'extraire de l'agitation et de la confusion politiques (discursive), dont la crispation fasciste constitue la trémulation ultime (militaire). Pour lui, la lucidité affranchit des chimères du bonheur (auquel aspire l'optimisme révolutionnaire de Breton), et donne en échange la joie immédiate, inaccessible au langage. C'est, dit Blanchot, une « communauté d'absence[2] », qui s'offre la mort en partage, l'insupportable puissance focale de la mort résolvant dans son achèvement la différence entre communauté de l'extase sado-nietzschéenne et communauté du savoir hégélien. Mais la guerre éclate, au moment même où le Sage du Discours se tait (fin des cours de Kojève), rendant tout à coup pareillement odieux au regard des impératifs de l'histoire, le Silence de Bataille et la Poésie de Breton. Eux savent pourtant ce qui s'y dira d'essentiel.

---

[1] De cela, Bataille convient avec Kojève. Ainsi, lui écrit-il en 1937, dans une formule paradoxale qui suggère l'extrémité de la mort imminente : *« J'admets (comme une supposition vraisemblable) que dès maintenant l'histoire est achevée (au dénouement près) »*, Georges Bataille, « Lettre à X. chargé d'un cours sur Hegel » (6 décembre 1937), *Le Coupable*, OC V, Gallimard, 1973, p. 369. Il faut préciser que cette même lettre fait état d'un désaccord important avec Kojève : là où celui-ci voit dans la fin de l'histoire la dissolution de la négativité hégélienne, Bataille maintient cette force de négativité *« à l'état de "négativité sans emploi" »*, c'est-à-dire de négativité qui perd son statut hégélien de force agissante de l'histoire (son statut politique). On sait la fortune de cette expression pour la réception critique, en particulier telquellienne, de l'œuvre de Bataille.
[2] Maurice Blanchot, *La Communauté inavouable*, Éditions de Minuit, 1983.

Éros matérialiste
L'Amour fou, Le Bleu du ciel

L'ÉCART de compas auquel ces deux œuvres obligent, si différentes, si étrangères l'une à l'autre, est *a priori* maximal. Pourtant, dans les dernières années d'avant-guerre, ce sont ces deux écrits majeurs qui accompagnent l'évolution qu'on a pu suivre jusqu'ici. Eux qui vibrent, disons de façon plus proprement « littéraire », des enjeux de l'époque, enrichis de bien d'autres harmoniques. Si bien qu'il faut pouvoir lire comparativement ce qui y est dit d'une certaine situation objective (on sait combien, alors, le temps est lourd) mais aussi subjective : elles sont, à ce moment précis, les deux œuvres à ciel ouvert et à l'épreuve du climat. En 1957, lorsque le livre de Bataille paraît enfin, le rapprochement d'ailleurs s'impose naturellement dans un prospectus de Pauvert : *« on peut prendre de cette œuvre nue et sans décors une vue assez claire d'une certaine atmosphère d'avant-guerre ; la transition littéraire, si l'on veut, entre* L'Amour fou *et* La Nausée[1] *».* La question vaudrait d'être creusée. Tout le problème du rapprochement avec le seul Breton consiste avant tout à préserver la pluralité, la dissémination dont chaque œuvre, séparément, est le point d'origine, et ne pas en réduire l'étrangeté. Surtout ne pas raidir, sur le chemin de fer des genres, des thèmes, ou des motifs croisés, leur trafic buissonnier.

---

[1] « [Dernier feuillet du prospectus Pauvert de 1957], dans Georges Bataille, *Romans et récits*, Gallimard, Bibliothèque de la Pléiade, 2004, p. 311. Jean-Paul Sartre a publié *La Nausée* en 1938. L'aventure d'Antoine Roquentin, sous les traits duquel il n'est pas difficile de le reconnaître à bien des égards, a de quoi faire penser à celle de Henri Troppmann, sous lequel on reconnaît à bien des égards Bataille. Cette expression *« sous forme littéraire des vérités et des sentiments métaphysiques »* dont parle Simone de Beauvoir, où les valeurs de la bourgeoisie sont tournées en dérision, où l'individu dépouillé de toutes ses illusions sur le monde et sur lui-même s'abandonne à l'existence pure, à son inanité la plus solitaire, voilà autant d'aspects qui évoquent assurément le livre de Bataille. Il n'y a pas jusqu'à une certaine stylistique de la discontinuité qui ne puisse y être apparenté : dans leur édition Pléiade des œuvres romanesques de Sartre, Michel Contat et Michel Rybalka rappellent qu'un Roquentin (ou rocantin) est le *« nom que l'on donnait autrefois à des chansons composées de fragments d'autres chansons et cousus ensemble comme un centon, de manière à produire le plus souvent des effets bizarres par le changement de rythme et des surprises gaies ou ridicules dans la suite des pensées. »* Les anciennes « fatrasies » ne sont pas si loin. Entre 1937 (*L'Amour fou*) et 1938 (*La Nausée*), nulle part donc, il y a, en guise d'invisible « transition », *Le Bleu du ciel* (1957).

Des compositions écrites

C'est le 2 février 1937 que paraît *L'Amour fou*. Gestation singulière que celle de cette œuvre, à la fois lointaine et soudaine : lointaine, car elle remonte pour partie à une enquête lancée courant 1933 et publiée en décembre de cette année-là dans *Minotaure* (Breton venait d'être exclu de l'AEAR) ; soudaine car tout se précipite trois ans après, à partir d'août 1936, au sortir de *Contre-Attaque*, de sorte que le livre semble terminé vers octobre au plus tard. *L'Amour fou* est en effet un livre « composite », qui réunit sept chapitres disparates, tous (sauf un) préalablement publiés (et donc, conçus) comme des entités autonomes, mais qui vont alors trouver une étonnante cohérence au sein de ce nouvel ensemble.

Le paradoxe n'est pas infime en effet, qui donne à cette disposition/recomposition sa cohérence finale. Le livre part très précisément du point d'aboutissement de *Nadja*, à savoir de cette définition de la « Beauté » nouvelle, qui *« sera CONVULSIVE ou ne sera pas[1] »*. Forcé de convenir de la nature changeante de l'amour, Breton s'interroge sur ce qui peut expliquer dans les faits un si cinglant démenti à son désir d'un amour unique, dont la « Beauté » est l'expression même. Ce *« jeu de substitution d'une personne à une autre, voire à plusieurs autres[2] »* le conduit, par le biais d'une anecdote digressive comme il les affectionne, en l'occurrence un calembour en apparence insignifiant fait par une serveuse, à développer sa définition initiale au moyen de trois couples d'adjectifs antithétiques : *« La beauté convulsive sera érotique-voilée, explosante-fixe, magique-circonstancielle ou ne sera pas[3] »* (chapitre I, « La beauté convulsive », dans *Minotaure* n°5, mai 1934). Cette nouvelle assise (hégélienne : une dialectique orientée vers le devenir) posée, Breton intègre une longue réflexion occasionnée par les réponses, en majorité décevantes, reçues à une enquête lancée avec Éluard sur le rapport entre la rencontre amoureuse et le hasard (« Enquête », *Minotaure* n°3-4, décembre 1933). C'est alors l'occasion de mettre en avant le rôle prépondérant du désir, d'un désir lancé *« à la recherche de son objet »* et capable, dans la conjonction d'un certain nombre de « circonstances », de susciter la « magie » de la rencontre entre une causalité objective et l'inconscient le plus subjectif (chapitre II). La rencontre, c'est d'abord celle de deux objets trouvés au marché aux puces, un intrigant masque de métal (que Joë Bousquet identifiera par la suite) et une cuiller en bois, lors d'une promenade faite en compagnie de Giacometti. Breton s'interroge sur le trouble que suscitent ces objets, et en vient à comprendre qu'ils répondent à un désir inconscient, et qu'ils fonctionnent exactement comme un rêve, en libérant

---

[1] André Breton, *Nadja* (1928), *OC I*, Gallimard, Bibliothèque de la Pléiade, 1988, p. 753. Cette phrase est la dernière du livre.
[2] André Breton, *L'Amour fou* (1937), *OC II*, Gallimard, Bibliothèque de la Pléiade, 1992, p. 677.
[3] Implicitement, c'est là de sa part un indéniable positivisme historique, une certaine manière de tenir le passé (le sien, pour le moins) comme un acquis, en prenant pour point de départ ce qui était auparavant point d'arrivée. Il y a, bel et bien sous-jacente, l'idée d'un « progrès ».

l'esprit d'une censure paralysante. De plus, ces trouvailles réalisées en commun illustrent bien le fait qu'il y a des êtres décidément avec lesquels il se passe toujours quelque chose, elles sont, force « communautaire », la matérialisation de cette sympathie au sens le plus fort, qui associe chacun au désir de l'autre (chapitre III, « Équation de l'objet trouvé », *Documents 34*, numéro spécial « Intervention surréaliste », juin 1934, augmenté de deux post-scriptum, en 1934 puis 1936). Mais la rencontre par excellence, la rencontre majuscule, c'est la rencontre amoureuse. Celle de Jacqueline Lamba, le 29 mai 1934, vient donner tout leur sens aux réflexions antérieures, Jacqueline incarnant tout à coup cette conjonction inouïe entre causalité objective et désir inconscient : elle est, elle, en marche dans cette « Nuit du tournesol », la résolution des énigmes du désir, énigme d'un ancien poème automatique écrit onze ans plus tôt et qui resurgit inopinément sous ses pas, énigme aussi de cette serveuse et de son calembour insignifiant (chapitre IV, « La Nuit du tournesol », *Minotaure* n°7, juin 1935). C'est dans l'éblouissement de cette rencontre que Breton, au hasard de son voyage aux Canaries avec Jacqueline, et de la découverte de ses paysages luxuriants, développe une conception générale de l'amour fou qui réconcilie l'homme et la nature, et que symbolise parfaitement l'espace imaginaire du « château étoilé » (chapitre V, « Le Château étoilé », *Minotaure* n°8, juin 1936). C'est initialement sur ce chapitre « culminant » que le livre est donc censé s'arrêter. Mais, comme à l'époque de *Nadja*, la vie courante continue d'infliger ses violents coups d'épaule au temps de l'écriture, et Breton tient à rester ouvert à ce qu'elle lui intime. Ce serait donc « mentir » que de passer sous silence la brouille importante survenue quelques semaines plus tard, lors d'une promenade du couple sur une plage de Lorient, où le « château étoilé » s'est soudain refermé en un « Fort-Bloqué », du nom de ce bâtiment vers où les ont mené leurs pas. Si l'amour fou est possible de tels moments d'égarement, si les périls sont nombreux qui le menacent, il faut à tout prix en percer le mystère (chapitre VI, également publié dans la revue *Mesures*, janvier 1937, sous le titre « Les premiers dans la maison du vent »). Le chapitre a beau se terminer sur une note volontariste, qui suggère aux amoureux de démonter l'éventuelle machination entraînant *« un trouble durable de l'amour »*, c'est là une mécanique plus complexe encore que Breton ne semble le croire lui-même : début septembre, Jacqueline le quitte, lui laissant la garde d'Aube, et part s'installer à Ajaccio. La lettre à sa fille, l'« Écusette de Noireuil », qui referme le livre (chapitre VII) est écrite à ce moment de doute extrême, offrant à l'« amour fou » une solution de continuité qui le projette dans son avenir à elle (*« Je vous souhaite d'être follement aimée »*, derniers mots, superbes, du texte), loin des déchirements personnels et historiques (la guerre d'Espagne) des temps présents.

L'Amour fou se présente ainsi comme le réceptacle fragile d'une quête existentielle et philosophique qui, de 1933 à 1937, compose comme le filigrane sensible des diverses entreprises souvent plus « militantes » dans lesquelles on a vu Breton se dépenser, mais qui n'a pas commencé là (l'effet de continuité avec

Nadja) et qui n'y termine pas non plus (l'effet final d'ouverture). Il est, entre deux écluses temporelles, le cours vital, inévitablement ralenti par le temps de l'écriture qui cherche à le capter, d'un écoulement perpétuel. Relevant à la fois de la recherche personnelle (le récit) et scientifique (sa signification à l'échelle psychologique, individuelle, mais aussi à l'échelle universelle, naturelle et cosmique), *L'Amour fou*, en plein déchirement politique (échelle historique) auquel il est intéressé comme à sa négation même, est une immense célébration poétique où Breton déploie le panache le plus éblouissant de son verbe. « *Le pic du Teide à Tenerife est fait du petit poignard de plaisir que les jolies femmes de Tolède gardent jour et nuit contre leur sein* » : il faudrait pouvoir s'arrêter en détail sur la luxuriance stylistique, où un étourdissant jeu de métaphores se déploie, où les niveaux syntaxiques s'interpénètrent, s'enchevêtrent afin de plier la langue aux moindres soubresauts de la sensibilité (innombrables séquences textuelles parfois dignes de véritables périodes oratoires), où vibre la musique caractéristique de la phrase de Breton (ses effets d'anacrouse, les appoggiatures de ses périphrases ou de ses tours négatifs, les frottements tonals entre paragraphes, les ruptures rythmiques d'une longue phrase à une autre qui la coupe soudain, les altérations accidentelles des italiques…). Peut-être approcherait-on ainsi ce qui, loin de la rigueur argumentative ou de l'élaboration logique, constitue l'extrême pouvoir de captation d'un texte qui s'ouvre comme un piège se referme.

C'est, de son côté, en mai 1935 que *Le Bleu du ciel…* ne *paraît pas*. Bataille, sans se départir de ses soirées de débauche ni ses fréquentations multiples (sinon de celle de sa femme, Sylvia, dont il s'est séparé fin 1934), vit alors pleinement sa relation avec Laure, sortie d'une profonde dépression et d'une cure avec Borel, qu'il a lui-même recommencé à consulter. Le projet *Contre-Attaque* est imminent, dans le contexte politique que l'on sait. Une première version du livre est donc prête, que Bataille fait lire à Masson et à Leiris notamment, et qu'il envoie à Malraux pour publication chez Gallimard. Mais les démarches de ce dernier n'aboutissent pas et le livre, presque délibérément de la part de son auteur (« *J'avais, dès 1936, décidé de n'y plus penser*[1] »), tombe aux oubliettes. Il faudra vingt-deux ans pour qu'il en sorte, non sans avoir subi au préalable des retouches importantes[2], et avoir été augmenté d'un « Avant-

---

[1] Georges Bataille, « Avant-propos », *Le Bleu du ciel*, *Romans et récits*, Gallimard, Bibliothèque de la Pléiade, 2004, p. 112.
[2] L'édition Pléiade donne la version de 1957, version de référence aujourd'hui, puis le texte en son état manuscrit de 1935, avant de proposer ensuite une analyse des différences principales : souci accru de composition et de structuration, non vers la simplification mais au contraire vers la complexité d'ensemble ; estompage des indications référentielles précises (géographiques, personnelles…) ; atténuation de la crudité de certaines expressions, de la familiarité typiquement orale de certaines autres (les structures clivées) pour « *un style plus soutenu – qui servira aussi de fond sur lequel se détacheront les effets de gaucherie* » ; intensification du rythme par évitement de l'hypotaxe, recours plus systématique à l'asyndète, etc. De son côté, Francis Marmande, qui étudie ces effets de déplacement du texte dans son essai, suggère que « *la seconde version a le ton hésitant de ce qui resterait d'une lecture quand on l'a oubliée* », Francis Marmande, *L'indifférence des ruines. Variations sur*

propos » qui en soit comme le pendant théorique. De celui-ci, on retiendra ici deux choses. D'abord, que Bataille insiste pour présenter l'acte d'écrire (et de lire) comme une nécessité interne, portée à son paroxysme, au mépris de toute règle littéraire[1]. Ensuite, qu'il s'y montre assez indifférent aux questions de genre, parlant indistinctement aussi bien de « récit » que de « roman ». C'est donc à la première personne du singulier que se développe le « récit » (admettons aussi l'indifférence du terme) d'un personnage nommé Troppmann, dont on suit les tribulations plus ou moins sordides. Il est organisé en deux parties disproportionnées à l'extrême (2 pages pour la première, 82 pour la seconde)[2], précédées d'une « Introduction ».

Ramené à son strict « schéma narratif », il ne reste pas grand-chose du *Bleu du ciel*. C'est une main courante absurde à résumer, impossible à suivre jusqu'au train final, lugubre, qui emporte le récit ailleurs comme une sombre prémonition. Rien, ou si peu, qui laisse supposer le « rocantin ». Mais un trajet quand même, une trame chronologique qu'on peut saisir d'une main, avec la certitude que l'essentiel n'y est pas. Si l'« histoire » est quelque chose du *Bleu du ciel*, il est impossible de dire que *Le Bleu du ciel* est cette histoire. Au mieux, peut-on avancer que *Le Bleu du ciel* est un espace de télescopage où elle figure effectivement quelque part, télescopage vers lequel Bataille, comme il le fait pour ses personnages à Barcelone, oriente plusieurs types (plusieurs niveaux) d'égarements qui se percutent violemment. On peut en indiquer un certain nombre. Au niveau des personnages, il n'est pas difficile de voir comment trouble érotique et troubles politiques se disputent le centre de gravité du texte, et participent d'un même travail de désagrégation de l'individu et du corps social. L'histoire en marche est le chaos dans lequel les personnages sont pris, et dont les défait un autre chaos qui leur est intérieur. Au niveau du récit, des brouillages permanents décrédibilisent l'authenticité (au sens intradiégétique) des faits rapportés, par un phénomène de répétitions aux versions variables (l'aveu de la chambre mortuaire), d'oublis ou d'absences qui mettent finalement en doute la véracité des péripéties, par un effet d'onirisme (cauchemardesque)

---

l'écriture du Bleu du ciel, coll. Chemin de ronde, Éditions Parenthèses, Marseille, 1985, p. 36. Quoi qu'il en soit, ces différences notables ont placé notre travail face à un dilemme : quelle version fallait-il choisir pour la confronter à *L'Amour fou* ? Contrairement à *Histoire de l'œil*, dont la version initiale avait été, même confidentiellement, publiée (et d'ailleurs immédiatement lue par Breton), il nous a semblé ici assez oiseux de travailler sur un texte-fantôme, matrice aussitôt dédoublée (il existe aussi une version dactylographiée de 1935, elle aussi notablement différente) et inédite (ou presque) d'un récit par ailleurs aussi considérable que *Le Bleu du ciel*. C'est pourquoi on a choisi de travailler sur le texte paru en 1957.

[1] Question décisive, dans cet « Avant-propos » : *« Comment nous attarder à des livres auxquels, sensiblement, l'auteur n'a pas été contraint ? »* Bataille vise implicitement, en 1957, les auteurs du Nouveau Roman.

[2] Ces « écarts de la culture », déjà lisibles dans *Histoire de l'œil*, ne sont pas sans rappeler « Les écarts de la nature », où Bataille, observant les « monstres » de foire, écrivait : *« d'une façon ou de l'autre, à une époque ou à l'autre, l'espèce humaine ne peut pas rester froide devant ses monstres »*, Georges Bataille, « Les écarts de la nature » (*Documents* n°2, 1930), *OC I*, Gallimard, 1970, p. 229. Ne serait-ce que sur le strict plan structurel, *Le Bleu du ciel* est bien l'un de ces monstres.

également, qui plonge le récit dans une sorte d'hallucination (notamment alcoolique) quasi-permanente. Au niveau de l'écriture enfin, Bataille s'ingénie à multiplier les incongruités, en un style qui, d'une certaine manière, ressemble assez bien à ce que Troppmann commande au Dôme : saucisse grillée, champagne doux[1]. Incongruités structurelles, on l'a dit. Mais aussi logiques : connexions impropres, enchaînement aberrant des actions (« *Elle vomit rapidement à l'air libre. Soulagée, elle m'appela et je lui tins le front...* »). Grammaticales : tournures gravement alambiquées (« *Avant d'être touchés par la boisson, nous avions su nous retrouver dans une chambre du Savoy* », ou plus loin « *Dirty avait cessé de se tenir debout autrement qu'appuyée au mur*[2] »), voire incorrectes (« *j'avais des hoquets, prêt à vomir*[3] ») ; hésitation permanente des temps des verbes (récit au passé composé ou au passé simple). Lexicales, aussi : onomatopées absurdes (lorsque la mère de Dirty, tombant en sortant de l'ascenseur, « *fait plouf* »), préciosité paradoxale (pour évoquer « *une odeur surie de fesse et d'aisselle* »), anglicismes saugrenus ou archaïques (des « *banknotes* », le « *spider d'une voiture* », un « *browning* »). Ou typographiques : recours désinvolte à l'italique, pour l'« Avant-propos » et pour toute la brève « Première partie », contre le caractère romain pour le reste ; usage inattendu des lettres capitales, et des divers recours typographiques (blancs, pointillés...). Incongruité du mélange des tonalités, enfin, tragique (cette omniprésence de la mort la plus crue) et comique (« *... Même cette comédie m'échappait... c'était une comédie...* »), d'un comique relevant de la parodie ici[4], du jeu de mots là (« *Elle releva sa robe plus haut que le bas* »), ailleurs d'un humour plus subtil où énonciation et énoncé se parasitent l'un l'autre[5]. Etc., etc. Mais ce qui, plus encore, fait de ce texte un texte insaisissable, c'est l'impossibilité de le « comprendre » totalement, littéralement : de prendre simultanément tous les étoilements de significations qui partent de lui. On a parlé d'un roman à clefs. On a vu autour de Troppmann, à peine déplacés par le jeu de l'écriture, les personnes réelles qui entourent Bataille en 1935. On s'est alors évertué à décrypter le texte selon cette logique autobiographique et notamment, à reconnaître les uns et les autres sous des pseudonymes plus ou moins éloquents (Troppmann-Bataille ; Dorothea-Laure ; Lazare-Simone Weil, Édith-Sylvia, etc.). On a insisté par ailleurs sur sa dimension psychanalytique : le roman, sorte de cure littéraire entreprise à la manière d'*Histoire de l'œil* (Bataille a

---

[1] Saucisse et boudin sont, allez savoir pourquoi (matière charnelle, intestinale et sanguine, forme à la fois phallique et excrémentielle...) les repas de prédilection de plusieurs personnages. Ici Troppmann, ailleurs Xénie. Lecture transversale : dresser la carte de ce qui se mange (un cœur à la crème, etc.) et ce qui se boit (du vin rouge, du lait...) dans *Le Bleu du ciel*.
[2] Cette dernière affirmation « négative » passerait presque pour un pastiche de Breton.
[3] Hoquet de la langue elle-même, qui a avalé l'indispensable auxiliaire *être* ?
[4] Il y a assurément dans la scène où Troppmann est littéralement tiraillé entre Dirty et Xénie quelque chose qui évoque celle où, chez Molière, Charlotte et Mathurine se disputent Don Juan (Acte II, scène 4). Voir aussi le « discours professoral » de Melou sur la situation politique, qui se conclut sur un prosaïque « *J'avais envie de pisser.* »
[5] « *Un jour, elle me demanda ce qui m'arrivait. [...] Je lui répondis : "Absolument rien."* »

recommencé à voir le Dr Borel) dramatiserait ses fantasmes selon la logique onirique du déplacement et de la condensation. Mettrait même en scène cette cure paradoxale, par le biais parodique des aveux récurrents de Troppmann (à Lazare, à Xénie...)[1]. On aurait voulu dire roman historique aussi, s'il était possible d'oublier la violence sadienne qui en effondrait en permanence le déroulement. Mais tenons-nous en à ce que Bataille lui-même en dira dans une « Notice autobiographique » qui date vraisemblablement de 1958 : *« Bataille connaît après quelques mois de maladie une crise morale grave. Il se sépare de sa femme. Il écrit alors* Le Bleu du ciel, *qui n'est en rien le récit de cette crise mais qui en est à la rigueur un reflet*[2] *»*. Roman de crise(s), donc, qui, en un sens, fait écho à la crise existentielle que traverse aussi Breton, au moment où l'Europe elle-même est gravement secouée par une autre crise.

Ainsi, Breton et Bataille inscrivent tous deux leurs récits respectifs à la croisée de deux situations critiques : l'une est personnelle, l'autre politique. La démarche consiste à ancrer très fortement l'écriture dans l'expérience réelle, et à lui réclamer, de manière assez comparable, une dimension qui n'est en rien limitée à la stricte individualité de chacun : c'est que l'écriture de soi, ici comme là, doit permettre de montrer une vérité générale, susceptible d'intéresser toute la communauté humaine. Chez Breton, cet élargissement de soi à tous passe par la confrontation d'une écriture théorique et d'une écriture narrative qui prétend en vérifier les résultats. L'écriture (la poésie), loin d'être travestissement, est une révélation de ce qui est (ce qui est vraiment pour qui sait voir). Chez Bataille, l'élargissement passe au contraire par le choix d'une transposition romanesque. C'est alors, dispositif plus ambigu (celui d'un « mensonge qui dit la vérité »), précisément par le jeu du travestissement que la révélation doit pouvoir être exprimée plus nettement, dans une écriture qui, empruntant tous les recours possibles, atteint en un sens le comble du prosaïsme. La poétique de composition de *L'Amour fou*, où Breton soumet l'hétéroclite au principe cohérent du langage, de la poésie, et finalement du mouvement de la vie, s'oppose radicalement à la poétique de décomposition du *Bleu du ciel*, où Bataille broie au contraire dans les mâchoires du langage l'idée même de principe cohérent. Décomposition de sa matière textuelle même, qui se disperse ailleurs, dans la suite de l'œuvre : l'écriture chez Bataille n'est jamais que la forme précaire donnée à une pâte verbale ensuite décomposée, réarrangée, réorganisée... L'une (Breton) suggère la résolution du moment critique dont elle procède, l'autre (Bataille) le porte à son paroxysme, à son point de rupture.

Est-ce alors à dire que toute entreprise de comparaison ne peut qu'achopper sur cet écueil ? Peut-être. Il faut néanmoins admettre que des points de contact, des zones de friction persistent, où les textes aussi se « rencontrent », *a fortiori* lorsqu'on se convainc que ce moment critique se pose à tous deux selon les

---

[1] Dans sa préface à l'édition Pléiade, Denis Hollier voit là, comme pour l'expérience thérapeutique de l'*Histoire de l'œil*, ce qui empêche de tenir *Le Bleu du ciel* pour un roman.
[2] Georges Bataille, « Notice autobiographique », *OC VI*, Gallimard, 1976, p. 461.

termes d'une « quête ». Chez Breton comme chez Bataille, l'être en effet se présente comme miné par un manque, par un vide, il est le lieu d'un déséquilibre entre soi et le monde, qui le plonge dans un univers fantasmatique : c'est de ce déséquilibre, de cette insuffisance de soi que procède le désir. En permanence, l'être s'avère bousculé par son propre désir, qui le place dans une recherche paradoxale : non pas recherche tendue vers un but clairement défini à l'avance, et engagée alors selon une démarche logique et rationnelle, mais recherche plutôt synonyme d'une disponibilité presque animale au monde, à son hasard, son caprice, à ses rêves, disponibilité appelée à se résoudre soudain dans la rencontre inéluctable. Mais rencontre de quoi, au fait ? S'il s'avère que chez Breton, c'est l'amour qui représente le point nodal de la quête du sujet, chez Bataille l'amour n'est qu'une modalité d'approche parmi d'autres (mais la plus extrême sans doute, la plus radicale) de quelque chose qui se perd au-delà de la relation amoureuse, juste au bord de la mort promise.

La rencontre : hasard objectif ou souveraineté de la chance

S'il est possible de faire de la rencontre le point de tangence majeur des deux œuvres, encore faut-il voir comment chacune en dramatise exactement le moment. On l'a dit, la rencontre procède d'abord d'un principe d'incomplétude ontologique, qui dérègle les sens, met en doute le réel et suscite le désir. Le sujet se place alors dans une disponibilité totale qui équivaut à une sorte de quête paradoxale, insensée, fantasmatique, que vient soudain résoudre, mais de façon la plus inattendue qui soit, la rencontre de cette altérité radicale.

L'Amour fou et *Le Bleu du ciel* sont les récits d'un sujet miné par sa propre insuffisance. Un sujet ontologiquement « troué », dont la subjectivité déficiente est en déséquilibre périlleux par rapport à la prolifération objective du monde. C'est ainsi, à partir de cette absence, que se met en marche le moteur du désir.

Dans *L'Amour fou*, le sujet perd d'emblée sa consistance ontologique par excès : il est le lieu d'une cohabitation schizophrénique entre ces *« êtres théoriques »*, *« porteurs de clés »*, qui *« détiennent le secret des attitudes les plus significatives que j'aurai à prendre en présence de tels rares événements qui m'auront poursuivi de leur marque. »* Il se présente ainsi comme le jouet paranoïaque d'un certain nombre de faits extérieurs à lui, qui l'obligent à endosser une personnalité de circonstance comme on enfile un costume. Cette dépersonnalisation passe par l'impossibilité presque pathologique à assumer seulement le pronom de première personne : Breton, énallage significative, se présente comme *« cet homme à la place duquel je me suis si souvent mis »*, un homme qui *« est à peine[1]. » Je* suis « un autre », oui : mais lequel ? Si *je* ne sais pas qui *il* est, *« je ne me cache pas*

---

[1] C'est Breton qui souligne.

qu'ici, la psychanalyse aurait son mot à dire¹. » Ce manque d'être, c'est ainsi celui qui définit Breton plusieurs mois avant ce jour de printemps 1934 où, avec Giacometti, il a trouvé au marché aux puces le masque de métal et la « cuiller Cendrillon ». Tout est parti alors d'un *« fragment de phrase de réveil »* évoquant *« le cendrier Cendrillon »*, et de l'idée de demander le modelage d'un tel objet onirique à Giacometti : *« cette pantoufle, je me proposais de la faire couler en verre et même, si je me souviens bien, en verre gris, puis de m'en servir comme cendrier²* ». Mais Giacometti oublia cette commande, occasionnant alors un *« manque, éprouvé réellement de cette pantoufle³ »* qui conduit Breton à une longue rêverie qui le replonge en enfance. De l'avoir à l'être, c'est à ce « manque » que semble répondre la trouvaille de la cuiller, susceptible selon l'angle d'observation, de se métamorphoser en cette *« petite pantoufle qui fût en principe la pantoufle perdue de Cendrillon. »* Ce manque explicite (l'objet de Giacometti) est lui-même constitué de nombreux « manques gigognes », dont il est comme le condensé (au sens freudien). Né en effet d'un fragment incohérent de phrase de réveil (manque du *reste* d'une phrase qui est elle-même la trace mnésique de ce qui manque à la conscience), l'objet manquant est la cristallisation d'une multitude d'autres manques : qu'il soit pantoufle (manque de l'autre pantoufle, objet fonctionnant par paire) perdue (le manque occasionné par sa perte pure et simple) par Cendrillon (manque métonymique de l'amour, qui doit « trouver chaussure à son pied », Cendrillon étant elle-même fille perdue), qu'il soit encore « cendrier » (objet froid, réceptacle de la décomposition phonétique du nom propre de l'héroïne après les flammes de l'amour ; objet macabre qui peut étymologiquement désigner le caveau), qu'il soit enfin ce manque qui renvoie (par le biais du conte) à un manque éprouvé dès l'enfance⁴. Cette *condensation de manques* que l'absence du moule de Giacometti génère est immédiatement, soit avant même la trouvaille libératrice de l'objet, comprise comme révélatrice (constitutive ?) d'un manque essentiel, à savoir celui d'*« une femme unique, inconnue, magnifiée et dramatisée par le sentiment de ma solitude et de la nécessité impérieuse d'abolir en moi certains souvenirs. »* Tel est le générateur du désir, qui déchire soudain le cours ordinaire et indifférencié du temps et ouvre cet espace intermédiaire, indéterminé, *« qui n'est déjà plus l'ombre et pas encore la proie »*, dit Breton. On observera alors, dans la même perspective, comment la rencontre

---

¹ « Aurait » : on appréciera le conditionnel, autre façon de dire que ce mot, justement, on se gardera bien de le lui demander, peut-être parce qu'on n'ignore pas la réponse en partie décevante qui sera la sienne.
² À peine plus bas, Breton souligne bien entendu ce qui fait de cette substance *« l'équivoque euphonique du mot "vair" »*. Il oublie de dire que la couleur grise renvoie aussi à cette fourrure prise à des écureuils appelés « petits-gris » (ce qui, en outre, fait de l'écureuil le lien implicite avec Jacqueline, dont le sourire, dit Breton, laisse *« le souvenir d'un écureuil tenant une noisette verte »*, puis avec Aube bien sûr, l'« Écusette de Noireuil » du dernier chapitre).
³ C'est Breton qui souligne le mot « manque ».
⁴ Lecture psychanalytique abondamment avancée : le manque fondamental de la mère. On rappellera que Breton est né un mercredi des Cendres, et qu'il a changé par la suite sa date de naissance pour donner celle de la veille.

de Jacqueline au chapitre suivant s'effectue après que Breton l'a déjà vue *« pénétrer deux ou trois fois »* dans le café où il se trouve. Ce n'est donc pas la première fois qu'il la voit qui constitue l'événement de sa rencontre : celle-ci est également précédée de ce temps d'indétermination pendant lequel s'enfle le désir né du manque d'elle (qu'il ne connaît pas encore, qu'il n'a fait qu'apercevoir) : *« Dans la mesure même où j'ai pu m'abandonner durant plusieurs jours à l'idée* a priori *purement séduisante que je puis être attendu, voir cherché, par un être auquel je prête tant de charmes, le fait que cette idée vient de se découvrir des bases réelles ne peut manquer de me précipiter dans un abîme de négations[1]. »* Le manque existentiel, sa soudaine prise de conscience (par un fragment onirique, par le caprice du hasard) rompent le déroulement ordinaire des jours, déchirent le tissu du réel et projettent Breton dans un univers étranger, troublant, un univers instable et contradictoire qui est celui du désir. C'est lui qui le lance, on verra comment, à la recherche de son objet.

Chez Bataille, Troppmann ne cesse de se revendiquer comme un homme vide : dès l'« Introduction » homme *« à moitié vulgaire, les traits bouffis, pas même laids, l'air fétide d'un homme au sortir du lit »*, puis, à peine plus loin, *« livide et défait[2] »* (ou plus explicitement encore, *« Moi-même, j'étais vide[3] »*), cette vacuité angoissante ne cesse de se répéter tout au long du livre. Elle prend avec lui une forme paroxystique, morbide, qui passe indifféremment par l'aveu de son impuissance sexuelle avec Dirty, de sa nécrophilie, de son indifférence aux questions politiques, de ses tendances suicidaires, de son incapacité maladive à réfléchir (*« il y avait maintenant une fuite dans ma tête, tout ce que je pensais me fuyait[4] »*), de son aboulie pathologique que l'alcool aggrave (*« je ne savais pas quoi faire et je changeai d'avis deux ou trois fois »*), etc. Elle est en outre accentuée par le fait que Bataille montre souvent son narrateur littéralement en train de « se vider » : de son sang (*« je venais de rouvrir la blessure de ma main droite : le sang que j'essayais s'arrêter avec une serviette gouttait rapidement par terre »*), de ses larmes (*« Je suis allé pleurer aux cabinets[5] »*), de sa sueur, de son vomi, son urine, son sperme, etc. Cette inanité d'être s'exprime avec une étrange pertinence dans la formule : *« Le vide continuait »*, où Bataille semble faire du terme « vide », la forme masculine du mot « vie[6] ». Il faut cependant observer ceci : loin d'être un trait particulier qui

---

[1] Observer le retour significatif du verbe « manquer ».
[2] Pas anodin, le phénomène d'écho entre l'homme « au sortir du lit » et l'homme « livide » (lit-vide), adjectif récurrent chez Bataille pour caractériser tel ou tel personnage, et où l'on entend clairement dans la seconde syllabe le sème qui nous intéresse.
[3] Ailleurs encore, *« La tête vide où "je" suis »*, etc. On rapprochera cet élément du jeu onomastique : Troppmann, « trop-man », l'homme du trop, de l'excès, nom emprunté par Bataille à un assassin de la fin XIXe. Être « trop », c'est devoir se vider.
[4] Troppmann répète souvent ne pas comprendre ce qu'il entend, ce qu'il lit, ce qu'il voit.
[5] Ou encore : *« Je parlais avec des larmes. Les larmes glissaient sur ma joue et tombaient dans mes lèvres »* (« avec des larmes » : parce que l'expression attendue « avec des larmes dans la voix » est tronquée, manquante, on entendrait presque ici un complément de moyen).
[6] Influence espagnole du roman : entre « vie » et « vide », la « vida » ?, s'interroge judicieusement Francis Marmande, *L'indifférence des ruines. Variations sur l'écriture du* Bleu du ciel, coll. Chemin de ronde, Éditions Parenthèses, Marseille, 1985, p. 97.

pourrait, même pas défaut, contribuer à distinguer Troppmann, le « vide » semble davantage un trait général auquel lui prête sa voix de narrateur, mais qui semble de fait partagé par l'ensemble des personnages du roman : Dirty, bien entendu, incitatrice et partenaire de tous les excès de Troppmann, cette *« épave à vau-l'eau*[1] *»*, plus véritablement morte que vive ; Lazare, son allure macabre qui lui donne *« à peine une ombre d'existence »*, son dévouement inutile à la cause révolutionnaire, qui s'abîme en outre dans la révélation de sa débauche à Barcelone ; Xénie, dont la vitalité initiale s'abîme également vite dans la décomposition générale où Troppmann la pousse, lui qui fait sadiquement d'elle un jouet à sa merci[2] ; Michel, seul personnage donnant, par sa mort même[3], à son vide existentiel (l'inanité de son agitation politique) sa forme aboutie... Le vide généralisé est ici comme le centre d'un vortex qui incite tous les personnages à s'y perdre chaque fois plus profondément. Il est le désir de s'abandonner, totalement, sans rien qui retienne, à la débauche : elle seule peut en dire, physiologiquement (le corps « vidé »), la vérité nue. Elle seule engage les êtres *« à la dérive, à la recherche d'une sinistre réponse à l'obsession la plus sinistre. »*

Le « manque » existentiel est ainsi chez Breton le fait d'une expérience qui le révèle tout à coup. Il est condamné à n'être que passager (à être dépassé), et c'est le désir qui indique la voie de ce dépassement. Chez Bataille au contraire, le « vide » s'avère constitutif de l'être, et le désir (la débauche) est la modalité pratique de sa révélation, la voie d'accès privilégiée à sa vérité dévoilée, paradoxalement vitale. Le vocabulaire parle de lui-même : là où Breton invite à parler de « manque », qui indique la conscience d'un désir du « plein », Bataille invite plutôt à parler du « vide », qui n'est que le constat désintéressé d'une différence avec ce même « plein ».

Reste ici et là l'accomplissement effectif de la quête, quête paradoxale qui happe l'être dans l'univers chamboulé du « manque » ou du « vide ».

Pour Breton, il s'agit donc de se demander comment est occupé l'espace d'indétermination panique dont on a parlé, entre d'une part la révélation du manque qui déchire le réel anodin, agite le désir, et d'autre part la découverte effective de l'« objet ». Les réalisations infiniment variables de la beauté sont toutes porteuses, mais à des degrés divers, d'un plaisir purement érotique (d'où le lien implicite essentiel entre les deux « trouvailles » graduelles qui suivent, la cuiller et Jacqueline). La définition initiale est l'occasion, notamment par le biais de l'éloge du cristal, de réfuter l'idée qu'il puisse en aller d'un *« travail de perfectionnement volontaire auquel il appartiendrait à l'homme de se livrer »*, et non au

---

[1] Troppmann dit exactement la même chose de lui : *« j'étais une épave. »*
[2] Xénie : *« tu m'as mis la mort dans la tête, comme si elle ne devait jamais en sortir »*. Puis plus loin, Troppmann : *« je pensai : si elle continue, si elle boit, je lui dirai* couche-toi *et elle se couchera,* lèche la table et elle la lèchera... *»*
[3] Mort non héroïque (idéologique), mais suicidaire (tragique), que Xénie éplorée annonce à Troppmann en ces termes : *« ... avec Michel... j'ai été horrible... Comme toi avec moi... c'est ta faute... il m'aimait, lui... il n'y avait que lui au monde qui m'aimait... J'ai fait avec lui... ce que tu as fait avec moi... il a perdu la tête... il est allé se faire tuer... »*

contraire d'une *« création, [d'une] action spontanée. »* Cette apologie de la fulgurance porte comme corollaire le discrédit de tout recours à des *« voies logiques ordinaires »* : la « trouvaille » n'est pas fonction d'un travail qui reposerait sur la mise en œuvre de principes rationnels. Ce qui en l'occurrence signifie que l'être plongé dans le trouble du « manque » ne peut rien décider qui soit susceptible de lui permettre d'en sortir. Il en est à ce moment-là de sa vie comme il en est du poète et de l'automatisme : il est lui-même, tout à coup, ce funambule livré à la dictée capricieuse des jours, *« en l'absence de tout contrôle exercé par la raison, en dehors de toute préoccupation esthétique ou morale »*, pour reprendre la célèbre formule. C'est dans sa vie même qu'il doit se montrer capable de l'abandon difficile, périlleux, auquel l'automatisme l'a obligé. Et de même qu'un certain nombre de pratiques étaient susceptibles de capter cet automatisme poétique (l'écriture, le collage, etc.), de même, envisagé sur le plan vital, se pose alors à lui *« la question des* appâts. *»* Ce sont des moyens complètement aléatoires utilisés *« pour faire apparaître une femme »*, lorsque *« la question de l'absence, du manque invincible [est] tranchée*[1] *»* : *« ouvrir une porte, la fermer, la rouvrir »* ; *« glisser une lame dans un livre choisi au hasard, après avoir postulé que telle ligne de la page de gauche ou de droite devait me renseigner d'une manière plus ou moins indirecte sur ses dispositions, me confirmer sa venue imminente ou sa non-venue »* ; *« déplacer les objets, chercher les uns par rapport aux autres à leur faire occuper des positions insolites »* ; interroger des cartes *« selon un code personnel invariable et assez précis »*... Ces pratiques, qui empruntent au bric-à-brac divinatoire, ont tout pour attirer sur Breton les foudres de la critique. Leur aveu pourtant, fait malgré réticences[2], participe en contexte du pacte d'« authenticité » qui préside à l'ouvrage même : il est une façon de préparer à l'inouï (à sa véracité) qui va advenir par la suite (la rencontre de Jacqueline). Et Breton ne se fait aucune illusion sur ce qui se joue véritablement dans telle ou telle pratique qui, dit-il, *« ne m'a jamais entretenu de rien d'autre que de moi »* (refus catégorique de tous les présupposés spirites : Éros est matérialiste). L'espoir d'une quelconque efficacité de ces méthodes est à nuancer sévèrement et sans doute, c'est tout autre chose qui leur est demandé en réalité. Très fortement anxiogène, le « manque » en effet est pour Breton soulagé par ces pratiques aux vertus « antalgiques », elles sont des dispositifs de secours qui jouent sur l'autosuggestion et empêchent de sombrer dans la dépression. Elles sont aussi, assurément, le moyen de faire lever autour de lui cette *« forêt d'indices »* dans laquelle, poète, il se rêve et projette son manque. Car le défaut du sujet pris par le manque, Breton en est convaincu, n'est que l'expression d'une surdité momentanée au langage même du monde et de son « cours naturel ». C'est lorsque le monde se tait que la dépression menace : il faut donc le faire parler, fût-ce malgré lui, et solliciter son verbe par le truchement de ces questionnements forcés. Il faut à tout prix se mettre en position d'écoute vis-à-vis de la parole du monde, que brouillent la raison, la logique, la morale, le

---

[1] Le « manque », encore.
[2] Breton dit : *« quelque hésitation que j'aie à avancer un témoignage semblable. »*

calcul...Voilà ce qui, véritablement, constitue la quête paradoxale, sans but ni méthode, auquel se soumet Breton, et qui relève à la fois d'une certaine passivité réceptrice mais aussi d'une activité interprétative[1]. Se rendre disponible au monde, c'est se rendre disponible à l'Autre, c'est s'ouvrir à ce fonds commun qu'on partage avec lui, et sur lequel on se retrouve. On entend là chez Breton, après Hegel et avec Engels[2], l'expression d'une intime conviction : celle de cette « nécessité naturelle » qui ordonne objectivement le cours du monde, mais qui ne se laisse déchiffrer qu'à rebours, au moment où le secret de son mouvement s'abolit dans la rencontre inattendue, *imprévisible et pourtant inéluctable*, qui coupe court à l'attente.

Ayant de leur côté basculé dans le « vide » de leur être, les personnages de Bataille progressent, eux, en suivant la pente descendante qui les pousse à aller toujours plus loin, toujours plus profond dans le gouffre. C'est là ce que volontiers on appellerait aussi leur « quête », si le terme n'était pas si lourd de connotations rationalistes. Car pas plus que pour Breton, la raison n'est en aucun cas le moyen d'accès à la « rencontre » avec la dernière, l'unique vérité de ce vide. Il faut au contraire « perdre la tête » (*Acéphale*), complètement, absolument, se défaire sauvagement de tout ce qui relève de la pensée pour retrouver l'ultime bord matériel de l'être (de son corps), juste avant le néant sur lequel il donne comme un sinistre belvédère. C'est là, sur ce dernier parapet glissant, que l'homme découvre soudain, par un contraste exacerbé par une si dangereuse proximité, la joie même de la vie. Alors point ici de cartes à jouer ni de langage du monde. Bataille dramatise la dérive révélatrice du vide, une dérive qui engage ses personnages sur le chemin de leur perte définitive : *« en l'absence de tout contrôle exercé par la raison, en dehors de toute préoccupation esthétique ou morale »*... comme disait Breton ? Plutôt contre ce contrôle de la raison, contre toute préoccupation esthétique ou morale, dont Bataille craint de ne jamais être assez débarrassé qu'il ne faille sans cesse se maintenir en posture d'agression à leur égard. Contre la raison, alors : l'ivresse absolue qui pousse au délire, la violence inutile, le sexe furieux, le mauvais rêve, la folie, la colère, le rire qui

---

[1] *« Aujourd'hui encore je n'attends rien que de ma seule disponibilité, que de cette soif d'aller à la rencontre de tout, dont je m'assure qu'elle me maintient en communication mystérieuse avec les autres êtres disponibles, comme si nous étions appelés à nous réunir soudain. J'aimerais que ma vie ne laissât après elle que le murmure d'une chanson de guetteur, d'une chanson pour tromper l'attente. Indépendamment de ce qui arrive, n'arrive pas, c'est l'attente qui est magnifique. »*

[2] Kostas Papaioannou explique par exemple que pour Hegel, *« l'histoire n'est pas une longue et interminable série d'erreurs, mais une expérience cumulative qui sera un jour complète [...]. Chaque objet nouveau, chaque nouvelle figure de la conscience, chaque nouveau contenu spirituel forme un moment du développement du Tout et ce développement ne se perd pas dans un progrès infini, mais doit aboutir à la réalisation intégrale du Tout, à l'identification intégrale du Logos, de la conscience et de sa réalité [...]. Le Concept correspondra à l'objet, cela veut dire que le Logos sera complètement réalisé dans le monde produit par l'homme »*, Kostas Papaioannou, *Hegel*, coll. Philosophes de tous les temps, Seghers, 1962, p. 69. Renversée par le matérialisme marxiste, cette lecture idéaliste de l'histoire se traduit, on l'a déjà observé, chez Engels par le concept de « nécessité extérieure » qui réclame le passage obligé de la révolution pour parvenir à la totalité objective.

éclate, toute dépense « convulsive » de soi[1] qui pulvérise l'assise raisonnable d'une vie de projets, de lendemains organisés... Contre la raison encore, celle qui organise le débit des jours. Il faut souligner comment, systématiquement, tout ce qui relève d'un quelconque projet (dont l'agitation politique, qui en est peut-être la modalité la plus visible, la plus chargée de futur aberrant) ne se réalise pas, soit qu'il sombre dans l'oubli, soit qu'il ne donne rien, soit qu'il est perturbé par « accident » : personnages qui se retrouvent ou se quittent brusquement, contre toute attente (Dirty, à Vienne ; Troppmann et Lazare ; Troppmann et la fille à la poupée ; Lazare et Dirty à Barcelone, etc.), ou personnages qui se font attendre péniblement (Michel, Xénie...) ; changements d'avis permanents de Troppmann, qui passe de bar en bar *« sans en avoir eu l'intention »* ; entrevues qui ne se déroulent pas comme prévu (Troppmann, perturbé par M. Melou chez Lazare ; Xénie, méconnaissable lorsqu'elle vient visiter Troppmann alité ; Michel, étonnamment ivre à Barcelone, qui révèle la débauche stupéfiante de Lazare, etc.) ; télégrammes qui n'arrivent pas quand on les attend (Xénie), coups de téléphone qui sonnent dans le vide (Michel, Xénie puis Édith), courriers qui arrivent et qu'on oublie de lire (d'Édith, de Dirty), etc. Contre l'esthétique : la laideur générale (des filles, de Troppmann...), la puanteur physique qui doit s'exhaler du récit (les moignons de ses phrases amputées...), l'informe, le désordre, le débris, la mise en morceau (de l'être, du langage, du récit...)... Contre la morale, chrétienne, bourgeoise : la bassesse ignoble (la scène de la chambre mortuaire), le blasphème, le parjure, l'hypocrisie... Rien qui ne soit pris par la déliquescence générale où sombre *Le Bleu du ciel*. La fuite en avant que scénarise le récit n'est alors au mieux qu'un hoquet de la chronologie (qui progresse, certes, mais titube : effets déstructurants des analepses ou des prolepses que la mémoire fait surgir inopinément), un retour du même (de la mère de Dirty à Dirty elle-même, de Troppmann à Londres à Troppmann à Barcelone, en passant par Troppmann à Paris[2], de la débauche de Troppmann à celle de Lazare ou de Xénie...), ou au pire une chute précisément dans le pire, dont la loi chaotique agence les péripéties jusqu'à la mort certaine (innombrables « mauvais présages » qui en obscurcissent progressivement le dévidement : nappe du Commandeur ou banderole de Dollfuss, Lazare, *« oiseau de malheur »*, sinistres récits de rêves, etc.).

Il reste donc, au bout de ces deux courses hagardes, le moment de la rencontre. La rencontre de l'Autre, de cette altérité radicale désirée, est, on l'a

---

[1] Le terme (ou son paradigme : spasme, contraction, etc.) dont on sait l'usage chez Breton, se retrouve à plusieurs reprises pour exprimer telle ou telle débauche chez Bataille. Dirty, par exemple : *« Elle étirait ses longues jambes, entrée dans une convulsion violente »*, ou Xénie, juste après l'aveu de la nécrophilie de Troppmann : *« C'est à peine si elle bougea... mais convulsivement, quelques secondes passèrent, qui n'en finissaient plus, elle céda, elle se laissa tomber et son corps inerte s'étala. »*

[2] Ainsi, cette observation de Troppmann, alors que Xénie vient d'arriver à Barcelone et que Dirty va atterrir dans les heures qui suivent : *« Je m'en apercevais, j'avais tenté de fuir ma vie en allant en Espagne, mais je l'avais tenté inutilement. Ce que je fuyais m'avait poursuivi, rattrapé et me demandait à nouveau de me conduire en égaré. »*

dit, chez Breton rencontre effective de l'amour, vécue au risque d'un cruel revers, chez Bataille, rencontre impossible de la mort, vécue au risque assumé du non-retour. Ce sont là véritablement les deux intenables centres de gravité des œuvres respectives, où le matérialisme « plein » de l'un achoppe sur l'épreuve ultime à laquelle l'autre soumet la matière vivante. Breton s'y brûle les ailes (le foyer est interne à l'œuvre[1]), Bataille ne peut faire mieux que d'en frôler la zone-limite (le trou noir se perd quelque part dans ce qui succède immédiatement au récit).

L'Amour fou s'organise tout entier autour du récit de la rencontre de Jacqueline, rencontre de l'amour qu'elle incarne avec fulgurance. En amont (trois premiers chapitres), une patiente préparation à l'inouï qu'elle représente ; en aval (trois derniers chapitres), successivement l'acmé lyrique de son épanouissement, puis son effroyable mise en doute (son inquiétant trébuchement « *dans le couloir des minutes, des heures, des jours qui se suivent* et ne se ressemblent pas ») et enfin son inscription dans un devenir ouvert, qui dépasse les limites de la vie individuelle et les contingences du temps. Après l'épreuve du « manque » et la mise à disposition au monde auquel le désir soumet l'homme, la rencontre effective vient tout à coup s'offrir comme une solution excédante : elle dépasse toutes les attentes qu'on avait pu nourrir à son égard. Pour sauvegarder sa conception romantique d'un amour forcément unique et merveilleux en butte avec les désillusions de la vie courante, Breton, arguant de la dialectique hégélienne (« *entrevoir une synthèse possible de cette idée et de sa négation* »), commence par présenter la rencontre comme l'aboutissement d'une suite inévitable d'approximations, comme le résultat nécessaire d'un patient affinage[2]. Une telle rencontre, qui rappelle la notion de « quête initiatique » avec son escalier d'épreuves (quête chevaleresque ou alchimique), doit condenser en elle-même les trois caractéristiques de la « Beauté » nouvelle. Elle doit être : « érotique-voilée » (le trouble est physique, sensuel, et il est fonction de quelque chose en l'Autre qui toujours échappe) ; « explosante-fixe » (la rencontre est le lieu d'une tension intenable et permanente entre le mouvement et le repos, lieu de l'« *expiration exacte de ce mouvement même*[3] ») ; « magique-circonstancielle » (à la manière du cristal, et l'on a dit ce que cela supposait pour sa recherche). Cette triple définition fait de la relation à l'Autre rencontré, comme le lieu d'un « champ magnétique » en perpétuel tiraillement, ce qui lui interdit tout affaiblissement, toute déperdition dans la durée. Mouvement perpétuel qui n'est jamais ni accaparement ni perte, elle recrée en permanence ce qui l'a engendrée. Lorsque le sujet est donc parvenu à se placer dans la disponibilité au monde

---

[1] Il en est même central : la rencontre de Jacqueline, en cette fameuse « Nuit du tournesol », fait l'objet du chapitre IV, chapitre exactement médian de l'œuvre entière qui en compte sept.
[2] « *L'être aimé serait alors celui en qui viendraient se composer un certain nombre de qualités particulières tenues pour plus attachantes que les autres et appréciées séparément, successivement, chez les êtres à quelque degré antérieurement aimés.* »
[3] Cette idée, qui rappelle la « petite mort » de la jouissance, est illustrée par la photographie d'une danseuse saisie au moment précis où elle s'immobilise et que sa longue jupe tourne encore autour d'elle.

naturel, à l'écoute même de son désir, la rencontre qui survient inopinément se comprend tout à coup comme le point de coïncidence éblouissant entre ce « cours naturel » (cette « nécessité extérieure » engelsienne) et l'inconscient humain (son désir, observé selon la méthode freudienne). C'est là la théorie du « hasard objectif », qui suppose donc la possibilité de *« mettre en évidence les liens de dépendance qui unissent les deux séries causales (naturelle et humaine), liens subtils, fugitifs, inquiétants dans l'état actuel de la connaissance, mais qui, sur les pas les plus incertains de l'homme, font parfois surgir de vives lueurs »*, ce dont la rencontre amoureuse s'avère la vérification la plus éclatante. Cette théorie, cela fait plusieurs années déjà qu'elle taraude Breton : sa manière d'interroger le hasard d'autres rencontres (dont *Nadja* ou *Les Vases communicants* sont parmi les jalons les plus visibles[1]) en atteste. Mais c'est celle de Jacqueline, le 29 mai 1934, qui témoigne de la façon la plus bouleversante selon Breton de l'existence de cette trame invisible et seulement déchiffrable après coup entre le monde objectif et la subjectivité du désir. C'est cette trame alors qu'il se fait fort de révéler au long de son récit, elle qui fait de la rencontre la clef merveilleuse capable de résoudre quantité d'énigmes du cours de la vie : le trouble naïf éprouvé à l'écoute du calembour de la serveuse ; la découverte des objets, au marché aux puces, et leur signification respective en regard du manque d'amour (le masque, instinct de mort ; la cuiller, instinct sexuel[2]) ; le surgissement, dans la mémoire, d'un ancien poème automatique, « Tournesol », écrit onze ans plus tôt et qui se voit soudain réalisé sous les pas de l'« Ondine », etc. Le hasard objectif fait de l'amour fou le principe de réconciliation générale de l'univers par le biais des pouvoirs illimités de l'analogie poétique, susceptible de placer sous une même immense interdépendance, des faits relevant en apparence de sphères séparées, étrangères les unes aux autres[3]. Trouver l'Autre, c'est d'abord trouver la Beauté personnifiée, inaliénable, telle que le surréalisme s'en fait une suprême idée. C'est ensuite, par le biais de cette altérité, se (re)trouver *soi* : *« c'est vraiment comme si je m'étais perdu et qu'on vînt tout à coup me donner de mes nouvelles[4]. »* L'être triomphe par l'Autre des puissances morbides qui le menaçaient (la dépression, le souvenir affligeant des amours perdues, les menaces qui l'assaillent, et qui dépendent *« d'une série de causes occasionnelles sans rapport avec l'amour[5] »* …). Mais

---

[1] C'est dans *Les Vases communicants* que le concept de « hasard objectif » apparaît, que Breton dit emprunter à Engels lorsqu'il prétend citer *« la catégorie du hasard objectif, forme de la nécessité. »* Il faut plutôt supposer une projection de la notion hégélienne d'« humour objectif » sur celle, engelsienne, de « hasard » ou de « nécessité extérieure ».
[2] De même, cette tension « explosante-fixe » entre le cristal et le corail. De même, le restaurant de l'« Ondine », *« situé assez désagréablement près de l'entrée d'un cimetière »*…
[3] Cet aspect soulève une question qui partage la critique : le hasard objectif relève-t-il de l'histoire ou du discours (de sa reconstruction poétique) qui le dit dans l'« après coup » ?
[4] De fait, cette rencontre permet à Breton de *se* comprendre enfin, en l'occurrence de comprendre son propre poème « Tournesol » dont il fait l'analyse à la lumière des événements récents, poème « prémonitoire » jadis peu prisé en raison de sa *« part d'obscurité immédiate, d'apparent arbitraire que je fus amené à y découvrir la première fois que je le lus. »*
[5] Il faudrait bien sûr revenir ici sur l'épisode du Fort-Bloqué, et la façon dont Breton analyse la discorde survenue entre Jacqueline et lui, discorde présentée comme relevant d'une sorte de

trouver l'Autre, c'est aussi grâce à lui (à *elle*), retrouver au-delà du couple l'ensemble de la condition humaine (de son histoire) célébrée dans une même vérité de l'amour, de l'amour charnel, humain. Vérité athée, car l'Autre est celui qui discrédite définitivement le « *reliquat le plus souvent atavique d'éducation religieuse, qui veille à ce que l'être humain soit toujours prêt à différer la possession de la vérité et du bonheur, à reporter toute velléité d'accomplissement intégral de ses désirs dans un "au-delà" fallacieux* » ; vérité révolutionnaire, car l'amour de l'Autre exige les conditions de sa viabilité sociale, et que sa proclamation accompagne dans la stricte actualité le mouvement d'émancipation qui secoue l'Europe, par le biais d'une homologie finale entre sa fille Aube et « *tous les petits enfants des miliciens d'Espagne* » ; vérité générale, enfin, puisque l'amour est le moteur même de l'humanité entière[1]. Et au-delà : trouver l'Autre, c'est retrouver l'élan même du monde naturel, le mouvement même du cosmos dont l'homme, n'en déplaise à sa vanité anthropocentrique, ne participe qu'à titre de fragment. Par l'amour, l'homme est réconcilié avec la nature, idée portée à sa pleine magnificence poétique lorsque Breton célèbre d'un même verbe la splendeur des paysages du pic de Teide et l'amour de Jacqueline, lors de l'ascension du volcan faite en sa compagnie. Cette ascension (anecdotique et symbolique) devient dans l'écriture (sa minutie, sa sensibilité descriptive) le lieu et le moment d'un érotisme total[2], où s'épanouit pleinement cet « exotisme familier » qui caractérise l'amour enfin reconnu[3]. Car c'est alors un réel bouleversé, méconnaissable, un réel ouvert, enfin rendu à toute sa transparence[4] par les pouvoirs exaltants de l'amour et de la poésie. Ce qui revient finalement à dire que trouver l'Autre, c'est trouver la Poésie cosmique qui le chante, qui chante sa renaissance permanente, sa vitalité éperdue, car elle seule sait en dire le « *délire de la présence absolue.* »

Loin, le « vide » de Bataille porte à la rencontre d'une toute autre altérité : celle de la mort. Chez lui, en effet, l'amour ne sait se dire autrement que par l'épreuve partagée de ce « vide », qu'il s'agisse d'une beuverie commune, d'une violence à l'autre, d'un rire échangé, de sexe…, qui en seraient comme des approches aux intensités variables. Aucune espèce de « mystique », ici, dans la rencontre (si l'on admet le mot pour Breton). Ici, l'on se trouve aussi par hasard, certes, mais dans un hasard malheureux, qui est aussi celui dans lequel on se perd ensemble, et ce « hasard » n'est que la condition minimale pour que la rencontre véritable ait lieu, qui n'est donc pas celle des personnages entre eux, mais celle de cette autre chose, faite ensemble par les personnages. Rien, donc, sur la rencontre de Troppmann avec Dirty (le récit commence

---

conjuration extérieure à l'amour lui-même (celle des lieux encore habités des pulsions meurtrières qui s'y sont auparavant déchaînées).
[1] « *Chaque fois qu'un homme aime, rien ne peut faire qu'il n'engage avec lui la sensibilité de tous les hommes.* »
[2] Une analyse du chapitre V de *L'Amour fou* pourrait montrer l'entrelacs lyrique d'isotopies naturelles (végétales, minérales et animales) et sexuelles, embrassées dans un même élan de vitalité infinie.
[3] « *Parce que tu es unique, tu ne peux manquer pour moi d'être toujours une autre, une autre toi-même. À travers la diversité des fleurs inconcevables, là-bas, c'est toi changeante que j'aime en chemise rouge, nue, en chemise grise.* »
[4] « *Il devenait clair…* » Formule de prédilection qui signale l'avènement de la merveille surréaliste.

directement après une nuit d'orgie avec elle), et peu sur leur séparation (« *Dirty, excédée, m'avait quitté* »). Guère davantage sur celle de Lazare (« *Pendant la période de ma vie où je fus le plus malheureux, je rencontrai souvent – pour des raisons peu justifiables et sans l'ombre d'attrait sexuel – une femme qui ne m'attira que par un aspect absurde*[1] »), ni sur leur séparation, commandée par le militantisme morbide dont elle fait preuve. Ou sur celle de Xénie : « *L'un d'entre nous paya ; puis la somme fut répartie, mais j'exigeai de payer pour Xénie (comme si j'avais voulu en prendre possession)*[2] ». Les « retrouvailles » ne sont pas plus heureuses : celles avec Lazare, accompagnée de M. Melou (« *un cauchemar* ») ou celles, insupportablement angoissantes, qui ont lieu à Barcelone, où Lazare, Xénie et Dirty convergent. Systématiquement, les personnages, emportés par leurs dérives respectives, semblent se rater, s'attendre, passer à côté les uns des autres, vouer leurs conversations à l'inutile et c'est soudain, conjonction inouïe, lorsqu'il arrive enfin qu'ils *ne se ratent pas*, que l'événement peut avoir lieu. L'amour ? Lazare inspire peut-être l'amour, mais alors à proportion exacte qu'elle en dégoûte[3]. On sait par ailleurs qu'avec Xénie, Troppmann « simule »[4]. Reste Dirty. D'elle, le narrateur se dit bel et bien épris (« *j'étais devenu épris de Dirty au point que je ne tolérais plus rien quand je comprenais que je l'avais perdue*[5] »), mais la formule étrange, bancale, suggère que l'amour est un processus qui se révèle lorsqu'il est perdu. Ainsi, lorsqu'il la retrouve, malade, squelettique à Barcelone, qu'il la ramène à l'hôtel, et qu'elle a la force de lui dire « *nous allons être heureux. Je suis malade enfin* » : « *ce qui arrivait dans la chambre nous unissait [...] Je compris que j'aimais en elle ce violent mouvement. Ce que j'aimais en elle était sa haine, j'aimais la laideur imprévue, la laideur affreuse, que la haine donnait à ses traits* ». C'est bien Dirty plus que quiconque, et de façon plus radicale que jamais lors de l'hallucinante scène d'amour finale, qui ouvre sur cette impossible rencontre de la mort que dramatise *Le Bleu du ciel*. Cette scène est d'ailleurs comme l'exact pendant renversé de la promenade érotique de Breton avec Jacqueline, sur le volcan de Teide. À leur ascension vers la lumière de la vie, répond ici une chute commune

---

[1] À souligner, la contradiction entre valeur itérative donnée par l'adverbe « souvent » et le choix du passé simple.

[2] « Payer pour Xénie », « prendre possession » : Xénie est l'objet (sexuel) que se paie Troppmann. De même, Troppmann finance la revue communiste de Lazare et, lui fournissant « *l'argent nécessaire* », la ravale en un sens symboliquement au même rang.

[3] « *L'idée que, peut-être, j'aimais Lazare m'arracha un cri qui se perdit dans le tumulte. J'avais l'obsession du revolver – le besoin de tirer, de vider les balles... dans son ventre... dans sa... [...] Je lui ai dit que c'était pénible de mourir, mais de voir en mourant un être aussi abject, c'était trop. J'aurais voulu que mon bassin soit plein, je lui aurais lancé la merde à la figure.* »

[4] « *Je simulai l'amour vibrant dans ma voix qui tremblait* ». Plus loin : « *une femme qu'on n'aime guère est plus supportable si l'on fait l'amour avec elle.* » Cette attitude de simulation est en outre exactement celle que Xénie emprunte à Troppmann vis-à-vis de Michel, qui est amoureux d'elle.

[5] Il y a une certaine forme de gémellité entre Troppmann et Dirty, qui assurément sont les épaves qui entraînent avec elles les autres de par le fond. Indices, parmi d'autres, de cette proximité : Dirty écrit à Troppmann qu'elle se « *traîne à [ses] pieds* » (ce qui est mot pour mot ce que Troppmann a avoué auparavant faire devant elle), et lui demande pardon « *d'avoir manqué de courage pour se tuer* » (exactement comme lui).

dans ce cimetière profond comme un ciel renversé, parsemé des astres que font mille bougies tombales, *« abîme d'étoiles funèbres[1] »* ; à la célébration d'une plénitude harmonieuse, palpitante de vie, toujours recommencée, l'immense requiem du sexe violent, spasmodique, terreux, épuisant[2]... L'amour est ici communion des êtres au-dessus du vide de la mort. Trouver l'Autre, c'est alors pour Bataille toucher cette altérité radicale, impossible, de la « matière vivante », que le sexe partagé (mais aussi l'horreur, le rire...) autorise fugacement. L'amour n'est pas autre chose que l'accès à l'intensité de cet échange-là, où la différence des êtres vidés s'abolit (voir la communauté sado-nietzschéenne d'*Acéphale*, noyautée par la « communauté des amants » Georges et Laure...). Trouver l'Autre, c'est placer l'homme, l'ensemble de la communauté humaine devant cette vérité odieuse, insoutenable. Vérité athée de la chair putride, qu'aucun au-delà ne soulage ; vérité libérée de la vaine « agitation » révolutionnaire (celle de Lazare, de Xénie, de M. Melou, de Michel...), de cette mort stupide à laquelle elle expose, de ses non moins stupides promesses de bonheur auxquelles elle inflige le démenti du temps macabre et la fête de l'instant jouissif ; vérité générale par essence, anthropologique, vérité indicible de ce qu'est la vie, et que le langage (paroles des personnages ou écriture du récit) n'atteint pas. La symétrie va plus loin, car là où Breton faisait de la nature magnifiée par la poésie le lieu d'épanouissement de l'amour fou, Bataille montre l'inverse : la nature elle-aussi se déchaîne, et c'est toute une météorologie démente, hostile (orages, pluies torrentielles, neige, vent glacial...) qui accompagne la chute vers l'impossible[3]. Il n'y a aucune réconciliation du cosmos, au contraire, il y a le lieu et le moment d'un déchirement total, qui précipite tout dans son abîme. Il faut signaler là la crudité stylistique de Bataille, qui renvoie à ce « réalisme agressif » dont on a déjà pu parler à son sujet. Cette crudité n'éclate jamais autant que dans les scènes de débauche, et notamment dans cette scène finale, encore qu'on ne puisse plus parler ici, comme dans *Histoire de l'œil*, de « dépravation lexicale », de stylistique du « pire » : la chose est ici donnée dans une nomination simple, directe, physiologique, une nomination (sexe, ventre, seins, urine, larmes, etc.) dépouillée de tout « vêtement » littéraire,

---

[1] Il faudrait reprendre tout ce qui, en contexte, participe dans cette scène de la descente : le cimetière est un « abîme » qui se trouve « au-dessous » du chemin, il est « en pente » et les personnages glissent, tombent *« dans le vide du ciel »*, etc.
[2] Breton : *« Il n'est pas de sophisme plus redoutable que celui qui consiste à présenter l'accomplissement de l'acte sexuel comme s'accompagnant nécessairement d'une chute du potentiel amoureux entre deux êtres, chute dont le retour les entraînerait progressivement à ne plus se suffire. Ainsi, l'amour s'exposerait à se ruiner dans la mesure où il poursuit sa réalisation même. »* Pour Bataille, ce n'est pas l'amour en tant que sentiment, que désir, qui s'expose à se ruiner, c'est l'être lui-même que l'amour, physiquement, ruine.
[3] Dans *L'Amour fou*, si le pic de Teide fait passer, au gré de son ascension, d'*« un ciel de perle »* à un *« nuage »* qui engloutit soudain les promeneurs, c'est, dans cette *« superbe salle de bains de buée »* où l'autre est momentanément perdu de vue, pour mieux éprouver la nature « érotique-voilée » de l'amour : *« Je finirai bien par te trouver et le monde entier s'éclairera à nouveau parce que nous nous aimons, parce qu'une chaîne d'illuminations passe par nous »*. Au contraire, le 20 juillet 1936, jour de la discorde du Fort-Boqué, Breton souligne que le temps *« continuait à être "menaçant" comme depuis notre arrivée en Bretagne, aux jours de tempête et de pluie près. »*

fût-il ordurier, comme dans l'*Histoire* de Simone. Tel est cet instant paroxystique de conflagration généralisée, où l'être, y perdant son langage, frôle au plus près le néant qui le constitue. L'Autre n'est pas la plénitude qui viendra remplir mon manque, dans une conjonction inouïe du monde naturel et de mon désir. L'Autre est celui qui, par le vide qui le ronge lui-même, m'offrira l'impensable audace d'ouvrir les yeux sur celui qui me ronge moi, à condition que la « chance » d'une communication avec lui, c'est-à-dire, malgré tous les ratages, malgré l'indifférence des choses (« des ruines »), que la « chance » d'un partage de ces vides (par le rire, la violence, le sexe... où je le rencontre), puisse soudain se voir réalisée[1].

Chez Breton, le « hasard objectif » repose sur une conception harmonieuse du devenir cosmique. Il dit *« l'or du temps »*, cette progression merveilleuse, finalement cohérente (mais d'une cohérence illisible dans l'instant) des à-coups de l'immanence, et que seule peut révéler la poésie. Chez Bataille, la « chance » est une conjonction inouïe des êtres qui déchire soudain le cours ordinaire du temps. Lorsqu'elle survient, la « chance » s'exerce comme une pratique conjointe qui épuise les êtres jusqu'à leur perte, jusqu'à les voir toucher dans l'instant cet « hors du temps » dont on ne revient pas.

Cette approche comparée s'avère inévitablement incomplète. En choisissant de privilégier les mouvements constitutifs des écritures respectives, puis d'observer leur dynamique commune, aux frontières poreuses du rêve (du cauchemar) et de la réalité, on n'a pu faire autrement que de préférer, même lourdement, l'essentiel. Il aurait peut-être été souhaitable d'insister davantage sur l'éblouissement métaphorique de l'un, et l'assèchement prosaïque de l'autre, et de pouvoir mieux faire entendre la musique du langage propre à chaque texte, en comparant sur le plan stylistique par exemple deux des moments parmi les plus intenses, à savoir celui de la promenade au pic de Teide d'un côté et celui de la scène d'amour finale d'un autre. Une approche plus impressionniste aurait peut-être pu également partir du nombre stupéfiant de motifs croisés qui semblent, comme un même matériau brut de départ dans lequel chacun aurait puisé, littéralement sauter d'une œuvre à l'autre. On en aurait ainsi suivi au passage l'étonnant renversement systématique de signe. Quelques exemples : d'une part, « explosante-fixe », cette *« locomotive de grande allure qui eût été abandonnée durant des années au délire de la forêt vierge »*, de l'autre ce train sous lequel Troppmann veut se jeter, et qui finira par l'emporter, à la fin du roman, vers un avenir trop certainement sinistre. D'une part, une cuiller qui libère, de l'autre une fourchette

---

[1] La chance, ce qui *échoit*. La notion de « chance » apparaît chez Bataille dans cette avant-guerre, notamment dans un texte donné en novembre 1938 à la revue *Verve*, où il écrit qu'*« il n'est rien de beau, rien de grand... qui ne se rencontre pas* par chance *et ne soit pas rare »*. D'origine nietzschéenne, cette notion prendra une importance décisive par la suite (dans *Le Petit*, *Le Coupable*...). On peut dire qu'en un sens, *Le Bleu du ciel* est le récit de cette « chance » qui consiste, grâce à l'Autre, à atteindre l'impossible extase de sa propre mort.

qui agresse[1], et qui ravive par la même occasion l'ancienne querelle concernant Sade. D'une part, une « *Vénus [qui], parce qu'elle a voulu intervenir dans la guerre des hommes, est blessée à la main. Au-delà elle redevient elle-même et revêt sa ceinture magique* », de l'autre un Troppmann dont la main, parodie d'un mythe défait, saigne, saigne abondamment. D'une part, une « Ondine » de music-hall, exaltation de la féminité même, de l'autre les horribles danseuses de cabaret, les travestis de La Criolla. D'une part une enfant porteuse des promesses de tous les matins du monde, de l'autre des enfants nazis, sinistres annonciateurs des prochaines heures noires… Autant de motifs communs, parmi tant d'autres encore, qui donnent idée de la divergence des dynamiques des œuvres, telle qu'on a tenté d'en dégager les principaux aspects ici.

On ne voudrait pas quitter la question de cette comparaison entre *L'Amour fou* et *Le Bleu du ciel* sans insister pour finir sur un élément qui, sans avoir recours à des moyens identiques ici et là, aboutit à un effet étrangement similaire. Il s'agit de ce fameux pouvoir de captation dont ces deux œuvres sont pareillement investies. Rompant toutes les deux avec les rails rassurants de la continuité logique, et se proposant elles-mêmes à la lecture comme des déambulations capricieuses que seule rythme la pulsation du désir, elles semblent du même coup comme court-circuiter toute éventuelle adhésion ou répulsion raisonnée.

Breton introduit le lecteur au cœur même de sa réflexion en marche. La pensée chez lui se montre en plein exercice, se laisse voir en travail (la confrontation de divers théoriciens du hasard, par exemple, ou l'alternance entre une rhétorique de l'affirmation péremptoire et une rhétorique de l'incertitude), ne se refuse pas à une certaine part d'autocritique, dévoile son propre trouble… comme si la machine de persuasion de son livre était y compris, voire avant tout, tournée vers lui-même. Mais c'est surtout par le déploiement d'une poétique de l'éblouissement qu'il éblouit lui-même, par la mise en œuvre d'un style capiteux qui infiltre soudain les développements argumentés et condense de pesantes explications en une métaphore fulgurante, ou qui se donne ailleurs au long cours, déploie son ahurissant jeu de miroirs dans lesquels se reflète l'infinie ductilité analogique du monde… *L'Amour fou* ne peut manquer d'apparaître comme une folle tentative de séduction par les moyens conjugués de la poésie, séduction à l'épreuve de laquelle tout lecteur est soumis, mais qui s'avère en définitive peut-être moins anonyme qu'il n'y paraît, si l'on accepte de voir dans la lettre finale l'aveu biaisé d'une dédicace impossible qui cherche à atteindre son destinataire réel : Jacqueline elle-même. Tout se passerait alors comme si, au moment où celle-ci précisément l'a quitté, Breton ne pouvait célébrer *L'Amour fou*, le reconnaître dans toute sa vérité naturelle (le hasard objectif), en commémorer les moments les plus heureux (la rencontre, le voyage aux Canaries), en démonter même les obstacles (le Fort-Bloqué) ou en sublimer le fruit (Aube), que par une immense déclaration faite dans l'espoir de reconquérir celle qui la lui a inspirée, et

---

[1] Cet écho est judicieusement suggéré par Jean-François Louette dans sa notice pour Georges Bataille, *Le Bleu du ciel*, *Romans et récits*, Gallimard, Bibliothèque de la Pléiade, 2004, p. 1047.

d'assurer à *cet amour-là* un rejaillissement éternel. Le livre tout entier devient alors un nouvel avatar de cette cuiller-pantoufle : il est lui-même l'objet qui doit *« libére[r] l'individu de scrupules affectifs paralysants, le réconforte[r] et lui fai[re] comprendre que l'obstacle qu'il pouvait croire insurmontable est franchi. »* Ainsi, verrait-on peut-être alors comment tout est bel et bien mis en œuvre non pour *« transmettre le sens »* mais pour *« en véhiculer l'ébranlement »* (Julien Gracq)[1].

Bataille, quant à lui, jette son lecteur dans la dérive même qui emporte Troppmann et les autres personnages (leurs corps), à rebours de tout échange dont le langage ordinaire, rationnel, puisse être le vecteur. Et si, comme on l'a dit, la « rencontre » des personnages, leur « communication » passe par la chance instantanée d'un rire, d'un effroi... partagés (mais alors de cette espèce de partage dont la « relation » sexuelle dirait le comble impossible, celui de la vérité commune de la mort), comment ne pas voir que cette « communication » passe aussi à travers le livre, d'un auteur jusqu'à son lecteur ? Comment ne pas voir ce partage avec lui que Bataille provoque ? L'identification à peine forcée par le pronom de première personne n'est sans doute que le subterfuge le moins audacieux pour parvenir jusqu'au lecteur. Car c'est surtout par la dramatisation de sentiments contagieux que Bataille le prend à la gorge, sentiments qui contaminent les personnages les uns les autres, et qui, par-delà la chose écrite, finissent par l'atteindre lui[2]. Ainsi de l'horreur qui fait vomir les personnages, et qui ne peut que le saisir lui-même « convulsivement », provoquer en lui ce même sentiment de dégoût, le soumettre à cette même *« épreuve suffocante »* dont il est question dans l'« Avant-propos »[3]. Ainsi de cet érotisme scabreux, qui transmet la fièvre (voir la scène sadique de Troppmann malade, qui parvient à faire littéralement chanter Xénie, nue, au bord du suicide), et qui apparente aussi *Le Bleu du ciel* à un de ces livres « qu'on lit d'une main » dont parlait Jean-Jacques Rousseau. Ainsi du rire, aussi, qui emporte personnages et lecteur dans un délire analogue dont rend exactement compte l'incroyable exemple suivant, par un effet de contamination du texte lui-même : *« Je riais. Je riais. Je voyais double et je perdais la tête... »*

Voilà, point final et point de jonction inouï que celui de cette dimension performative des œuvres, comment *L'Amour fou* et *Le Bleu du ciel* finissent par dynamiter les limites inhérentes à la littérature et par se déverser dans la vie même, pour y bousculer l'insidieux principe d'inertie qui menace trop souvent d'en régler raisonnablement le cours ordinaire.

---

[1] Julien Gracq, *André Breton*, José Corti, 1948, pp. 145-146. Dans cet essai magistral consacré à Breton, le chapitre « D'une certaine manière de poser la voix » constitue une analyse éblouissante du style Breton.
[2] Et ce, depuis l'auteur, presque explicitement. Est-ce vraiment Troppmann qui parle en effet lorsqu'on lit : *« Écrivant aujourd'hui, une joie aiguë m'a porté à la tête, si folle que j'aimerais chanter moi aussi »* ?
[3] *« seule l'épreuve suffocante, impossible, donne à l'auteur le moyen d'atteindre la vision lointaine attendue par un lecteur las des proches limites imposées par les conventions. »*

Conclusion

DIFFICILE de dire si la vie serait « plus simple » sans l'expérience de lecture à laquelle nous convient les œuvres de Breton et de Bataille. Qui plus est lorsqu'il s'agit, comme on a voulu le faire ici, de les envisager de la « pire » des façons, c'est-à-dire conjointement, en cherchant à les observer dans un même champ visuel. En nous plaçant au cœur de l'effarant maelström de turbulences personnelles, relationnelles ou historiques, en nous proposant d'y lire quelque chose comme un échange très particulier que le dialogue a révélé parfois, mais qui, plus souvent encore, d'un texte à l'autre, s'est joué à défaut de toute interlocution directe, de toute possibilité même d'interlocution, on voudrait avoir contribué à éclairer d'un jour nouveau une confrontation décisive de l'histoire des idées, sans pour autant rien avoir sacrifié de l'extrême singularité dont chaque œuvre était porteuse dans l'inévitable fonds commun où s'alimentait leur flamme.

Conclure, alors ? Il n'est peut-être pas si mal que ce travail, par son inachèvement même, n'en finisse pas de ne pouvoir finir et se perde, bouche bée, dans le suspens du temps. Du leur, bien sûr, au moment où la guerre fait éclater son point d'orgue. Mais du nôtre aussi, tant ces œuvres n'ont respectivement rien perdu de leur pouvoir de sidération, et tant il serait aberrant de prétendre avoir atteint, s'agissant de leur confrontation, une quelconque « conclusion » satisfaisante, susceptible de clore les débats.

En postulant d'emblée la possibilité d'un dialogue « surréaliste » entre André Breton et Georges Bataille, comme modalité inouïe d'une circulation lourde de sens, y compris, voire *surtout* lorsque l'agression était son seul mode d'expression, on a voulu commencer par dégager le terrain d'un *a priori* critique considérable qui, s'il avait souvent placé d'importantes balises analytiques, avait non moins souvent biaisé la lecture des différents enjeux en présence en y projetant par exemple une regrettable orientation idéologique, ou en réduisant (par exemple thématiquement) son champ d'investigation. Sans minimiser les enseignements déterminants dont il faut bien entendu créditer ici ou là ce travail, on n'a pu ignorer très longtemps l'impasse où la question risquait souvent d'être engagée : celle qui, dès lors que *Tel Quel* dans les années 70 exhumait l'œuvre de Bataille en prétendant d'un même geste enterrer celle de Breton, consistait en une sommation à « choisir son camp » qui s'avérait préjudiciable à une juste lecture du problème. En somme, tout se passait comme si la critique, plutôt que d'essayer d'en clarifier les tenants et les aboutissants, se montrait souvent plus impatiente de rejouer *a posteriori* une polémique dans les termes mêmes dans lesquelles elle s'était jouée particulièrement en 1930, et ce, au mépris de l'histoire même de cette polémique, analysée *in situ*.

Ainsi, on s'étonne peut-être moins de la diversité des questions que semblable confrontation agite, que de la profondeur et de la complexité des enjeux qui s'y révèlent. Parti de l'élaboration jamais trop prudente du roman des romans familiaux, on a pu mettre au jour, dès avant leur rencontre, une conformation tout à fait singulière qui plaçait Breton et Bataille dans un curieux rapport de symétrie, l'expérience de l'un se nourrissant de ce que celle de l'autre *n'était pas*. Ainsi de la question des complexes infantiles et des rudiments psychologiques qui distinguaient des profils aux dispositions contrastées. Ainsi également des aléas biographiques où l'amitié tisonne des révoltes diamétralement opposées, et où la guerre survient comme pour grever le sol du poids de ses premiers cadavres, plaçant l'impulsion à écrire dans la gravité tragique d'autant d'absences. Des dynamiques divergentes travaillent alors à l'avènement de soi, d'un centre obscur vers sa libération par le langage chez Breton (avec Lautréamont et Freud), dans une introspection toujours plus douloureuse chez Bataille, lequel s'enfonce le questionnement philosophique (Nietzsche) en plein nombril comme on ferait d'un couteau, et se convainc d'y trouver l'extase. L'éphémère collaboration au sein de la revue surréaliste en 1925 ne cache ni les malentendus ni les motifs indicibles qui la rendent insoutenable à Bataille. La psychanalyse intervient, proposant un interlocuteur théorique à Breton, thérapeutique à Bataille, auquel elle offre l'image matérialisée de son angoisse et l'audace d'ouvrir enfin les yeux sur elle. Le dessillement s'exprime alors par un violent retour à la matière et par l'élaboration d'une conception énergétique qui, en rupture radicale avec la rationalité occidentale entachée d'un idéalisme judéo-chrétien auquel Bataille lui-même avait d'abord cru, motive le questionnement anthropologique et la création extatique de mythes nouveaux. Cette orientation place Bataille en porte-à-faux avec l'hégélianisme synthétique de Breton, farouchement athée, comme avec son retournement marxiste lisible à partir de 1925. Les logiques de l'histoire s'affrontent : vectorisée ici par une eschatologie révolutionnaire que met en branle comme aucune autre l'expression poétique ; décadente là, ramenée à la stricte conception jamais assez prosaïque d'une matière perpétuellement appelée à se combiner avant de se défaire. Tel est le champ de prédilection où va se déchaîner l'agressivité de Bataille à l'encontre de Breton : champ certes de divergence conceptuelle, mais champ éminemment symptomatique à la fois d'un tragique œdipien miné d'un jeu trouble de substitutions et d'assimilations, ainsi que d'un désir de dialogue quasi-privilégié qui ne sait s'exprimer que paradoxalement dans l'agression.

Mais après que, vers 1930, l'histoire a disposé le marxisme comme une plate-forme précaire entre eux, on a pu voir comment Breton et Bataille en ont assimilé très différemment l'idéologie révolutionnaire : l'un en cherchant coûte que coûte à se ménager, parmi les factions qui se bousculent plus ou moins durement dans la barricade de l'extrême gauche, une place qui ne lui demande aucun reniement ; l'autre en détruisant de l'intérieur, par leur réajustement au regard des nouveaux impératifs nés des développements récents de la connaissance scientifique, les socles théoriques dont elle se prévalait. La nécessité d'une révolution, si elle pouvait à première vue les rassembler, cachait en fait une grande divergence quant à la signification qui lui était accordée, là phase incontournable d'un cours historique émancipateur, ici aboutissement même de ce cours, moment même de l'émancipation qui extirpe violemment l'homme de l'obligation « politique » du temps. Cette divergence s'est ensuite répercutée sur leurs dispositions respectives à l'égard du fascisme. Si c'est là une idéologie avec laquelle ni l'un ni l'autre ne peut s'accorder, Breton, récupérant une approche empruntée au marxisme dont il ne démord pas encore, en appelle à la mobilisation immédiate mais ne parvient pas si facilement à se dégager des options stratégiques périlleuses du communisme, et à observer d'emblée, et en toute lucidité, la singularité du phénomène hitlérien ; Bataille, développant une réflexion autrement plus personnelle, fait du fascisme l'horizon inéluctable de tout ordonnancement du champ politique, constitué selon lui à l'encontre des libertés individuelles, et cette conception ne lui permet pas davantage de prendre toute la mesure de l'horreur spécifiquement nazie. Au moment où il devient manifeste que l'idéologie est honteusement dévoyée par Moscou, Breton trouve dans le mythe le recours révolutionnaire à ce désistement, là où précisément Bataille l'a précédé et inaugure une autre forme de mouvement communautaire en marge du délabrement politique. La révolution de Marx conduit à une même révulsion à l'égard de ce que l'espace politique est devenu. Le mythe commence alors par les réunir, et par leur imposer une reconnaissance réciproque qui passe par un échange difficile et souvent crypté. Mais sa signification historique pour l'un, naturelle pour l'autre, les place vite en porte-à-faux quant à la valeur à accorder notamment à la violence et au langage. C'est donc ailleurs que chacun ira faire l'épreuve de cette force communautaire du mythe, capable de conjurer les périls politiques imminents, l'un dans une logique d'affrontement où Trotski l'encourage, l'autre dans une logique de rupture radicale où est mise à l'exercice la vérité de la mort nue, c'est-à-dire d'une mort « religieuse », débarrassée des mensonges de l'idéologie.

Les six années de guerre qui vont suivre, les expériences (extérieures ou intérieures) de l'exil, les nouvelles rencontres (Blanchot) auxquelles elles vont donner lieu, vont complètement redistribuer la donne entre eux, et contribuer enfin, après tant de conflits latents ou violents, à un échange sinon accordé, du moins à une écoute attentive et à une véritable estime. D'autant que deux questions décisives vont désormais favoriser cet échange, à savoir la question décisive de la poésie et celle du rire (de l'humour), acmés « possibles » de l'expérience « impossible ». Si on a pu observer les conceptions hétérologiques de Bataille sur la poésie, et leurs conséquences critiques sur la poésie de Breton, c'est bien au moment de la guerre et des expériences intérieures que Bataille s'ouvre lui-même à la pratique poétique, tentée jusqu'à l'expiration même du langage. Quant à la question du rire ou de l'humour, c'est paradoxalement pendant les « expériences » de la guerre qu'elle trouve une acuité toute particulière, Bataille y éprouvant une des formes d'épanchement de l'expérience au moment où Breton met au point son *Anthologie*.

Mais bien sûr, le paysage idéologique d'après-guerre, considérablement remanié et définitivement assombri par la nouvelle situation atomique, ne s'avère favorable ni à l'un ni à l'autre. Il faudrait en redessiner la carte, et tenter d'y situer précisément Breton et Bataille, notamment vis-à-vis de l'hégémonie de Sartre et de l'existentialisme, qu'ils récusent tous deux mais probablement pas pour les mêmes raisons. Encore que ni pour l'un ni pour l'autre, il n'est question de souscrire à une philosophie de l'engagement qui a choisi son camp dans le nouveau clivage politique mondial : la révolution certes doit être proclamée, encore et toujours, mais *autrement* (Bataille, médiateur inattendu dans la polémique entre Breton et Camus à propos de *L'Homme révolté*). De fait, c'est à un véritable repositionnement réciproque qu'on assiste, favorisé par un immense mouvement de synthèse du savoir chez Bataille, dont sa revue *Critique* se fera l'instrument. Nombreux sont les articles qu'il y consacre au surréalisme, lui reconnaissant contre Sartre le maintien d'une haute exigence humaine dont la poésie est le vecteur, mais faisant l'éloge de cette grandeur mesurée paradoxalement à l'aune de son échec : la poésie en effet, s'écrivant, ne peut que figer dans le langage l'élan auquel selon lui elle doit sa raison même, et qui excède justement les possibilités du langage. De son côté, Breton s'avère enfin apte à accueillir sa pensée et, sans s'y accorder forcément, à en reconnaître la pertinence notamment s'agissant des questions du mythe ou de l'érotisme. Deux contentieux majeurs, Hegel et Sade, trouvent en outre une certaine forme de règlement « à l'amiable » lorsqu'ils se mettent notamment d'accord sur le problème du « mal » comme moteur de l'histoire. Pensée mythique, poésie, « communauté » humaine qui brise la solitude des êtres... c'est l'émergence d'un questionnement convergent, qui trouve dans la dimension anthropologique son amplitude maximale.

Le contrepoint est, en musique, cette forme particulière de composition qui fait chanter des lignes mélodiques superposées, de telle façon que chacune y laisse entendre indépendamment son propre motif, mais que leur combinaison ajoute une dimension supplémentaire, ouverte qui plus est aux risques de l'accident harmonique. On dit que Bach allait même jusqu'à y voir l'équivalent musical d'une véritable « conversation ». Il y a ici quelque chose qui voudrait ressembler à cela.

Mais jusqu'où courent les deux motifs ? Jusqu'où peut-on en suivre les démêlés ? On ne peut s'empêcher de se demander en effet ce qui reste aujourd'hui d'une telle confrontation, lorsque tout semble faire de la littérature non plus *« le plus triste chemin qui mène à tout »* dont parlait Breton, mais bien plutôt le plus beau chemin qui mène à « rien ». Implacable condamnation, d'ailleurs instruite par certains (Guy Debord, Annie Le Brun...) au procès de la modernité ?... C'est peut-être justement parce qu'en un sens, la littérature, la poésie fait de ce « rien » quelque chose *qui n'est pas impossible* (Francis Marmande) qu'on entend encore, à tendre l'oreille sous la cacophonie actuelle, l'appel d'air de ces deux œuvres, et toute l'« inactualité » des questions que leur lecture agite. Et si tout concourt chaque jour davantage à nous convaincre qu'à cet « impossible »-là, nous ne serions plus tenus, on ne peut inversement qu'être sidéré par l'obstination de Breton et de Bataille à s'y tenir justement, et à nous y tenir avec eux.

Que dire du double ? Il n'est pas insignifiant alors qu'au bout de cette longue incursion dans le contrepoint de ces deux œuvres, une réponse, sans doute aussi valable qu'une autre, ait enfin fini par s'y faire entendre.

Oui. *« Je riais, je riais, je voyais double et je perdais la tête... »*

Table des matières

Introduction 9

PREMIÈRE PARTIE
LE POIDS DES CADAVRES 19

Naissances et fantômes : les romans familiaux (roman) 21
    Il était une fois… André Breton ou l'Enfant trouvé 23
    « Longtemps je me suis branlé de bonne heure… » :
    Georges Bataille ou le Bâtard réaliste 31
Les romans de formation 41
    Bagages scolaires 41
    1913, 1914 : les renaissances 44
    La Grande Guerre 50
Passage Dada 61
    Dada Breton 61
    Le cheval (l'écheveau) de Bataille 67
Les « Lâchez tout » 75
    L'« homme coupé en deux par la fenêtre » : André Breton
    et l'écriture automatique 75
    Georges Bataille : de Dieu à Nietzsche, ou de la vie recluse
    à la vie déchiquetée 80
    De quelques interférences avant la rencontre 83

DEUXIÈME PARTIE
LA TABLE (de dissection) DES MATIÈRES 89

La rencontre, etc. : fatras et fatrasies 91
    Historique d'un fatras 91
    Fatrasies (foutaises ?) 99
La question de la psychanalyse 103
    La para-psychanalyse surréaliste 103
    Georges Bataille : la psychanalyse, ou le supplice désiré
    des yeux ouverts 108
Mouvements des corps libres 113
    Vers un surréalisme matérialiste 113
    Georges Bataille et l'« anthropologie mythologique » de l'extase 118

TROISIÈME PARTIE
UN ASSEZ BEAU SACCAGE 125

Documents : une guerre larvée 129
    L'univers comme un crachat, ou le matérialisme agressif
    de Georges Bataille 130
    Incidences picturales : le *Jeu lugubre* de Salvador Dalí 138
Le *Second manifeste du surréalisme* : une riposte à
double détente 145
    Pour un matérialisme surréaliste 146
    Une riposte ciblée 152
L'abattoir : praxis et théorie du *Cadavre* 157
    Autopsie du *Cadavre* 158
    Pour une révolution « hétérologique » :
    (Marx – Breton) – Nietzsche = Sade + (Nietzsche + Marx) 165

QUATRIÈME PARTIE
LE DOGME ET L'ÉCART 175

Dans la mouvance révolutionnaire 177
    Le Komintern et les jeux d'alliances autour du parti
    communiste français 177
    « L'homme est ce qu'il mange » : de quelques ingestions
    théoriques du surréalisme dans le marxisme orthodoxe 185
    L'homme, ce qu'il défèque : Georges Bataille ou
    l'« excrément » du marxisme 194
Face à la contagion fasciste 201
    André Breton face aux « frissons mortels de l'atmosphère » 201
    Georges Bataille et l'« étreinte fasciste » 206
« Des idées harassantes en échange d'idées harassées » 213
    Un surréalisme « à cheveux blancs » ? Critique de la
    critique critique 213
    Minotaure : la revue à tête deux bêtes 218

CINQUIÈME PARTIE
CONTRE-FEUX 231

Contre-Attaque, la réactivation politique du mythe 233
    Mythe et politique : *Contre-Attaque* ou la troisième
    force d'exaltation 234
    Aspects d'un mythe 238
    L'inévitable échec 249

Vers d'autres contre-feux... **255**
   Les « limites non-frontières » du surréalisme, ou « l'aile battante du
   château » : la communauté révolutionnaire, indépendante et ouverte 256
   Georges Bataille et les communautés négatives :
   électives, existentielles et sacrées 265
Éros matérialiste *L'Amour fou, Le Bleu du ciel*................................... **279**
   Des compositions écrites..280
   La rencontre : hasard objectif ou souveraineté de la chance 286
Conclusion 301

Critique littéraire
aux éditions L'Harmattan

ALGIRDAS JULIEN GREIMAS ET LA SCIENCE DES SIGNES
Mbala Ze Barnabé - Préface de Jean-Claude Mbarga
D'une manière presque diachronique, cet essai retrace le cheminement de Greimas, de la mise en valeur de l'héritage saussurien à la consolidation d'une sémiotique de l'action et des passions, et surtout de leur interdépendance. Les principaux instruments opératoires (l'analyse componentielle, le schéma actantiel, le carré sémiotique, les structures modale, pathémique et véridictoire) sont revisités dans leur fécondité et leur caractère probant.
(Coll. Harmattan Cameroun, 20.00 euros, 196 p.)   *ISBN : 978-2-296-99071-5*

AVOCAT DANS LA LITTÉRATURE DE L'ANCIEN RÉGIME (L')
Du XVIIe siècle jusqu'à la Révolution française
Aguer Agnès
Cet ouvrage, suite de *L'avocat dans la littérature du Moyen Age*, poursuit, sous l'Ancien Régime, la mise en perspective de la profession d'avocat en tant qu'institution avec son traitement littéraire. Il étudie la représentation de l'avocat à travers notamment Arlequin du théâtre de Fatouville et de Gherardi, les oeuvres de Regnard, Rosimond, Jobé, Lesage, dans *Les noces de Figaro* de Beaumarchais, ainsi que l'oeuvre de la Fontaine, Molière, Voltaire, Boileau, Diderot...
(Coll. Approches littéraires, 24.00 euros, 230 p.)   *ISBN : 978-2-296-55817-5*

DEUX ÉCRIVAINS AUTOCHTONES DE SIBÉRIE
Eréméï Aïpine et Iouri Vella
Sous la direction deToulouze Eva, Samson Normand de Chambourg Dominique
Parmi les écrivains autochtones de Sibérie, Eréméï Aïpine et Iouri Vella sont des figures incontournables de la littérature contemporaine. Nés tous les deux en 1948 dans le même village de la taïga de Sibérie occidentale, ces passeurs de mémoire tentent de trouver une issue face aux contradictions au coeur desquelles l'histoire russe les place. De l'Union soviétique à la Fédération de Russie, la modernité la plus prédatrice s'ingénie à dévorer tout ce qui forme l'environnement nourricier de leur culture vivante : quelle place y a-t-il pour la création dans le Nord sibérien ?
(Coll. Bibliothèque finno-ougrienne, 37.00 euros, 378 p.)   *ISBN : 978-2-296-55658-4*

DIALOGUES ET ENTRETIENS D'AUTEUR
Ngandu Nkashama Pius
L'ouvrage reprend l'essentiel des dialogues et entretiens que l'auteur a accordés aux hommes de lettres, aux journalistes et aux représentants de divers milieux de la culture. Il intervient au terme d'une oeuvre littéraire dense qui comprend des genres variés. L'auteur propose de réorienter l'espace du discours fondé sur la passion ainsi que l'interaction entre celui-ci et les actes évoqués par les antinomies énonciatives.
(Coll. Écrire l'Afrique, 23.00 euros, 220 p.)   *ISBN : 978-2-296-99186-6*

JEAN GIONO, DE *COLLINE* À *QUE MA JOIE DEMEURE*
Baude John
Dans l'oeuvre de Jean Giono, les romans d'avant-guerre constituent une première époque, une première «manière». L'écrivain y met en scène des hommes qui éprouvent un sentiment de mal-être, qui ne parviennent plus à être en communion avec la nature. Pour enchanter le monde de son écriture poétique, Giono expérimente bien des procédés littéraires. Aussi différents soient ces cheminements, ils tendent à suspendre le temps pour retrouver le «Tout».
(Coll. Espaces Littéraires, 14.50 euros, 142 p.)   *ISBN : 978-2-296-96388-7*

LECTURE(S) DE L'OEUVRE DE RACHID MIMOUNI
Redouane Najib
A travers cette lecture au pluriel de l'oeuvre de Rachid Mimouni, l'auteur poursuit ses recherches déjà entamées sur la production romanesque de cet écrivain algérien, en la découpant en un certain nombre de tableaux, isolables par le fait qu'ils constituent des manières de *topoï* littéraires, ensembles complexes de thèmes, de traits descriptifs et de procédures narratives.
(Coll. Autour des écrivains maghrébins, 23.00 euros, 232 p.)   *ISBN : 978-2-296-96072-5*

PIERRE JEAN JOUVE
Mystère et sens dans l'oeuvre romanesque
Porcher-Wiart Titaua
Le premier contact avec l'univers jouvien s'apparente à une violente commotion : une chose obscure, capitale, vient de nous être révélée. Jouve semble toujours taire une révélation interdite, une vision sacrée issue des profondeurs de l'être. Là, les contraires cessent d'exister. Le pur et l'impur, le profane et le sacré, la vie et la mort se rejoignent. L'auteur se propose de saisir la matière de ce «nimbe permanent» dans une approche phénoménologique inspirée de Merleau-Ponty.
(Coll. Critiques Littéraires, 24.50 euros, 234 p.)   *ISBN : 2-296-96847-9*

POÈME IMAGINAL DU CORPS, DE L'OEUVRE ET DE LA SOCIÉTÉ (LE)
Fintz Claude
Le présent ouvrage est le fruit de plus de dix ans de recherches sur les imaginaires du corps, à la croisée de l'oeuvre littéraire et plastique - et de l'oeuvre sociale. Il est constitué d'une réflexion théorique qui encadre une quinzaine d'articles, provenant pour la plupart de revues ou d'actes de colloque. Loin d'être un simple recueil d'articles, cet essai en explicite les enjeux et les référents théoriques ; il fonde une perspective socio-anthropologique de l'oeuvre et explicite la richesse de cette approche.
(Coll. Nouvelles Etudes Anthropologiques, 32.00 euros, 314 p.)   *ISBN : 978-2-296-97033-5*

REFUS (LE)
Esthétique, littérature, société, musique
Gutleben Christian
Le refus est indispensable à la pensée libre. L'individu, les sociétés, les cultures et les civilisations ne peuvent se construire que par le refus. Dans tous les exemples que ce volume propose à la fois dans le domaine de l'esthétique, de l'écriture, des mouvements sociétaux et de la création musicale, on assiste à un questionnement radical de valeurs qui confronte le sujet à lui-même. Y a-t-il donc pour tout individu urgence du refus, quelqu'intempestif qu'il puisse être ?
(Coll. Cycnos, 27.00 euros, 258 p.)   *ISBN : 978-2-296-96098-5*

ROMANS FRANCOPHONES ET REPRÉSENTATIONS DU FÉMININ
Autour de *Va savoir* de Réjean Ducharme, *Agave* de Hawa Djabali et *La Femme qui attendait* d'Andreï Makine
Selmani Samia
Partant d'un présupposé à la fois historique, narratologique et thématique, notre analyse cerne la place de la femme au sein des romans francophones, québécois, algériens et russes. Notre étude se focalise sur la remise en question de la notion de l'héroïne, ainsi que son immersion dans l'ère du soupçon. Étant absente et désagrégée dans le foyer incertain des myriades d'impressions, l'héroïne francophone se trouve flanquée dans le néant. Ayant perdu son statut de personnage, elle demeure l'objet de l'histoire racontée, et assujettie en ce sens au reste des personnages, qui la façonnent à leur manière.
(Coll. Critiques Littéraires, 19.00 euros, 196 p.)   *ISBN : 978-2-296-96247-7*

UN VOYAGE DANS LA LITTÉRATURE DES VOYAGES
La première rencontre
Sévry Jean
Cet essai entend répondre à une question fort simple : que s'est-il passé quand pour la première fois de sa vie un Occidental a rencontré ces gens qu'on appelait des «Sauvages»? Et eux,

comment ont-ils réagi à l'arrivée des Blancs quand ils sont venus visiter l'Europe ? L'auteur organise donc un voyage en douze étapes, de la fin du Moyen Age à la période moderne, afin de mieux comprendre tout ce qui a pu apparaître dans l'histoire de la sensibilité et de l'imaginaire en Occident, et dans sa préparation à une aventure coloniale.
(Coll. Espaces Littéraires, 31.00 euros, 298 p.)   *ISBN : 978-2-296-99246-7*

AUTOUR DE BAUDELAIRE ET DES ARTS :
Infini, échos et limites des correspondances
Benzina Fayza
Cet ouvrage propose les actes du colloque «Autour de Baudelaire et des Arts», qui s'était tenu en avril 2007 à l'Université de Tunis. Les auteurs ont souhaité mettre en lumière la modernité de Baudelaire, critique d'art, et montrer comment sa lecture esthétique tisse des rapports étroits entre le monde sensible et spirituel, où se nouent toutes les problématiques autour desquelles s'articule son système des correspondances.
(Coll. Histoires et idées des Arts, 39.00 euros, 406 p.)   *ISBN : 978-2-296-96519-5*

***CULTE DU MOI* (LE) DANS LA LITTÉRATURE FRANCOPHONE**
Sous la direction d'Atallah Mokhtar
Cet ouvrage propose trois axes pertinents à l'investigation des chercheurs, à savoir : comment se traduit la manifestation du *Moi* célébré avec lyrisme et exaltation ? Dans quelle mesure la littérature francophone prend-elle en compte cette représentation intime du même et de l'autre ? Et quelles sont les variables diachroniques et synchroniques présentes dans la langue française, aussi bien dans l'évolution des sensibilités et des moeurs que dans la structuration du lexique ?
(Coll. Approches littéraires, 32.00 euros, 316 p.)   *ISBN : 978-2-296-96845-5*

GUERRE ET LITTÉRATURE DE JEUNESSE (1913-1919)
Analyse des dérives patriotiques dans les périodiques pour enfants
Olivier-Messonnier Laurence
Entre 1900 et 1933 quarante journaux pour enfants voient le jour, au nombre desquels *La Semaine de Suzette*, *l'Epatant*, *Fillette* avec leurs héros phares, Bécassine, Les Pieds Nickelés et Lili. Les périodiques comme les «Livres Roses de la guerre» de Larousse alimentent une paralittérature de «bourrage de crâne». En effet, la déclaration de la guerre en août 1914 donne une inflexion patriotique à ces publications alors avant tout récréatives. Elles vont devenir des vecteurs idéologiques polémiques tant par leur contenu nationaliste que par la forme contestée.
(Coll. Critiques Littéraires, 39.50 euros, 410 p.)   *ISBN : 978-2-296-96069-5*

INTRODUCTION À UNE POÉTIQUE ET UNE STYLISTIQUE DE LA POÉSIE AFRICAINE
Fobah Pascal Éblin
Préface de Jacques Chevrier
Après avoir longtemps cristallisé l'attention, à une époque de la Négritude et pendant les deux premières décennies des indépendances, la poésie reste, aujourd'hui, le parent pauvre des réflexions menées par les Africains sur les productions littéraires. La présente étude tente d'y remédier. Elle se veut un apport utile pour une approche critique renouvelée de ce champ de la pratique littéraire.
(34.50 euros, 334 p.)   *ISBN : 978-2-296-96851-6*

MONTHERLANT ET CAMUS ANTICOLONIALISTES
Mauviel Maurice
Montherlant et Camus ! Le rapprochement peut surprendre, pourtant ils étaient liés par une admiration réciproque ; en rapprochant leurs textes sur l'Algérie, on s'aperçoit que l'on pourrait même confondre les deux auteurs, lorsqu'ils évoquent leur solitude d'anticolonialistes. *La longue durée* peut-elle apaiser les obsessions postcoloniales de part et d'autre de la Méditerranée ? L'auteur de cet essai, qui a longtemps vécu en Algérie, en est convaincu.
(Coll. Trans-Diversités, 19.00 euros, 192 p.)   *ISBN : 978-2-296-97022-9*

MOHAMMED DIB. L'HOMME ÉPRIS DE LUMIÈRE
Évolution créatrice et dynamique de libération du moi
Zeliche Mohammed-Salah
L'auteur s'emploie à décrypter l'univers labyrinthique de Dib. Cet essai pose *La Grande maison* comme la pierre angulaire de l'ascension spirituelle et artistique de Dib. Celui-ci y fait oeuvre de révolution, mettant d'entrée de jeu à l'ordre du jour la création, l'engagement et l'émancipation. Son oeuvre ultérieure a continué sur la même lancée d'indépendance. Cela, alors même qu'elle tend vers l'individualisation et nourrit moult ambitions stylistiques.
(Coll. Critiques Littéraires, 33.50 euros, 336 p.)   *ISBN : 978-2-296-56981-2*

RELATION (LA) DE LA LITTÉRATURE À L'ÉVÉNEMENT (XIXe-XXIe siècles)
Sous la direction de Merlo Philippe et Acquier Marie-Laure
Le projet qui a rassemblé les contributions réunies dans cet ouvrage est né de l'état de la réflexion théorique sur l'événement en littérature et de la volonté de mettre à l'épreuve, dans le champ littéraire, les différentes définitions de la notion apportées par les recherches récentes en sciences humaines.
(31.00 euros, 302 p.)   *ISBN : 978-2-296-96074-9*

SALUT (LE) PAR LA TRAVERSÉE DE L'EAU
Étude sur la tradition latine et indo-européenne
Brachet Jean-Paul
On a reconnu depuis longtemps déjà que les récits des premiers temps de Rome contenaient des fragments de mythes. Le présent ouvrage concerne trois personnages de cette geste légendaire, Horatius Coclès, Mucius Scaevola et Clélie, qui ont tous trois comme point commun de traverser le Tibre au cours de leur exploit. L'eau n'est pas seulement un obstacle physique, c'est avant tout la barrière eschatologique qui sépare le monde des vivants de celui des morts. Le même motif, ou schème mythologique, se retrouve ici et là dans d'autres traditions littéraires anciennes.
(Coll. Kubaba, série Antiquité, 12.00 euros, 94 p.)   *ISBN : 978-2-296-96202-6*

THÉÂTRE ET DESTIN NATIONAL AU CONGO-KINSHASA (1965-1990)
Kadima-Nzuji Mukala
Les années 1965-1990 ont été particulièrement florissantes dans les domaines des arts et des lettres au Congo, alors Zaïre : création de structures éditoriales et d'organes de diffusion culturelle et littéraire, aménagement d'infrastructures théâtrales, soutien des pouvoirs publics aux arts plastiques, à la musique, à la danse... Ce livre dresse le bilan de ces années-là, à travers une critique des productions d'auteurs congolais.
(17.00 euros, 202 p.)   *ISBN : 978-2-296-96088-6*

THÉÂTRE INNOMMABLE DE SAMUEL BECKETT
Terlemez Serpilekin Adeline - Préface de Bruno Clément
Cet ouvrage contient une étude approfondie des pièces de théâtre, ainsi que des autres ouvrages et de l'autotraduction de Samuel Barclay Beckett qui veut rompre avec le théâtre qui « plaît ». Beckett cherche à trouver une nouvelle musique dans l'autre langue. Son autotraduction surgit comme une flèche qui va droit au but. Les mots qu'il prend pour des notes de musique sont manipulés par lui comme s'ils étaient des marionnettes.
(Coll. Univers théâtral, 28.00 euros, 270 p.)   *ISBN : 978-2-296-96216-3*

VOYAGES OU SÉJOURS D'ÉCRIVAINS ESPAGNOLS EN EUROPE (1890-1910)
Modalités hispaniques du récit de voyage
Delrue Elisabeth - Préface de Jean-Claude Rabaté
« Cet ouvrage est une synthèse claire, vigoureuse et pertinente sur les voyages d'écrivains espagnols en Europe, au tournant du XIXe siècle. » L'analyse porte sur quinze récits de voyage, sélectionnés selon trois critères, l'inscription dans la période (1890-1910), la destination européenne des déplacements et l'identité sociologique de leurs auteurs : écrivains plus ou moins reconnus, envoyés spéciaux comme Emilia Pardo Bazán ou exilés comme Vicente Blasco Ibáñez.
(Coll. Recherches et documents Espagne, 26.50 euros, 264 p.)   *ISBN : 978-2-296-96936-0*

L'Harmattan, Italia
Via Degli Artisti 15; 10124 Torino

L'Harmattan Hongrie
Könyvesbolt ; Kossuth L. u. 14-16
1053 Budapest

Espace L'Harmattan Kinshasa
Faculté des Sciences sociales,
politiques et administratives
BP243, KIN XI
Université de Kinshasa

L'Harmattan Congo
67, av. E. P. Lumumba
Bât. – Congo Pharmacie (Bib. Nat.)
BP2874 Brazzaville
harmattan.congo@yahoo.fr

L'Harmattan Guinée
Almamya Rue KA 028, en face du restaurant Le Cèdre
OKB agency BP 3470 Conakry
(00224) 60 20 85 08
harmattanguinee@yahoo.fr

L'Harmattan Cameroun
BP 11486
Face à la SNI, immeuble Don Bosco
Yaoundé
(00237) 99 76 61 66
harmattancam@yahoo.fr

L'Harmattan Côte d'Ivoire
Résidence Karl / cité des arts
Abidjan-Cocody 03 BP 1588 Abidjan 03
(00225) 05 77 87 31
etien_nda@yahoo.fr

L'Harmattan Mauritanie
Espace El Kettab du livre francophone
N° 472 avenue du Palais des Congrès
BP 316 Nouakchott
(00222) 63 25 980

L'Harmattan Sénégal
« Villa Rose », rue de Diourbel X G, Point E
BP 45034 Dakar FANN
(00221) 33 825 98 58 / 77 242 25 08
senharmattan@gmail.com

L'Harmattan Togo
1771, Bd du 13 janvier
BP 414 Lomé
Tél : 00 228 2201792
gerry@taama.net

572406 - Juillet 2014
Achevé d'imprimer par